U0097115

古代歷史文化研究輯刊

九　編

王　明　蓀 主編

第17冊

思想人物與地方社會的交涉——以晚明湖北麻城、黃安爲例

張育齊 著

南京教案與明末儒佛耶之爭

李春博 著

國家圖書館出版品預行編目資料

思想人物與地方社會的交涉——以晚明湖北麻城、黃安為例
張育齊 著／南京教案與明末儒佛耶之爭　李春博 著— 初版
-- 新北市：花木蘭文化出版社，2013〔民 103〕
序 2+ 目 2+120 面／目 2+154 面；19×26 公分
(古代歷史文化研究輯刊 九編；第 17 冊)
ISBN：978-986-322-198-2（精裝）
1. 人文思想　2. 明代
618　　102002677

古代歷史文化研究輯刊
九 編 第十七冊　　ISBN：978-986-322-198-2

思想人物與地方社會的交涉
——以晚明湖北麻城、黃安爲例
南京教案與明末儒佛耶之爭

作　者 張育齊／李春博
主　編 王明蓀
總 編 輯 杜潔祥
出　版 花木蘭文化出版社
發 行 所 花木蘭文化出版社
發 行 人 高小娟
聯絡地址 235 新北市中和區中安街七二號十三樓
電話：02-2923-1455／傳眞：02-2923-1452
網　址 http://www.huamulan.tw 信箱 sut81518@gmail.com
印　刷 普羅文化出版廣告事業
初　版 2013 年 3 月
定　價 九編 27 冊（精裝）新台幣 45,000 元

思想人物與地方社會的交涉
——以晚明湖北麻城、黃安爲例

張育齊　著

作者簡介

張育齊，臺灣大學歷史學系學士、臺灣大學歷史學研究所碩士，研究興趣為近代思想文化史以及探索學術變遷的脈動。

提　要

歷史人物的思想常御風而行，瞬息萬變，然而他們既生存於時代，必然與時代中的人事物有所交涉，其思想脈動也就有跡可循。本書即以地域的發展為經，人物的思想與活動為緯，嘗試敘述大時代中人與地的故事，將焦點集中在耿定向、李贄以及他們互動的地域——湖北麻城與黃安。

序章首先回顧近來晚明史研究中城市與市鎮發展、士大夫與文人社群、社會風尚與其所衍生出之文化現象幾個議題。藉由整理這幾個議題的研究概況，勾勒明代中後期的文人生活與社會面貌，鋪陳本書的時代背景。第二章將目光移到湖北的麻城與黃安，追索這兩個歷史上並不特別有名的地區於 16 世紀後的崛起。這兩地的整體發展雖不如同時代的江南，但在文教與科考上有出色的表現，也培養出許多傑出人物。第三章以耿定向和李贄為主角，敘述兩人之間的糾葛。身為黃安本地人的耿定向以及寄居麻城的李贄，分別使黃安與麻城成為晚明思想文化界的新據點，吸引許多人物前來；除了思想層面的討論，此章也試著重繪他們一生交往的心路歷程。第四章以李贄為中心，討論身處麻城的李贄及其友朋群體的生命情態，觀察他們的生命特質與時代之間的關聯。結語以宏觀角度，論述耿定向及李贄兩人思想上的依存性，以及晚明王學路徑的多樣性。藉此，本研究希望能重觀思想人物的親切面貌與生命情懷。

自 序

本書由個人的碩士論文刪修而成，主要思考的是這樣的問題：歷史人物的思想與行爲，是否眞能被蓋棺論定，推導出鐵板一塊、毋庸置疑的評價？藉由結合地域背景來探索李贄、耿定向及其週邊諸人的交遊，以下的討論希望能展現這些人物的另一面。

限於時間與學識，文中關注的面向其實很有限，論點也不甚周全。雖然自己不滿意這樣的成果，但誠心期待藉著出版的機會，以此簡短篇幅就教於方家，爲學術研究砌上一塊小磚，作爲來者之用。

在碩士班三年的學習旅途中，首要感謝的是指導教授王汎森先生。老師引領我進入近代思想文化史的領域，時時提醒我要以開闊的視野看待研究課題，思考各種可能性。本書得以付梓，也賴於老師的推薦與鼓勵。此外，許多師長、學長姐和友朋都曾予我提攜與扶持，無法一一列出，在此一併表達對他們的謝意。

最後，感謝我的雙親維持衣食無虞的環境，將所有資源投入到孩子的教育；接受我的固執，無怨無悔地支持我至今。這本書的文字雖經由我而成篇，但反照的是他們的身影。

張育齊

2011 年初夏於汐止

目次

第一章　回顧與思考

隨著歷史巨輪滾動至十六世紀，中國跨入了明代中後期，一個充滿多樣性面貌的時代。在政治上，大一統的王朝看來四平八穩，卻隱隱散發著一股暮氣；於經濟與文化面，江南手工業和商業的發展都達到了此前未有的水準，改變了人們日常生活的需求、品質及欲望，導引出各種文化現象；就思想學術而言，陽明心學成爲基調，釋、道二教亦穿插變奏，呈現互相競逐的狀態。

身爲社會精英階級的士大夫與文人，在這樣的風雲際會之中，扮演了相當重要的角色。處在明中葉以降政府治理、社會經濟與思想學術上變化萬千的時局中，作爲社會主要角色的士大夫與文人的生活經驗、他們與社會風俗及鄉里地域的交涉，多有耐人尋味之處，僅從傳統政治史或思想史層面來研究明代士人，似乎無法妥善回答這些問題。經由社會史、城市史與文化史的角度，實可觀察到更多明代士人的生活及其所處的時空環境之圖像。

二十世紀以來對於城市、市鎮與聚落的研究相當豐富，爲瞭解明代聚落的形成、市鎮商業發展及其人群聚集提供了基本框架。在城市、市鎮與聚落中，士大夫與文人群體的大量出現成爲明代相當值得注意的現象。透過觀察士大夫與文人的捭闔縱橫，將有助釐清明代文人社群的組織與活動。此外，近年來明代商業文化、文人文化、社會風尚與物質史的研究成果，亦擴充了對士大夫與文人生活的理解及想像。以下將重點回顧上述市鎮發展、士人社群交往以及文人文化三個領域，這三項回顧架構了本書的背景圖像，並鋪陳明代士大夫與文人的生活形影，從而輔助本書思路的展開，由士大夫與文人的生活環境、日常活動和言行表現，追索他們的生命歷史。

第一節　市鎮與城市

城市、市鎮與聚落的研究在近年的明清史學界是相當重要的課題，若溯其源流，最早可上追至二十世紀初梁啓超提出的〈新史學〉，以及後來的《食貨》雜誌。但其後至1950年代，明清市鎮與城市之研究並未有持續進展。這段時期與城市有關的研究中，城市退到背景，僅有鋪陳其他論題的作用。直到1964年傅衣凌發表〈明清時代江南市鎮經濟的分析〉，市鎮研究才算進入另一個新的階段。〔註1〕但傅氏的關懷在於江南市鎮何以不像歐洲城市一樣取得了諸種權利，而還停滯於封建經濟之中。他的結論是：江南市鎮雖已出現資本主義生產的萌芽，但仍屬於傳統地主經濟的一部分，因而未出封建藩籬。這樣的問題意識與研究路數與當時的政治環境有相當大的關係，在官方將馬克思主義奉爲圭臬的情況下，中國學者們需要在歷史上儘速尋得從封建時期過渡到資本主義時期的序列，以便迎接嶄新的社會主義時代。

范毅軍在一篇回顧文章中指出，傅衣凌雖集中討論市鎮經濟，但最終仍在回應與肯定「資本主義萌芽」於明清的出現；此外，絕大多數中國學者的市鎮史研究仍不出1950年代以來的資本主義萌芽論證之範疇，只在論證過程較傅氏有所改進而已。〔註2〕其中傑出者如樊樹志、陳學文深入對單一市鎮作細密研究，強調市鎮的體系、結構與功能，較傅衣凌更進一層。不過劉石吉與范毅軍皆觀察到，這些作品依然強調江南市鎮的時代限制並肯定明中葉以來資本主義萌芽的預設，實質上還是籠罩在傅衣凌的「典範」之中。〔註3〕

在資本主義萌芽的關懷以及傅衣凌的典範之下，早年中國學者的理論框架和問題意識並無突破。因此之故，當大陸學界在1980年代接觸到劉石吉的研究時，對其研究方法與架構感到相當耳目一新。臺灣史學界走在馬克思理論之外，並多方接觸歐美理論，劉石吉在這樣的學術環境下於1970年代完成其碩士論文，並於1987年以《明清時代江南市鎮研究》爲名在大陸出版。〔註4〕劉石吉自述其書「從商品經濟的觀點來探討江南市鎮的興起，並

〔註1〕傅衣凌，〈明清時代江南市鎮經濟的分析〉，《歷史教學》，1964：5（北京，1964年）。

〔註2〕范毅軍，〈明清江南市場聚落史研究的回顧與展望〉，《新史學》，9：3（臺北，1998年9月），頁95。

〔註3〕劉石吉，〈小城鎮經濟與資本主義萌芽——綜論近年來大陸學界有關明清市鎮的研究〉，《人文及社會科學集刊》，1：1（臺北，1988年11月），頁183。

〔註4〕劉石吉，《明清時代江南市鎮研究》（北京：中國社會科學出版社，1987年）。

輔以數據證明」，〔註 5〕因此與傅衣凌等人在方法與結論上都有所差異。范毅軍認為，此書可說是第一部有關江南市鎮的系統化及全面性的研究著作，其分析問題的趨向及一些基本看法，鮮為學人所超越。〔註 6〕劉著出版雖已二十餘年，現今大陸的市鎮史研究仍必提此書，可見其當初帶來的衝擊。不過，近年來大陸學界的研究也有了轉化，許多更具包容性的地域社會史研究以及區域個案研究都不再以證明資本主義萌芽為目標，而是從較廣的視野來探討地方基層組織與社會風俗文化，並將目光擴大到江南以外的地區。這些研究的主要關懷雖與傳統市鎮研究不盡相同，但可與市鎮研究相互補充，呈現更為完整的歷史面貌。〔註 7〕

於中國學素有深厚傳統的日本學界，在聚落與市鎮上的研究成果也不可忽視，其中又以歷代村落史最為重要。至於在村落以上的各級聚落，先有加藤繁的奠基，後有諸多學者投入定期市與市鎮的研究，此為戰後日本史學界的重要貢獻。〔註 8〕至 1980 年代以後，日本明清史學者漸漸將視角轉向「地域社會」。身為倡導者的森正夫認為，地域中的眾人雖然有階級與身份上的差異，但在此縱向的關係之外，其實還存在著橫向的共同體。當共同的秩序建立後，此被領導者統治而整合的範圍，即是地域社會。常建華分析地域社會論出現的背景與原因，認為此論點意在擺脫發展階段論與階級學說的理論困境；日本史學界固有的共同體論和明清鄉紳論，也對地域社會論有所影響；最後，這樣的取徑，也曾受到社會史及結構主義的啓發。〔註 9〕

關於戰後臺灣史學界的發展，可參考王晴佳，《臺灣史學五十年（1950～2000）：傳承、方法、趨向》（臺北：麥田出版，2002 年）。此外邢義田在為《臺灣學者中國史研究論叢》（北京：中國大百科全書出版社，2005 年）所寫的總序中，也提到他個人對臺灣史學界發展的親身觀察，亦可參照。

〔註 5〕劉石吉，〈小城鎮經濟與資本主義萌芽——綜論近年來大陸學界有關明清市鎮的研究〉，頁 182。

〔註 6〕范毅軍，〈明清江南市場聚落史研究的回顧與展望〉，頁 105～106。

〔註 7〕以兩湖地區為例，筆者所見就有任放、皮明庥、梅莉、周榮、楊國安、方志遠、張偉然與魯西奇等人的著作，詳見參考書目。

〔註 8〕范毅軍，〈明清江南市場聚落史研究的回顧與展望〉，頁 96～102。范毅軍認為，日本學者雖然最早系統性地分析明清市鎮前身在宋代形成的過程，但對市鎮在明清階段發展之論述則相較簡單。不過，川勝守的著作如《明清江南市鎮社会史研究——空間と社会形成の歴史学》（東京：汲古書院，1999 年）其實對明清時期的市鎮發展用力很深，不能忽略。

〔註 9〕常建華，〈日本八十年代以來的明清地域社會研究述評〉，《中國社會經濟史研究》，1998：2（廈門，1998 年），頁 72～83。

地域社會論的主要學者岸本美緒則有如下回顧：地域社會通過個體之間的接觸與互動而構成社會關係網絡，並藉著權力、支配與秩序，將社會凝聚爲一個組織。地域社會與地理或空間大小無關，學者們關注的是人的活動交織而成的複雜動態，以此解析秩序與社會結構的形成。〔註 10〕日本學人透過地域社會論，關注秩序的問題。由此，諸如地方抗爭與反亂、基層社會組織與國家和民眾之間的關係、地方宗教信仰與活動、宗族與鄉里等等問題都跳脫出單純的區域劃分與階級差別，呈現更爲有機的地方風貌。論者雖常批評地域社會論主觀地將國家的角色排除在外，但細觀即可瞭解，地域社會中有著各種權力關係，國家也未曾缺席。總結而言，所謂的「地域社會論」及被認爲採用此說的學者，在研究議題上其實有很大的跨度，也並沒有一套眞正嚴格遵循的方法論，但他們努力探究地域中各種秩序的態度是相彷彿的。

西方學界的中國城市研究亦有自身發展脈絡，史明正將其分爲三個階段：在第一階段，以韋伯（Max Weber）爲代表的西方社會學家依照西方城市的標準，斷定中國不存在城市；第二階段以施堅雅（William G. Skinner）從區域發展及聚落等級結構的角度來探索中國城市的取徑爲代表；第三階段則是透過對歷史發展各個面相的研究，對第一、二階段的理論作不同程度的印證。其中，施堅雅的理論影響深遠，他以人類學家的身份反其同行之道而走向城市，提出宏觀的區域學說，劃分空間的等級結構，觀看各個等級空間的有機聯繫。〔註 11〕施堅雅除了早年在四川的田野調查外，並未將他的理論運用到其他特定區域。但其理論影響甚大，在學界形成「施堅雅模式」。施堅雅於 1977 年編輯 *The City In Late Imperial China* 一書，並爲此書每一部份撰寫導論，討論了城市、城鄉關係以及城市中的制度與組織，對後來的研究者甚有啓發性。

〔註 10〕岸本美緒，《明清交替と江南社會——17 世紀中国の秩序問題》（東京：東京大学出版会，1999），i～xix。中譯見何淑宜譯，〈明清地域社會論的反思——《明清交替と江南社會》新書序言〉，《近代中國史研究通訊》，30（臺北，2000 年 9 月），頁 164～176。另可參考岸本美緒演講，朱慶薇紀錄，〈秩序問題」與明清江南社會〉，《近代中國史研究通訊》，32（臺北，2001 年 9 月），頁 50～58。此外亦可參考山田賢，〈中国明清史研究における「地域社會論」の現狀と課題〉，《歷史評論》，580 号（東京，1998 年 8 月），頁 40～53；山本英史，〈日本の伝統中国研究と地域像〉，收於氏編《伝統中国の地域像》（東京：慶應義塾大学出版会，2000 年），頁 1～9。

〔註 11〕史明正，〈西方學者對中國近代城市史的研究〉《近代中國史研究通訊》，13（臺北，1992 年 3 月），頁 187～197。

〔註12〕此後第三階段的代表性作品，可用羅威廉（William T. Rowe）兩本關於漢口的著作爲例。這兩本書分析漢口的商業、社會以及城市中的諸社群，並引發學界對於「市民社會」的熱烈討論。〔註13〕羅氏最近的著作則「下放」來到湖北麻城，描寫此縣城橫跨七百年的暴力歷史。〔註14〕事實上，西方學者除了對單一區域或城市做鉅細靡遺的調查之外，他們通常有更深的關懷，地方叛亂或是公共性與市民社會的研究皆是如此。這一方面與西方學界時常以歐洲史研究爲借鏡，並省思自身方法論有關，另一方面也是跨學科知識應用之成果。

以上簡單概述了城市、市鎮與聚落從二十世紀以來的研究歷程，粗略分析之，可發現早期中文學界多由大量的史料入手，詳細描述一個聚落的各種層面和區域的來龍去脈；日本學者則注意到地域內各種微妙的秩序變動過程，希望建構出傳統中國的地域面貌；西方學界以清晰的理論框架來對市鎮做分析，並多方利用其他學科的資源，進而以較宏觀的視野推測聚落的發展及其內部的活動。誠如李孝悌回顧中國叛亂史時所點出的，在歷史學的研究裡，「寫史」與「蒐集事實」有著程度上的差別。〔註15〕以往中文學界的市鎮史研究在史料蒐集上有特出之處，但未能提出清晰的理解與詮釋。西方學界有清晰的問題意識與理論背景，往往能提出具新意的洞見，正好與中文學界

〔註12〕William G. Skinner （ed.）, *The City In Late Imperial China* （Stanford: Stanford University Press, 1977）.中譯本見葉光庭等合譯，《中華帝國晚期的城市》（北京：中華書局，2000年）。

〔註13〕William T. Rowe, *Hankow: Commerce and Society in a Chinese City, 1796～1889*（Stanford: Stanford University Press, 1984）; *Hankow: Conflict and Community in a Chinese City, 1796～1895* （Stanford: Stanford University Press, 1989）. 中譯本：羅威廉著，江溶、魯西奇譯，《漢口——一個中國城市的商業和社會（1796～1889）》（北京：中國人民大學出版社，2005）；魯西奇、羅杜芳譯，《漢口——一個中國城市的衝突和社區（1796～1895）》（北京：中國人民大學出版社，2008）。

〔註14〕William T. Rowe, *Crimson Rain: Seven Centuries of Violence in a Chinese County*（Stanford: Stanford University Press, 2007）. 書評可見何漢威，〈評 William T. Rowe, *Crimson Rain: Seven Centuries of Violence in a Chinese County*〉，《中國文化研究所學報》，48（香港，2008），頁571～575；張育齊，〈評介 William T. Rowe, *Crimson Rain: Seven Centuries of Violence in a Chinese County*〉，《新史學》，19：4（臺北，2008），頁153～163。

〔註15〕李孝悌，"Writing History or Collecting Facts？ Different Ways of Representing Modern Chinese Rebellions," 《古今論衡》，9（臺北，2003年7月），頁31～34。

互補。不過，隨著學術資訊的流動益加便利和跨學科視野的開展，中文學界亦出現許多富創發性的研究理路。例如結合地理學，進一步探索聚落的沿革與發展，對研究城市與地域提供很大的幫助；另一方面，也有學者從人類學與社會學等範疇取經，透過田野調查來增益文獻記載，「華南研究」的區域社會史研究即是一例。這些學者在理論與實踐上的突破，爲城市、市鎮與聚落史的研究帶來新面貌。〔註 16〕王鴻泰也指出，1980 年代以前的研究多以城市爲背景，或是稍稍涉及城市，而非有意識以城市整體爲對象。1980 年代以來，學者開始認眞將城市視爲一個生活與文化場域，進而開展社會文化面相的討論，此亦可見城市、研究市鎮與聚落史研究取徑的突破。〔註 17〕

城市、市鎮與聚落史的研究方興未艾，論著豐碩，不斷有研究回顧總結過去的成果。除前引劉石吉、范毅軍、史明正和王鴻泰之外，近二十多年來還有劉海岩、巫仁恕、陳學文、顏曉紅、方志遠、川勝守、山根幸夫、熊月之及任放做了詳實的回顧。〔註 18〕城市、市鎮與聚落作爲人群生活的場所，本身的形成與結構已是相當值得討論的問題，加上研究視角多方開展，使得

〔註 16〕關於華南研究的介紹，參考科大衛，〈告別華南研究〉，收於華南研究會編，《學步與超越：華南研究論文集》（香港：文化創造出版社，2004 年），頁 9～30。以及陳春聲，〈走向歷史現場〉，收於趙世瑜著，《小歷史與大歷史：區域社會史的理念、方法與實踐》（北京：三聯書店，2006 年），I～VII。

〔註 17〕王鴻泰，《流動與互動——由明清間城市生活的特性探測公眾場域的開展》（臺北：國立臺灣大學歷史學研究所博士論文，1998 年），頁 18～27。

〔註 18〕劉石吉，〈小城鎮大問題——江南市鎮研究的回顧與展望〉，收於章開沅、嚴昌洪主編，《近代史學刊》，第 2 輯（武漢：華中師範大學出版社，2005 年），頁 1～10；劉海岩，〈近代中國城市史研究的回顧與展望〉，《歷史研究》，1992：3（北京，1992 年），頁 14～30；巫仁恕，〈明清近代市鎮墟集研究的回顧與前瞻〉，《九州學刊》，5：3（香港，1993 年 2 月），頁 95～112；陳學文，〈論江南市鎮史的研究〉，《九州學刊》，6：3（香港，1994 年 12 月），頁 125～138；顏曉紅、方志遠，〈80 年代以來國內學者明清城鎮及城鄉商品經濟研究的回顧〉，《中國史研究動態》，1999：4（北京，1999 年 4 月），頁 2～10；川勝守，〈中国近世都市社会史の問題點——中国都市研究の回顧と展望——〉，收於氏著《明清江南市鎮社会史研究——空間と社会形成の歷史学》（東京：汲古書院，1999 年）頁 17～72；山根幸夫，〈中国中世の都市〉，收於氏著《明清華北定期市の研究》（東京：汲古書院，1995），頁 157～186（此文最初發表於 1982 年，感謝林麗月老師的提點）；熊月之、張生，〈中國城市史研究綜述（1986～2006）〉，《史林》，2008：1（上海，2008 年 2 月），頁 21～35；任放，〈近代市鎮研究的回顧與評估〉，《近代史研究》，2008：2（北京，2008 年 3 年），頁 131～146。回顧文章其實數量甚多，此處僅選取較具代表性的論著以供參考。

「在城市裡發生的事件與活動」都納入城市史研究，城市史自然成為史學界的熱門課題。然而，研究論著雖汗牛充棟，但如范毅軍所言，還有許多議題被學者認為不證自明而尚未仔細審視，如市鎮的起源與定義、市鎮的盛衰起伏之時序以及數量上的變動、市鎮的地理分佈、空間網絡和階層關係、市鎮的類別、活動內容與功能，以及市鎮的綜合性質及其在明清社會經濟發展過程中的作用與意義等等皆是。若能有意識地思考這些問題，嘗試建立中國市鎮的共通討論框架，而不是僅專注於收集史料卻不進行深一層的分析，則當前所見的眾多市鎮個案研究更能在同一討論基礎上進行比較與對話，從而劃出中國市鎮的研究縱深。

第二節　士大夫與文人社群

隨著商業繁盛，城市成為人群往來的場所，由此產生種種社會文化現象。士大夫與文人由於任官、旅遊、貶謫或求學等等因素，在人生中添入許多走馬四方的經驗。在這樣的過程中，他們與志同道合之人交往，並組成講會、文社、詩社等社群，這些社群不必然有嚴格的組織架構與規範，但它們往往都具有特定的地緣關係。明清城市在繁華的風采外，也是人文薈萃之地。因此之故，各種社群便如雨後春筍萌生，呈現了士大夫、文人和城市有機的結合。

早在二十世紀初，已有學者注意到明代文人群體的問題。容肇祖有〈述復社〉一文，〔註19〕朱倓也發表多篇文章，後結集成《明季社黨研究》一書，用相當大的篇幅考證《東林點將錄》的版本以及東林黨人的著述，也整理了登樓社、讀書社、應社、中江社和幾社的史實。〔註20〕然而對此領域具開創之功的，仍首推謝國楨。在1930年代出版的《明清之際黨社運動考》中，謝國楨觀察到明代末年的特殊政治社會現象，也就是黨與社的出現。從嘉靖朝至弘光朝，黨與社的活動頻繁，一直到清初才漸漸衰弱。謝氏指出「一般士大夫階級活躍的運動就是黨，一般讀書青年人活躍的運動就是社」，在舉業上士子學習時藝而結社，在政治上則與志同道合之人成黨，這對明代中後期的政治、社會與文化有重要的影響。〔註21〕謝氏的研究建立在廣泛博覽的史料

〔註19〕容肇祖，〈述復社〉，收於氏著《明代思想史》（濟南：齊魯書社，1992年），頁335～350。

〔註20〕朱倓，《明季社黨研究》（重慶：商務印書館，1945年）。

〔註21〕謝國楨，《明清之際黨社運動考》（上海：上海書店出版社，2006年）。

基礎上，他蒐集的社黨資料除了對日後的學者有指引之功，也闢創出明代黨社研究的格局。

郭紹虞則從文學史的眼光來看明代的社黨團體，他在〈明代的文人集團〉中提出幾個文人團體發達的原因：明代文人的生活態度是「清客相」而不是「學者相」，因而相邀宴飲酬唱爲平常之事；明人治學態度與學術風度不嚴謹，人無定見而易被煽動，所以結社標榜；最後，結社無論在舉業或是政治上都有「實用性」，無論是熱衷躁進者或是砥節礪行者，都需要集團。郭氏從各種詩文中尋得許多鮮爲人知的社集，總計羅列了一百七十六個文人團體，由此可見明代結社集會的風氣。郭氏認爲文人結社到清代並非衰微，而是因政治現實與反抗意識之故，漸漸轉爲秘密結社。〔註 22〕

上列前輩學者們雖鉤勒出明代黨社的大致輪廓，但有主題性而進一步分析社黨之性質、網絡與競爭的論述，則要待後繼學者之研究。陳寶良將會社分爲政治型、經濟型、軍事型與文化生活型，分析其組成結構與功能。〔註 23〕日本學者小野和子的《明季黨社考》則是繼謝國楨後，討論明代社黨群體的另一代表性著作。此書在列舉社事之外，以明代政治作爲黨社勃興和爭鬥的背景，析論東林黨與復社在晚明所扮演的角色。小野氏指出，書院雖是研究學問的場所，但當此學問有「實踐性」之時，士人的結集自然就會從書院過渡到朋黨，由此形成東林黨。至於復社則以復興古學爲號召，成爲全國性的組織。在公的概念之下，這些黨社與過去以血緣、地緣及科舉同年等爲媒介的朋黨劃清了界線。然而，因未能掌握政界主導權，也沒有明確的政治綱領與政策，最後仍走上失敗的道路。〔註 24〕近年來何宗美在前輩學人的基礎上，對公安派及其他社集做了詳細的資料發掘與考證，並討論文人社集對文學與社會文化的影響，成果頗豐。〔註 25〕徐林研究明代中晚期江南士人之間的各種交往方式與類型，進一步探討士人與三教中人的關係，兼及士人與商人、

〔註 22〕郭紹虞，〈明代的文人集團〉，收於氏著《照隅室古典文學論集・上編》（上海：上海古籍出版社，1983 年），頁 518～610。

〔註 23〕陳寶良，《中國的社與會》（杭州：浙江人民出版社，1996 年）。

〔註 24〕小野和子著，李慶、張榮湄譯，《明季黨社考》（上海：上海古籍出版社，2006 年）。

〔註 25〕何宗美，《公安派結社考論》（重慶：重慶出版社，2005 年）；《明末清初文人結社研究》（天津：南開大學出版社，2003 年）；《明末清初文人結社研究續編》（北京：中華書局，2006 年）。

妓女及其他市井之人的交往。〔註 26〕王汎森先生從學術思想史的脈絡觀察到明末清初出現了許多讀經史的社團，它們逐漸脫離傳統文社的性質而將目標轉向經濟社會，影響到新一代的讀書人，昭示了未來清學的演變。〔註 27〕與二十世紀上半葉的前輩相較，後繼學人除了繼續發掘文人社集資料以外，更重視社黨現象的內涵。在社黨的主題之外，學者們廣泛探索政治、社會與思想文化的背景，社黨的時空環境獲得更進一步的理解，各個社黨的特殊性與差異性也更加立體。

上述諸位學者在史料蒐集或議題解釋的層面上，對明代各種社黨活動有相當大的貢獻。但士大夫和文人社群常與特定的地域有不可分的關係，因此在研究上，目光仍需兼及地方上各種集會結社的活動。明代興盛的王學及以其爲中心形成的各團體，便是一個重要的例子。呂妙芬在研究王學士人社群時刻意不採用傳統學術史與觀念史分別王學流派的作法，希望超越自黃宗羲（1610～1695）《明儒學案》以降的經典論述，試著從社會文化史的角度，尋找更能反映王學儒者們實際交往的關係網絡。呂氏指出，學者在各地組成的講會是使得陽明學能快速傳播的機制。講會與鄉約不同，前者以生員爲主體，並通常有著名的學者與官員號召提倡，而後者則較偏庶民階層。作爲地方鄉紳士人的定期學術交遊活動，陽明學講會的性質與文人結社相近，而與傳統書院教育較不同。講會中的成員講授、實踐與傳播陽明學，除了塑造出周遊各地的名儒如王畿（1498～1583）與錢德洪（1496～1574），另一方面聯絡地方精英，共同對地方公共建設與社會風俗產生影響。〔註 28〕張藝曦以江西的吉水與安福兩縣爲例，個案討論這兩地的王學發展和地方家族之間的關係。張氏指出，這兩地的學者憑藉地方家族之間親緣與姻親的網絡力量主導區域內的學術活動。透過講學、建書院與協助地方政務推展，重現「化鄉」的理想。名儒與小讀書人共同在鄉里合作，在單純的講會外，努力將王學理念推廣到一般平民的生活中。〔註 29〕由此可以看到，學術講會雖不似鄉約一樣有

〔註 26〕徐林，《明代中晚期江南士人社會交往研究》（上海：上海古籍出版社，2006 年）。

〔註 27〕王汎森，〈清初的講經會〉，《中央研究院歷史語言研究所集刊》，68：3（臺北，1997 年 9 月）頁 503～588。

〔註 28〕呂妙芬，《陽明學士人社群——歷史、思想與實踐》（臺北：中央研究院近代史研究所，2003 年）。

〔註 29〕張藝曦，《社群、家族與王學的鄉里實踐——以明中晚期江西吉水、安福兩縣爲例》（臺北：國立臺灣大學出版委員會，2006 年）。

廣大的庶民階層參與，但透過地方官員、士紳與全國性大儒的串聯，一方面在士人間有橫向連結，另一方面亦與地方社會建立起縱向聯繫。

此外足資注意者，還有各種善會與善堂在明代中晚期的出現。夫馬進將善會定義爲以實行善舉爲目的之自由結社，其所在機構與實行善舉的處所即是善堂。〔註 30〕梁其姿將焦點集中在由地方人士所共同成立，但並不屬於宗教團體或家族的善會與善堂組織。同善會在明末的成立與士人結社風氣有關，透過善會組織，士人、地方賢達、商人與富民聯合起來進行慈善活動。這股民間力量在許多層面上扮演了「儒官」的角色，在具體的救濟行動外，也擔負教化的任務，協助中央治理地方社會。這樣的組織與活動有助於地方社會階層的鞏固，亦是一種提昇地位的交際活動。〔註 31〕梁其姿從善會與善堂的取徑入手，觀察到地方組織對鄉里的教化訴求，以及其穩定地方秩序、協助官員治理的效用，這與前述呂妙芬等人的研究可謂殊途同歸。由此可知，無論是學術講會或是慈善組織，都保有傳統士人化鄉的理想。明代中晚期王學發展興盛，但科舉的競爭卻也達到前所未有的激烈程度，在這樣的背景下，無法於仕進上取得成就的眾多讀書人，便廣泛了參與地方鄉里的各種活動，其中有聚眾、示威與欺壓鄰里之情事，但亦有將「得君行道」的理想施展於地方的士人存在。

本節簡述二十世紀初以來明代社黨的研究概況，以及各種講會、組織與地方之間的關係。文人聚集結社的觸媒可能是舉業、對詩文的愛好、旅遊、聲酒之好或是宗教信仰，而明代中晚期經濟繁榮與思想奔流的環境，更是讓社黨蓬勃發展的溫床。經由社黨組織，同好者聚集談詩論文，講經說史，有的躍上政治舞台，有的則導引學風，這都顯示出明代社黨的時代重要性。不過，許多文人聚會不必然有社黨名義，更多的情況通常是透過頻繁的相互拜訪及遊歷而互通有無，這些活動常是他們生命中最深刻的記憶與經驗。

第三節　社會風尚與文人活動

清代龔自珍（1792～1841）曾說：「古人之世，倏而爲今之世；今人之世，

〔註 30〕夫馬進，《中国善会善堂史研究》（京都：同朋舍，1997 年）。中譯本見伍躍、楊文信、張學鋒譯，《中國善會善堂史研究》（北京：商務印書館，2005 年）。

〔註 31〕梁其姿，《施善與教化——明清的慈善組織》（臺北：聯經，1997 年）。

倏而為後之世。旋轉簸盪而不已，萬狀而無狀，萬形而無形。」〔註 32〕社會的風尚與習俗其實亦「萬狀而無狀，萬形而無形」，研究者唯有試著透過觀察各式實存的形體，才能掌握到已消逝於時空中，與時俱變的流風。

社會風尚除了反映特定時期的經濟、政治、思想意識的風貌，也是當代一種「群體行為」的表現。〔註 33〕明代中晚期在商品經濟的發展下，社會的生活型態、風俗習慣以及文化風氣都起了極大的變化。王正華分析描繪晚明南京城的《南都繁會圖》，指出圖中的階級區分與男女之別並不明顯，都市猶如舞台，人與物的流動與互動頻繁，而商業與消費也是重要場景。在市井繁華中，很自然會體會到一種「城市感」。〔註 34〕劉志琴則認為，晚明城市風尚的形成與變遷，大體即是從商品經濟的發展起始，進而社會普遍越禮逾制、消費生活更新以及人情風貌改觀。〔註 35〕徐泓也以江浙地區為例，敘述明代的社會風氣從明初的「儉樸淳厚、貴賤有等」轉為明中期的「渾厚之風少衰」，最後至明末而成「華侈相高、僭越違式」的進程。〔註 36〕誠如卜正民（Timothy Brook）在《縱樂的困惑》一書中所描寫的，明代社會多采多姿的繁榮景象一方面帶來各式各樣的物質享受與逸樂，另一方面卻也使得張濤此類士人感到憂心，形成一種時代的矛盾。〔註 37〕這讓我們注意到，士大夫及文人的心態與活動隨時代而遞嬗。因此，經由深入觀察他們的日常生活及其與週遭環境之交涉，研究者即可嘗試探索瞬息流風的形影。

對士大夫與文人來說，交遊往來與詩文酬唱為生活中的重要部份。除了人的參與外，支持這些活動的另一項重要元素即是「空間」。當社交空間跨出

〔註 32〕〔清〕龔自珍，〈釋風〉，收於王佩諍校，《龔自珍全集》（上海：上海古籍出版社，1975 年），頁 128。

〔註 33〕林麗月，〈世變與秩序——明代社會風尚相關研究評述〉，《明代研究通訊》，4（臺北，2001 年 12 月），頁 9。

〔註 34〕王正華，〈過眼繁華：晚明城市圖、城市觀與文化消費的研究〉，收於李孝悌主編，《中國的城市生活》（臺北：聯經，2005 年），頁 1～57。所謂的城市感並不全來自畫中實際物品或服飾的形象，而可能部份源於觀者自身對商業社會與消費文化的熟悉，使數百年前的社會風景與現代產生聯繫。

〔註 35〕劉志琴，〈晚明城市風尚初探〉，收於氏著《晚明史論——重新認識末世衰變》（南昌：江西高校出版社，2004 年），頁 114～132。

〔註 36〕徐泓，〈明代社會風氣的變遷〉，收於《第二屆國際漢學會議論文集：明清與近代組》（臺北：中央研究院，1989 年），頁 137～159。

〔註 37〕Timothy Brook, *The Confusions of Pleasure: Commerce and Culture in Ming China*（Berkeley: University of California Press, 1998）. 中譯本見方駿、王秀麗、羅天佑譯，《縱樂的困惑：明朝的商業與文化》（臺北：聯經，2004 年）。

自宅而來到公共場所，社交活動便有了另一層意義。王鴻泰認爲，隨著酒樓和茶館的出現與復興，酒、茶等飲食活動的進行從私人空間移到酒樓與茶館等公共場所，這些場所便從消費所在的空間變成被消費的對象之一。新的活動場域與社會生活由此開展，創造了一種城市文化，也顯示出公眾生活領域的擴張與公眾生活的繁盛。〔註 38〕園林則是明代另一個文人社交的空間。早期研究者大多通論性介紹園林建築與園藝美學，其後漸有從哲學、文學、風水學、造園家與造園理論等角度來研究園林者。近年來學界由文化史及文學象徵的取徑出發，將園林詮釋爲明清士人隱居和建構生活品味的空間，或者經由文本去分析「園林書寫」的塑造與隱喻。〔註 39〕巫仁恕提到，明清江南園林文化是一種在商品經濟繁盛的時代背景中，由士大夫與富商引領的社會風潮下所誕生的產物。許多士人以築園爲癖，但在社會輿論批評其奢華的壓力下，也須多方爲自己築園的動機辯護。文人在經營園林的過程中，經由寫作關於園林的文字，建構自己心中理想的園林，表現出「文人化園林」的意象。〔註 40〕李孝悌也以晚明冒襄（1611～1693）及其著名的水繪園爲例，敘述水繪園在冒襄的經營下，成爲一個充滿逸樂文化，卻又散發遺民情懷的獨特境域。此時文人與園林不僅有緊密的聯繫，園林更可說是其生命的投影。〔註 41〕由上述的研究成果，不難看出明代中晚期的這種「空間特質」同時具有內向性及外向性。賓友往來或是對園林的經營理念，本與士人內心的想法有關。但當他們感受到經濟發展下消費社會的薰風時，私人的交往與園林經營便產生了內涵的轉化。

此外，晚明士人對生活物件、服飾、飲食與娛樂的需求，也成爲在學術思想之外，另一個受研究者關注的面相。林麗月梳理晚明奢侈風氣、消費心態以及服飾風尚之間的關係，並由明遺民對清初薙髮易服的抵抗以及網巾的象徵意義，說明服飾對塑造思想與社會文化所起的作用。〔註 42〕周振鶴透過

〔註 38〕王鴻泰，〈從消費的空間到空間的消費——明清城市中的酒樓與茶館〉，《新史學》，11：3（臺北，2000 年 9 月），頁 1～48。

〔註 39〕以上對於園林研究的回顧，詳細可參見巫仁恕，〈江南園林與城市社會——明清蘇州園林的社會史分析〉，《中央研究院近代史研究所集刊》，61（臺北，2008 年 9 月），頁 2～3。

〔註 40〕巫仁恕，〈江南園林與城市社會——明清蘇州園林的社會史分析〉，頁 1～59。

〔註 41〕李孝悌，〈冒辟疆與水繪園中的遺民世界〉，收於氏著《昨日到城市——近世中國的逸樂與宗教》（臺北：聯經，2008 年），頁 81～134。

〔註 42〕林麗月，〈衣裳與風教——晚明的服飾風尚與「服妖」議論〉，《新史學》，10：

分析明代各時期遊記書寫的數量與質量，論述明代旅遊之風興盛。他指出，到明代晚期，部份士人將旅遊視爲「名高」之事。〔註 43〕令人好奇的是，士大夫與文人究竟在消費過程中抱持什麼樣的心態？他們與一般平民的消費又有何不同？對此疑問，柯律格（Craig Clunas）認爲，明代晚期士人在消費行爲中，其實注入了雅與俗的觀念來強調其精英品味，這樣的意念明顯表現在士人對各種古董、書畫與珍玩器物的態度之中。〔註 44〕與柯氏概念相近，巫仁恕從食衣住行各個不同角度觀看明清士大夫與消費社會之間的關係。就他看來，由於商品經濟興盛，消費社會所涵括的階層也從原本的上層士紳階級，擴展到商人甚至是庶民。在追求享受的過程中，士人察覺到，原本以往只有他們才能擁有的生活逸樂與文化生活，已經在社會中被許多商人模仿。因此，士人們亟思賦予消費與生活行爲另一種意義，以用來重新確立身爲士人的價值。〔註 45〕邱仲麟分析明清江南的花卉與園藝市場，並探查士大夫與文人的賞花活動及盆景愛好，也呈現出士人如何賦予消費活動意義的過程。〔註 46〕

在目不暇給的物質消費及逸樂之外，也有部份士大夫與文人希望躍升到

3（臺北，1999 年），頁 111～157；〈明代中後期的服飾文化及其消費心態〉，收於劉翠溶、石守謙主編，《經濟史、都市文化與物質文化》（臺北：中央研究院，2002 年），頁 467～508；〈故國衣冠——鼎革易服與明清之際的遺民心態〉，《臺灣師大歷史學報》，30（臺北，2002 年 6 月），頁 39～56；〈萬髮俱齊——網巾與明代社會文化的幾個面相〉，《臺大歷史學報》，33（臺北，2004 年 6 月），頁 133～160。

〔註 43〕周振鶴，〈晚明文人與旅遊風氣〉，收於香港城市大學中國文化中心編，《明代政治與文化變遷》（香港：香港城市大學出版社，2006 年），頁 169～207。關於明代的旅遊及山水賞玩活動，還可參考陳建勤，《明清旅遊活動研究——以長江三角洲爲中心》（北京：中國社會科學出版社，2008 年）；夏咸淳，《明代山水審美》（北京：人民出版社，2009 年）。

〔註 44〕Craig Clunas, *Superfluous Things: Material Culture and Social Status in Early Modern China*（Cambridge: Polity Press, 1991）.

〔註 45〕巫仁恕，《品味奢華——晚明的消費社會與士大夫》（臺北：聯經，2007 年）。然而，也有學者認爲巫氏過於強調士大夫對身份的「焦慮」，並質疑除了商人以外的社會下層是否眞有能力參與消費社會。見汪榮祖，〈晚明消費革命之謎——巫仁恕《品味奢華——晚明的消費社會與士大夫》〉，《中央研究院近代史研究所集刊》，58（臺北，2007 年 12 月），頁 193～200。

〔註 46〕邱仲麟，〈花園子與花樹店——明清江南的花卉種植與園藝市場〉，《中央研究院歷史語言研究所集刊》，79：3（臺北，2007 年 9 月），頁 473～552；〈明清江浙文人的看花局與訪花活動〉，《淡江史學》，18（臺北，2007 年 9 月），頁 75～108；〈宜目宜鼻——明清文人對於盆景與瓶花之賞玩〉，《九州學林》，5：4（上海，2007 年 12 月），頁 120～166。

俗世之上，過一種更有格調的生活。王鴻泰提到，一些明清文人以「閒隱」爲理想，在日常生活中架構出疏離於世俗的意境。他們藉由賞玩古物、焚香煮茗、評書品畫等癖好，建構新的生命情境；通過人生態度、生活形式與感官活動三者的牽引，在世俗中追求雅的生活以及心境上的超脫。王氏認爲這是一個由「隱」的人生態度開展到「閒」的生活理念之歷程，最終演化出「雅」的生活形式。〔註 47〕追根究底，文人對閒情的追求其實寓有對抗世俗世界與社會價值的意圖，因此才透過各種方法重新詮釋個人生命的時間與空間架構，從而形成了一種特別的文人文化。〔註 49〕明代中後期士人身處在一個有著各種享受與逸樂的社會，但同時仍無法擺脫傳統科舉施加的壓力，許多人便將兩者融合轉化，希冀在物質生活中建立屬於自身的雅文化，實行想望的生活理念。由此，仕途上的失意不再全盤扼殺個人價值，士人們從另一個角度肯定了自己。

從明代士大夫與文人的生命歷程來說，功名是不能不面對的社會束縛。然而，科考卻也催生出一批「拒絕科舉的文人」。他們或由主觀對官場的厭惡，或由屢試不第而困頓憤懣，其心靈尋求著能在科舉成就之外安身立命之處。詩與由詩衍生出的社團即是一例。王鴻泰追溯詩在明代士人年少時的知識養成過程中所扮演的角色，指出部份士人深受詩的觸發，對詩的愛好在仕途外成爲另一種人生出路與寄託，讓他們抒發諸多不得志之感。此外，詩也具有很強的社交性，透過文字的流通，一方面促進士人們內在情感的交流，另一方面也交織繁複的社交網絡而形成「文藝社會」，從中獲得與科舉成就相抗衡的聲名。因而王氏認爲，明代後期士人「與制度角力中，以詩爲爭具，逆勢爲文人」，表現出明代文人文化的一個面相。〔註 49〕另外他也指出，明代中期以後城市內「俠游之風」興盛，這也是在詩文之外，另一個士人得以抗拒科舉功名、確認個人價值的途徑。〔註 50〕

由本節的回顧，我們看到明代社會風俗的豐富面貌以及士人的各種回

〔註 47〕王鴻泰，〈閒情雅致——明清間文人的生活經營與品賞文化〉，《故宮學術季刊》，22：1（臺北，2004 年秋季），頁 69～97。

〔註 49〕王鴻泰，〈明清間士人的閒隱理念與生活情境的經營〉，《故宮學術季刊》，24：3（臺北，2007 年春季），頁 1～44。

〔註 49〕王鴻泰，〈迷路的詩——明代士人的習詩情緣與人生選擇〉，《中央研究院近代史研究所集刊》，50（臺北，2005 年 12 月），頁 1～54。

〔註 50〕王鴻泰，〈俠少之游——明清士人的城市交游與尚俠風氣〉，收於李孝悌編，《中國的城市生活》（臺北：聯經，2005 年），頁 101～147。

應。從公共領域擴張、園林空間經營、精緻化的食衣住行再到個人價值的尋求歷程，大時代商業繁盛與新型態城市文化的背景，都與士人緊密連結在一起。由此，我們便能實際進到明代士大夫與文人的日常生活，探索他們的生命經歷及社會流風。

第四節　探求過往雲煙

李孝悌指出，研究者如不正視存在於道德與理性的儒學論述之外的那些傳統上被認爲是不道德、非理性或神秘的面相，便無法全盤瞭解明清士大夫的文化與思想。〔註 51〕此論述反省了以往學術界過度從政治史與思想史來理解士人的研究視角，並指出過去的取徑常導致生冷制式的結論，仍不是明代士大夫與文人的全貌。既然明代士大夫與文人生存在屬於他們的時代，則他們必然時時與生活中的事物互動，無法和社會環境分割。卸下嚴肅的政治或思想面貌，這些人也與庶民一樣具備自己獨特的性格，經歷過喜怒哀樂種種情緒，這都是他們生於世、處於世而應對於世的生動表現。這些面相常常被剛硬而理性的文字掩蓋，讓人一時忽略他們在字裡行間洩漏的情感訊息，由此佚失了這些人物的親切面目。事實上，日常行動、智識的思辨、雅俗的價值建構以及物質的應對態度，都是士大夫與文人生命中同時具有的經驗，而這些經驗應均衡地爲研究者所用，以突顯明代士大夫與文人在時代中之特殊性。雖不能使往者復生，但可試圖牽引出其風采。

本書希望從人物思想與生活中的蛛絲馬跡，觀察他們在傳統印象之外的生命經歷與情懷。目光將聚焦於以李贄（1527～1602）和耿定向（1524～1597）爲首，活動於晚明湖北麻城、黃安的人物身上。麻城與黃安並非像江南那樣的繁榮之地，但在十六世紀後，這個區域隱隱有股吸引力，讓許多士大夫與文人前來造訪，這個現象與李贄和耿定向大有關係。然而，李、耿二人在思想上的歧異不僅在晚明爲一大公案，其後數百年的官方書寫與史家評價都還爲此爭論不休。經此一番折騰，李、耿各自的形象愈顯僵化，也被認定是全然對立的兩個極端。本書希望能扭轉這種非黑即白的刻板印象，先從兩人活動的舞台——麻城與黃安——的背景開始談起，描繪兩地在明中後期的發展

〔註 51〕李孝悌，〈序——明清文化史研究的一些新課題〉，收入氏編《中國的城市生活》（臺北：聯經，2005 年），頁 i～xxxv。

狀況。由此，進一步追索李、耿的爭端，討論他們思想與日常生活的態度。最後以李贄爲中心，尋找他能在麻城吸引一群友朋的性格特質。我所關注的重點在於屬於士大夫與文人的「生命歷史」，無論是傳統視角下的政治與思想表現，或是文化史發掘出的生活面貌，皆涵納於其中。歷史人物在與生存環境交涉、與時代中人相往來的同時，一邊寫下了自己的生命履歷表。本書將由這些人物的生命履歷表之諸條目出發，以人爲中心，觀察其思想、行爲特質以及與地方的交涉。回到事件之始，探索地域、人物與思想的因緣際會，將焦點放在人與人之間的互動過程，追述一個過往的故事。

第二章　從麻城到黃安——明代中後期新文化據點之形成

明代中後期，幾個自古以來有名的城市與市鎮成爲士大夫與文人群聚之地，在思想與文化上呈現欣欣向榮的景象。然而，此時湖北的麻城與黃安，也正儲備著自身的文化實力，準備大顯身手。本章將先俯瞰明代幾個重要的文化據點，簡述其盛況，再聚焦於麻城與黃安，探討明中葉以後位於湖北的這個區域之崛起。

第一節　明代中後期幾個重要的文化與思想據點

明代中後期的社會在商品經濟、消費活動或思想文化諸層面都達到相當高的水平，這在江南地區表現得最爲明顯。城市與新興市鎮之間的資源流動促進了商業的繁榮，建立起產地與市場間的供需關係。據樊樹志的研究，江南的蘇州府、松江府、杭州府、嘉興府與湖州府在明代除了是財賦重地，同時也是農工商各行業發達的經濟中心。在新興市鎮數量的增加之外，一些原本就歷史悠久的市鎮在明中葉以後亦迅速趨向繁榮，其規模非宋、元時可相比。〔註 1〕謝國楨很早就指出，自嘉靖年間開始，大江南北以及山東、陝西個別地區社會經濟繁榮，水陸交通也很便利，促成了文人社集的繁盛發展。〔註 2〕外在物質條

〔註 1〕樊樹志，《江南市鎮——傳統的變革》（上海：復旦大學出版社，2005 年），頁 101～123。

〔註 2〕謝國楨，〈引論〉，收於氏著《明清之際黨社運動考》（上海：上海書店出版社，2006 年），頁 7。

件的提昇，對文藝、學術與思想有正向的助益。明代文學與思想的眾聲喧嘩一方面可歸因於內在理路的思辨與突破，另一方面亦從外部社會經濟土壤汲取了充足的養分，終使明代的人文百花齊放。

以明代盛行的詩社來說，其據點便多分佈在繁榮的東南與沿海地區，杭州即爲一例。杭州出身的張瀚（1510～1593）描述他的故鄉「山川秀麗，人慧俗奢」，物產豐富而「四方咸取給也」，各地大商賈無不遠千里而來。〔註 3〕因此，襟帶杭州的西湖除了以秀麗的風景吸引人群聚集，富庶的杭州商業也從基底支持各種文藝活動。〔註 4〕明遺民張岱（1597～1689）自述「西湖無日不入吾夢中，而夢中之西湖，未嘗一日別余也」，〔註 5〕西湖的美麗形影一再流轉於心緒，徘徊在他的筆下。在湖光山色之外，他同時記述了西湖廟會期間來自山東、嘉興與湖州之人紛紛湧入與當地人做買賣的盛況。此時西湖無處不市，商品有「三代八朝之古董，蠻夷閩陌之珍異」等珍物，其他如胭脂簪珥等物件亦無不集於此地，可想見當時的熱鬧景況。〔註 6〕方此之時，西湖畔出現了西湖八社、放生社與讀書社等具不同特色的代表性社集。西湖八社以詩文創作爲主；放生社的組織者爲晚明高僧袾宏（1535～1615），他藉社集傳播淨土念佛法門和因果報應信仰；讀書社則兼具文學與學術兩趨向，於經史之學多有造詣。〔註 7〕優美的環境、繁榮的經濟與才俊人物諸要素的聚合，使杭州成爲明中晚期文化地圖裡的重要節點之一。〔註 8〕

明代的南京則是另一個文人結社的重要據點。無論被稱作秣陵、石頭城、建業、建康、江寧、金陵或是南京，位於長江下游的這個城市自古以來在歷

〔註 3〕〔明〕張瀚撰，盛冬鈴點校，《松窗夢語》（北京：中華書局，1985 年），卷 4，〈商賈紀〉，頁 83～84。

〔註 4〕何宗美，〈明代杭州西湖的詩社〉，收於氏著《明末清初文人結社研究續編》（北京：中華書局，2006 年），頁 19。

〔註 5〕〔清〕張岱著，夏咸淳、程維榮校注，《陶庵夢憶．西湖夢尋》合刊（上海：上海古籍出版社，2001 年），《西湖夢尋》，〈自序〉，頁 147。

〔註 6〕〔清〕張岱著，夏咸淳、程維榮校注，《陶庵夢憶．西湖夢尋》合刊，《陶庵夢憶》卷 7，〈西湖香市〉，頁 109。

〔註 7〕何宗美，〈明代杭州西湖的詩社〉，《明末清初文人結社研究續編》，頁 101。

〔註 8〕史景遷（Jonathan Spence）以張岱爲題，敘述一個晚明名士的畢生見聞與生命情懷，對杭州有不少刻劃。生於浙江紹興而曾居住於杭州西湖的張岱，以生動的筆觸記下了當時繁盛的商業活動以及各種文人雅癖，見證了晚明經濟與文化盛況。參考史景遷著，溫洽溢譯，《前朝夢憶——張岱的浮華與蒼涼》（臺北：時報文化，2009 年）。

史上都扮演著舉足輕重的角色。長期作爲都城的南京擁有深厚的歷史文化傳統，至明代成爲四方官宦與文人往來的處所。明初的南京在明太祖的有意建設下有著濃厚的政治與軍事象徵，因而環繞著較爲嚴肅的氛圍。日後明成祖將首都北遷的行動削弱了南京的人力與物力資源，暫時減損了南京的元氣。不過，自明中晚期後，手工業的發展與專業市鎮的興起促進了地域間的貨物流通，具有「北跨中原，瓜連數省，五方輻輳，萬國灌輸」之地理形勢的南京，搖身一變成爲商賈爭赴之所。〔註 9〕雖然失去首都地位而不再有政治上的絕對重要性，但存留的六部建置與貢院等機構，依然是使士人八方雲集的實際因素。再加上經濟的興盛與文化藝術之風氣，各方文士自然振翮來歸。

南京在遊覽、逸樂與講學上，都對士人有著極大的魅力，此愈近晚明而愈爲明顯。對於六朝古都的風景，顧起元（1565～1628）有如此的體會：

> 二陵佳氣，常見鬱鬱蔥蔥；六代清華，何減朝朝暮暮。宜晴宜雨，可雪可風，舒曠攬以無垠，恣幽深而罔極。嘗謂士生其閒，情鍾懷土，道感逝川，政可蠟（按：應爲躐）屐而登，巾車而往，又何煩頓千里之駕，期五岳之游者哉。〔註 10〕

身爲南京土生土長的子弟，顧起元精闢地點出自然景色與歷史傳統兩者在南京的交融。處於這樣的環境，士人不必舟車勞頓去尋求其他名勝。與顧氏同時的謝肇淛（1567～1624）評論南京名勝，也認爲「即西湖之繁華，長安之壯麗，未有以敵此者也」，〔註 11〕給予極高評價。憑藉著山川與亭臺的妝點，南京使眾多士人觸景生情而寫下吟詠詩歌，可想見其景緻的感染力。

然而，在大自然的斧鑿之外，南京城內的逸樂活動或許對文人雅士更有吸引力。「商女不知亡國恨，隔江猶唱後庭花」雖是詩人的誇飾手法，但靡靡之音的確是晚明南京的一部分。張岱追憶秦淮河兩岸的亭台樓榭，畫船簫鼓來去其間，「女客團扇輕紈，緩鬢傾髻，軟媚著人」。每至端午，城內士女競看斑斕燈船，船裡亦「宴歌弦管，騰騰如沸」，直至午夜時分才曲終人散。〔註 12〕與張岱同爲明遺民的余懷（1616～1696）在《板橋雜記》一段廣爲人

〔註 9〕〔明〕張瀚撰，盛冬鈴點校，《松窗夢語》，卷 4，〈商賈紀〉，頁 83。

〔註 10〕〔明〕顧起元撰，譚棣華、陳稼禾點校，《客座贅語》（北京：中華書局，1987 年），卷 1，〈登覽〉，頁 22。

〔註 11〕〔明〕謝肇淛著，傅成校點，《五雜組》，收於《明代筆記小說大觀》第二冊（上海：上海古籍出版社，2005 年），卷 3，〈地部一〉，頁 1527。

〔註 12〕〔清〕張岱撰，夏咸純、程維榮校注，《陶庵夢憶．西湖夢尋》合刊，《陶庵

知的記述則更生動地描寫了南京的逸樂情景：

> 金陵爲帝王建都之地，公侯戚畹，甲第連雲，宗室王孫，翩翩裘馬，以及烏衣子弟，湖海賓游，靡不挾彈吹簫，經過趙李。每開筵宴，則傳呼樂籍，羅綺芬芳，行酒糾觴，留髡送客，酒闌棋罷，墮珥遺簪。眞欲界之仙都，昇平之樂國也。〔註 13〕

誠如李孝悌所言，南京的規模與位階吸引物質與人力資源而成就其繁華，太學、貢院與妓院共處一地，因而讓秦淮河畔成爲士人記敘中欲望的象徵，讓南京成爲逸樂之都。〔註 14〕因此，謝肇淛提到當時任官於南京的宦者認爲「留都爲仙吏」，這乃因留都官吏多爲閒職，士人肩負的政治責任不重，能有餘裕從事文化與娛樂活動。從謝氏自己的經驗來說，自南京移官北方後，所見的是「袞袞馬頭塵，匆匆駒隙影」而已，根本無法與南京相比。〔註 15〕「無日不沙飛」的環境，更使文人感到困擾。〔註 16〕北京雖然是全國的政治核心，然而在許多士大夫與文人的心中，南京的繁華更令人留戀。南北的反差惟使文人更加懷念金陵的氛圍，這可說是明代中晚期以來的普遍現象。由此，南京磁吸士大夫與文人，創造了文化的盛況。

據顧起元回憶，此時聚集在南京的才俊人物各有所長，可謂「干將之氣，牛斗相望；汗血之駒，䟬跋欲騁者尚多，不能悉紀也」。〔註 17〕隨女眞人力量的勃興，明王朝的暮日看似在即，然而南京的繁華卻彷彿自外於國勢。謝國楨提到：「東林被難楊、左諸君子的孤兒全都長大了，都到金陵來趕考，還有那些豪華的公子和復社的名士都聚集在金陵。」〔註 18〕晚明名士如張岱（1597～1679）、陳貞慧（1604～1656）、侯方域（1618～1654）、方以智（生卒年不詳）與冒襄（1611～1693）等人，都有著深刻的金陵經驗。從余懷的《板橋雜記》到孔尚任（1648～1718）的《桃花扇》，秦淮八艷與騷人墨客處處展露風

夢憶》卷 4，〈秦淮河房〉，頁 59。

〔註 13〕〔清〕余懷著，李金堂校注，《板橋雜記》（上海：上海古籍出版社，2000 年），上卷，〈雅游〉，頁 7。

〔註 14〕李孝悌，〈桃花扇底送南朝——斷裂的逸樂〉，收於氏著《昨日到城市——近世中國的逸樂與宗教》，頁 25～26。

〔註 15〕〔明〕謝肇淛，《五雜組》，卷 3，〈地部一〉，頁 1527。

〔註 16〕〔明〕袁宏道著，錢伯城箋校，《袁宏道集箋校》（上海：上海古籍出版社，2008 年），頁 595。

〔註 17〕〔明〕顧起元，《客座贅語》，卷 10，〈文士〉，頁 313～314。

〔註 18〕謝國楨，〈復社始末下〉，《明清之際黨社運動考》，頁 129。

采。〔註 19〕東林中人、晚明文壇領袖錢謙益（1582～1664）描述留都「海宇承平，陪京佳麗，仕宦者誇爲仙都，游譚者指爲樂土」，從弘正年間開始「江山妍淑，士女清華，才俊翕集，風流弘長」；嘉靖中期「秦淮一曲，煙水競其風華；桃葉諸姬，梅柳滋其妍翠」；萬曆年間文人群聚而賓友往來游宴，「筆墨橫飛，篇帙騰湧」，達到金陵文人娛樂的極盛，〔註 20〕而錢謙益自身便與秦淮八艷之一的柳如是（1618～1664）有過一段才子佳人之情。雅士與名妓於秦淮河畔往來唱和，可以想見當時南京少年公子們的意氣風發和風流倜儻。

除了遊覽與逸樂活動，明代南京亦有濃厚的學術氣氛。明代王學蓬勃發展的原因之一，即是靠著王門中人於各地舉行的講會活動來傳播理念，聯合同道中人互相切磋並聯絡情感。身爲王守仁（1472～1528）及門弟子的王畿（1498～1583）畢生致力於傳播其師的學說，《明儒學案》稱其「林下四十餘年，無日不講學，自兩都及吳、楚、閩、越、江、浙，皆有講舍，莫不以先生爲宗盟。年八十，猶周流不倦。」〔註 21〕王畿曾數次在南京舉行講會並留下記錄，例如嘉靖四十四年（1565）時門人有記：

> 嘉靖乙丑春，先生之留都，抵白下門，司馬克齋李子出邀於路，遂入城，偕諸同志大會於新泉之爲仁堂。上下古今，參伍答問，默觀顯證，各有所發，爰述而紀之。〔註 22〕

此外萬曆十四年（1586）時羅汝芳（1515～1588）也在南京舉行講會，盛況空前。〔註 23〕嚴格說來，王陽明在世時間不長，加上一生征撫各地，僅憑一人之力是難以開創出明代心學規模的。然而在其入室弟子與再傳弟子的努力之下，終於使心學成爲明中晚期思想的主流，這點從王畿年至八十仍四處講學不輟的精神即可略知一二。同時，身爲南京本地人的焦竑（1540～1620）也以南京爲基地，與外地來的學者研習聚會，在地方深耕學術。綜觀而言，

〔註 19〕大木康著，辛如意譯，《風月秦淮——中國遊里空間》（臺北：聯經，2007 年），頁 54。

〔註 20〕〔清〕錢謙益，《列朝詩集小傳》（上海：上海古籍出版社，2008 年），丁集上，〈金陵社集諸詩人〉，頁 462～463。

〔註 21〕〔清〕黃宗羲著，沈芝盈點校，《明儒學案》（北京：中華書局，2008 年），卷 12，〈郎中王龍溪先生畿〉，頁 237。

〔註 22〕吳震編校，《王畿集》（南京：鳳凰出版社，2007 年），卷 4，〈留都會紀〉，頁 88～89。

〔註 23〕何宗美，〈明代南京文人社集與文學流變〉，收於氏著《明末清初文人結社研究續編》，頁 157。

南京在政治、經濟與逸樂上的吸引力使各地士人聚集於此，對於講學活動的舉行可說相當便利。

另一個值得注意的地區爲江西。謝國楨指出，明中期後江西的文人結社相當發達，有名的臨川文士如陳際泰（1567～1641）、艾南英（1583～1646）、羅萬藻（?～1647）與章世純（1575～1644）等人，主導了整個江西的社事活動。〔註 24〕但於各種文社、詩社之外，亦不能忽略明代風騰的陽明學講會，因爲江西也是王學形成與發展中的極重要根據地。王學與以往儒學傳統很不一樣的地方，即在於頻繁而親切的講會活動。黃宗羲認爲「有明事功文章，未必能越前代，至於講學，余妄謂過之」，藉由師友之間答問討論，明儒於牛毛繭絲之細節，無不辨析分明。〔註 25〕從《明儒學案》的學術史敘事來看，泰州、浙中與江右爲王陽明身後的三大主要王學派別，其中泰州學派具深厚平民性格，於講學上也沒有特定的地域特質；浙江爲王陽明故鄉，陽明遭忌賦閒於家時在此的講學，吸引了後來形成浙中學派的諸弟子；江西是王陽明展現軍事天賦與政治才能的舞台，在此地長年流連的過程中，將其學說較完備地傳達給弟子。因此黃宗羲評王學，認爲只有江右一派才得王陽明之傳，使陽明之道賴以不墜。〔註 26〕

事實上，江西本身自南宋以來即有興盛的書院建設與教育，至明初，吳與弼（1391～1469）、胡居仁（1434～1484）和婁諒（1422～1491）等大儒也曾於此活動，這樣的學術背景提供給王學一批有興趣也有能力的接受者。〔註 27〕沈德符也說：「自武宗朝王新建以良知之學行江浙兩廣間，而羅念菴、唐荊川諸公繼之，於是東南景附，書院頓盛。」〔註 28〕從沈氏的記述可知，學術發展的據點與當時經濟繁榮的區域多相重疊。內緣學術思想流變與外緣社會經濟的配合，催生出幾個全中國重要的學術文化據點，這與其他各類文人集會結社本質上有相通之處。

景色優美的杭州、冠蓋雲集的南京以及社集講會眾多的江西等地的位階

〔註 24〕謝國楨，〈復社始末上〉，《明清之際黨社運動考》，頁 115～117。

〔註 25〕〔清〕黃宗羲著，沈芝盈點校，《明儒學案》，〈明儒學案序〉，頁 7。

〔註 26〕〔清〕黃宗羲著，沈芝盈點校，《明儒學案》，卷 16，〈江右王門學案一〉，頁 331。

〔註 27〕呂妙芬，《陽明學士人社群——歷史、思想與實踐》，頁 320。

〔註 28〕〔明〕沈德符撰，《萬曆野獲編》（北京：中華書局，1959 年），卷 24，〈書院〉，頁 608。

和地域大小並不相同，也各有特色。但它們背後都以豐沛的經濟資源作爲支撐，因而在娛樂、詩文與學術上突出於時代。這幾個地方的情景，昭示了明中後期經濟與文化的大脈動。以下要述說的麻城與黃安，亦是在整體經濟環境提昇下躍升而起的新興市鎮。它們的規模與知名度不能與南京等地相比，但從晚明的思想文化眼光來看，其內部卻也有值得一探的故事。

第二節　麻城：嶄露頭角

明人的小品文以清麗的筆觸爲其特色，讀者總不免爲那簡要但又絲絲入扣、看似若無其事卻又蘊藏情懷的文字所吸引。這些小品文的內容多爲文人墨客自身見聞，從繁華城市內的人事物、旅遊途中所見之奇山怪石，抑或是風吹草動而心生感觸，皆可作爲題材。材料看似繁瑣，卻更展現個人筆下功力。晚明小品文便在文人的雕琢與任情之間兩相迴盪而生。

湖北公安縣在明中晚期出了三位有名的文人，他們是袁宗道（1560～1600）、袁宏道（1568～1610）與袁中道（1575～1630）三兄弟。他們爲晚明公安派文學的領袖，文采斐然，時稱「公安三袁」。在他們的文章中，多有行走各地訪友時沿途所見風景之記事，亦有純爲遊覽而發的寫景之文。展其書而誦其文，彷彿便走進一座山水。

袁家大哥袁宗道曾到過江、淮之間的大別山，此山位於湖廣的黃州與河南的光州之交界，形勢險要。袁宗道如此說道：

> 大別山隆然若巨鼇浮水上，晴川閣踞其首，方亭踞其背，遐矚遠瞻，閣不如亭。予攀蘿坐亭上，則兩腋下晶晶萬頃。舟檣順逆，皆掛風帆，如蛺蝶成隊，上下飛舞。遠眺，則白浪百里，皆在目中。浸遠漸細，咫尺會城，千門萬户，魚鱗參差，蜂窠層纍。余住山中，飽看二日。朝則炊煙，暮則返照，濃淡掩映，備諸變態。獨訊鸚鵡洲，不知所在。〔註29〕

經此生動描述，大別山、奔流之河水以及點點舟帆翩然躍於眼前，不難想見袁宗道的快意之感。此外，大別山同時也是長江與淮水的分水嶺，嘉靖時人熊吉提到：「水北流者由淮入海，南流者由江入海。由此而北，則平川千里，

〔註29〕〔明〕袁宗道著，錢伯城標點，《白蘇齋類集》（上海：上海古籍出版社，1989年），卷14，〈大別山〉，頁195～196。

是爲中原；由此而南，則山川糾紛，是爲楚越。乃南北一大界也。」〔註 30〕若從與滔滔江水共日夜的大別山巔之晴川閣遙望，可約略見遠方的黃鶴樓。袁宏道即有這樣舒目遠眺的經驗：

> 霜崖突出蘚紋斑，鐵笛臨風去不還。百里帆檣千時水，一層城郭幾層山。遙知鬱鬱葱葱地，只在熙熙攘攘間。沙鳥窺魚鷗覓渚，試看何物是清閒？〔註 31〕

不過，縱使晴川閣所在的大別山地處江淮之交，氣勢獨樹一幟，但無論是大別山或晴川閣，都並不能像黃鶴樓那樣使中國文人「上癮數百年」，留下數不清的金玉詩文。〔註 33〕今日，晴川閣與大別山終究只能透過如公安三袁這樣任情親切的敘述，才能在千篇一律的寫景用詞之外，得見一座不出名的山水亭閣之麗。

綜觀古往今來，名士、名勝或名物往往較爲人關注，其他平平淡淡、默默無聞之人事物，常常自然地被忽略。一山如此，一地亦如此。大別山南邊的湖北麻城縣內亦有當地人所公認的名勝，它們有著「龜峰旭日」、「白杲飛泉」、「鳳嶺朝雲」、「龍池夜月」等極具意境的名稱，然而這些美名大多僅爲當地人所熟知，於文人主流論述中，很難發現其蹤影。這樣的境遇，其實也是湖北麻城自身的剪影。

但自明中期開始，麻城開始慢慢展露其吸引力。湯顯祖（1550～1617）曾來到此地，記下其所見麻城夕照：「紅泉碧磴舊追攀，臺樹參差金石間。海色乍收天外雨，晴光忽動水邊山。清秋積翠雲霞淨，盡日幽芳歲月閒。爛熳尊前隨意晚，欲乘明月弄潺湲。」〔註 33〕麻城古稱西陵，其後疆域與名稱屢變，於隋文帝開皇十八年（598）改爲麻城，爲麻城建治的開始。〔註 34〕在明

〔註 30〕〔明〕熊吉，〈麻城志略考〉，收於《湖北文徵》（武漢：湖北人民出版社，2000 年），第 2 卷，頁 501。

〔註 31〕〔明〕袁宏道著，錢伯城箋校，《袁宏道集箋校》，卷 46，〈登晴川閣望武昌〉，頁 1376。

〔註 33〕關於黃鶴樓在中國歷代文本傳統之形象、集體記憶的斷裂與承續以及文人的反覆書寫過程，陳熙遠有深入的分析。參見陳熙遠，〈人去樓坍水自流試論——座落在文化史上的黃鶴樓〉，收於李孝悌編，《中國的城市生活》，頁 367～416。

〔註 33〕〔明〕湯顯祖著，徐朔方箋校，《湯顯祖全集》（北京：北京古籍出版社，1998 年），詩文卷 17，〈西陵夕照〉，頁 742。

〔註 34〕余晉芳纂，《麻城縣志前編》（臺北：成文出版社據民國二十四年鉛印本影印，1975 年），頁 35～42。

代，麻城屬於湖廣黃州府轄內，以大別山爲界，緊鄰河南與安徽，位於三省交界。由圖 1 可發現，麻城北方的關口數量異常地多。顧炎武（1613～1682）對此的觀察是：

> 麻城縣北接河南光汝之境，山谷盤阻，窮民逋匿，飀寇爲奸，有司捕問，彼此相持，憑藉險僻以爲窟穴。宋時據地設險，五關其要也。〔註 35〕

在顧炎武特別指出的陰山關、黃土關、木陵關、白沙關與大城關外，其他大大小小的關口甚多。事實上，當十二世紀宋、金對峙之時，此地接近宋金分界線的南側，戰亂就已不斷。〔註 36〕至元明之際，來自中原和長江中下游的流民因動亂頻仍而開始進入漢水中游地廣人稀的山區，大別山區爲其集中地之一，讓此地益加難以管理。〔註 37〕因此從建城的地點選擇來看，麻城的地理自古即有不可忽視的重要性。〔註 38〕由顧氏的記述亦可知，麻城附近自古因其地勢險要而往往成爲盜匪隱匿之巢穴，並非安寧之地。相對於過往的僻陋，麻城在明代以後於經濟面 與文教面的發展，實讓人眼睛爲之一亮。

正德年間進士、同時也是麻城本地人的毛鳳韶編修了第一部麻城地方志《麻城志略》，他在序中提到：「天下稱文獻上國莫如楚，楚諸郡莫如黃，黃諸邑莫如麻。」無論是典籍風教或是人才養成，都需要有適合的環境與條件來發展培育，這些地區多半是經濟有一定水準的人群與聚落集中之處。毛鳳韶稱麻城爲湖北文獻重要之地，而麻城的確擁有眾多的人力資源以爲基底。據《大明一統志》的記載，天順初年以及嘉靖、隆慶年間黃州府的估計戶數在湖廣布政使司轄區中排名第一，爲 57,200 戶。《讀史方輿紀要》的數字稍

〔註 35〕〔清〕顧炎武，《天下郡國利病書》，收入《四庫全書存目叢書》（臺南：莊嚴文化事業公司據涵芬樓輯四部叢刊三編影印手稿本影印，1996 年），第 172 冊，頁 323。

〔註 36〕葛劍雄、曹樹基、吳松弟著，《簡明中國移民史》（福州：人民出版社，1993 年），頁 350。

〔註 37〕魯西奇，《區域歷史地理研究：對象與方法——漢水流域的個案考察》（南寧：廣西人民出版社，1999 年），頁 405～411。

〔註 38〕據說後趙石虎使其部將麻秋築城於此，因而有了麻城之名，更有麻姑仙洞此一名勝來紀念麻秋之女麻姑。麻秋爲了築城，在當地徵調民夫，逼迫他們徹夜工作，僅到雞鳴之時才讓他們稍微休息。麻姑見了非常不忍心，便瞞著父親在半夜偷學雞叫，由此讓雞群誤以爲天已亮而跟著鳴叫，使百姓能早點休息。之後麻秋發現此事，痛打了麻姑一頓，麻姑逃至五腦山上，得仙人指點而得道成仙，而傳說麻姑仙洞就是她修道之處。

有不同，但亦非常接近，爲 58,190 戶。麻城在兩部書中所佔的戶數分別是 14,850 戶與 13,200 戶，換句話說，麻城的戶數約佔了整個黃州府的四分之一，〔註 39〕這即是毛鳳韶所言「麻城地闢民聚，舊稱富庶」的實際情況。

羅威廉（William T. Rowe）指出，明中葉以降的麻城在資財上有相當程度的發展，並顯著地展現在每人平均生產力與財富的提昇上，其中關鍵在於農業的商品化。此時期例如米、棉花以及其他農業副產品輸出到區域內或跨區的市場，並成爲提供江南糧食的主力之一，所謂「湖廣熟，天下足」之諺，在實際的意義上代表著湖廣地區農業的商品化以及廣泛流通，向外支持江南的糧食需求。此外，雖然來自江西及他地的商人掌握了稻米的流通，但麻城自身的商人在明中葉時也在棉花及其他貨物的買賣上有所斬獲，「黃幫」的成立即是麻城及其鄰近地區的商人爲與外地商人競爭而凝聚的商業力量。〔註 40〕

以麻城的交通條件來看，縣境介於萬山之中，一衣帶水，「淤沙平淺，掬土可塞。雨集而漲，雨霽而涸。舟楫不通，揭厲可涉也」，交通並不特別便利。〔註 41〕何以處於並不特出的交通條件下，明中後期的麻城仍有突出表現？一方面，在農業商品化的過程中，黃幫勢力及外地商人承負起出口的運送與貿易，使此地的農產品發揮更大的經濟價值；另一方面，麻城位處三省交界，本就是各方來往輻輳，而縣內河川雖僅是細流，但可連結長江主幹，往上游通至陝西、四川，向東而下便達於江南，由此完成其資源輸送。縣內最繁盛的貿易集市宋埠鎮位在縣治的西南方，「明清以來商務興盛，爲邑中首集。地當水陸之衝，南北貨物輻輳，閩贛巨商建築會館於此，黃安商戶亦多殷實」。〔註 42〕章學誠也指出，自古被稱爲水鄉澤國的湖北，民居多瀕水而藉著舟楫之利以通商賈之財，「東西上下，綿亙千八百里」，並且「隨山川形勢而成都會，隨都會聚落而大小鎮市起焉」，〔註 43〕麻城的宋埠鎮與岐亭鎮便屬於此類瀕水新興市鎮，使麻城成爲明代商品經濟中的一環（見圖 2）。

然而，如同現今對明代中晚期社會風俗的研究與理解，商品經濟發達後，

〔註 39〕梁方仲編著，《中國歷代戶口、田地、田賦統計》（北京：中華書局，2008 年），甲表 73，〈明天順初年及嘉靖、隆慶年間各司府縣的里數及估計戶數〉，頁 310。

〔註 40〕William T. Rowe, *Crimson Rain: Seven Centuries of Violence in a Chinese County*, pp. 61～65.

〔註 41〕〔明〕梅國樓，〈漕運改折記〉，《湖北文徵》，第 3 卷，頁 469。

〔註 42〕余晉芳纂，《麻城縣志前編》，卷 1，頁 117。

〔註 43〕〔清〕章學誠，《湖北通志檢存稿》（武漢：湖北教育出版社，2002 年），卷 1，〈食貨考〉，頁 34。

奢靡行爲亦興，貪利奪益之事也多有所聞，當時的麻城也沾染此風。嘉靖年間進士劉廷舉在爲新建麻城縣城落成所寫的序中就說：

> 先是，侯蒞吾邑，首問民疾苦，知俗敝於好訟負氣，以淫侈相競，耽游遨，不事本業，與夫強掩弱，眾暴寡，貴陵賤，同室相傷而自撤其藩籬也，豈獨無城之患哉！〔註44〕

即使方志中有著對麻城風俗「其土厚而肥，其俗醇而樸，其人直而好義」或是「風俗稱有禮義，子弟知有孝友」等正面的形容，但恐怕一旁載記的「尚氣、好鬬、健訟、惑風水、溺佛老、崇淫祀，此其所宜變者也」才較爲眞實，〔註45〕而這也是劉廷舉所觀察到的現象。

許多麻城的士人也都感受到其故里風俗的變化。萬曆年間曾擔任過麻城縣令的劉文琦對於清整風氣有很大貢獻，他在任期內「清里甲，愼訟獄，懲叛僕」，使民俗爲之一變。〔註46〕麻城士人彭遵古具體地指出此地的問題之一，他說：「邑介楚藩，人多投獻宗老，因己產以及人之產。」〔註47〕黃卷也提到，隆慶年間的麻城縣令穆煒對麻城最大的貢獻在於「丈田均糧」，因爲麻城的田土地籍常有隱蔽差漏的弊端，明代常出現的「挪移」與「詭攝」現象於此地也在所多有，「籍牒之亂，至無紀極」。舉例來說，明代官田畝稅較民田爲高，但民田則要負擔沈重差役，因此在麻城便出現了「改官爲民」與「沒民爲官」兩種逃避賦稅的行爲，〔註48〕「強者食不稅之田，而弱者負無田之稅」的情況屢見不鮮，於是穆煒決定開始改革：

> 是邑之田，有稱全官者、稱夾官者，侯（穆煒）一切削去之，曰：「是皆王土耳，何田非民？何民非官？」乃議均田。已而又思之曰：「是均田者，其自經界始乎。」乃親行規田。所其東北因山，西南因水，中大溪界之，以都分界，以號分都，都有長有副，里有總里小里，制夏秋稅畝二升六合，不爲偏重偏輕，以啓獎總。邑之賦數有奇羨而無損減，即強者人不得匿田，田不得匿賦。弱者賦與田相知，而官民不兩困矣。〔註49〕

〔註44〕〔明〕劉廷舉，〈錢侯新建縣城序〉，《湖北文徵》，第2卷，頁115。

〔註45〕余晉芳纂，《麻城縣志前編》，卷1，頁118～119。

〔註46〕余晉芳纂，《麻城縣志前編》，卷7，頁476。

〔註47〕〔明〕彭遵古，〈王邑侯去思碑記〉，《湖北文徵》，第3卷，頁548。

〔註48〕〔明〕黃卷，〈穆侯遺思序〉，收入余晉芳纂《麻城縣志前編》，卷7，頁470～471。

〔註49〕〔明〕王世貞，《弇州四部稿》，收入《景印文淵閣四庫全書》（臺北：台灣商

明中葉後的賦役之不均是一個全國性的嚴重問題，諸如土地兼併、農民逃亡、官吏弊端和原有田土人口冊籍的失眞，都導致賦稅及徭役的不公，因而造成地方上的紛爭，甚至引發民變。於是在里甲制崩潰但一條鞭法又尚未施行之間的空檔，各地都有地方官重新丈量土地，推行均傜的措施來改善地方賦役。這些改革大多基於地方官自身的努力，而非中央統一的政令。因此嘉靖後雖然朝政日壞，但靠著基層官吏的擘畫，地方的社會與經濟在危機中找到了轉機。〔註 50〕穆煒的改革重點在於釐清過往隱蔽不明的官田與民田之性質，這必然在一定程度上侵犯到麻城地方大族與豪強的禁臠，然而「豪猾爲姦，影射國稅。連阡陌者，盡入其私藏；無擔石者，歲追其逋負」的情況在麻城已爲眾所周知的事，〔註 51〕穆煒秉持「巧在賦者末也，巧在田者本也」的想法，因而遂行改變。〔註 52〕

務印書館，1986 年），第 1280 冊，卷 59，〈麻城穆侯均賦頌序〉，頁 65。

〔註 50〕參考唐文基，〈明中葉東南地區傜役制度的變革〉，《歷史研究》，1981：2（北京，1981），頁 115～134；賴惠敏，《明代南直隸賦役制度的研究》（臺北：國立台灣大學出版委員會，1983 年），頁 27。另外，張藝曦的研究提到，地方士人與官員亦會合作重新丈量土地，維護地方秩序。詳見張藝曦著，《社群、家族與王學的鄉里實踐——以明中晚期江西吉水、安福兩縣爲例》。

〔註 51〕〔明〕梅國楨，〈賀穆侯膺獎序〉，收入余晉芳纂《麻城縣志前編》，卷 7，頁 472。

〔註 52〕羅威廉在論述穆煒的改革之時，認爲梅國楨之家族因有眾多田土，故在此丈田均糧的政策中受到影響，使得梅國楨在〈賀穆侯膺獎序〉中雖名爲賀序，但其實持一種保留的態度。就羅威廉的解讀，梅國楨不僅對穆煒的田籍調查有所質疑，另一方面也對穆煒的改革成敗不置可否，認爲眞正的成功還需靠時間來證明，同時亦暗示其作爲與地方「民情」並不相合而行。但若細觀梅國楨此文，可發現與羅威廉的理解相距甚遠。梅氏此文透過梅氏與來客對話的方式，細數穆煒在麻城的政績。在最後的一段話，客曰：「豪猾爲姦，影射國稅。連阡陌者，盡入其私藏，無儋石者，歲追其逋負，弊也久矣。今其繇曰，分理田坵，革袪飛詭，積弊滌矣，是可以賀。」梅氏則如此評斷：「世世之利，莫大之惠也。人知均糧之爲便而恒慮其難，豈非以地勢不齊而人心叵測乎？自侯之法行也，委用以才，度地以法，咨詢以公，定賦以平，剋期竣事，民無所用其姦，地不得漏其籍。著之版圖，以爲不刊之典。夫被縠拖青，榮止其身，未及其子；積金累玉，及其子矣，未延於後。均糧法行，而邑人之子若孫皆得享含哺之樂，延於無窮。」這與羅威廉的解釋完全相反。事實上，羅威廉在「梅國楨與 1570 年賦稅改革」一節中的分析實多有讓人質疑之處，梅氏家族固爲地方上大家，但羅威廉似乎預設他們因此就一定會和穆煒的改革發生衝突，而羅威廉所引據的資料，其實都不能明白地有效論證此命題。見 William T. Rowe, *Crimson Rain: Seven Centuries of Violence in a Chinese County*, pp. 85～90.

對此，麻城出身的梅國楨（1542～1605）很有體會。即使其家爲地方數一數二的大族，但仍有豪強與其齟齬。麻城豪強萬兆看上梅家的土地，梅國楨之父派人送信給萬兆，萬兆態度惡劣，不僅把信撕了丟到地上，還和送信者打了一架。梅國楨因而寫了封信給萬兆，語多譏諷：「足下之所欲者，吾土地也。土地小故，而寒家又懦弱可狎視者，何足以煩爪牙之利而試毒螫之威哉？」〔註 53〕他還不客氣地說：「寒家日孳孳以禮義忠信詒其子孫，亦惟恐其不足；足下日孳孳以土田宮室財賄詒其子孫，亦惟恐其不足！」〔註 54〕梅家爲麻城幾個在地方上很有影響力的家族之一，自梅國楨以降多有任官者，但萬兆仍對其無所畏懼，試圖要奪取梅家田土，當地土豪強宗的勢力可見一斑。

在梅國楨的回憶中，麻城不該是這樣的惡風俗景況：

> 麻邑介光黃之間，民生無貴賤。自從塾師習章句，上之爲博士弟子，取科第及明經選，或以訓詁餬其口於四方，次則爲府吏功曹，不成則力田，無商賈灌輸之利，亦無百工淫巧之技，士民奉官司惟勤，令即行，禁即止，有醇厚之風焉。〔註 55〕

在這位曾經綰攝山西軍事而戰功彪炳的豪傑看來，麻城如此的風氣不可謂之不淳，但社會上卻往往「目爲難治」，令他不勝唏嘘。然而耐人尋味的是，梅國楨隨即補充道：

> 不佞久於外，戊子歸而漸異矣，辛丑歸而大異矣。髫齔之童，皆能操權詐以侮人。以凌駕爲節概，以詆毀爲才辯，相見煦若春風，而中多荊棘。附耳刺刺布情愫，而無意一絲衷語。輸賦不歸官帑而歸猾胥。詞訟不以情實，而託之大辟。即得其情，猶訟不已，至於再三或十餘訟，斷髮刎頸以示急迫，兩臺司府，訟無不遍，甚至持官司短長，莫敢誰何。

出身於麻城大族的梅國楨是萬曆十一年（1583）進士，在初任河北固安縣令之時曾爲應付宦官需索，假令平民賣妻，讓宦官看到平民夫婦哀痛之貌而於心不忍，因而作罷。其後則長期在山西宣府、大同主持軍務，〔註 56〕長年離鄉的距離感使他深刻感受到故里風氣的變化。他認爲地方風俗從戊子（1588）

〔註 53〕〔明〕梅國楨，〈與萬兆〉，《湖北文徵》，第 3 卷，頁 27。

〔註 54〕〔明〕梅國楨，〈與萬兆〉，《湖北文徵》，第 3 卷，頁 27。

〔註 55〕〔明〕梅國楨，〈送邑侯劉翼白入覲序〉，收入余晉芳纂《麻城縣志前編》，卷 7，頁 476～477。本節以下所引梅國楨的對風俗的評論，皆出於此。

〔註 56〕余晉芳纂，《麻城縣志前編》，卷 10，頁 678～682。

到辛丑（1601）著實每況愈下，幸虧有劉文琦來整頓鄉里。對此梅國楨再度慨嘆：「痲固易治爾，鄉者乃以爲難，冤哉！」

於短短數行文字中，梅國楨的敘事意向並不明確，甚至有點隱晦。他試圖把一般對痲城「難治」的印象以兩個證據來反駁：第一個是他記憶中風俗醇美的痲城，第二個是劉文琦整頓後的痲城。於是梅國楨認爲「鄉本易治，而人難之；今難矣，而公易之」。可見痲城風俗並不如社會上所說的那麼不堪。但痲城不佳的名聲，在當時似乎廣爲人知：

> 蓋公（劉文琦）初舉進士，選得痲，諸與公親暱者皆曰：「痲黠頑之俗爾，若奈何當之？」公時亦不能無疑。

社會上一般意見如此，而梅國楨亦承認其歸鄉後所見的種種惡俗，由此看來，「尚氣、好鬬、健訟」的評論恐怕還是較符合痲城的民俗。梅國楨縱使情感上試圖力挽狂瀾，但心中的意念仍洩漏了出來：

> 俗，何以至此極也？

第三節　文風、科舉與功名的興盛

心學家章潢（1527～1608）的人生歷經嘉靖、隆慶與萬曆三朝，在他的《圖書編》中，對畢生所見的各地風俗有簡短的評論。他認爲湖北黃州府「民刁悍健訟難治」，而於痲城，他的註解則是「務耕讀，刁煩沖」。〔註 57〕從黃卷到章潢的記述可知，明代中晚期痲城的地方風俗實在稱不上醇美樸實，也讓梅國楨這類有地位的痲城士人感到失望。不過傳統儒家士大夫有希冀風土民情能臻至完善之境的理想，即便是梅國楨這樣文武兼備之人也不例外，因此他們總能觀察到鄉里內的許多缺陷與不完美。然而此時痲城更引人注目的，是縣內子弟在科考功名上所獲得的突出成就，也就是章潢在簡短語句中所指出的「務耕讀」此一特點。

在明清中國，踏入仕宦之途或許是社會流動最重要的一個方式。進入官僚體系以達到「向上流動」，往往被傳統社會視爲理所當然的終極目標。〔註

〔註 57〕〔明〕章潢，《圖書編》，收入《文津閣四庫全書》（北京：商務印書館，2006 年），第 972 冊，卷 39，頁 26。

〔註 58〕詳細的討論，參見 Ho Ping-ti（何炳棣）, *The Ladder of Success in Late Imperial China: Aspects of Social Mobility, 1368-1911* （New York: Columbia University Press, 1962）, pp. 92～125.

58〕麻城的富家大族亦然，他們將自身的經濟實力轉換爲舉業能量，因此使麻城在十五世紀之後的仕進人數明顯提昇。麻城士人董樸在總述麻城仕進與文風概況時明白地說：「士風厚善，樂於爲儒，出重名節，處尙廉恥，藹然一美風俗也，故爲全楚名邑。」〔註 59〕雖然這樣的敘述略覺制式，並讓人懷疑是否只是套話，然而明代的麻城確實有資格以其科舉上的成功爲傲。據羅威廉的考察，整個明代，麻城共產出了 110 位進士及 421 位舉人，並有 22 位武進士及 61 位武舉人。這樣的數字雖不及長江下游的繁榮城鎮，但在湖北已鶴立雞群。〔註 60〕

作爲成化二十年（1484）的進士，董樸表現出的是「儉己愛人，明禮義，正風俗」的傳統循吏典範。曾當過重慶知府和江西參政的他，據說歸鄉時一貧如故。〔註 61〕雖然就整個明代來看，麻城子弟在科舉上有極佳的成就，但在董樸中進士之時，麻城還尙未完全展露其實力。明代的最初一百二十年間，麻城僅有 17 位進士，這代表十五世紀以後伴隨明代社會、經濟與文化的發展，麻城於仕進面才開始展翅起飛。不過，相較於全國其他地方，經濟發展並不特別突出的麻城能有如此出色的科場成就，是很值得注意的事。〔註 62〕麻城的人口與經濟情況雖然有資格夠被稱爲湖北之大邑，但地方人士的努力才是使此地的文教形成風氣的關鍵因素。當時麻城有萬松、龍溪、白杲、道峰、輔仁、白雲、回車及經正等眾多書院，學風興盛。這些書院多是地方耆老士紳所倡建，如董樸即主導了白杲書院的設立。〔註 63〕此外，一些歸鄉的官員也擔負起振興教育的責任，梅國楨於甘肅巡撫任後回歸故里，獎掖後進而望重於時，到了崇禎末年麻城就童子試者不下三千人。〔註 64〕讓董樸自豪的鄉

〔註 59〕〔明〕董樸，〈麻城縣重建縣廳記〉，收入余晉芳纂《麻城縣志前編》，卷 2，頁 128。

〔註 60〕William T. Rowe, *Crimson Rain: Seven Centuries of Violence in a Chinese County*, p. 78. 吳宣德則得出 93 位進士的數字，雖與羅威廉有差異，但麻城依然佔據排頭。見吳宣德，《明清進士的地理分布》（香港：香港中文大學，2009 年），〈附錄一．明代進士分布表〉，頁 268。

〔註 61〕余晉芳纂《麻城縣志前編》，卷 10，頁 717～718；〔清〕丁宿章輯，《湖北詩徵傳略》，收入《續修四庫全書》（上海：上海古籍出版社據清光緒七年孝感丁氏涇北草堂刻本影印，2002 年），第 1707 冊，卷 19，頁 414。

〔註 62〕William T. Rowe, *Crimson Rain: Seven Centuries of Violence in a Chinese County*, pp. 78～80.

〔註 63〕余晉芳纂，《麻城縣志前編》，卷 4，頁 309～323。

〔註 64〕余晉芳纂，《麻城縣志前編》，卷 15，頁 1383。

里士風，在晚明確實達到了巔峰。〔註 65〕

麻城另一個大族出身的周思久，在爲縣內的儒學尊經閣所寫的碑記中提到讀六經之益處。在這篇文章裡，他認爲「能定是非，秉其衡，斯尊春秋矣」。而若仔細觀察麻城科舉成就的細節，則可發現一個很有意思的現象：此地的春秋學相當興盛，士子也有一大部分是藉春秋學而登仕，而其春秋學與江西安福縣及浙江會稽縣更並稱爲全國三大春秋學中心。〔註 66〕當時麻城春秋學聲名遠播，盛極一時：

> 明代邑人捷春秋闈者，多以麟經顯。外省有不遠千里來麻就益者，巴縣劉尚書春兄弟均學於麻，以春秋起家。他如重慶劉成穆、浙江吳雲、四川張大用輩，均隨父祖任，來麻受經，卒魁鄉榜，捷南宮焉。〔註 67〕

以劉春來說，他與弟弟劉臺隨父親劉規來到麻城，劉春從舉人劉瑄習禮記，而劉臺則受春秋於進士劉旭。〔註 68〕劉春後來於成化二十三年（1487）中進士，官至禮部尚書。〔註 69〕另外正統十三年的進士黃紱也曾至麻城習業，並以春秋中雲南鄉試。〔註 70〕更値得注目的是，馮夢龍（1574～1646）於萬曆四十六年間（1618）來到麻城，對春秋學極有興趣的馮氏借助了麻城的學術實力，在此地與眾多麻城人一同編輯了《麟經指月》。當時他「頃歲讀書楚黃，與同社諸兄弟掩關卒業」，因而成書。〔註 71〕與他共同研經並編書的社友幾乎

〔註 65〕宏觀來看，據鄧洪波的統計，明代湖北新建書院有 104 所，重建書院有 8 所，總計 112 所，比每省平均 103.263 所的數字略高。這雖不及擁有 200 所以上書院的江西和廣東，但仍屬於與江蘇、安徽、浙江、福建同級的書院發達地區。詳見鄧洪波，《中國書院史》（上海：東方出版中心，2004 年），頁 260～266。大久保英子則整理了明清時代的書院數目，在湖北，黃岡、麻城與黃安分別以 19 所、11 所與 10 所排名前三多，而這三縣正是連成一塊的毗鄰區域，可說是整個明清時代湖北文教鼎盛之地。參考大久保英子著，《明清時代書院の研究》（東京：国書刊行会，1976 年），頁 75。

〔註 66〕張藝曦提到，麻城的春秋學據說是成化年間浙江夏賚任麻城教諭時傳入的。夏氏以春秋爲家學，在麻城爲諸生講貫大義，故麻城春秋從此爲天下所推。見張藝曦，《社群、家族與王學的鄉里實踐——以明中晚期江西吉水、安福兩縣爲例》，頁 216。

〔註 67〕余晉芳纂，《麻城縣志前編》，卷 15，頁 1386。

〔註 68〕余晉芳纂，《麻城縣志前編》，卷 10，頁 959。

〔註 69〕〔清〕張廷玉等撰，楊家駱主編，《明史．列傳第七十二》（臺北：鼎文書局，1980 年），卷 184，〈劉春〉，頁 4886～4887。

〔註 70〕〔清〕張廷玉等撰，《明史．列傳第七十三》，卷 185，〈黃紱〉，頁 4897～4898。

〔註 71〕〔明〕馮夢龍編著，李廷先、田漢雲校點，《麟經指月》，收於《馮夢龍全集》第 20 冊（南京：江蘇古籍出版社，1993 年），〈《麟經指月》發凡〉，頁一。關

有一半是麻城人，若再算入原先也屬於麻城一部分的黃安，則人數更爲可觀。〔註 72〕這樣的事蹟除了顯示晚明麻城春秋人才之盛，也意味其地方學術傳統爲社會肯定。各地講春秋學的人士欲到此一訪的原因，即在於此地豐沛的資源與人才。

除了有人從外地前來求學，相傳麻城的春秋學還曾被「盜經」。成化年間有個叫鮑時的人曾變衣裝遊麻城，得知一處僧舍有人在講春秋，便去應徵掌爐灶炊事的工作。每當講經時，他便提著一壺茶在講堂內幫每個學生倒茶，由此偷聽了幾個月的春秋經。一日，講經的先生不知何故進到鮑時的房間，看到桌上竟放著關於春秋的文章，驚訝地說：「此必盜傳經者也！」此時鮑時正好進來，頓時張皇失措。這時先生說：「幸吾一人在，若諸生見之，子無歸路矣！尚有口訣傳爾，可速去！」鮑時最後回到家鄉江西安福縣，靠此口訣招徒講授，弟子有中進士並官至國子祭酒者。這樣的記載雖無法確定眞假，但有幾處値得分析：在故事中，麻城的春秋學有著一種不傳之秘的形象，並必須要藉著經師親傳的秘訣才得窺其奧，否則即使如鮑時趁著倒茶時偷聽，也無法盡見全豹。此外，鮑時的行爲也代表麻城春秋學向外流佈的過程，雖然此種「盜經」的描述略具戲劇效果，但可想見社會對於麻城春秋學的評價，以及眾多外來求學者成爲麻城傳經種子的情況。所謂「山陽禮記，麻城春秋」之諺於當時不脛而走，在此氛圍下，鮑時之事生動地反應了時人的觀感。〔註 73〕

從當地家族的學術傳衍來看，也可一窺麻城春秋學的在地傳統。周制曾歷仕陝西與浙江，但卻從未履任，一生在閭里講授春秋，麻城俊秀多出其門。其子周長流則纂有麻城春秋文選，繼承家學。〔註 74〕梅國楨的姪子，亦是復社重要人物的梅之煥也自豪地說：

> 敝邑麻，萬山中手掌地耳，而明興獨爲麟經藪。未暇遐溯，即數十年內，如周、如劉、如耿、如田、如李、如吾宗，科第相望，途皆由此。故四方治春秋者，往往問渡於敝邑，而敝邑亦居然以老馬智自任。〔註 75〕

於馮夢龍的春秋學，可參考龔鵬程著，《晚明思潮》（北京：商務印書館，2005年），頁 236～270。

〔註 72〕〔明〕馮夢龍編著，《麟經指月》，〈參閱姓氏〉，頁四至七。

〔註 73〕余晉芳纂，《麻城縣志前編》，卷 15，頁 1386～1387。

〔註 74〕余晉芳纂，《麻城縣志前編》，卷 9，頁 803。

〔註 75〕〔明〕梅之煥，〈敘麟經指月〉，收於高洪鈞編著，《馮夢龍集箋注》（天津：

麻城科考人才主要來自這些家族，而他們往往藉由習春秋而得登仕宦。梅國楨之子梅之熉博極群書，勵學湛深，亦是復社中人，他曾撰著《春秋因是》一書，雖現已不傳，但於《四庫全書總目提要》中有所紀錄：

> 之熉字惠連，麻城人。是編專爲春秋制義、比題、傳題而作，每題必載一破題，而詳列作文之法。蓋舊制以春秋一經可命題者，不過一百餘條，慮其易於弋獲，因而𣪠爲合題，及合題之說紛紜淆亂，試官舉子均無定見，於是此類講章出焉。夫信傳不信經，先儒以爲詬厲，猶爲三傳言之也。至於棄置經文，而惟於胡傳之中推求語氣以行文，經已荒矣，其弊也。又於胡傳之中摘其一字兩字，牽合搭配以聯絡成篇，則併傳亦荒矣。

四庫館臣說明了明季此類關於春秋學的科考講義之時代背景，並認爲「此類講章，皆經學之蟊賊」。〔註 76〕其實明代有關於春秋的著作浩如煙海，《明史．藝文志》中著錄有 131 部，共 1525 卷，數量僅次於易一類，〔註 77〕這印證了四庫提要中所指稱的明代科考之景況。梅之熉之書也是此一大時代風氣下的產物，他以麻城大族的身份傳講春秋學，所撰作的《春秋因是》不脫科舉講義俗套，也應是麻城春秋舉業的推手之一。同樣是麻城大族出身的李長庚則說道：「余邑春秋，其世業也，習是經者十人而九。」〔註 78〕地方家族的世業以及持續性地傳承和講學，造就了麻城習春秋經的風氣，由此更促成其在明代中後期科舉上的成功。

第四節　黃安：粉墨登場

十六世紀中期的一個事件不僅削去了麻城部份土地，也稍稍減弱了麻城的麟經學與科舉實力，那就是黃安縣的出現。

嘉靖四十二年（1563），麻城的隔鄰新設了黃安縣，據《明實錄》世宗朝的記載：「詔設湖廣黃安縣，割麻城、黃岡、黃陂三縣地益之，隸黃州府」。〔註 79〕

天津古籍出版社，2006 年），頁 16。

〔註 76〕〔清〕紀昀總纂，《四庫全書總目提要》（石家莊：河北人民出版社，2000 年），卷 30，頁 799。

〔註 77〕張學智，〈明代春秋學述要〉，《哲學門》，8：2（北京，2007 年），頁 61。

〔註 78〕〔明〕李長庚，〈春秋衡庫序〉，收於高洪鈞編著，《馮夢龍集箋注》，頁 20。

〔註 79〕中央研究院歷史語言研究所輯校，《明世宗實錄》（臺北：中央研究院歷史語言研究所，1964～66），卷 519，嘉靖四十二年三月辛卯條，頁 8509。

黃安因此是在部分麻城境域的基礎上成立的。號稱湖北大邑的麻城除了有著北依崇山、南連長江的豐富地形，縣內的各鄉鎮亦各有特色，縣志內這麼說：

東北之民樸而足，中土之民秀而達，西南土之民文而習遠遊。謠云：東鄉田莊，西鄉文章，南鄉經商，北鄉酒漿。〔註 80〕

但在黃安割麻城地的過程中，麻城所謂的「西鄉文章」同時也部份地被黃安所奪。縣境一隅從麻城人文薈萃之精華地分割而來的黃安，在學術與經學的傳統上亦不脫麻城的影子。黃安縣內的士子治經以毛詩居多，接著則是春秋，而尚書又次之。〔註 81〕綜合而言，從麻城到黃安，春秋經的盛行是很特別的現象。這兩地的士人與後來當地出身的縣志編纂者，都不厭其煩地一再提及這個區域文風的興盛。這樣的論述當然也是中國其他地方常見之事，甚至是士人建構地方傳統與形象的一種手法，然而無論是在麻城或黃安，地方士人特別注意名儒賢宦的科考功名中的春秋學背景，並多加紀錄。從黃安諸名賢的事蹟便可見春秋學在兩縣之間的繼承關係：有彭文明者以胡氏春秋教授弟子；盧大儒精通胡氏春秋；陶采以春秋中舉；盧廷篪嗜學，亦習胡氏春秋；耿定忞爲耿家子弟，好讀書，曾撰作《春秋愍渡》；盧維茲素負文名，曾合刊家中兄弟之文爲《麟經藝稿》，據說執經問義者「戶外屨滿」；盧經一家昆季九人皆通春秋而有名聲。〔註 82〕此外令黃安人自豪的是，明神宗萬曆十六年時（1588），整個湖北共有七人以春秋中舉，而他們全爲黃安人。〔註 83〕

關於黃安立縣的始末，清代知名人物年羹堯（1679～1762）的父親、康熙年間湖廣巡撫年遐齡有所記述，他提到黃安之地「介居楚、豫，巖巒重複，篟葱蔚翳，且去各邑遠，地僻而民雜」，往往成爲盜藪之溫床。因此之故，明嘉靖年間黃安鄉里的太學生秦鉞等人上書請設縣。此一提議原本爲朝中大臣以「未便」之故擱置，然而當時黃安人耿定向正官任御史，他「力主其議，事下行省覆勘，僉言立縣治之允宜」。〔註 84〕當時麻城人李大夏也指出此地「地

〔註 80〕余晉芳纂，《麻城縣志前編》，卷 9，頁 124。

〔註 81〕〔清〕劉承啓修，詹大衢纂，《黃安縣志》，收入《天津圖書館孤本秘籍叢書》（北京：中華全國圖書館文獻縮微複製中心據清康熙三十六年刻本影印，1999 年），史部，第 7 冊，卷 7，頁 258。

〔註 82〕〔清〕劉承啓修，詹大衢纂，《黃安縣志》，卷 7～10，頁 258、307、308、313、316、317、329、363。

〔註 83〕〔清〕劉承啓修，詹大衢纂，《黃安縣志》，卷 10，頁 363。

〔註 84〕〔清〕劉承啓修，詹大衢纂，《黃安縣志》，〈年序〉，頁 3～4。

僻民頑，官難遙制；盜賊出沒，數被劫殺」的情況，因此希望能於此地設縣。〔註 85〕於是在嘉靖四十二年，於耿定向以及地方人士的奔走下，麻城姜家畈地區以及黃岡、黃陂二縣的一部分，成爲了黃安縣的轄地。〔註 86〕

耿定向除了自身在宦途與理學上有所成就，其家族也是梅之煥所提到的幾個在麻城科第相望的大族之一。耿定向在嘉靖三十五年（1556）中進士，隨後被拔擢爲監察御史，其後曾歷任刑部侍郎、福建巡撫與戶部尚書諸職務。〔註 87〕羅威廉認爲，至少在耿定向出現以前，耿氏並不是地方傳衍悠久而枝葉繁茂之大族，耿家的影響力多是因耿定向個人在宦途與學術上的地位才漸漸形成的。〔註 88〕然而功名雖爲地方家族之影響力的一個重要因素，但家族本身對於地方事務的參與和扎根，也是不能忽略的一點。耿定向之弟、同時也是泰州王學中人的耿定理（1534～1577）雖僅有生員身份，但因其人品道德以及學術，在地方上深具名望。嘉靖初年黃安盜賊叢起，但因地多曠野荒原，官府不加措手，放任不管。此時耿定理親自「驅虎豹、剪荊棘爲小茇（按：草根）」，並且招徠善做生意之人「略具魚鹽以市賈得利」，在這樣的努力之後，黃安空曠荒野之地才稍稍有人至，於是「不踰月成集，朞年成都」，改善了黃安的治安與建設。〔註 89〕

耿家成員還帶動地方文教，並導引風俗的轉化。耿定向推行儒學，改善風俗，從游問學者「屨恆滿戶外」，〔註 90〕鄉里一片淳美學風：

> 嘉隆之際，耿恭簡倡明理學，里中因之興起聯會講業。閭誦巷歌，以聚文談道爲高，華競厚營爲恥。即窮簷側陋之士，或羞對持衡；而綠林揭竿之魁，亦回心向道。〔註 91〕

與此同時，耿定向在天臺山上建立的天窩書院以及耿定理講學所在的釣臺書

〔註 85〕〔清〕顧祖禹，《讀史方輿紀要》，收於《續修四庫全書》（上海：上海古籍出版社據上海圖書館藏稿本影印，1995 年），第 607 冊，卷 76，〈湖廣二〉，頁 564～565。

〔註 86〕〔清〕張廷玉等撰，楊家駱主編，《明史・地理志》，卷 44，頁 1075。

〔註 87〕〔清〕黃宗羲，《明儒學案》，卷 35，〈恭簡耿天臺先生定向〉，頁 814。

〔註 88〕William T. Rowe, *Crimson Rain: Seven Centuries of Violence in a Chinese County*, p. 91.

〔註 89〕〔清〕劉承啓修，詹大衢纂，《黃安縣志》，卷 10，頁 307。

〔註 90〕〔明〕焦竑撰，李劍雄點校，《澹園集》（北京：中華書局，1999 年），續集卷 4，〈天臺先生書院記〉，頁 828。

〔註 91〕〔清〕劉承啓修，詹大衢纂，《黃安縣志》，卷 7，頁 255。

屋，都成爲了黃安學術的主要據點。〔註 92〕此外，他重新倡議鄉約，進行「導俗維風」的工作。他說：

昔王文成撫贛，實始創行保甲鄉約，蓋即國初里甲令制之意而潤飾之，非有異也。〔註 93〕

耿定向將王陽明的事功連結至明太祖的創制，一方面表彰心學家於社會實務上的事蹟，另一方面也隱然欲將心學融貫到國家政治體制與意識型態之內，證明心學亦可成爲主政者經世濟民的通衢大道。他在黃安提倡鄉約，即由這些理念所驅動。

從前面的討論可知，在耿定向的名宦碩儒身份之外，使耿家能眞正成爲主導黃安立縣與學術之大族的原因，仍需追溯到其家族對於地方事務的深耕之層面上。基礎建設、風俗與學術，便是耿家成員在黃安出力甚深的幾個方向。黃安的新設一方面倚靠耿家的貢獻，另一方面也使耿家從麻城諸大族中脫穎而出，擴大其在黃安鄉里的影響力。耿家對地方事務的參與，再次說明了傳統中國官方與地方士紳的合作關係。官紳雙方對鄉里的治理上各有著力之處，而耿家協助官府開拓荒僻之地，不僅維護地方安全與促進繁榮，同時也是對自身家族在地方上之利益的保障。地方志中對於耿定向的推崇亦說明了此點：

其創議建邑，既有以安其身，倡明正學，復有以安其心，如荒原曠土悉變爲雞犬桑麻，則凡服先疇者不將曰：「微恭簡，烏能使我耕鑿忘勞乎！」萑服奸宄，盡化爲詩書禮樂，則凡尊舊德者不將曰：「微恭簡，烏能使我絃誦罔輟乎！」〔註 94〕

耿氏兄弟二人身爲明代王學思想中人，但他們並不遠離世務。理學家在智識與修養上的思辨看來雖距凡塵遙遠，但他們其實仍活潑地展現其在政治與社會上的能力與行動力，並將自身理想實現於其中。在這個層面上，耿氏兄弟的作爲與江西吉水、安福兩縣的理學家同道差相彷彿，思想與社會也可以密切互動，同時展現了傳統儒者的理想。

〔註 92〕〔清〕劉承啓修，詹大衢纂，《黃安縣志》，卷 1，頁 86～87。並參見本章註釋 65 關於明清時代湖北的書院分佈情況。

〔註 93〕〔明〕耿定向著，《耿天臺先生文集》，收入《四庫全書存目叢書》（臺南：莊嚴文化事業有限公司據南京圖書館藏明萬曆二十六年劉元卿刻本影印，1997 年），第 131 冊，卷 19，〈題黃安鄉約〉，頁 457。

〔註 94〕〔清〕劉承啓修，詹大衢纂，《黃安縣志》，卷 10，頁 306。

第五節　山雨欲來

麻城爲黃州府人口及田土最多的一縣，而黃安雖與其毗鄰，但在黃州府的版圖規模排名最末。麻城從沒沒無名到楚中大邑，黃安則自荒垣僻野成文教之地，經歷數十年的時間，橫跨兩地的思想舞台至此時才算眞正完工。這兩地從十六世紀中期開始，合演了一齣思想激盪並伴隨人情糾葛的戲碼。其中的諸人物攜手將黃麻兩縣提拉到眾聲喧嘩的高度，但又不時互相牽絆和競爭，讓戲裡的每一幕都扣人心弦，吸引了眾多晚明士人來到此地，登大別山、坐晴川閣而望江流滔滔的袁宗道也是其中一人。

在大別山的雄偉景色外，湖北自然還有許多地方值得袁宗道探訪。萬曆二十一年（1593）他來到麻城的龍湖：

> 龍湖一云龍潭，去麻城三十里。萬山瀑流，雷奔而下，與溪中石骨相觸。水力不勝石，激而爲潭。潭深十餘丈，望之深青，如有龍眠。而土之附石者，因而夤緣得存，突兀一拳，中央峙立。青樹紅閣，隱見其上，亦奇觀也。〔註95〕

其實袁宗道此行並非爲了遊覽山水，也從沒有想到麻城泉石會幽奇至此。他的目的地是龍湖邊上的一座精舍：

> 佛殿始落成，倚山臨水，每一縱目，則光、黃諸山，森然屏列，不知幾萬重。〔註96〕

無論精舍的建築宏大與否，襯景的深邃與氣勢都已深深映在文人的腦海中。袁宗道專程問法的對象即住在精舍之內，較之於山水，此人的心靈與思想亦不知幾萬重，他就是李贄。因其一人，將開啓麻城與黃安在十六世紀末一段波瀾壯闊的思想文化競合。

〔註95〕〔明〕袁宗道，《白蘇齋類集》，卷14，〈龍湖〉，頁196。
〔註96〕〔明〕袁宗道，《白蘇齋類集》，卷14，〈龍湖〉，頁196。

圖一：麻城、黃安形勢圖

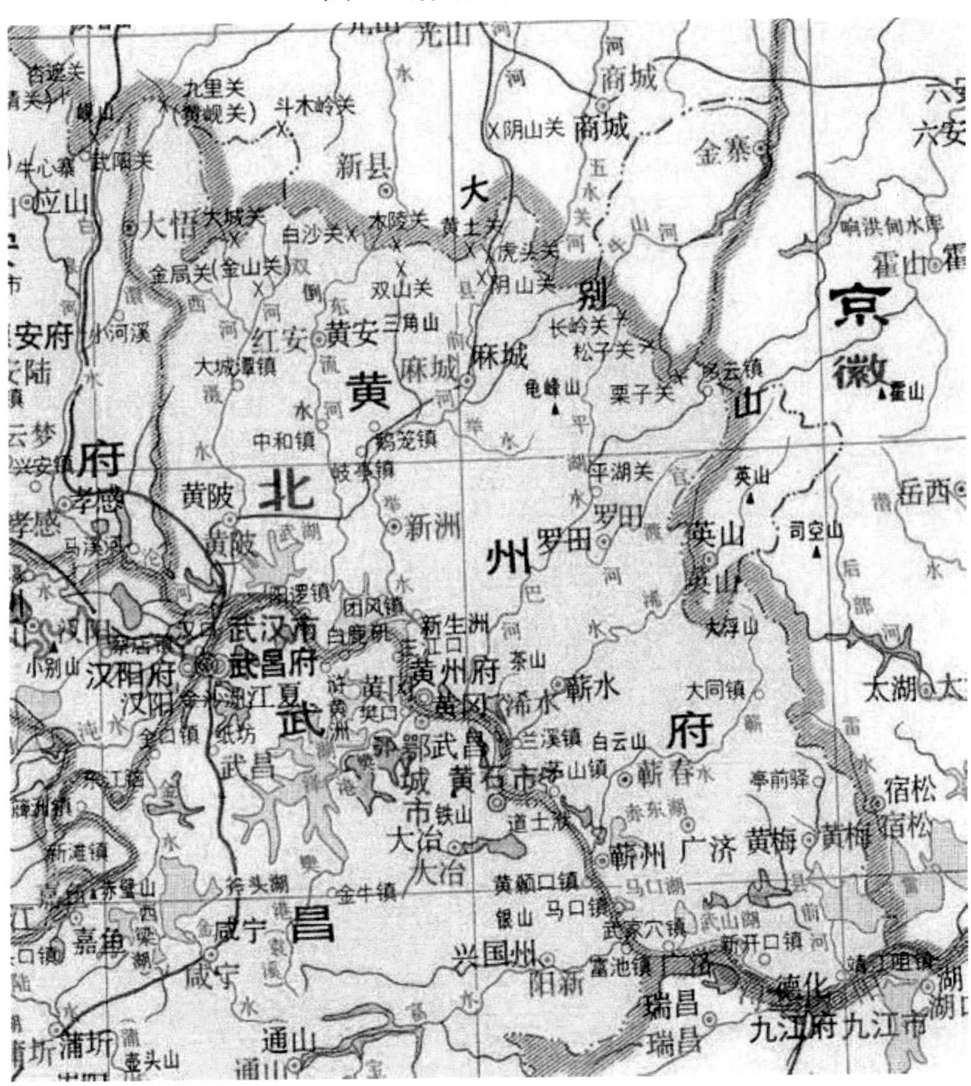

圖版來源：譚其驤主編，《中國歷史地圖集》（北京：中國地圖出版社，2004）。

圖二：麻城地圖

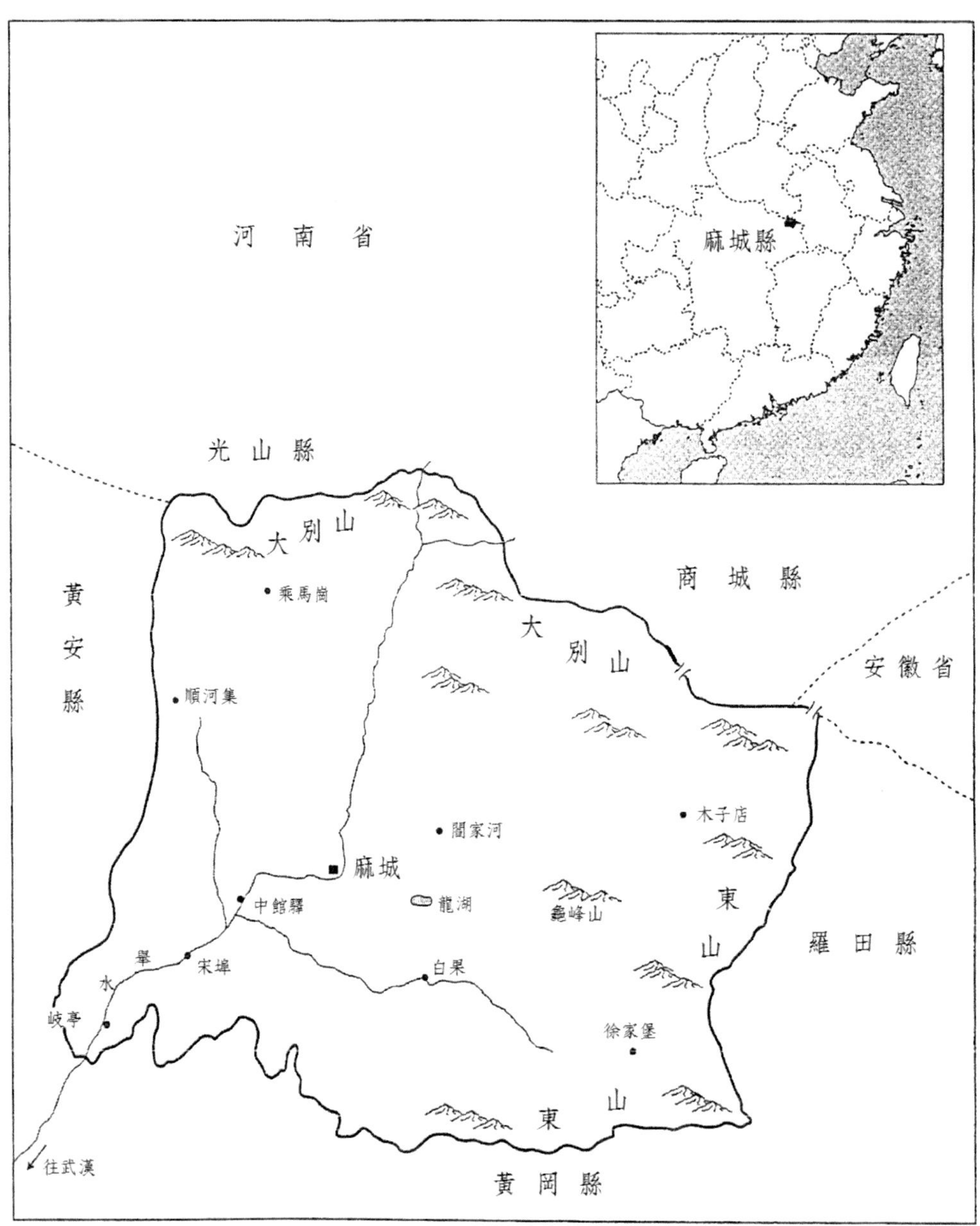

圖版來源：William T. Rowe, *Crimson Rain: Seven Centuries of Violence in a Chinese County*（Stanford: Stanford University Press, 2007）.地名經筆者翻譯。

圖三：明代湖廣全圖

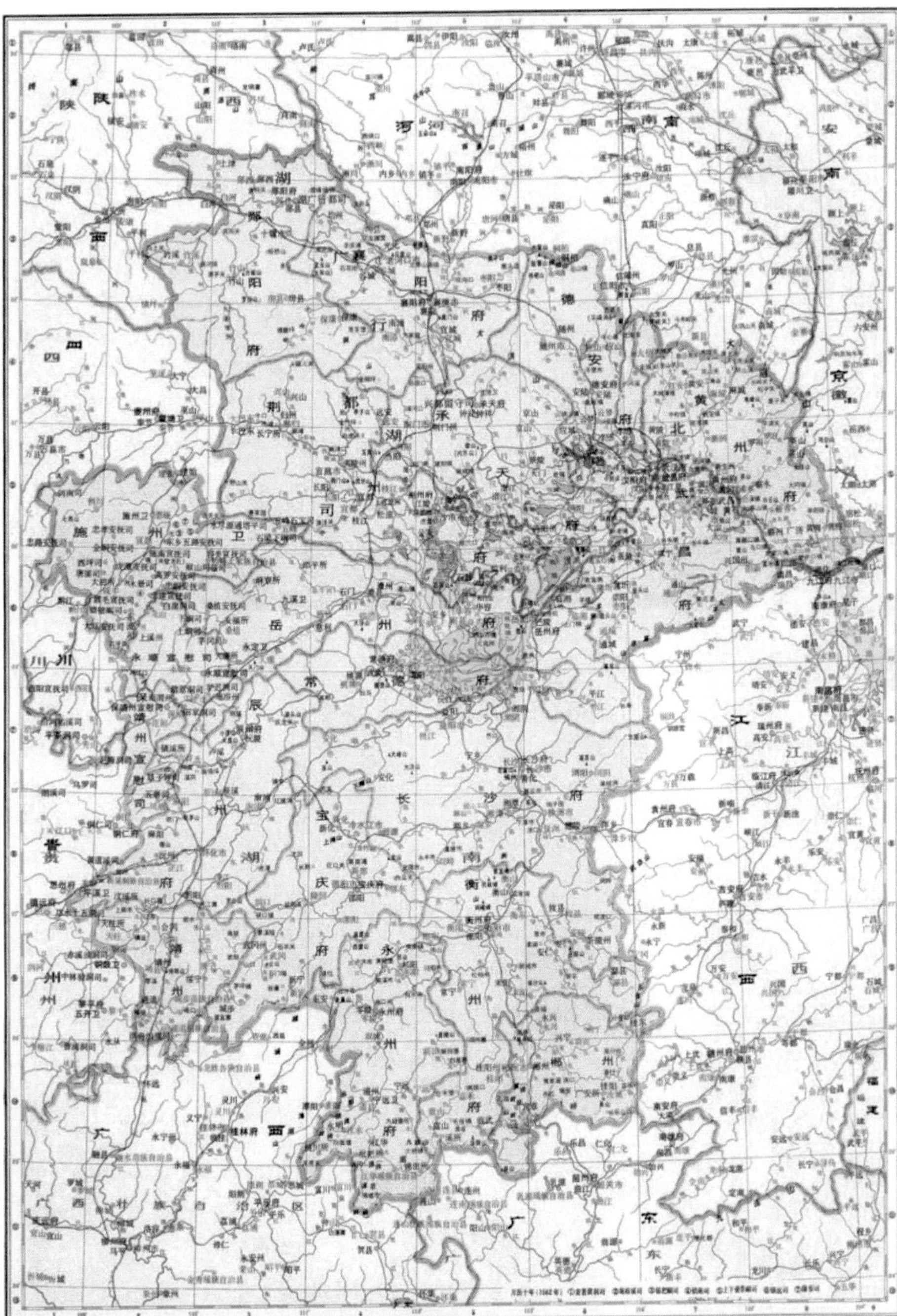

圖版來源：譚其驤主編，《中國歷史地圖集》（北京：中國地圖出版社，2004）。

第三章　相守與相忘之間——耿定向與李贄的交會

晚明麻城與黃安於經濟和文化上的發展爲人共睹，但這些表現在大時代中並不十分特別。若相較於江南，其實還稍遜一籌。然而，在物質發展之外，人類活動亦是歷史的關鍵之一。麻城與黃安便因李贄與耿定向，從而在晚明史中予人留下深刻的印象。

李贄與耿定向於時空中的交會，應由李贄的際遇開始說起。李贄的後半生遠離家鄉，徘徊於各地，其中多數時間客居於黃安及麻城，此因緣可追溯至他與耿定理的情誼。隆慶六年（1572），李贄在南京初次見到耿定理，當時的他懵然無知而好談說，一旁的耿定理只是靜而聽之。會面最後，耿定理詰問李贄：

> 學貴自信，故曰「吾斯之未能信」。又怕自是，故又曰「自以爲是，不可與入堯舜之道」。試看自信與自是有何分別？

李贄回答道：

> 自以爲是，故不可與入堯、舜之道；不自以爲是，亦不可與入堯舜之道。〔註1〕

耿定理聞之大笑，與李贄道別。事實上，耿定理詰問李贄「自信」與「自是」的分別，本欲對李贄的自以爲是給予棒喝，不過李贄卻以機巧的回覆閃身而過。然而，李贄對耿定理之暗示已了然於胸。此後李贄對耿定理念念不忘，

〔註1〕〔明〕李贄，《焚書》（臺北：漢京文化事業有限公司，1984年，與《續焚書》合刊），卷4，〈耿楚倥先生傳〉，頁142。

又以未見耿定向爲恨，十分希冀與耿氏兄弟一同論學。〔註2〕

萬曆五年（1577）李贄被派任雲南姚安知府，入滇途中經過湖北時，順道至黃安見耿氏兄弟。雙方大爲相契，李贄頓時有棄官留下之意。雖然當下他無法立即拋下官職，但已決定日後要來此地居住，於是先將同行的女婿與女兒留在黃安，並與耿定理約定「待吾三年滿，收拾得正四品祿俸歸來爲居食計，即與先生同登斯岸矣」，耿定向也慨然答應替他照顧家人。〔註3〕其後李贄依約辭官前往黃安，他說：「余自出滇，即取道適楚，以楚之黃安有耿楚倥、周友山（周思敬）二君聰明好學，可藉以夾持也。」〔註4〕袁中道記述了李贄此時的雀躍之情：

（李贄）初與楚黃安耿子庸善，罷郡遂不歸。曰：「我老矣，得一二勝友，終日晤言，以遣餘日，即爲至快，何必故鄉也！」〔註5〕

在黃安與麻城，李贄分別受耿家與周家款待照顧，他說：「侗天（耿定向）爲我築室天窩（即天臺山），甚整。時共少虞（吳心學）、柳塘（周思久）二丈老焉，絕世囂，怡野逸，實無別樣出遊志念，蓋年來精神衰甚，只宜隱也。」〔註6〕耿定向在天臺山上築室講學、建造書院，並以天臺爲號。李贄初到黃安時，便隨耿氏兄弟論道於天臺山上。周思久則在麻城龍湖邊築精舍，成爲李贄後來入麻城久居的根據地。從此，李贄正式開始了他流寓客鄉的後半生。

雖然李贄稱自己五十六歲以後的日子「唯有朝夕讀書，手不敢釋卷，筆不敢停揮」、「關門閉戶，著書甚多，不暇接人，亦不暇去教人」，〔註7〕但就其引起的社會和思想波瀾來看，生活絕非他所自況的如此平靜。在寓居麻、黃的日子裡，他與耿定向之間的思想爭論和意見分歧，終使二人漸行漸遠。兩方於言語及書信上鏗鏘交鋒，隨之盪出的漣漪則層層自黃安與麻城擴散，

〔註2〕或因李贄美化自己，又或因黃宗羲刻意貶低李贄，同一段故事，李贄與黃宗羲的各自記述讓人有不同的感覺。《明儒學案》記道：「卓吾好談說，先生（耿定理）不發一語，臨別謂之曰：『如何是「自以爲是，不可入堯舜之道」？』卓吾默然。」見〔清〕黃宗羲著，《明儒學案》，卷35，〈處士耿楚倥先生定理〉，頁825。在黃宗羲的筆法下，李贄全然被耿定理壓制；然而就李贄看來，耿定理對他頗有惺惺相惜的意味。

〔註3〕〔明〕李贄，《焚書》，卷4，〈耿楚倥先生傳〉，頁142。

〔註4〕〔明〕李贄，《續焚書》，卷2，〈釋子須知序〉，頁56。

〔註5〕〔明〕袁中道著，錢伯城點校，《珂雪齋集》（上海：上海古籍出版社，1989年），卷17，〈李溫陵傳〉，頁720。

〔註6〕〔明〕李贄，《續焚書》，卷1，〈復焦漪園〉，頁46。

〔註7〕〔明〕李贄，《續焚書》，卷1，〈與焦弱侯〉，頁5～6。

進一步牽扯到雙方師友的迴護攻訐，觸碰地方官員的敏感神經，上達萬曆皇帝，最終導致李贄的入獄與自戕。李贄的後半生雖然耀眼，但也是極爲喧囂紛擾而充滿爭議的一段歷程。

對耿定向與李贄之間論爭的研究由來已多，其中又以中國學者的作品爲大宗。在文化大革命後期的「儒法鬥爭」議題中，李贄被認爲是法家的代表人物之一，有著進步的思想，對抗代表地主階級的儒家官僚士大夫耿定向。兩人的思想與行爲，也被視作開放與腐敗的鮮明對比。在此脈絡中，李贄的評價急速提昇，而耿定向則被大加撻伐。傅衣凌稱李贄爲「封建社會的進步思想家、地主階級的叛逆者」，〔註 8〕筆名海冰的包遵信（1937～2007）在 1974 年所寫的〈李贄三鬥耿定向〉中則這麼描繪李贄：「那深邃的雙眼炯炯有神，直視前方，那把銀鬚直掛到胸前，經江風一吹，飄飄然直往肩上飛。」相反的，耿定向的形象就不甚賞心悅目：「又矮又瘦，長著一張猴臉，一對三角眼陷得深深的，黑得嚇人。」〔註 9〕然而耿定向的學生、同時也與李贄相善的焦竑卻說：「先生（耿定向）生而岐嶷，龐目戟髯，目無流視，坐無倚容。」〔註 10〕兩個時代的記述與敘事，竟如此不同。

眞實的歷史情狀難以百分之百地重新拼湊，但對李、耿二人來說，過於支離破碎的印象也並不公平。此下將試著平實反觀李贄與耿定向兩人的思想互動與日常交往，還他們一個不特別偉岸，但也不非常醜惡的面容。〔註 11〕

第一節　耿定向的「眞機不容已」

〔註 8〕傅衣凌，〈從明末社會論李贄思想的時代特點〉，收於氏著《傅衣凌治史五十年文編》（北京：中華書局，2007 年），頁 311。

〔註 9〕海冰，〈李贄三鬥耿定向〉，《中山大學學報（社會科學版）》，1974：4（廣州，1974 年），頁 93。

〔註 10〕〔明〕焦竑撰，李劍雄點校，《澹園集》，卷 33，〈資德大夫正治上卿總督倉場戶部尚書贈太子少保謚恭簡天臺耿先生行狀〉，頁 532。

〔註 11〕據袁光儀的觀察，近來的研究已較平實地關注以往作爲「李贄的反面」的耿定向，但多數只論其學術，對以往加諸耿定向身上的「僞道學」之譏，仍不置一詞。這樣的情況，顯示關於耿定向的研究還有待充實。參見袁光儀，〈名教與眞機——耿定向、李卓吾學術論爭之本質及其意義〉，《中國學術年刊》，第 31 期春季號（臺北，2009 年 3 月），頁 90～92。袁光儀便嘗試重新評斷耿定向的人格與學術，並給予正面肯定。參考袁光儀，〈僞道學或眞聖賢？——明儒耿定向的人格學術之再評價〉，《興大中文學報》，22（臺中，2007 年 12 月），頁 205～229。

從仕宦的成就來看，耿定向的一生頗爲順遂。他於嘉靖三十五年中進士，其後歷任諸職，三十餘年的宦途無大風大浪，爲官亦有聲名，稱得上是當時的一個人物。〔註 12〕與此同時，耿氏也有著思想家的身份，他曾從王畿、羅汝芳等著名心學家講學，在明代心學的光譜裡，被黃宗羲歸到泰州一派。〔註 13〕不過，耿定向雖於功名與仕途有所成就，但於思想上則並非披荊斬棘的大宗師。他在進學過程中私淑王艮（1483～1540），敬服鄒守益（1491～1562）與羅洪先（1504～1564），羅汝芳（1515～1588）、胡直（1517～1585）、史桂芳（1518～1598）、王時槐（1522～1605）也都對他有所影響。換句話說，耿定向並無單一師承，思想中含有許多人的色彩。〔註 14〕

總體而言，耿定向在自身學問的發展上，有著與宦途相似的穩健節奏，這從他確立爲學宗旨之過程即能感受得到。嘉靖四十年（1561），耿定向偕其弟定理與胡直會面於漢江之畔，相與「訂學宗旨」，這是耿定向一生智性思路之轉捩點。據耿定向自述，他在此會之前「以常知爲學」。追本溯源，他的「常知」想法乃是嘉靖三十七年（1558）時與羅汝芳等人從遊後漸漸醞釀而成的。〔註 15〕然而，到了三年後的漢江之會，耿定向卻遭逢來自其弟的衝擊，他說：

> 余時篤信文成良知之宗，以常知爲學，雖異矣。正甫（胡直）則曰：「吾學以無念爲宗。」仲子（耿定理）曰：「吾學以不容已爲宗。」正甫首肯數四。余憒然失已，蓋訝仲子忽立此新論。胸中蓄疑十餘年，密參顯証，遠稽近質，然後無（按：應爲「憮」）然有省。竊服正甫之知言，嗟嘆仲子之天啓也。〔註 16〕

〔註 12〕關於耿定向的仕宦資料，可見於《明史・列傳第二百二十一》，卷 190，〈耿定向〉，頁 5816～5817；〔明〕焦竑編，《國朝獻徵錄》（臺北：明文書局，1991 年），第二冊，卷 29，〈户部尚書謚恭簡耿公定向傳〉，頁 393～394。另外可參考池勝昌，《耿定向與泰州學派》（臺北：國立臺灣師範大學歷史學研究所碩士論文，1990 年），頁 10～22。

〔註 13〕現代學者對黃宗羲在《明儒學案》中學派劃分的討論頗多，有學者認爲，無論從師承或思想的角度，耿定向其實不能說是泰州學派的傳人。詳見吳震，〈泰州學派芻議〉，《浙江社會科學》，2004：2（杭州，2004 年 3 月），頁 142～150。

〔註 14〕吳震，《陽明後學研究》（上海：上海人民出版社，2003 年），第八章，〈耿天臺論〉，頁 372。

〔註 15〕〔明〕耿定向編著，《觀生紀》，收入陳來選、于浩輯，《宋明理學家年譜續編》第五冊（北京：北京圖書館出版社據民國十四年鉛印本影印，2006 年），頁 297。

〔註 16〕〔明〕耿定向著，《耿天臺先生文集》，卷 8，〈漢滸訂宗〉，頁 206～207。

耿定向在此表露出驚訝而又欣羨的心情，他萬萬沒預料到與自己相朝夕的弟弟會突然提出這樣一個「不容已」命題。他順著耿定理的意見，反觀自己十餘年來的心得，發現兩者相當密切貼和。對耿定向來說，其弟的「新論」著實令他相當震撼，也不禁佩服其「天啓」。

從各種記述來看，耿定理有著過人的領悟能力。早在嘉靖三十七年，羅汝芳就已點出耿氏兩兄弟的不同。他詢問即將告別的耿定向此後如何用功，耿定向回答「常知已耳，夫復何言」，羅汝芳卻告誡道：「阿仲（耿定理）天啓，非吾儕可方，子毋挾長與貴而易之。子學篤信常知是矣，須知到淵淵其淵、浩浩其天，而後可歸矣，虛心與阿弟細商。」時人劉起宗在與耿定理相談後，也告訴耿定向：「此惠能後身也，奈何役之舂米！顧其見高，目空一世，需善養之。」〔註17〕羅、劉二人慧眼識人，看出耿定理並非泛泛之輩，不約而同叮囑耿定向需愼重對待之。與前文所提到李贄被耿定理針砭而心服之的故事一同來看，耿定理確實有特出之處，而他也便在漢江訂宗旨之會中，提出令其兄深省的「不容已」。

「不容已」的提出並非僅是呼呼口號，其所代表的是一個學者自身的論學要旨。「訂宗旨」一事，實具有深遠意義。據王汎森先生的研究，宗旨一詞起於晉、唐之間，在明代中期王學大興後，成爲重要的理學觀念，並在學界產生了一股「立宗旨」的風氣，這是王門後學爲了盡可能空諸依傍、擺脫經典與注疏的拘束所衍生出的行爲。各人各立宗旨的背景必須是學問意見多元而鼓勵論辯，每一家的宗旨都是其人心得的呈現，並且各家宗旨平等而可以同列，每個人也可以就性之所近有所取資。〔註18〕錢穆先生也指出：「陸、王之學爲理學中之別出，而陽明則可謂乃別出儒中之最是登峰造極者。因別出之儒，多喜憑一本或兩本書，或憑一句或兩句話作爲宗主，或學的。……後來王門大致全如此，只拈一字或一句來教人。」〔註19〕耿定向、耿定理與胡直相約「訂學宗旨」，即是明代講學活動蓬勃之大潮流下，建立自我宗旨的具

〔註17〕〔明〕耿定向編著，《觀生紀》，頁297。

〔註18〕詳見王汎森，〈明末清初思想中之「宗旨」〉，收於氏著《晚明清初思想十論》（上海：復旦大學出版社，2004年），頁107～116。不過王先生也指出，並不是所有陽明學派的儒者都主張宗旨。到了明清之際，一種反宗旨的意見亦被提出。

〔註19〕錢穆，《中國學術通義》，收於《錢賓四先生全集》第二十五冊（臺北：聯經，1995年），頁90～91。

體表現。除了各言其志之外，也可以透過觀察彼此的宗旨異同，汲取有助於己的思想資源。耿定向便在這次聚會中，意外地體會到其弟的宗旨，並將此宗旨納為自己依循的圭臬。

耿定理於嘉靖三十七年首次提出的「不容已」宗旨是這麼說的：

> 不容已者，從無聲無臭發根，從庸言庸行證果。

無聲無臭與庸言庸行都是宇宙間自然而然的事物，這就是「不容已」的發端與表現。自古以來聖賢的行為「原不知何來，委不知何止，天命之性如此也，故曰『於穆不已』」。〔註 20〕在這裡耿定理引用的是《詩經．大雅》中「維天之命，於穆不已」之句，在耿定理的理解中，任何窮原竟委的努力皆是徒勞的，因為萬事的開端與終結都是基本而自然、不假人力的過程，也便是「天命之性」的體現。在此，耿定理賦予原不具深刻思想意涵的「不容已」一個更廣博的基礎，「不容已」成為貫串人心到宇宙萬物的基本法則。

耿定理一生大多待在故鄉黃安潛修，四方遊歷講學的時間不多，因而未廣為傳佈其學說。他以四十餘歲壯年之齡逝世，也讓他無法更進一步向後人闡釋其學問精要。深入探索「不容已」的任務，便要由耿定向接手而發揚光大。耿定向收納了其弟的理路，將不容已說得更清楚：「古人繼天之不容已者為心，雖欲自已，不容自已矣。」〔註 21〕白話地說，不容已就是「不得不如此」、「非要從此做去」，任何後天、主觀與加工過的行動與意志，皆不能撓其一二。他指出：

> 余惟反之本心不容已者，雖欲堅忍無為，有所使而不能。反之本心不自安者，雖欲任放敢為，若有所制而不敢。〔註 22〕

這樣的道理也就是耿定向理想中的聖學之道。他認為「吾孔孟之教，惟以此不容已之仁根為宗耳」，即便是聖人，在尋常日用與經世宰物的層面上也都是不容已來主導的。〔註 23〕由此，耿定向承衍並擴充了其弟的論說，為之構下更穩當而親切的基礎。據稱耿定理論學不煩言說，往往藉著當機指點使人於迷惘中豁然開朗，但也因此使他留下的論學文字只寥寥數篇。加以早逝，難以圓熟並擴充其學旨的內容。幸而這樣的任務隨後由耿定向承接，充實了「不

〔註 20〕〔清〕黃宗羲著，《明儒學案》，卷 35，〈處士耿楚倥先生定理〉，頁 826～827。

〔註 21〕〔明〕耿定向著，《耿天臺先生文集》，卷 4，〈與李卓吾〉第一書，頁 112。

〔註 22〕〔明〕耿定向著，《耿天臺先生文集》，卷 4，〈與李卓吾〉第三書，頁 112～113。

〔註 23〕〔明〕耿定向著，《耿天臺先生文集》，卷 3，〈與焦弱侯〉第八書，頁 76。

容已」的詮釋。

耿定向將不容已的理論源頭上推到孟子，並強調日常人倫的一面。他研析《孟子．盡心》而有如此心得：

> 學者須從心體盡頭處了徹，便知性之眞體原是無思無爲；知性之眞體無思無爲，便知上天之載原是無聲無臭，渾然一貫矣。所謂心體盡頭處者，蓋昔人所謂思慮未起，神不知不覩不聞處也。近來自省於人倫日用多少不盡分處，乃語學者云：吾人能于子臣弟友，不輕放過，務實盡其心者，是其性眞之不容自已也。性眞之不容自已，原是天命之於穆不已，非情緣也。〔註 24〕

孟子說盡心者能知其性，知其性則便能知天。耿定向全然同意孟子的說法，指出不容已所代表的，即是心體盡頭處的極致狀態。能力求盡心的人，也就可以通貫了性與天，體會到天命。他認爲「原本心之眞，自不容已。只此不容已處，便是生理，便是天命之不已也」，心之不容已可上推至天命不已的層次。〔註 25〕綜合言之，不容已的特點即是它不出於情緣，而是源自於人性的根本以及天德，因此成爲宇宙的法則。〔註 26〕與此同時，日常生活就是實踐盡心、體驗不容已的園地。從與自身最親切的地方做起，便能對不容已心領神會。

從學術思想來看，耿定向確實具有泰州學派的親切性與直截性之特色。他在圍繞著「不容已」所提出的延伸詮釋中，時時不忘強調要從日常生活中體驗，自簡易的事物中切實而行。他說：

> 夫此入孝出弟就是穿衣吃飯的這箇（道理），穿衣吃飯的（道理）原自無聲無臭，亦自不生不滅、極其玄妙者，人苦不著不察耳。〔註 27〕

耿定向認爲日常的飲食穿衣是世間基本而不得不然的行爲，只憑此點，便與孝悌的道理相符合。入孝出悌與穿衣吃飯乍看下有著意義層次上的差別，但在耿定向的立場，兩者都是自然而然的意識，眾人雖對此二者日用而不知，但其中道理是相同的。而這個根源於無聲無臭、不生不滅的道理，就是不容已。既然不容已爲宇宙基本法則，那麼就不能一日無之：「自堯舜以來，聞知、

〔註 24〕〔明〕耿定向著，《耿天臺先生文集》，卷 3，〈與周柳塘〉第十一書，頁 83。

〔註 25〕〔明〕耿定向著，《耿天臺先生文集》，卷 19，〈讀塘南王先生語錄〉，頁 462。

〔註 26〕張學智著，《明代哲學史》（北京：北京大學出版社，2000 年），第十八章，〈耿定向的「不容已」之學〉，頁 269。

〔註 27〕〔明〕耿定向著，《耿天臺先生文集》，卷 3，〈與周柳塘〉第十五書，頁 85。

見知，知此耳。所謂一息無此，一息不能生活；一方無此，一方不能生活；一世無此，一世不能生活。」〔註 28〕

耿定向這樣的思路其實與羅汝芳非常相似，羅氏曾說：

> 若論吾人天命之性，其不慮而知、不學而能，渾然與聖人不思而得、不勉而中之體，如金在礦，何嘗少他分毫？蓋自爲孩提時，直至今日，親長之愛敬、耳目之聰明、饑寒之衣食，隨感而應，良知良能，明白圓妙，眞是人人具足，個個完全。〔註 29〕

無論是聖人先賢或是一般人，孝悌親愛與衣食暖飽都是隨感而應的良知良能，人人皆具，只是一般人往往日用而不察。聖人之所以能超凡入聖，也只是「先覺先悟」、「正如礦石過火，便自融化透徹，更無毫髮窒礙間隔」而已。羅汝芳依此來鼓勵人們從生活中最親切而基本的項目出發，由此去「覺」，去體悟本性，便能臻至聖境。耿定向相當同意他的看法，在與友人論學書信中，特爲「穿衣吃飯」作辯護：

> 夫除卻穿衣喫飯之明覺，而別求明覺，是爲騎驢覓驢，固非是然？止明覺得穿衣喫飯而已，而不能合內外、通物我、貫天人、原所志者，張子所謂不踰衣食之間耳。夫知言而後能合內外，知人而後能通物我，知命而後能貫天人，是明覺之証果也。吾黨於知言知人尚未，況進之知命乎？請從于穿衣喫飯處且常明常覺焉，極深研幾，或庶幾乎！〔註 30〕

耿氏勸說友人不當好高騖遠，應從日常極簡單而基本的穿衣吃飯一類事物做起，從中求得明覺，此下再進一步往通貫天人的理想邁進。穿衣吃飯說來簡易，卻是耿定向思想中重要的功夫施展場域。

因此，堅信著「不容已」的耿定向，切實地提倡從人倫日用中體驗眞機，由此承接天命。他說：

> 大道浩無朕，何處覓眞機。本心不容已，天根自秉彝。本心不容昧，天則那能違。天則亦天根，統承天命之維。〔註 31〕

〔註 28〕〔明〕耿定向著，《耿天臺先生文集》，卷 6，〈與吳伯恒〉第一書，頁 147～148。

〔註 29〕見方祖猷等編校整理，《羅汝芳集》（南京：鳳凰出版社，2007 年），《近溪子集》，卷射，頁 104。

〔註 30〕〔明〕耿定向著，《耿天臺先生文集》，卷 4，〈與吳少虞〉第一書，頁 94。

〔註 31〕〔明〕耿定向著，《耿天臺先生文集》，卷 1，〈夜坐訂學載賦贈〉，頁 19。

所謂天根，即是平常怵惕惻隱之心作動時的狀態：

> 一念之動，無思無爲，機不容已，是曰「天根」。一念之了，無聲無臭，追藏于密，是曰「月窟」。……今人乍見孺子入井，怵惕惻隱之心動處即是天根，歸原處即是月窟。纔參和納交，要譽惡聲，意思便是人根非天根，鬼窟非月窟矣。吾人應用紜爲，動作食息，孰非此根、此窟。〔註 32〕

耿定向在此借用北宋邵雍（1011～1077）的說法，將原指六十四卦方位圖中「一陽將生之處」的天根指代眞機發動而顯明於心的表現；「一陰將生之處」的月窟則爲眞機退守歸原的呈現。〔註 33〕從平日怵惕惻隱處做起，體會本心之不容已眞機，便成就了天根與月窟的狀態。日常的靜動之間，無處非天根與月窟之境地。而這只要從平易的生活中去體會，即可明瞭眞機，感受己心的不容已。

綜觀耿定向之論學，「在粗淺中探討精微，謂精微原不離粗淺」是他的自況，也是其畢生學術的進路。〔註 34〕「不容已」的宗旨火炬由耿定理點燃，最終在耿定向的手上旺盛了起來。萬曆十七年（1589）耿定向辭官，隔年回到故鄉，焦竑記述耿定向居於萬山之中，但四方學士依然「如鳥投林，如川赴海，無不人人爲扣兩端，期於有瘳」。〔註 35〕當時如羅洪先、羅汝芳、胡直、鄒守益之子鄒善、焦竑、何心隱（1517～1579）、劉元卿、賀宗孔等皆是曾到黃安與耿定向一同講學之人。〔註 36〕黃宗羲描述當時「天臺倡道東南，海內雲附景從」，〔註 37〕許多人慕耿定向之名來到黃安，一些知名的思想家也行走此地，使黃安成了明代心學網絡的一個據點。荊楚地區的陽明學，便在耿定向的引領下漸成氣候。〔註 38〕

〔註 32〕〔明〕耿定向著，《耿天臺先生文集》，卷 10，〈繹五經大指〉，頁 268。

〔註 33〕張學智著，《明代哲學史》，第十八章，〈耿定向的「不容已」之學〉，頁 271。

〔註 34〕〔明〕耿定向著，《耿天臺先生文集》，卷 3，〈與周柳塘〉第十七書，頁 86。

〔註 35〕〔明〕焦竑撰，李劍雄點校，《澹園集》，卷 33，〈資德大夫正治上卿總督倉場戶部尚書贈太子少保諡恭簡天臺耿先生行狀〉，頁 532。

〔註 36〕〔清〕劉承啓修，詹大衢纂，《黃安縣志》，卷 1，頁 86；吳震，《明代知識界講學活動繫年：1522～1602》（上海：學林出版社，2003 年），頁 390～391；張藝曦，《社群、家族與王學的鄉里實踐——以明中晚期江西吉水、安福兩縣爲例》，頁 261。

〔註 37〕〔清〕黃宗羲著，《明儒學案》，卷 35，〈給事祝無功先生世祿〉，頁 848。

〔註 38〕黃宗羲言「楚學之盛，惟天臺一派，自泰州流入」、「天臺之派雖盛，反多破壞良知學脈」。耿定向師承多人，其思想是否能歸在泰州一派還值得討論。但不過，隨著李贄來到黃安，耿定向的「不容已」信念將面對來自李贄的嚴峻質問。

第二節　來自李贄的挑戰

萬曆十二年（1584）耿定理去世，這對耿定向和李贄來說，都是極爲沈重的一刻。在耿定向的角度，他失去了在學問上有助於他的親弟，少了一個追求眞機的同伴；而就李贄來說，他本因服膺於耿定理而來到黃安，如今耿定理死，失去了良師諍友的他，心中的遺憾可想而知。李贄只能嘆道：「從此一聲雷，平地任所施。開口向人難，誰是心相知！」〔註 39〕他告訴耿定向：「今所憾者，僕數千里之來，直爲公兄弟二人耳。今公又在朝矣，曠然離索，其誰陶鑄我也？」〔註 40〕李贄雖號稱自己是隱者，但他性情不甚耐寂寞，好與友朋交往談說。本爲求「勝己之友」而辭官行走客鄉的他，在耿定理死後感到無盡寂寥，幾乎難以度日：

> 此間自八老（按：耿定理在家中排行第八）去後，寂寥太甚，因思向日親近善知識時，全不覺知身在何方，亦全不覺欠少甚麼，相看度日，眞不知老之將至。蓋眞切友朋，生死在念，萬分精進，他人不知故耳。自今實難度日矣！〔註 41〕

不過，在耿定理過世後悵然若失的李贄，其實早就覺得黃安的環境過於僻陋，認爲此處「若爲學道計，則豪傑之難久矣」，不僅「出世之學莫可與商證者」，而且「求一超然在世丈夫，亦未易一遇焉」，〔註 42〕耿定理的長逝則讓李贄的孤獨之感益發強烈。

更嚴重的是，耿定理的死對李贄和耿定向之間的關係產生了很大的衝

由黃氏此處所論，頗能感受到耿定向在湖北的影響力。見〔清〕黃宗羲著，《明儒學案》，卷 28，〈楚中王門學案〉，頁 626。此外，王陽明一生從未到湖北講學，但曾路過湖南兩次，錢明認爲這恐怕是楚中王門「發展不均」的主要原因。在湖北的荊楚陽明學派，後來便以耿氏兄弟爲代表。參見錢明著，《王陽明及其學派論考》（北京：人民出版社，2009 年），頁 281～283。

〔註 39〕〔明〕李贄，《焚書》，卷 6，〈哭耿子庸〉其四，頁 230。

〔註 40〕〔明〕李贄，《焚書》，增補一，〈復耿中丞〉其四，頁 258。

〔註 41〕〔明〕李贄，《續焚書》，卷 1，〈與弱侯焦太史〉，頁 21。

〔註 42〕〔明〕李贄，《續焚書》，卷 1，〈答駱副史〉，頁 24。根據林海權的考訂，此書可能作於萬曆十二年三、四月間，距耿定理去世尚有數月。見林海權著，《李贄年譜考略》（福州：福建人民出版社，1992 年），頁 147。

擊。李贄本爲耿定理而來，雖也慕耿定向聲名，但畢竟不如對耿定理般傾心。此外，耿定向與耿定理在舉止行爲與性情氣質上是不同的兩類人物。前者在學道者之外尚且有著官員身份，言行謹慎，遵守儒家規範分際，並依此教人；後者終身不仕，思想敏銳而靈活，對世俗價値並不在意，全心追求眞理，時有當頭棒喝之語。很明顯的，李贄自身的性格與耿定理較爲相近。凡人往往投己身所好並物以類聚，李贄與耿定理關係較爲親密、與耿定向相敬如賓，也是自然之事。耿定理的死不僅代表李贄失去了摯友，也意味著在人際關係上，李贄與耿定向兩人彼此直對的感受驟然變深，投予對方的目光變多，其中卻沒有耿定理爲之中介了。再加以性情與處事態度上的南轅北轍，終使李贄與耿定向正面交鋒，甚至到了敵對的狀態。

李贄首先直搗黃龍，鎖定耿定向一再表述的「不容已」爲批判的目標。面對著對方的宗旨，李贄借力使力，貶抑了耿定向的不容已：

> 公之所不容已者，乃人生十五歲以前弟子職諸篇入孝出弟等事；我之所不容已者，乃十五成人以後爲大人明大學，欲去明明德於天下等事。公之所不容已者博，而惟在於痛癢之末；我之所不容已者專，而惟直收吾開眼之功。公之所不容已者，多雨露之滋潤，是故不請而自至，如村學訓蒙師然，以故取效寡而用力艱；我之所不容已者，多霜雪之凛冽，是故必待價而後沽，又如大將用兵，直先擒王，以故用力少而奏功夫。〔註43〕

李贄拾起不容已的話頭，編織起自己的「不容已」。他稱耿氏的不容已只是基本入孝出悌的弟子職，而他自己的不容已是「明明德天下」的大人事；同時，他認爲耿定向的不容已看似廣博，但其實只是痛癢之末，而他自己的則專一而能有開眼之效；最後，他稱耿定向的不容已用力艱難而效果有限，他自身的則事半功倍。面臨此直攻學旨的詰難，耿定向反駁道：

> 公謂余之不容已者，乃弟子職諸篇，入孝出弟等事；公所不容已者，乃大人明明德于天下事。此則非余所知也。除却孝弟等，更明何德哉？竊意公所云明德者，從寂滅滅已處，覷得無生妙理，便謂明了；余所謂不容已者，即子臣弟友，根心處識取，有生常道耳。〔註44〕

面對李贄的砲火，耿定向仍不厭其煩地重述其從日常人倫出發來實踐不容已

〔註43〕〔明〕李贄，《焚書》，卷1，〈答耿司寇〉，頁29～30。

〔註44〕〔明〕耿定向著，《耿天臺先生文集》，卷4，〈與李卓吾〉第四書，頁113。

的態度，他認爲所謂明德之事與入孝出悌的法則本是相通，不能像李贄那般將它們割裂開來。他也反批李贄的想法是寂滅之道，不是世間常道。在與友人的書信中，他堅定重申：「卓吾云余所不容已只是一箇入孝出弟小學，彼更有明德於天下大事，此便是兩截學問。」〔註 45〕不爲通貫之學，就說不上明明德了。

就兩人圍繞著不容已的論戰來看，雙方敘事的方向及主導權有著很微妙的內涵。李贄以不容已爲談助來區分自己與耿定向的差別，句句皆在針砭耿定向規模之狹。他意圖將不容已的論述主導權由耿定向手中奪來，並在理論敘述上提昇自己的高度，再用一種睥睨、帶著一點嘲諷的態度來批評耿定向的不容已，反客爲主地拿著對手的宗旨當武器。相對的，耿定向似乎失去了論辯的主動性，只是複述其一貫想法。耿氏回擊李贄偏於寂滅，對李贄來說，其實正坐實了他對耿定向的批評——往往以自己爲聖學、他人爲異學。是故，李贄指摘耿定向的不容已宗旨「有執己自是之病」，並勸告耿氏「恐未可遽以人皆悅之，而遂自以爲是，而遽非人之不是也」。〔註 46〕

延續這番爭論，兩人不得不闡發自身的終極目標，以證明自己的學問可通往至道，由此衍生了「名教」與「眞機」之辯：

> 卓吾寓周柳塘湖上，一日論學，柳塘謂：「天臺重名教，卓吾識眞機。」楚倥誚柳塘曰：「拆籬放犬。」〔註 47〕

身爲李贄與耿定向兩人共同的論學之友，周思久評論這兩人一「重名教」，一「識眞機」。但他沒有意識到，這一番話其實事關重大。首先，對一個求道者來說，追求的最高境界本來就是至道與眞理，以此體驗世事將無不妥貼。然而周氏在此切開了代表分際規範的名教與宇宙道理的眞機之連繫，順著周思久的語意，兩者成了獨立而相對的概念。周思久的論斷，有意無意地透露出李贄和耿定向在他心中的學問高下。既然眞理是求道者畢生的想望，則名教當然只是其次，能得眞機才是最終目標。由此，周思久雖在字面上各稱讚李、耿二人之所長，然而語意內裡所隱含的價值判斷卻昭然若揭。

對周思久的說法，耿定理嗤之以鼻地以「拆籬放犬」回覆。拆籬便不復

〔註 45〕〔明〕耿定向著，《耿天臺先生文集》，卷 4，〈與劉調甫〉第一書，頁 105～106。

〔註 46〕〔明〕李贄，《焚書》，卷 1，〈答耿司寇〉，頁 30。

〔註 47〕〔清〕黃宗羲著，《明儒學案》，卷 35，〈處士耿楚倥先生定理〉，頁 826。

有矩矱存在，放犬則意識橫流，耿定理以此反唇相譏，表達了他對周思久的不以爲然。身爲主角，耿定向聽聞周思久的論斷後相當不平，亦覺此事關乎學旨核心，不能不辯。他開門見山告訴周思久，耿定理所言的「拆籬放犬」之譏，代表周氏「未究余學所主語」；其弟並非驚訝周思久「輕余而軒卓吾」，而是在感慨周氏的「不識眞」。耿定向並說：

> 夫孔孟之學，學求眞耳；其教，教求眞耳。舍此一眞，何以繼往，何以開來哉？近日學術淆亂，正原以妄亂眞，壞教毒世，無以紹前啓後。不容己於吸吸者，亦其眞機自不容已也。如不識眞，而徒爲聖賢護名教，妄希繼往開來之美名，亦可羞己不已，與兄大隔藩籬耶！〔註48〕

耿定向認爲學須求眞、教須求眞，今日之世學術淆亂的原因正在「以妄亂眞」，而周思久「不識眞」的行爲，可說正是被妄語混淆後的結果。學問之目標既然在求眞，則周思久的「重名教」之評，只把話說了一半。即便在行爲上「護名教」，心懷求道的耿定向之自身學術仍是以識眞機爲理想，因此不能同意周氏對他的「貶抑」。耿定向的一貫意見乃認爲「聖人貴名教，亦是權法」，高明之人或可破除毀譽而逼眞入微，但若無名教規範，則天下恐怕將「頑鈍無恥，不可振勵」。〔註49〕

最讓耿定向無法容忍的，是周思久竟把「識眞機」的至上美譽給予李贄。他嚴詞反駁：「若卓吾果識眞機，任眞自得，余家兄弟自當終身北面之，亡弟安忍如此引喻，置之籬外哉！」〔註50〕自認學以求眞的耿定向完全反對周思久的話，也明白表達他不認爲李贄能識眞機。他認爲孔孟之道不能彰明的原因，正是近世某些論道者觀念偏差所致：

> 往聞近世譚道者，或侈一見即自了，而以篤倫盡分爲情緣；或讐禮教爲桎梏，而以踰閑裂矩爲超脫；或任習心爲眞機，而以遷改懲窒爲鈍下。如此横議，反而求之不得於心，是雖住世眞仙、出世活佛，寧能舍所學以從之哉！〔註51〕

毋庸置疑，李贄正是耿定向心中所謂蔽於見的談道者之一。耿氏認爲其行爲

〔註48〕〔明〕耿定向著，《耿天臺先生文集》，卷4，〈與周柳塘〉第十八書，頁88。
〔註49〕〔明〕耿定向著，《耿天臺先生文集》，卷4，〈與王龍溪先生〉第一書，頁110～111。
〔註50〕〔明〕耿定向著，《耿天臺先生文集》，卷4，〈與周柳塘〉第十八書，頁88。
〔註51〕〔明〕耿定向著，《耿天臺先生文集》，卷4，〈與內翰楊復所〉第一書，頁99。

不重人倫、無視禮教，最可怕的是「任習心爲眞機」。因此之故，他不免質疑周思久何以能做出「卓吾識眞機」的評斷，於是話說從頭，告訴周思久：「入孝出弟，非眞機耶？」欲明明德於天下，必須從此做起。李贄將此視爲低層次之事的想法，即是不識眞機。

從「不容已」的內涵之爭到「眞機」的識見之辯，可看出李贄和耿定向的諸多差異。然而人心精微複雜，在智識思辨的意見不同之外，決定兩人彼此觀感以及好惡的緣由，最基本的性情差異仍是部份原因，這實際上是人際關係中再自然不過的事。李贄「平生不愛屬人管」，〔註 52〕但耿定向偏偏好勸勉、教導他人。李贄認爲耿定向的行事風格是「人盡如此，我盡如此」，種種日常行爲都是「爲自己身家計慮，無一釐爲人謀者」，及至開口談學便說「爾爲自己，我爲他人」，〔註 53〕更進一步批判耿定向「多欲」、「分明貪高位厚祿之足以尊顯也」。〔註 54〕相對的，耿定向則認爲李贄過於「超脫」，擔心會使耿家子弟也學他一般「遺棄」於世。〔註 55〕他亦就耳聞目見，指摘李贄「狎妓」、於宴會中「將優旦調弄」、「率眾僧入一嫠婦之室乞齋，卒令此婦冒帷簿（按：應作薄）之羞」，嘲諷這些行爲都是李贄「禪機」的表現。〔註 56〕然而綜觀兩人的性情和言語，李贄咄咄逼人的一面較多，且思緒靈動，往往能壓服人於初始；耿定向較爲拘謹，對於他人的質問每每回歸本原來作解釋，理路較爲完整，但回擊的力道則不像李贄那麼劇烈。《明史》稱「贄小有才，機辨，定向不能勝也」，〔註 57〕可說相當貼切。

〔註 52〕〔明〕李贄，《焚書》，卷 4，〈豫約．感慨平生〉，頁 185。

〔註 53〕〔明〕李贄，《焚書》，卷 1，〈答耿司寇〉，頁 30。

〔註 54〕〔明〕李贄，《焚書》，卷 1，〈答耿司寇〉，頁 36。

〔註 55〕據袁中道的記述：「子庸死，子庸之兄天台公，惜其（按：李贄）超脫，恐子姪效之，有遺棄之病，數致箴切。」見袁中道著，《珂雪齋集》，卷 17，〈李溫陵傳〉，頁 720。而李贄也提到，耿定向曾怪他超脫而不以嗣續爲重、不以功名爲重，對定向之長子耿汝愚產生壞影響。見李贄，《焚書》，卷 1，〈答耿司寇〉，頁 36～37。

〔註 56〕〔明〕李贄著，《焚書》，增補一，〈答周柳塘〉，頁 260～261。李贄其實不否認此諸事的存在，但他替行爲動機做了解釋。他未直接回應狎妓一事，只說乃因身體染病鬱悶，藉著時時出遊來回復元氣；探訪寡婦，則是表達關心之意而已；至於在宴會上調弄優人，則未有正面回應，只將話頭轉到耿定向的語病上。由此說來，耿定向之言是確有其事的，但其細節與眞相到底爲何，可能是今人難以廓清之事。

〔註 57〕〔清〕張廷玉等撰，《明史．列傳第二百二十一》，卷 190，〈耿定向〉，頁 5817。

第三節　耿定向與李贄的關係底蘊

耿定向遭受來自李贄的挑戰還不只在言語論辯和思想爭論之上，李贄來到黃安和麻城後的所作所為，讓耿定向感到芒刺在背。錢謙益說道：

> 袁小修嘗語余曰：「卓老多病寡慾，妻莊夫人，生一女。莊歿後，不復近女色。其戒行老禪和不復是過也。平生痛惡偽學，每入書院講堂，峨冠大帶。執經請問，輒奮袖曰：『此時正不如攜歌姬舞女，淺斟低唱！』諸生有挾妓女者，見之或破顏微笑曰：『也強似與道學先生作伴！』於是麻黃之間，登壇講學者，銜恨次骨，遂有宣淫敗俗之謗。」〔註58〕

這也是《明史》中描述李贄「居黃安，日引士人講學，雜以婦女，專崇釋氏，卑侮孔、孟」的詳細內容。〔註59〕雖然錢謙益因旁人的「誤解」而為李贄感到忿忿，不過李贄自己其實也曾表示，他到麻城「然後遊戲三昧，出入於花街柳市之間，始能與眾同塵」，可知當時人對李贄舉止之記述並非空穴來風，只是在負面的記述中被過度簡化了。〔註60〕

這些行為看在耿定向的眼裡，讓他非常憂心。身為黃麻地區的領袖士紳，耿定向有著關注地方風俗教化的自覺。李贄的思想言論已與他相左，在日常行為的表現上更讓他警覺到鄉里風氣敗壞的危機，至此兩人的關係終步步逼近險惡懸崖。萬曆十八年（1590），收錄許多批判耿定向文字的《焚書》在麻城刻行，引發陣陣波瀾：

> 公（按：李贄）氣既激昂，行復詭異。斥異端者，日益側目。與耿公往復辨論，每一札累累萬言，發道學之隱情，風雨江波，讀之者高其識，欽其才，畏其筆。〔註61〕

被李贄稱為「所言頗切近世學者膏肓，既中其痼疾，則必殺我矣，故欲焚之」的《焚書》一出，社會為之震動。〔註62〕本年三月耿定向返鄉，至六月時聽聞外間謗聲，相當氣憤，立即寫了一封〈求儆書〉通告鄉里與同志，至此李、耿可說正式決裂。〔註63〕耿定向在這封公開信中痛道：

〔註58〕〔清〕錢謙益著，《列朝詩集小傳》，閏集，〈卓吾先生李贄〉，頁705。
〔註59〕〔清〕張廷玉等撰，《明史．列傳第二百二十一》，卷190，〈耿定向〉，頁5817。
〔註60〕〔明〕李贄著，《焚書》，增補一，〈答周二魯〉，頁259。
〔註61〕〔明〕袁中道著，錢伯城點校，《珂雪齋集》，卷17，〈李溫陵傳〉，頁721。
〔註62〕〔明〕李贄著，《焚書》，〈自序〉，頁一。
〔註63〕〔明〕耿定向編著，《觀生紀》，頁321。

念客之間關萬里來也，原爲余仲。仲逝矣，無能長其善而救其缺。即今惡聲盈耳，寧忍聞哉！且令後學承風步影，毒流百世之下，誰執其咎？爲是曲解婉諷，斯心良苦已。昧不同爲謀之訓，戾不可則止之戒，是則予過也。〔註 64〕

在李贄初來黃安時，耿定向或許從未想到他和李贄會走到今日這一步。此前他對李贄的行爲諷爲「禪機」，現在他認爲這樣的用心良苦是白費力氣。忍無可忍則毋需再忍，他必須捍衛個人名譽，也要爲地方風俗與後進學人的未來而戰，因此毅然決然公開表明心志，對大眾反駁《焚書》中李贄對他的指控。

自此，李贄開始遭逢來自鄉里與官府的壓力。錢謙益稱李贄的文字「掊擊道學，抉摘情僞」，讓天下之爲僞學者「莫不膽張心動，惡其害己」，於是「咸以爲妖爲幻，噪而逐之」。〔註 65〕袁中道也記下李贄此時愈加艱難的處境：「始有以幻語聞當事，當事者逐之。」〔註 66〕此下李贄暫避黃麻地區的壓力而出遊武昌，〔註 67〕隔年（萬曆十九年，1591）他再與袁宏道到武昌同遊黃鵠磯，但卻被控以「左道惑眾」而被驅逐，〔註 68〕事態演變至此，李贄儼然變成禮教與社會之公敵，當時外界有著一種「不遞解此人，我等終正不得麻城風化」的怨懟氣氛。〔註 69〕仔細觀之，雖然未有證據「明言」耿定向就是這些事件的主導者，但由袁中道和錢謙益的記述來看，作爲李贄批駁目標的耿定向很自然會讓人猜測其爲幕後黑手。而麻城人劉侗（1593～1636）也暗示道：「先是論學不合者，愈怪之，以幻語聞，當事逐之。」〔註 70〕由此說來，與李贄論學最不合的耿定向，似乎便是主導驅逐李贄的其中一人。

過往涉及李、耿二人交往的研究中，通常會將耿定向視爲「加害」的一方，然而現存資料中沒有並看到耿定向實際指使他人與李贄作對的記錄。雖依常理推斷，有聲名地位的耿定向，很有可能會藉著自己的影響力來對李贄不利，但若「想當然爾」，將所有惡名都推到耿定向身上，似乎也非允論。事

〔註 64〕〔明〕耿定向著，《耿天臺先生文集》，卷 6，〈求儆書〉，頁 173。

〔註 65〕〔清〕錢謙益著，《列朝詩集小傳》，閏集，〈卓吾先生李贄〉，頁 705。

〔註 66〕〔明〕袁中道著，錢伯城點校，《珂雪齋集》，卷 17，〈李溫陵傳〉，頁 721。

〔註 67〕林海權著，《李贄年譜考略》，頁 227。

〔註 68〕林海權著，《李贄年譜考略》，頁 232～233。

〔註 69〕〔明〕李贄著，《續焚書》，卷 1，〈與周友山〉，頁 14。

〔註 70〕〔明〕劉侗、于亦正著，孫小力校注，《帝京景物略》（上海：上海古籍出版社，2001 年），卷 8，〈李卓吾墓〉，頁 534。

實上，耿定向身旁的許多同道和弟子串聯而產生的結合，其實才是驅趕李贄並且欲入他於罪的最大壓迫力。對這些人來說，李贄刻行《焚書》，將他寄予耿定向的書信公諸於世，赤裸裸地從人身與思想上抨擊耿定向與道學，就等於攻擊了他們以及他們所遵循的價值觀。這些服膺於耿定向的學問或地位之人因而展開反擊，動用了自身的政治與社會資源讓李贄不得好過。

在這些對李贄不利的行動中，耿定向到底參與多深，著實不好評估。李贄也委婉地說：

> 侗老原是長者，但未免偏聽。故一切飲食耿氏之門者，不欲侗老與我如初，猶朝夕在武昌倡爲無根言語，本欲甚我之過，而不知反以彰我之名。恐此老不知，終始爲此輩敗壞，須速達此意於古愚（按：耿汝愚）兄弟。不然或生他變，而令侗老坐受主使之名，爲耿氏累甚不少也。小人之流不可密邇，自古若是，特恨此老不覺，恐至覺時，噬臍又無及。〔註71〕

李贄知道耿定向雖與他不合，但耿氏的門生友徒對他的反應更劇烈。縱然這些人亦有可能是受耿定向的指使、暗示、影響或是揣摩耿氏之意而採取行動，但李贄仍爲耿定向著想，用「偏聽」帶過兩人齟齬，希望耿定向能知道其門徒對他的「迫害」，否則這些人終將敗壞耿家名譽。另一方面，耿定向也曾說過他並非欲「彈射」李贄，他們二人之間往復論辯的意義，其實在於「效他山之石」，而非「衷懷殺機」：

> 夫彈射之與切劘，跡同而實異也。彈射云者，有物於此，衷懷殺機，而欲致之死地也。切劘云者，有玉於此，相愛重，而期成爲圭璋也。余往與卓吾往復書俱在，兄（按：周思久）試取而覆觀之。殺機耶？抑亦效他山之石意耶？即中語涉粗厲不遜，處亦不直則道不見意耳，豈若世俗角勝事雄，攘名奪利者哉！〔註72〕

耿定向的這番話，也與李贄稱兩人是「眞講學」、「眞朋友」遙相唱和。〔註73〕兩人道不同而相爲謀，確實導致許多摩擦。但兩人並不是彼此的冤讎人，更不是反動與進步的代表。他們是存有分歧與爭論的學友。〔註74〕

〔註71〕〔明〕李贄著，《焚書》，卷2，〈與楊定見〉，頁65。

〔註72〕〔明〕耿定向著，《耿天臺先生文集》，卷3，〈與周柳塘〉第二十書，頁90。

〔註73〕〔明〕李贄，《焚書》，卷1，〈答耿司寇〉，頁29。

〔註74〕羅福惠，〈兩舍則兩從，兩守則兩病——耿定向與李贄「論道相左」新解〉，《江漢論壇》，2002：10（武漢，2002年10月），頁74。

論學中的意見不合以及彼此生活情態上的差異，讓李贄與耿定向的關係高潮迭起，然而反歸本原之時，這兩位人物的層次，其實超越了後世好事之人的論長道短，這也是耿定向期待的切磋琢磨以成美玉的境界。

第四節　相舍而相從

人的情感與思緒瞬息萬變，即使有言之鑿鑿的語錄或文集留下，也必定還遺落了許多片段。人際關係亦是如此，局外人所做的是非判斷常常過度斬釘截鐵，更毋論其中還摻雜各種預設與偏見。反觀己心已難，觀他人之心又難上加難。故事的結局，或許還是要由主角自己來說。

一生在思想與性情上有許多差異的耿定向與李贄，其實並不是終生處於對抗狀態的。或者換個方式說，他們兩人對各自學問宗旨堅持甚深，不輕易讓步，因而彼此論戰至一個在旁人看來非常激烈的程度，然而這也只是人生的其中一個面向。兩人一生的因緣，並非全是陰陰鬱鬱。就在《焚書》刊行的隔年（1591），李贄寫信給周思敬（周思久之弟），表達了他對耿定向的關心之意：

> 楚侗回，雖不曾相會，然覺有動移處，所憾不得細細商榷一番。彼此俱老矣，縣中一月間報赴閻王之召者遂至四五人，年皆未滿五十，令我驚憂，又不免重爲楚侗老子憂也。蓋今之道學，亦未有勝似楚侗老者。〔註 75〕

此時耿定向年已六十八，而李贄自己也六十五歲了。即便與耿定向有著劇烈衝突，李贄心繫的卻仍是學問之「動移處」，還想與被他稱爲當世道學翹楚的耿定向好好討論一番，因而掛念耿氏的健康。從這裡也可明瞭，能被李贄視爲畢生最重要之論學諍友的耿定向，其學術相當爲李贄尊敬。在表面的紛爭之外，李贄表露了他與學友的情誼，以及對至道的單純嚮往之心。他說：

> 我於初八夜，夢見與侗老聚，顏甚歡悦。我亦全然忘記近事，只覺如初時一般，談說終日。此夢又不是思憶，若出思憶，即當略記近事，安得全無影響也。我想日月定有復圓之日，圓日即不見有蝕時跡矣。〔註 76〕

〔註 75〕〔明〕李贄著，《焚書》，卷 1，〈答周友山〉，頁 65。

〔註 76〕〔明〕李贄著，《焚書》，卷 2，〈與友山〉，頁 69。

所謂「近事」即指《焚書》刊行以來的紛紛擾擾。風波由此而起，也因而招致了不少麻煩，但李贄對此並不十分措心。既然這樣的夢不只是思憶，則李贄確實還期盼能有與耿定向和好的一天。「日月定有復圓之日」一句，韻味深長。

耿定向與李贄於思想上的差異以及對彼此行為的批評，多少都道出其人在日常生活中的某些特質。這些特質是當事者自身奉行的準則，但經過對方批判眼光檢視後，則又被賦予負面的意義，進而形成互相爭論的議題。然而若循其本，則兩人其實皆為表裡合一之人：李贄的任眞自適以及耿定向的嚴謹肅然，不僅各自體現於思想上，也展露於日常行為之中。兩人一生的論戰，至此也可稍以平靜的眼光看待。因為，他們都在盡自己的道理，於浮世中一步一步實踐自身「不容已」，體會己心「眞機」。

當人生走到盡頭，對那些曾經晦澀難解而橫亙於心的糾結，常會有不一樣的感觸。年近七旬的老翁李贄，細細思索了他與耿定向一生關係的起承轉合：

> 嗟嗟！余敢一日而忘天臺之恩乎！既三年，余果來歸，奈之何聚首未數載，天臺即有內召，楚倥亦遂終天也。既已戚戚無懽，而天臺先生亦終守定「人倫之至」一語在心，時時恐余有遺棄之病；余亦守定「未發之中」一言，恐天臺或未窺物始，未察倫物之原。故往來論辯，未有休時，遂成扞格，直至今日耳。今幸天誘我衷，使余舍去「未發之中」，而天臺亦遂頓忘「人倫之至」。乃知學問之道，兩相舍則兩相從，兩相守則兩相病，勢固然也。兩舍則兩忘，兩忘則渾然一體，無復事矣。〔註77〕

「重名教」其實是耿定向守「人倫之至」的表現，「識眞機」則為李贄持「未發之中」的信念。兩者為一體兩面，實難分割。晚年的兩人終於稍稍放下自身執念，體認到「相舍而相從」的意義，成就了日月復圓之日：

> 余是以不避老、不畏寒，直走黃安會天臺于山中。天臺聞余至，亦遂喜之若狂。志同道合，豈偶然耶！然使楚倥先生而在，則片言可以折獄，一言可以回天，又何至苦余十有餘年，彼此不化而後乃覺耶！〔註78〕

〔註77〕〔明〕李贄著，《焚書》，卷4，〈耿楚倥先生傳〉，頁143。
〔註78〕〔明〕李贄著，《焚書》，卷4，〈耿楚倥先生傳〉，頁143。

李贄與耿定向的因緣由耿定理繫起，於今再憶，李贄不勝感懷。然而令他慶幸的是，經歷十餘年的折衝，他與耿定向的關係最終有個正向的完結。比起汲汲相濡以沫，相忘於江湖或許才是他們一生關係的歸途。〔註 79〕

〔註 79〕袁光儀認爲，李、耿論爭的平息，有賴耿定向最終接受並採納了李卓吾「雖各各手段不同，然其爲不容已之本心一也。心苟一矣，則公不容已之論，固可以相忘於無言矣」的說法，體認到無生妙理和名教可病癒而不相害。這是耿定向虛心接納李贄對他個人、乃至對傳統道學的針砭後的結果。見袁光儀，〈名教與眞機——耿定向、李卓吾學術論爭之本質及其意義〉，頁 107。然而就本章觀察，至晚年，李贄自身的態度不再像爭端初起之時那樣強硬；李贄主動拋出和好的訊息，亦是關鍵之一。就此而言，李贄也接受了耿定向以往對他的一些指正。

第四章　平凡人的不平凡旅程——李贄生命中的幾段風景

在官方的歷史記載以及傳統儒者的論述中，李贄常以特立獨行而叛逆不經的形象出現。他的言論被視爲敗壞世風的原因，而其論著也被當作洪水猛獸來看待，必須除之而後快。顧炎武曾說：「自古以來，小人之無忌憚而敢於叛聖人者，莫甚於李贄。」〔註 1〕這樣大逆不道的形象，構成了一般對李贄的認識。世人所認知中的李贄不僅成了與倫理綱常對抗的教主，甚至還被當作「人間之妖」。〔註 2〕其實，世間的人事物都有很多面相，若拋開既定觀感，暫且放下刻板印象，則作爲宇宙間單一個體的李贄，亦與其同時代人共享著一些相似的經歷。

李贄自小跟著父親讀書誦詩、學習禮文，很早就展露他的思考能力，爲同儕稱道。然而等到年紀漸長，他在學習上遭遇了困難：

> 稍長，復憒憒，讀傳註不省，不能契朱夫子深心。因自怪，欲棄置不事。而閒甚，無以消歲日，乃嘆曰：「此直戲耳。但剽竊得濫目足矣，主司豈一一能通孔聖精蘊者耶！」

科舉制度發展到明代已相當成熟，它一方面雖爲社會流動的重要機制，另一方面卻也帶給明代士子相當程度的壓力。自從元代將朱子學提升至思想與教育的正統後，官方藉由朱學傳注來掌控士人思想，這樣的政策一直延續到其

〔註 1〕〔清〕顧炎武著，黃汝成集釋，欒保群、呂宗力校點，《日知錄集釋》（上海：上海古籍出版社，2006 年），卷 18，〈李贄〉，頁 1070。

〔註 2〕〔明〕謝肇淛，《五雜組》，卷 8，〈人部四〉，頁 1658。

後的明清兩朝。縱然王陽明的良知學在明代中後期成爲儒學主流，但朱學仍是官方圭臬，國家亦經由考試影響社會思潮。任何具遠大理想之事物一旦蒙上功利因素，往往產生內部質變，朱學在被奉爲正統後亦然。即便是李贄，在年少時期仍難以避免面對這樣的處境。在無法會心朱注後，不免慨嘆一番。他認爲掌管科考的官員也不能精通朱子傳注並明白聖人精蘊，故不再求契合朱子深心：

> 因取時文尖新可愛玩者，日誦數篇，臨場得五百。題旨下，但作繕寫謄錄生，即高中矣。居士（李贄）曰：「吾此倖不可再僥也。且吾父老，弟妹婚嫁各及時。」遂就祿，迎養其父，婚嫁弟妹各畢。〔註3〕

至此，現實的需求成爲李贄最大的考量，他只求能得俸祿來支持家庭，此時的他與大部分人並無二致，也無法看出他會成爲千夫所指的人物。李贄日後雖然有衝決網羅之勇而突出於時代，但不免也沾染時代的顏色，其早年進學入仕的歷程即透露了這樣的訊息。

對李贄而言，數十年間師友的來往是生命中非常重要的一隅。友朋在物質上的資助讓他不必爲求俸祿而徘徊於官場，四方對他的迎接也使其不愁落腳處而恣意行走南北。袁中道眼中的李贄是個「有朋友之癖，不論居官懸車，皆如是也」的人：

> 生平不以妻子爲家，而以朋友爲家；不以故鄉爲鄉，而以朋友之故鄉爲鄉；不以命爲命，而以朋友之命爲命。窮而遇朋友則忘窮，老而遇朋友則忘老。至於風雨之夕，病苦之際，塊處之時，見故人書，則奮然起舞，愁爲之破，而災爲之消。〔註4〕

在交遊的過程中，李贄聚合了一群有共同興趣的人，其中有武將、名儒、官員、文士以及僧道人士。他們與李贄的交往，建立在各種彼此氣味相投的議題之上。文學的愛好、理學的思索、釋教義理的討論、官宦生涯的鬱悶以及對英雄氣概的嚮往，都是李贄及其群友共同關心而時時對話的題材。在他的友朋中，有以《牡丹亭》聞世，性情「志意激昂，風骨遒緊，扼腕希風，視天下事數著可了」的湯顯祖（1550～1616）；〔註5〕學識博通的焦竑（1540～1620）；開創公安派的袁宗道、袁宏道與袁中道；以及詩文、宗教理念與其相

〔註3〕〔明〕李贄著，《焚書》，卷3，〈卓吾論略〉，頁84。
〔註4〕〔明〕袁中道，《珂雪齋集》，卷19，〈代湖上疏〉，頁807。
〔註5〕〔清〕錢謙益著，《列朝詩集小傳》，丁集中，〈湯遂昌顯祖〉，頁563。

契的陶望齡（1562～1609）、陶奭齡（？～1640）、黃輝（1559～1621）、潘之恆（1556～1622）等人。隨著旅居黃安與麻城，李贄在地方上也吸引了一些學侶與追隨者，如丘長孺、楊定見和僧人無念等等。他以麻城為據點，與全國知名士人互通聲息，由此以他為中心輻射出一個交遊網絡。李贄認為「學問須時時拈掇，乃時時受用，縱無人講，亦須去尋人講」，〔註 6〕因此他藉由不斷地聚會、論辯與詰問，進一步構築起自己的論學宗旨，於思想上逐漸形成個人理路。

縱然李贄有心向學且辨析能力出眾，但在求道的路程上，仍經過一番磨練。其畢生好友焦竑回憶道：「卓吾初官南都，予友人謂予曰：『李某卻有仙風道骨，若此人得入道，進未可量。』後見其人果然。」此時的李贄尚在建構理路，於聚會中不發一言，沉思而已。如此數年始發談鋒，大鳴大放。〔註7〕李贄思想的孤高並不代表他遠離世間而超絕凡塵，相反的，無論是個人內心思考觀念的形成或是外在聲名的鵲起，他皆從未離開人群。就以最實際的物質層面來看，李贄在致仕後遊歷四方的過程中，時時接收他人的幫助與供養，他自己亦為了各種生活上的花費而主動寫信向友朋請求援助。〔註8〕可以說，思想史中的李贄或許可以千山獨行，但在「形而下」的層面，他仍躬親與平常人一樣生存於時代，從食衣住行上經驗其時代。即使被稱為「隱於禪者」，但實未脫塵世。〔註9〕

經過數十年的知識吸納與思考論辯，李贄完善了自身的思想進路。揭去離經叛道的印象外衣，則李贄也只是塵世中較為特別的一個人物。然而，這個平凡人的不平凡旅程，將讓他在歷史中註定不是泛泛之輩，其旅途也格外充滿興味。

第一節　童心論文：李贄與公安三袁

李贄生命中有一段屬於文學的風景，這可由他與公安三袁的緣份說起。

〔註 6〕〔明〕李贄，《焚書》，卷 2，〈答莊純夫書〉，頁 54。

〔註 7〕〔明〕袁中道，《珂雪齋集》，《遊居杮錄》卷 3，頁 1151。

〔註 8〕李贄自五十餘歲起即棄官，但因名氣大，多有為官者欲奉養他，與之結好。例如李贄曾為詩言「所幸我劉友，供饋不停手」，此劉友為劉東星，歷任朝中諸職，並以治水有名，明史中有傳。見李贄，《焚書》，卷 6，〈至日自訟謝主翁〉，頁 228。

〔註 9〕〔明〕焦竑撰，李劍雄點校，《焦氏筆乘》（北京：中華書局，2008 年），卷 2，〈宏甫書高尚冊後〉，頁 84。

在晚明的文學史中，公安三袁扮演著極重要的角色。考察袁氏兄弟文學觀念與人生態度的形成，不能不提李贄的影響。萬曆十四年（1586），年甫二十七的袁宗道得中會試第一，進入翰林院後的他愈發有求道之心。當時在其同年及同館諸友朋間正流行養生之學，袁宗道受此影響，亦勤而行焉。其後焦竑、瞿汝稷以及僧人無念來到京都，爲袁宗道開了進學的另一扇窗，自此他研精性命而不復談長生之事。〔註 10〕萬曆十七年（1589）袁宗道返回故鄉，臨行前焦竑叮囑他：「亭州（按：麻城）有卓吾先生在焉，試一往訊之，其有以開予也夫！」〔註 11〕此時三袁中最小的袁宏道正因落第居家，兄弟兩人朝夕研討商榷佛學，廢寢忘食而如醉如癡。〔註 12〕聽聞李贄於釋教有所冥會，袁宏道便在萬曆十九年（1591）前往麻城的龍湖問道，並與李贄大相契合，這是他與李贄的首次接觸。萬曆二十一年（1593），三袁一同前往龍湖拜訪李贄，袁宏道便在此時記下了大別山與龍湖的景色。袁中道有詩寄李贄：「我有兄弟皆慕道，君多任俠獨憐予。」〔註 13〕李贄眼中的袁家兄弟個個皆是不可多得青年才俊，他對人說「伯（宗道）也穩實，仲（宏道）也英特，皆天下名士也」，〔註 14〕相對的，在年輕的公安三袁心目中，能得到李贄的欣賞與教誨，亦是極令人興奮之事，也自然傾心於李贄的學問。〔註 15〕

年輕奮進的心靈往往充滿抱負，時時期待能一展長才而爲人注目。在追尋理想的過程中，如有伯樂能夠投以賞識目光，很容易牽引其觀念與想法的發展。二十餘歲的袁宏道有著很深刻的經驗：

> 先生（袁宏道）既見龍湖，始知一向掇拾陳言，株守俗見，死于古人語下，一段精光，不得披露。至是浩浩焉如鴻毛之遇順風，巨魚之縱大壑。能爲心師，不師于心；能轉古人，不爲古轉。發爲語言，

〔註 10〕〔明〕袁中道，《珂雪齋集》，卷 17，〈石浦先生傳〉，頁 709。

〔註 11〕〔明〕焦竑撰，李劍雄點校，《澹園集》，卷 22，〈書袁太史卷〉，頁 288。

〔註 12〕〔明〕袁中道，《珂雪齋集》，卷 17，〈吏部驗封司郎中中郎先生行狀〉，頁 755。

〔註 13〕〔明〕袁中道，《珂雪齋集》，卷 1，〈武昌坐李龍潭邸中問答〉，頁 1。

〔註 14〕〔明〕袁中道，《珂雪齋集》，卷 17，〈吏部驗封司郎中中郎先生行狀〉，頁 756。

〔註 15〕關於李贄與公安三袁的初見面到底在什麼時候，學者眾說紛紜，雖各有持論，但都不能有周全的解釋。其中關鍵在於，公安三袁與李贄的第一次會面，是否爲三人一起前去？或者是袁宏道先見過李贄，而後三人再一同造訪？此外，李贄第一次與三袁接觸是在武昌或龍湖，也有爭議；確定的年份是何時，亦有不同看法。現代學者對此的多種意見，可參考何宗美的整理，見氏著《袁宏道詩文繫年考訂》（上海：上海古籍出版社，2007 年），頁 63～76。但無論確切時間爲何，李贄對三袁的影響毋庸置疑。

一一從胸襟流出，蓋天蓋地，如象截急流，雷開蟄户，浸浸乎其未有涯也。〔註 16〕

言論激昂而不拘俗套的李贄，給了青年時代的袁宏道很大的震撼。對於正苦於場屋的袁宏道來說，李贄即像引領人走出黑暗的曙光，讓他在科考的失意之外有所寄託。縱使在年歲稍長、見聞愈廣之後，袁宏道對李贄之學問感到「尚欠穩實」，但他早年在思想與文學上的確受李贄啓迪甚多。

袁家大哥袁宗道亦爲李贄的忠實追隨者，常毫不保留地表達從李贄處得來的啓發和感動：

忽得法語，助我精進不淺；又得讀近詩，至「白盡生餘髮，單存不老心。遠夢悲風送，秋懷落木吟」。使我婆娑起舞，泣數行下。〔註 17〕

藉由書信往來，袁宗道持續獲得李贄的吉光片羽而時有感觸，並稱此讓他「精進不淺」。他佩服龍湖老子李贄「手如鐵」而「信手許駁寫不輟」，以及可謂是「一語能寒泉下膽，片言堪肉夜臺骨」的識見。〔註 18〕

袁中道則如此評論李贄：

龍湖先生，今之子瞻也，才與趣不及子瞻，而識力膽力，不啻過之。〔註 19〕

袁宏道也說：

或説卓禿翁，孟子之後一人，予疑其太過。又或説爲蘇子瞻後身，以卓吾生平歷履，大約與坡老暗符，而卓老爲尤慘。〔註 20〕

袁氏兄弟三人皆深佩蘇軾（1037～1101）之才學，也同憐於東坡一生不順遂的遭遇。袁宗道更由於十分喜愛白居易與蘇軾，將自己的書房命名爲「白蘇齋」。

對三袁來說，蘇軾在文學與佛學上的興趣與他們相符，於官場上的挫折也讓他們心有戚戚。換句話說，蘇軾的形影等於是他們自身的一部份反照。因此之故，三袁的文字中對蘇軾常有感懷之意。將李贄比爲蘇軾，即是袁中道對李贄的極高評價。當萬曆二十一年三袁同訪麻城之時，袁宏道述說龍潭景緻的詩中也就充滿著敬重之意：「孤舟千里訪瞿曇，蹤跡深潛古石潭。天下

〔註 16〕〔明〕袁中道，《珂雪齋集》，卷 17，〈吏部驗封司郎中中郎先生行狀〉，756。

〔註 17〕〔明〕袁宗道，《白蘇齋類集》，卷 15，〈李卓吾〉，頁 209。

〔註 18〕〔明〕袁宗道，《白蘇齋類集》，卷 1，〈書讀書樂後〉，頁 7。

〔註 19〕〔明〕袁中道，《珂雪齋集》，卷 10，〈龍湖遺墨小序〉，頁 474。

〔註 20〕〔明〕袁宏道，《袁宏道集箋校》，附錄一，〈枕中十書序〉，頁 1634。

豈容知己二，百年眞上洞山三。雲埋龜嶺平如障，水落龍宮湛似藍。愛得芝佛好眉宇，六時眾僧禮和南。」〔註 21〕懷抱著這樣的尊重態度，三袁眞心誠意同李贄問學，對他們影響最深的，便是李贄在思想上的不羈以及文學上的輕靈自任之觀念。

李贄並不以文學聞名於歷史記述之中，但他喜愛臧否古今人物與文章，故以《藏書》來抒發史論，其所點評的《水滸傳》也因意見獨樹一幟而人所爭睹。他嫻熟地將開放的思想延伸至文學評論之中，其中最主要的，便是「童心」的觀念。在李贄看來，每個人皆有一顆眞摯的本心，這個本心從人爲孩童時起即有，是人心的初始，因此被李贄稱爲「童心」，而人的一切作爲都要從童心開始：

> 夫童心者，絕假純眞，最初一念之本心也。若失卻童心，便失卻眞心；失卻眞心，便失卻眞人。人而非眞，全不復有初也。〔註 22〕

既然童心是人心的最初階段，也是最眞誠的狀態，何以它會漸漸失去光澤，進而使人不再是「眞」的狀態呢？李贄的答案是，隨年歲漸長，人也從書籍中獲得各種知識，其中的道理與聞見皆由多讀書、識義理而來。然而，今人卻反倒因多讀書而被書中義理障蔽了本心，於是在言語上言不由衷、在政事上無根柢、在文章辭令上無法通達，這都是因爲外來的聞見之知喧賓奪主，遮蔽了童心。如此則「言假言、事假事、文假文」，無所不假。因此他認爲若要寫出一流文章，需由本心做起。「天下之至文，未有不出于童心焉者也」，如果童心常存，僵化的道理與聞見便不再是阻礙，即能「無時不文，無人不文，無一樣創制體格文字而非文者」。由此，李贄初步建構了他的文學理論：

> 詩何必古選，文何必先秦。降而爲六朝，變而爲近體，又變而爲傳奇，變而爲院本，爲雜劇，爲西廂曲，爲水滸傳，爲今之舉子業，皆古今至文，不可得而時勢先後論也。〔註 23〕

李贄藉由各個時代主流文學體裁的演變，論證「無一樣創制體格文字而非文」的觀點。只要爲文者能保有童心，便能創作出眞切之文。此時文體的種類便不是重要的問題，也不必強求擬古仿古了。

李贄的想法有其時代背景，醞釀自當時的文學風氣。《明史．文苑傳》追

〔註 21〕〔明〕袁宏道，《袁宏道集箋校》，卷 2，〈龍潭〉，頁 72～73。

〔註 22〕〔明〕李贄，《焚書》，卷 3，〈童心說〉，頁 98。

〔註 23〕〔明〕李贄，《焚書》，卷 3，〈童心說〉，頁 99。

索明代文學的發展：

> 李夢陽、何景明倡言復古，文自西京、詩自中唐而下，一切吐棄，操觚談藝之士翕然宗之。明之詩文，於斯一變。迨嘉靖時，王愼中、唐順之輩，文宗歐、曾，詩仿初唐。李攀龍、王世貞輩，文主秦、漢，詩規盛唐。王、李之持論，大率與夢陽、景明相倡和也。〔註 24〕

大體而言，明代文章衍變有幾個明顯的進路。早期的臺閣體有著雍容華貴但粉飾太平的意象；至中期，以李夢陽、何景明爲首的前七子與以王世貞、李攀龍爲首的後七子提倡「文必秦漢，詩必盛唐」的創作理念，他們高舉文學復古的大纛，鼓勵摹擬古代文體。在這之間雖有王愼中（1509～1559）、唐順之（1507～1560）、茅坤（1512～1601）及歸有光（1506～1571）等人爲代表的唐宋派之出現，推崇宋人藝術風神並強調作者個人的「本色」，但大體仍不脫復古顏色。〔註 25〕就復古派而言，其主要思想爲對抗臺閣體的空洞無物，並挽救當時讀書人爲應考而僅願學八股文、自限於四書五經之中的流弊。然而過於強調擬古文體，卻也無形中建構起另一座文學監牢，限制住奔放的文思。袁宏道評斷復古文風使得詩文至近代而卑極矣，甚至造成「勦襲模擬，影響步趨，見人有一語不相肖者，則共指以爲野狐外道」的現象。〔註 26〕侷限如此，自然漸爲人不耐，這從販書市場的狀況可略知一二。袁宗道憶道：

> 三四年前，太函（汪道昆）新刻至燕肆，幾成滯貨。弟嘗檢一部付賈人換書，賈人笑曰：「不辭領去，奈何無買主何！」可見模擬文字，正如書畫贗本，決難行世。〔註 27〕

汪道昆在明季與王世貞號稱南北兩司馬，文名全國皆知，但他們的作品也面臨滯銷的窘境，可見文風與時勢都已慢慢改變。〔註 28〕

〔註 24〕〔清〕張廷玉等撰，《明史·列傳第一百七十三》，卷 285，〈文苑一〉，頁 7307。

〔註 25〕關於明代文學大要，參考劉大杰著，《中國文學發展史》（天津：百花文藝出版社，1999 年），第二十四章，〈明代的文學思想〉，頁 316～345；黃卓越著，《明中後期文學思想研究》（北京：北京大學出版社，2005 年）；周質平著，《公安派的文學批評及其發展——兼論袁宏道的生平及其風格》（臺北：臺灣商務印書館，1986 年）；傅璇琮、蔣寅主編，郭英德分卷主編，《中國古代文學通論·明代卷》（瀋陽：遼寧人民出版社，2005 年）。

〔註 26〕〔明〕袁宏道，《袁宏道集箋校》，卷 4，〈敘小修詩〉，頁 188。

〔註 27〕〔明〕袁宗道，《白蘇齋類集》，卷 16，〈答陶石簣〉，頁 234。

〔註 28〕袁氏兄弟對復古派評價不高，沈德符曾有一次與袁宏道談詩，袁宏道「攻王李頗甚口而詈」，並深推徐渭（1521～1593）之詩。沈氏對此不太同意，而袁宏道仍「苦爭以爲妙絕」，令沈氏不得其解。見沈德符，《萬曆野獲編》，卷 25，進一步來說，文學與理學雖並不屬於同一個意識領域，但兩者在人的思維中不容易判然二分。王學在朱學之外開了另一扇窗，此下學者隨心之所嚮而各有宗旨，呈現一副斑斕氣象。在這樣的主體思潮下，文學的復古不僅無堅實根基來支持其流派的長遠發展，也在王學的浸潤中逐漸失去其色澤，終究要走向改變。李贄的文學理論之提出，即有內在與外在的兩面因素存在。

心傾於李贄的公安三袁便承續李贄的文學觀念，開創出晚明的公安派。錢謙益評袁宗道「其才或不逮二仲，而公安一派實自伯修發之」，〔註 29〕論及袁宏道則說「中郎以通明之資，學禪于李龍湖，讀書論詩，橫說豎說，心眼明而膽力放，於是乃昌言擊排，大放厥辭。以爲唐自有詩，不必選體也。初、盛、中、晚皆有詩，不必初、盛也。歐、蘇、陳、黃各有詩，不必唐也。」〔註 30〕袁宏道自己則指出，古有古之時，而今也有今之時，如果因襲古人語言之遺迹而假冒爲古，則就好比在嚴冬還穿著夏天的衣服。因此他認爲「文之不能不古而今也，時使之也」，這與李贄的持論相同。他進一步論述：

> 近代文人，始爲復古之說以勝之。夫復古是已，然至以剿襲爲復古，句比字擬，務爲牽合，棄目前之景，摭腐濫之辭。有才者詘于法，而不敢自伸其才；無之者，拾一二浮泛之語，幫湊成詩。智者牽於習，而愚者樂其易，一唱億和，優人騶子，皆談雅道。吁，詩至此，抑可羞哉！夫即詩而文之爲弊，蓋可知矣。〔註 31〕

袁宏道清楚拈出復古文風的弊病，認爲極端的復古終會限制眞情至文的出現，並落入制式格套，使人人都能附庸風雅地來上一兩句詩文，最後導致整體文學的衰微。袁宗道也同意這樣的看法，表示「時有古今，語言亦有古今」，但今人「卻嫌時制不文，取秦、漢名銜以文之」，反倒使文章不能通達。而爲文首重的就是「達」而已：

> 古文貴達，學達即所謂學古也，學其意不必泥其字句也。……大抵古人之文，專期於達；而今人之文，專期於不達。以不達學達，是可謂學古者乎！〔註 32〕

由此，袁氏兄弟透過對明中期復古文風之反思，提出了因時事而變文體、爲

〈袁中郎論詩〉，頁 632～633。

〔註 29〕〔清〕錢謙益，《列朝詩集小傳》，丁集中，〈袁稽勳宏道〉，頁 566。

〔註 30〕〔清〕錢謙益，《列朝詩集小傳》，丁集中，〈袁稽勳宏道〉，頁 567。

〔註 31〕〔明〕袁宏道，《袁宏道集箋校》，卷 18，〈雪濤閣集序〉，頁 72～73。

〔註 32〕〔明〕袁宗道，《白蘇齋類集》，卷 20，〈論文上〉，頁 284。

文貴通達而不落格套的想法，形成了公安派文學的基礎。

雖然文章自古號稱爲經國之大業、不朽之盛事，然而對明代文人來說，爲了科舉而進行的寫作其實耗去了不少筆墨。明季江南幾個所謂文風鼎盛與印刷業發達的地方，就是靠著一些文人揀選「優良範文」而編纂成應舉教科書而出名。可想見，如此將造成「爲文章而文章」的景況，陷入僵化的文體窠臼，也無怪乎因襲模仿之風盛行。袁宏道對此深有感觸，他在擔任陝西鄉試考官時有感而發：

> 昔之士以學爲文，而今之士以文爲學也。以學爲文者，言出于所解，而響傳于所積，如雲族而雨注，泉湧而川浩，故昔之立言難而知言易也。以文爲學者，拾餘唾于他人，架空言于紙上，如貧兒之貸衣，假姬之染黛，故今之立言易而知言難也。〔註33〕

即使是具有強烈功利性質的應舉文章，袁宏道仍強調寫作者需由自身對學問事理的領會出發，如此爲文便會如滔滔江水而勢不可遏。相反的，若只是撿拾他人的隻字片語而拼湊成章，便只能說是以文爲學，完全失去了寫作的意義。此外，就算是爲科考所作的文章，在貫徹「因時而變」的宗旨後，依然可以達到「行遠」的效果。袁宏道認爲「舉業之用，在乎得雋，不時則不雋，不窮新而極變，則不時」，〔註34〕仍是爲文不能拘泥格套的一貫想法。李贄則闡述道：「彼謂時文可以取士，不可以行遠，非但不知文，亦且不知時矣。夫文不可以行遠而可以取士，未之有也。」〔註35〕此論述的意義在於，李贄剝去科舉文章的功利外衣，回到爲國取士、以文鑑人的純然目的，他認爲「茍行之不遠，必言之無文」，這才應該是時文的內涵，也是由文字以識人的重要之處。時文也只是文章的一種，寫作者由本心出發而與時俱進，才是寫作的重點。功利的目的對李、袁等人來說，實在不值一哂。

秉持著由己心出發、不套格式和因時而變的態度，公安三袁在自己的詩文中，實踐其文學信念。袁宏道描述袁中道的詩文「大都獨抒性靈，不拘格套，非從自己胸臆流出，不肯下筆。有時情與境會，頃刻千言，如水東注，令人奪魄」。〔註36〕袁中道則如此形容其二哥：

〔註33〕〔明〕袁宏道，《袁宏道集箋校》，卷54，〈陝西鄉試錄序〉，頁1530。

〔註34〕〔明〕袁宏道，《袁宏道集箋校》，卷18，〈時文敘〉，頁703。

〔註35〕〔明〕李贄，《焚書》，卷3，〈時文後序〉，頁117。

〔註36〕〔明〕袁宏道，《袁宏道集箋校》，卷4，〈敘小修詩〉，頁187。

自宋元以來，詩文蕪爛，鄙俚雜沓。本朝諸君子，出而矯之，文準秦漢，詩則盛唐，人始知有古法。及其後也，剽竊雷同，如贗鼎僞觚，徒取形似，無關神骨。先生出而振之，甫乃以意役法，不以法役意，一洗應酬格套之習，而詩文之精光始出。

袁宏道早期詩文《錦帆集》與《解脫集》「意在破人之縛執，故時有遊戲語」，隨年歲漸增則「無一字無來歷，無一語不生動，無一篇不警策」，可謂意有所喜而筆與之會。〔註 37〕對認定「詩文是吾輩一件正事，去此無可度日者」的袁宏道而言，寫作實是極耗力氣且嚴肅之事，〔註 38〕李贄亦有此感，並有生動的敘述：

且夫世之眞能文者，比其初皆非有意於爲文也。其胸中有如許無狀可怪之事，其喉間有如許欲吐而不敢吐之物，其口頭又時時有許多欲語而莫可所以告語之處，蓄極積久，勢不能遏。一旦見景生情，觸目興嘆，奪他人之酒杯，澆自己之塊壘；訴心中之不平，感數奇於千載。既已噴玉唾珠，昭回雲漢，爲章於天矣，遂亦自負，發狂大叫，流涕慟哭，不能自止。寧使見者聞者切齒咬牙，欲殺欲割，而終不忍藏於名山，投之水火。〔註 39〕

這樣「不吐不快」的寫作過程，也就是李贄所謂「天下之至文未有不出於童心焉者也」的具體呈現。同時他也說：「凡人作文皆從外邊攻進裏去，我爲文章只就裏面攻打出來，就他城池，食他糧草，統率他兵馬，直衝橫撞，攪得他粉碎，故不費一毫氣力而自然有餘也。」〔註 40〕如此一來，人的眞情至性不能有所隱瞞保留，至勢所不能止便不得不發，由此才能成就眞文學。

當眞情貫徹到作品時，將激發最深切的體悟，此時道理、規範與格套，都不再有意義。湯顯祖在〈牡丹亭記題詞〉中不禁悵然：「天下女子有情寧有如杜麗娘者乎！」杜麗娘的眞情一往而深，使生者可以死，死者亦可以復生。湯顯祖慨嘆：

人世之事，非人世所可盡。自非通人，恒以理相格耳。第云理之所必無，安知情之所必有邪！〔註 41〕

〔註 37〕〔明〕袁中道，《珂雪齋集》，卷 11，〈中郎先生全集序〉，頁 521～523。

〔註 38〕〔明〕袁宏道，《袁宏道集箋校》，卷 43，〈黃平倩〉，頁 1259。

〔註 39〕〔明〕李贄，《焚書》，卷 3，〈雜說〉，頁 97。

〔註 40〕〔明〕李贄，《續焚書》，卷 1，〈與友人論文〉，頁 6。

〔註 41〕〔明〕湯顯祖著，徐朔方箋校，《湯顯祖全集》，詩文卷 33，〈牡丹亭記題詞〉，杜麗娘之故事無法以常理解釋，在湯氏所見，的確是眞情所至才有可能發生。然而情與理之間難以取捨，亦不是非黑即白的關係。情理交織的世界，才是眞實的人世。〔註42〕公安派諸人毋寧更發揮了屬於情的那一面，將李贄的文論轉化爲己用，成就了復古派之後的公安文學盛況，在晚明絢爛的文學界建構起他們的雕樓臺榭。三袁的麻城之行讓他們得識李贄，也使自身對文學的態度更加篤定。其後與麻城同屬湖北域內的公安及竟陵所出現的文學氣象或許非李贄所能逆料，但他與麻城，卻微妙地影響了晚明文學的發展。〔註43〕

第二節　追尋·英雄的一生

對於李贄的性情氣度之描寫，或許袁中道爲其作的傳是最貼切的一篇。袁小修形容李贄爲人「中燠內冷，丰骨稜稜。性甚卞急，好面折人過。士非參其神契者，不與言。強力任性，不強其意之所不欲」，〔註44〕也因如此，士人欲結好李贄者雖多，但往往被厲色相拒，轉而厭惡他。相對的，若能得李贄欣賞，則其人大抵有可觀之處。李贄自論其取人交友之道：

> 夫人實難知，故吾不敢以其疑似而遂忽之，是故則見以爲廣；而眞才難得，故吾又不敢以疑似而遂信之，是故則見以爲狹耳。若其入眼即得，無復疑似，則終生不忒，如丘長孺、周友山、梅衡湘者，固一見而遂定終身之交，不得再試也。如楊定見，如劉近城，非至今相隨不舍，吾猶未敢信也。直至今日患難如一，利害如一，毀謗如一，然後知其終不肯畔我以去。〔註45〕

頁1153。

〔註42〕就鄭培凱的看法，湯顯祖在這裡除了秉持「情眞」信念，還提出了情感與眞實之間的辯證關係。也就是說，當情發展到眞摯之極，便能超越時間與空間，眞實地存在於人世間的現實之外。所以湯顯祖重視「想像」，並在《牡丹亭》中努力地通過想像把情眞的「眞」化爲客觀眞實的「眞」。見鄭培凱，〈湯顯祖的文藝觀與《牡丹亭》曲文的藝術成就〉，收於氏著《湯顯祖與晚明文化》（臺北：允晨文化，1995年），頁218～228。

〔註43〕陳萬益認爲，李贄以「講禪宗的道學家」身份抨擊假道學，更以膽識評文論事。其發露本眞而不刻意虛飾假文的風格，使他成爲晚明小品文作家的典型之一。見陳萬益，〈論李卓吾與陳眉公——晚明小品作家的兩種典型〉，收於氏著《晚明小品與明季文人生活》（臺北：大安出版社，1992年），頁85～100。

〔註44〕〔明〕袁中道，《珂雪齋集》，卷17，〈李溫陵傳〉，頁720。

〔註45〕〔明〕李贄，《焚書》，卷4，〈八物〉，頁160。

既然知人爲困難之事，那麼該如何擇取眞才之士，便是李贄謹慎面對的課題。因此他一方面「見以爲廣」，多所招攬，如能一見而契合，自然爲佳；但另一方面又「取之以狹」，對於有疑慮之人，仍需通過種種「考驗」才得爲李贄所取。

對李贄來說，無論是丘長孺、周思敬、梅國楨、楊定見等諸麻城人，或是其他四方結交之友，都是他費了極大心力精挑細揀才得來的同道中人。細索這些人的背景，可以發現他們具有某些共通的特質。以正史中並不留名的丘長孺爲例，三袁對他的文學評價很高。袁宗道評論他：

> 其詩非漢、魏人詩，非六朝人詩，亦非唐初盛中晚人詩，而丘長孺氏之詩也。非丘長孺之詩，丘長孺也。雖然，以此論長孺詩，以此詩論長孺，俱在焦腑之內。〔註46〕

袁宏道也戲稱「若長孺死，東南風雅盡矣」，〔註47〕深契於丘氏的文采。屬於公安派一份子的丘長孺雖長於詩文，在仕途上卻以武舉出身。他於萬曆四十三年（1615）補得遊擊之缺，不過很快的在三年後便從遼東鎮江遊擊的職位上乞病致仕，仕途並不順遂。〔註48〕據馮夢龍說：

> （丘長孺）文試不偶，乃投筆爲遊擊將軍，然雅歌賦詩，實未能執殳前驅也。身軀偉岸，袁中郎呼之丘胖。而恂恂雅飾，如文弱書生，是宜爲青樓所歸矣。〔註49〕

這個人物無心於仕宦，反而常見於與袁中道一同遊山玩水、賦詩會宴的記述文之中。袁中道說：「予故人丘長孺，爲里中人所窘，……是人皆才子，不得志於時，尙意氣，雄心不可調伏，逃於娛樂，意與予合。」〔註50〕他並讚丘長孺「爲詩好氣骨」、「磊塊頗露烈士腸，步驟眞得古人氣」。〔註51〕不過丘長孺雖爲麻城世家子弟，但性喜豪華，〔註52〕李贄也稱他爲人完全靠不得，在

〔註46〕〔明〕袁宗道，《白蘇齋類集》，卷10，〈北遊稿小序〉頁136。

〔註47〕〔明〕袁宏道，《袁宏道集箋校》，卷5，〈丘長孺〉，頁208。

〔註48〕中央研究院歷史語言研究所輯校，《明神宗實錄》（臺北：中央研究院歷史語言研究所，1964～66），卷529，萬曆四十三年二月己卯條，頁9942；卷570，萬曆四十六年五月丙午條，頁10742。

〔註49〕〔明〕馮夢龍著，《情史類略》，收於《古本小說集成》第352冊（上海：上海古籍出版社，1994年），卷6，〈丘長孺〉，頁500～501。

〔註50〕〔明〕袁中道，《珂雪齋集》，卷21，〈書王伊輔事〉，頁877。

〔註51〕〔明〕袁中道，《珂雪齋集》，卷1，〈長孺齋中有述〉，頁19。

〔註52〕〔明〕馮夢龍，《情史類略》，卷6，〈丘長孺〉，頁496。

麻城還被視爲敗家子。不過李贄也肯定他「雖無益於世，然不可不謂之麒麟鳳凰、瑞蘭之草也」，所以才一見而訂終身之交。〔註 53〕

又如曾爲兵部侍郎、總督薊遼軍務的顧養謙（1537～1604）也是李贄相當欣賞之人。顧氏才望出眾，經略朝鮮之時恩威並用，爲當時邊防之倚靠。〔註 54〕他膽氣過人，臨事多智略，萬曆中海內稱倜儻雄駿者，以其爲首。〔註 55〕李贄說：

> 顧虎頭雖不通問學，而具隻眼，是以可嘉；周公瑾既通學問，又具隻眼，是以尤可嘉也。二公皆盛有識見，有才料，有膽氣，智仁勇三事兼備。〔註 56〕

顧虎頭爲顧養謙，周公瑾則指周思敬，兩人皆爲李贄所看重，而他們智仁勇兼備，更重要的是「具隻眼」。從記載來看，顧氏在友朋中有著出色人物的形象，袁宏道稱其爲「用世好漢」、「豪傑人」，〔註 57〕李贄也說他是國家大可倚仗之人，可謂當代豪傑名將。〔註 58〕這樣的形象其實與「高才任俠」的梅國楨非常類似，〔註 59〕而李贄也的確將他們兩人歸在一起來比較：

> 顧沖菴具大有爲之才，負大有爲之氣，而時時見大有爲之相，所謂才足以有爲，而志亦欲以有爲者也。梅衡湘亦具大有爲之才，而平時全不見有作爲之意，所謂無爲而自能有爲者也。此二公之別也，然皆當今之傑也，未易多見者也。顧沖庵氣欲蓋人，而心實能下人。梅衡湘時時降下於人，而心實看不見人。此又二公之別也，然亦當今之傑也，未易多見也。〔註 60〕

兩人於用事上雖不完全相同，但皆具大有爲之才，袁中道稱「梅也權奇渾不測，司馬（顧養謙）膽氣號絕倫」，〔註 61〕這都是李贄眼中的「當今之傑」所

〔註 53〕〔明〕李贄，《焚書》，卷 4，〈八物〉，頁 160。

〔註 54〕〔明〕過庭訓撰，《本朝分省人物考》，收於《續修四庫全書》（上海：上海古籍出版社據北京大學圖書館藏明天啓刻本影印，1995 年），第 533 冊，卷 31，〈顧養謙〉，頁 649。

〔註 55〕〔明〕袁宏道，《袁宏道集箋校》，卷 5，見錢伯城之箋，頁 231，。

〔註 56〕〔明〕李贄，《續焚書》，卷 2，〈與友朋書〉，頁 57。

〔註 57〕〔明〕袁宏道，《袁宏道集箋校》，卷 11，〈梅客生〉，頁 484。

〔註 58〕〔明〕李贄著，《續藏書》，收於張建業主編、劉幼生整理，《李贄文集》第四卷（北京：社會科學文獻出版社，2000 年），卷 14，〈太保梁武壯公〉，頁 325。

〔註 59〕〔明〕沈德符，《萬曆野獲編》，卷 17，〈梅客生司馬〉，頁 449。

〔註 60〕〔明〕李贄，《續焚書》，卷 1，〈與友人〉，頁 38。

〔註 61〕〔明〕袁中道，《珂雪齋集》，卷 3，〈同顧司馬沖菴虎丘看月，兼懷梅開府客

應具備的氣質。

由此，李贄在取士擇友上的原則便大抵顯明。他喜愛具豪傑氣、有識見、行事不拘束之人，在他炯炯目光所及處，如有這般人出現，則可立與之交，將之納入自己的交遊網絡之中。對於敢愛敢恨的李贄來說，此擇人過程必須相當嚴謹才能得致眞才之人，而他也如願獲得了一群志同道合之士。事實上，圍繞李贄的這一群體，彼此間共通的最高典型之意象，便是豪傑與英雄好漢。李贄在諸友朋間就有著鮮明的英豪形象，袁中道嘆「自昔豪士多寂寞，往往身令造化猜」，他眼中的李贄便是這樣一個「老去英雄」。〔註 62〕

萬曆二十二年（1594）時，袁中道與梅國楨的交往也可說是一段英雄惜英雄的因緣：

> 初，梅中丞鎮雲中時，過聽龍湖老人語，且得予（袁中道）南遊稿讀之，甚激賞。聞予在伯修（袁宗道）邸中，數以字見召。予以書貽之，曰：「明公廄馬萬匹，不以一騎逆予，而欲坐召國士，胡倨也？」〔註 63〕

年輕的袁中道意氣高昂，對於地位名聲超乎自己許多的長者梅國楨之召，並不一股腦地迎合。梅國楨隨後正式地邀請袁中道前去雲中，袁宏道對此的意見是：

> 梅，眞正好漢也，兒（袁宏道）恨不識其人。三哥（袁中道）識有餘，而膽氣未充，正是多會人廣參求之時。想故鄉一片地，橫是麟鳳塞滿，眞不必令其在家也。〔註 64〕

袁宏道不僅再次肯定梅國楨爲英雄，也鼓勵其弟應去充充膽氣，始能更上一層樓。受到梅國楨欣賞的袁中道稍後去了雲中，並興奮地寫下「自古英雄急相知，投老爲君走邊塞」的詩句。〔註 65〕自稱「少年慕瑰奇，喜讀英雄記」的袁小修終於得見豪傑之人而「掀髯譚世事」，好不暢快。〔註 66〕伴隨塞上風雲，讓他擴充了性格中豪氣的一面。他後來追憶自己年輕時浪遊海內，「所交者皆一時之英雄豪傑」，其中如李贄與梅國楨，皆深刻地影響了他識見的成

生〉，頁 66。

〔註 62〕〔明〕袁中道，《珂雪齋集》，卷 1，〈大別山懷李龍潭，兼呈王子〉，頁 16。

〔註 63〕〔明〕袁中道，《珂雪齋集》，卷 12，〈塞遊記〉，頁 528。

〔註 64〕〔明〕袁宏道，《袁宏道集箋校》，卷 5，〈家報〉，頁 204。

〔註 65〕〔明〕袁中道，《珂雪齋集》，卷 3，〈寄梅開府衡湘，兼呈宏甫先生〉，頁 80。

〔註 66〕〔明〕袁中道，《珂雪齋集》，卷 2，〈梅大開府客生〉，頁 57。

長。〔註 67〕此群體背後共同的想望，便是英氣迸發的瀟灑形象。

這樣的豪傑氣概並非無的放矢，實有背景存在。明代以文人之身操行兵事又有成就者，當首推心學宗師王陽明。陽明的事功與理學互不扞格而相得益彰，衍生出令人憧憬的文武全才的英雄形象。此下至明代中葉之後，文人談兵事的風氣頗盛，幾個由文而武的名臣事蹟更有推波助瀾之效。沈德符說：

> 唯二十年來，如顧沖菴（養謙）、葉龍潭（夢熊）、萬邱澤（世德）、李霖寰（化龍）、梅衡湘（國楨），皆因四方多事，各從簪筆吮毫，時伸其彎弓擊劍之技，俱正位司馬，延世金吾，頓令措大吐氣。〔註 68〕

由此可見當時文士思想的另一個面相。而從另一方面來看，明代的海防與邊事對文人亦有相當的影響。〔註 69〕出生於福建的李贄，對明代東南沿海的海盜與倭寇多有觀察，其時為海上強人之一的林道乾即讓他印象深刻：「夫道乾橫行海上，三十餘年矣。自浙江、南直隸以及廣東、福建數省近海之處，皆號稱財賦之產，人物隩區者，連年遭其荼毒，攻城陷邑，殺戮官吏，朝廷為之旰食。」〔註 70〕林氏為明廷的一大頭痛問題，不過李贄也不禁要佩服林道乾才識過人而膽氣壓乎群類，在這個層面上，林氏也算是豪傑人物，但他與朝廷作對的行為，仍不是李贄心中的「理想型」。就算是綠林好漢，仍要有對國家的「忠義」，所以李贄欣賞水滸傳中的宋江「身居水滸之中，心在朝廷之上」，這才謂眞忠義也。《水滸傳》因此被李贄視為「發憤之所作也」，展現了崇高的意境。其中除了有眞情，也有眞義，無論是君主、重臣或大將皆應一讀。讀了之後，便能瞭解忠義之所在。〔註 71〕此中有趣的地方在於，李贄被官方視為離經叛道的寇讎，且他在辭官後，與過往官宦的身份相當疏離。然而在水滸傳的議題上，他卻將個人對於英雄的追求結合了傳統德性之大忠大義，認為這才是眞英雄。由此可見，單調地以「異端」為唯一形象來評斷李贄，恐怕會有所闕漏。

〔註 67〕〔明〕袁中道，《珂雪齋集》，卷 24，〈寄長孺〉，頁 1043～1044。

〔註 68〕〔明〕沈德符，《萬曆野獲編》，卷 17，〈文士論兵〉，頁 435。

〔註 69〕趙園認為，明代文士因時勢所激而喜愛談兵，與兵學、兵事有關的纂輯規模可觀，「重文人輕武人」的觀念並不阻礙談兵風氣，而文人也對能詩弄文的武人另眼相看。詳見趙園，〈談兵〉，收於氏著《制度．言論．心態——《明清之際士大夫研究》續編》（北京：北京大學出版社，2006），第二章，頁 79～161。

〔註 70〕〔明〕李贄，《焚書》，卷 4，〈因記往事〉，頁 156。

〔註 71〕〔明〕李贄，《焚書》，卷 3，〈忠義水滸傳序〉，頁 109～110。

從擇友、交遊與談兵諸面相，李贄與其諸友時時在尋找英雄。他們或由古人、或由今人、或由彼此身上，惺惺相惜地追求慨然之氣。雖然其爲文士，然而懷有武心，更深刻的說，他們在生命中以文爲刀，以詩爲劍，以自己爲俠士，時時尋求著英雄的一生。〔註 72〕

第三節　形象、定位與自我

萬曆八年（1580），五十四歲的李贄終於得償夙願，請求致仕獲准，從此離開令他感到束縛的居官生涯。也從這個時候開始，他終於可以自在地遊歷各地，尋訪友朋，追求生命的終極關懷。他說：

> 凡爲學皆爲窮究自己生死根因，探討自家性命下落。是故有棄官不顧者，有棄家不顧者，又有視其身若無有，至一麻一麥，鵲巢其頂而不知者。無他故焉，愛性命之極也。〔註 73〕

於是他拋官棄家，此下二十餘年以流寓客子的身份輾轉四方，尋求眞機。

就現實來看，官僚體系限制了李贄浪濤洶湧的思緒與性格，而在其友朋中，也有人承受類似的困擾。袁宏道即深受「爲官之苦」，他描述自己任吳縣縣令時「漸入苦境」，好像吞熊膽一樣，通身是苦，〔註 74〕相當後悔少年時「覓甚麼鳥舉人進士也」，〔註 75〕因而深覺宦情灰冷：「少時望官如望仙，朝冰暮熱，想不知有無限光景，一朝到手，滋味乃反儉于書生。」〔註 76〕所以不甘困於官場，希冀有脫身之日：

> 居常持鏡自照，此等骨相，豈堪入甘肥場？自分與吠蛤鳴蛙，一體歌詠太平，逸樂而甘之。〔註 77〕

居官之苦對於有著不羈想法的心靈來說，常是糾纏的困惑，因而期待著悅情

〔註 72〕龔鵬程以晚明文人對《水滸傳》的評價爲例，認爲明末是個較爲崇拜俠客的時代，俠的形象也正義化了。見龔鵬程，《大俠：俠的精神文化史論》（臺北：風雲時代出版股份有限公司，2007 年），頁 183～196。然而小說雖能反應一部分的文人想望，但其背後的時代背景與思考邏輯究竟爲何，仍需更深入的探討。

〔註 73〕〔明〕李贄，《續焚書》，卷 1，〈答馬歷山〉，頁 1。

〔註 74〕〔明〕袁宏道，《袁宏道集箋校》，卷 6，〈何湘潭〉，頁 272。

〔註 75〕〔明〕袁宏道，《袁宏道集箋校》，卷 6，〈黃綺石〉，頁 309。

〔註 76〕〔明〕袁宏道，《袁宏道集箋校》，卷 6，〈李本建〉，頁 310。

〔註 77〕〔明〕袁宏道，《袁宏道集箋校》，卷 42，〈馮尚書座主〉，頁 1241。

適性的生活。〔註 78〕無官一身輕的李贄抱持著歸老名山的想法，終於可以擺脫官場束縛。相對於宦途的「顯」，他走向「隱」的那條路。

一般說來，所謂的隱者只是不入仕途，未必不關心政治。其之所以不仕，背後有各種進退出處的考慮。〔註 79〕不過在李贄的思路中，「隱」則有幾層不一樣的意義。他自況「僕隱者也，負氣人也」，〔註 80〕並細細闡述他的隱者觀，區份出四種隱者類型：時隱、身隱、心隱和吏隱。時隱意謂「時當隱而隱，所謂邦無道則隱」；身隱指「以隱爲是，不論時世是也」；「心隱」比身隱更進一階而「身心俱隱」；但李贄最佩服的，則是「吏隱」一類的人。心隱雖已達到身心俱隱的境界，可是「猶有逃名之累，尙未離乎隱之跡也」。吏隱則像東方朔一樣「大隱居朝市」，隱若未隱，始得是最高境界。〔註 81〕

李贄既然認爲自己是一隱者，自然讓人好奇他究竟會把自己貼上哪一類隱者的標籤。他說：「世間有三等人，致使世間不得太平，皆由兩頭照管。第一等，怕居官束縛，而心中又捨不得官。既苦其外，又苦其內。此其人頗高，而其心最苦，直至舍了官方得自在，弟等是也。」〔註 82〕又言：

> 梅福、莊周之見，我無是也。必遇知已之主而後出，必有蓋世眞才，我無是才也，故亦無是見也。其唯陶公乎？夫陶公清風千古，余又何人，敢稱庶幾，然其一念眞實，受不得世間管束，則偶與同耳，敢附驥耶！〔註 83〕

〔註 78〕陳萬益提到，許多晚明文人過的是「市隱」的生活，這些文人常將生趣寄託於山水、書畫、器具或花草等事物，也就是「借怡于物」而已，並非眞似古代隱者的行跡。由此說來，他們所追求的大部份是心境上的轉換。見陳萬益，〈晚明小品與明季文人生活〉，收於氏著《晚明小品與明季文人生活》，頁 77～83。

〔註 79〕王仁祥著，《先秦兩漢的隱逸》（臺北：國立臺灣大學出版委員會，1995 年），頁 9～10。

〔註 80〕〔明〕李贄，《焚書》，卷 2，〈與曾中野〉，頁 52。

〔註 81〕〔明〕李贄，《藏書》，卷 66，〈外臣總論〉，頁 1243。需要特別指出的是，李贄在《藏書》內的隱者之歸類，與《焚書》內的一篇文字有些許不同。《焚書》的〈豫約．感慨平生〉中，原在《藏書》中爲心隱的阮籍卻與嚴光等相提並論，歸到身隱。同時，〈豫約．感慨平生〉並未如〈外臣總論〉有著明確的四類區分，而只是李贄大略言及「世間有三種人決宜出家」。比照兩書的成書先後，《藏書》中的隱者分類，也許是李贄自己較爲周延而確定的想法。參見《焚書》，卷 4，〈豫約．感慨平生〉，頁 188。

〔註 82〕〔明〕李贄，《焚書》，卷 2，〈復焦弱侯〉，頁 46。

〔註 83〕〔明〕李贄，《焚書》，卷 4，〈豫約．感慨平生〉，頁 188。

李贄認爲自己與陶淵明在「一念眞實，受不得世間管束」差相彷彿。在他的意見裡，這樣的人物「身雖隱而心實未嘗隱也」，境界雖高，但還未至於廣大。〔註 84〕李贄對自己的期待，其實不止於此。在談論張良、東方朔與馮道等居於朝中而行跡與心志若隱的「吏隱外臣」時，他透露心中的意念：

> 使子房不爲韓，則終始辟穀人也，且不知有吏矣，安知有吏而隱乎？既已藉漢滅秦報韓，是以不容不吏隱於漢耳，跡若吏隱而心非也。吾跡其終之所就，又安得不謂之吏隱乎？……吾跡其七十之初，據其平生之寓，是以亦謂之吏隱云耳。〔註 85〕

於此兩次強調自己的行跡是「吏隱」的李贄，區別了把「隱」中的行跡和心志，自稱他與張良一樣「跡若吏隱而心非也」。有意思的是，此處李贄稱自己爲吏隱中人，但在前面他又把自己類比於「身隱」的陶潛。其實身隱與吏隱只是名稱的分別，李贄雖游移於張良與陶潛之間，但他欲掌握的是張、陶二人「心未嘗隱」的熱情，這才是他的心之所嚮。

如此具熱度的未隱之心，來自李贄對當時道學、朝事以及外在倭寇之威脅的掛念。李贄的用世之心仍重，因此不管在《焚書》或《藏書》中，很大的篇幅也都在談豪傑與忠臣，這都顯露出其胸懷豪情。他的抱負並未隱去，心中還有經世情懷，這就如袁中道所形容的：「大都公之爲人，眞有不可知者：本絕意仕進人也，而專談用世之略，謂天下事決非好名小儒之所能爲。」〔註 86〕袁中道的敘述傳達了李贄心中的熱度，也刻劃出一個古道熱腸之人的關懷。

李贄雖然不斷自我定位，但在他所塑造的自我形象中，有許多看似不同的影子重疊在一起。流寓四方的客子、思想奔放的狂者、倡言童心的文學理論家、豪氣萬千的英雄以及具用世之情的隱者，都是他八面玲瓏的側影。至此，官方評價也僅是他的部份速寫而已。作爲宇宙間單一個體的李贄並不溫柔敦厚，但也沒有那麼孤高而難以接近。以麻城爲據點，他與同道好友分享許多人生風景。這群麻城在地人與過客的活動，揭示了明代士大夫與文人生命思維的另一面。

〔註 84〕〔明〕李贄，《藏書》，卷 66，〈外臣總論〉，頁 1243。
〔註 85〕〔明〕李贄，《藏書》，卷 68，〈吏隱外臣總論〉，頁 1293。
〔註 86〕〔明〕袁中道，《珂雪齋集》，卷 17，〈李溫陵傳〉，頁 724。

第五章　結　語

世事流轉的速度常不被人輕易察覺，就好似平靜的江流不知何時已成滾滾波濤。對李贄與麻城來說，局勢的演變亦復如此。十六世紀的熱鬧喧囂猶然在耳，十七世紀的肅殺之聲卻隱隱而來。萬曆三十年（1602）是李贄生命的最後一年，此時他已離開麻城到通州（位於北京東南方）投靠友人馬經綸（1562～1605），年老病甚的他寫好遺言，細細叮囑僧徒依此來安葬他。然而，在此風燭殘年之際，險峻的衝擊紛至沓來。就在本年，給事中張問達（?～1625）上奏彈劾李贄，他一方面嚴厲批評李贄的各種著作「流行海內，惑亂人心」，扭曲了傳統價值觀，另一方面則指摘李贄行爲上種種離經叛道與敗壞風俗之事。張問達建議朝廷下令地方官將李贄解發原籍治罪，並將李贄的著作全數燒燬以「毋令貽亂于後」。〔註 1〕經明神宗批可，李贄隨即被逮入獄。獄中的

〔註 1〕張問達細數了他所知道的李贄罪狀：「李贄壯歲爲官，晚年削髮，近又刻《藏書》、《焚書》、《卓吾大德》等書，流行海内，惑亂人心。以呂不韋、李園爲智謀，以李斯爲才力；以馮道爲吏隱；以卓文君爲善擇佳偶；以司馬光論桑弘羊，欺武帝爲可笑；以秦始皇爲千古一帝；以孔子之是非爲不足據。狂誕悖戾，未易枚舉，大都刺謬不經，不可不燬者也。尤可恨者，寄居麻城，肆行不簡，與無良輩遊于庵，拉妓女白晝同浴，勾引士人妻女入庵講法，至有携衾枕而宿庵觀者，一境如狂。又作〈觀音問〉一書，所謂觀音者，皆士人妻女也。而後生小子喜其猖狂放肆，相率煽惑，至于明劫人財，強摟人婦，同于禽獸而不足卹。邇來縉紳士大夫，亦有捧念佛，奉僧膜拜，手持數珠，以爲律戒；室懸妙像，以爲皈依。不知遵孔子家法，而溺意于禪教沙門者，往往出矣。」這樣的批判爲顧炎武在《日知錄》中複述而廣爲流行，並大抵形成後來諸多筆削李贄者所持的既定「證據」。見中央研究院歷史語言研究所輯校，《明神宗實錄》，卷 369，萬曆三十年二月乙卯條，頁 6917～6919。吳震則認爲，李贄之死有可能是從一場某些人由地方到中央精心策劃的政治陷

他只求一死：「志士不忘在溝壑，勇士不忘喪其元。我今不死更何待，願早一命歸黃泉。」〔註2〕遂在某日趁著剃髮時以剃刀自刎，氣不絕者兩日後，結束了傳奇性的一生。〔註3〕

李贄死後三十多年，清兵入關，明朝的命運走到了盡頭，位於三省交界的麻城亦不能免於兵火戰亂。當地豪強雖在明政府力量之外自組防衛武力來對抗清軍，但也只是拖延了痛苦的時程。頑強的抵抗換來的，是清政權對麻城大規模的鎮壓屠戮。經歷這番浩劫，曾經人口繁盛而以仕進成就自豪的麻城元氣大傷，在政治、經濟與社會民生上的實力減損大半。〔註4〕十六世紀以來的興隆無法平順地在十七世紀承接，李贄的死巧合地預示了他流寓十數年之地的衰敗。人與地的命運在國破家亡之際，有了諷刺性的連結。

本書以地域的發展爲經，人物的活動爲緯，嘗試敘述大時代中人與地的故事。序章回顧了近來晚明史研究中城市與市鎮發展、士大夫與文人社群、社會風尚與其所衍生出之文化現象幾個議題。綜觀來說，明中葉城市與市鎮的發展是相當重要的歷史現象，而在城市及市鎮中所人物、事件與活動，則成爲今人勾畫明中葉後歷史面貌的絕佳切入點。麻城與黃安二縣的興起，具體而微地呈現了明代城鎮的發展進程，不過若將麻、黃二地與明代繁榮的南京、江南等區域作比較，其間還有相當程度的差異。麻城和黃安靠著輸出農產品開展了經濟收入，在地商幫的竄起也促進了跨省的貿易流通，使位於湖北的這兩縣加入明代商品經濟的網絡。雖然總體上麻城與黃安各方面的水準

害，目的是在整治與李贄相善的梅國楨或當時的京官結社講學之風，詳參吳震的《明代知識界講學活動繫年：1522～1602》，頁431～436。此說法雖別闢蹊徑，但還待更多證據支持。

〔註2〕〔明〕李贄著，《續焚書》，卷5，〈不是好漢〉，頁117。

〔註3〕島田虔次在他著名的《中國近代思維的挫折》中說：「卓吾從名教士大夫、爲政當局的鎮壓中逃脫出來，東奔西走，最終到了在獄中死得那麼悲慘的地步的根本原因，就在於與以前的心學者不同。他深深地懂得歷史，一邊在當代士大夫的教養中完善自己，一邊又毫不忌憚地對之進行具體而全面的批判。」島田虔次據此表示，李贄的史論之作《藏書》才是他受難的眞正原因。見島田虔次著，甘萬萍譯，《中國近代思維的挫折》（南京：江蘇人民出版社，2005年），頁93。

〔註4〕關於麻城在明清之際所受到的影響，羅威廉有深入的討論。他同時也指出，自明末清初一直到民國初年，此地出現了武人化的傾向，和耿定向與李贄的時代已大異其趣。見他的 *Crimson Rain: Seven Centuries of Violence in a Chinese County* 第5～10章。

尚不能和南京或江南相提並論，只能算是湖北境內的重要城鎮，不過這兩地的興起已是明代城鎮萌生的示例。另一方面，麻城不僅在戶數上居湖北之冠，在整個明代湖北的中舉人數上獨占鰲頭；黃安的前身原屬麻城學風較盛的區域，在文教上也同樣有出色表現。春秋學於此區域相當盛行，並且有諸多家族以此爲家學，在地方上形成堅實傳統。值得注意的是，麻、黃地區春秋學的優良評價不僅來自本籍人士，其聲名亦遠播至他鄉，吸引外地學子前來拜師，有「盜經」的軼事流傳。春秋學在麻、黃地區的流衍與興盛實具有濃厚的功利色彩，地方士子爭相求學，並以此爲晉身之階，原爲儒家經典的古籍，此時成爲登第的利器。這樣的現象一方面透露了明代科舉對於士人的規訓性，另一方面亦表明科舉文化與學術風氣的糾纏性。

靠著子弟考取功名，地方上的幾個家族在鄉里間建立起名望。這些大族擔當起在官府之外的鄉里領頭者身份，常能主導鄉里事務。在黃安由麻城分出而建立成縣的過程中，耿氏家族便扮演了這樣的角色。耿定向運用自身在朝中的位置，促成黃安縣的設立。其弟耿定理則親身領率地方人士共同從事基礎建設，開拓了原本還有許多荒瘠之地的黃安，讓商賈前來此處而漸漸成爲市集。不過，地方的大族不僅彼此間有爭鬥，也會遭逢其他土豪的挑戰，如麻城的梅國楨所面臨的便是這樣的狀況。梅家在麻城雖爲幾個鼎足相立的大族之一，但在土地所有權的爭奪上，仍有人能與之抗衡。第二章討論了麻城與黃安地方社會的各方面狀況，從中見到小城鎮的興起、科舉制度的影響力以及地方士紳與家族的互動，此數點皆是明代社會進程的重要現象，麻城與黃安也和時代與共。

概觀麻城與黃安在明中後期的情況後，第三章將焦點放到地域中的人物身上——也就是與麻城及黃安淵源甚深的耿定向、耿定理與李贄。耿定向的家族於麻、黃地區極有份量，他本人則循著科舉的長階，一步步攀至官僚體系的上層。此外，耿定向還具有思想家的身份，他與耿定理皆是心學中人，在當時頗有聲譽。李贄爲了與耿氏兄弟論學而來到黃安，其後轉至龍湖，十餘年間常居於麻城，掀起一陣波瀾。在耿定理死後，李贄與耿定向的衝突愈演愈烈，兩人於思想與性格上的差異引發了一連串的相互攻訐。平實論之，李、耿的爭執在思想面上爲哲思性的道理之爭，但在世俗面上，則是對彼此生活態度的不認同。兩人的意識之爭延伸到身旁的弟子友朋，事態逐漸激化，因而造成李贄被逐出麻城。然而，過往的史學研究者大多將耿定向視爲加害李贄的主使者，這實非公允之論，也無確切證據可以支持這樣的論斷。此外，從兩人的交往歷程也可發現，他們並非終生對立，各自畢生所念茲在茲者還是至道與眞理，而非僅是意氣之爭。兩人晚年的和解，表露出他們看重的終究還是道理本身。以此論之，今人或許需要更貼近歷史人物的心境，不應以二分法驟下斷語。李、耿二人的往來，說明了世事人情的複雜性。

很明顯的，麻城與黃安能以不特出的人文及經濟環境而成爲晚明引人注目之地，實與李贄和耿定向兩人在當地的活動有相當的關聯。進一步分析後可以瞭解，耿定向在鄉講學和李贄客居於麻城，實爲關鍵。前者以其政治名聲與思想地位，招引王學中人；後者除了以鮮明的思想色彩引聚士子徒眾而在地方上掀起風潮外，也憑藉個人的魅力與特質，吸引許多士大夫及文人與之結交。由此，麻城不僅在內部因李、耿二人的交鋒而眾聲喧嘩，在外部亦因許多知名人士前來而顯得相當熱鬧。此外，拋家棄官、脫儒入佛的李贄雖因言論大膽而常被人攻擊，但也有許多人欣賞他直白的性情。這些人大部分都還肩負官位並信守禮教規範，但他們與李贄在許多層面上氣味相投。對文學的理念、對英雄豪傑的尊崇或是對隱者的嚮往，皆是李贄及其群友共同擁有的意念。這是他們於種種世俗規範之外，在智識與心靈上的寄託之處。觀看這些屬於他們人生的風景，也便能稍稍體會到歷史人物的人生情懷。第四章所欲傳達的，即是這些人物親切眞實的一面。

綜觀本書兩位主角耿定向和李贄之間的對手戲，實有許多值得玩味之處，也透露出一些時代訊息。首先，耿定向與李贄之思想皆曾一定程度受耿定理影響，不過其後各自選擇了不同的取徑。然而根據本書的討論可知，李贄的幾個重要思想概念其實是在和耿定向論辯的過程中提煉得來的。他持續與耿定向對話，兩人的想法也就如海浪一波逐一波般相依相承。耿定向所持的「不容已」宗旨雖是李贄批評的主要標的，但也因爲經此一番切磋爭論，給了耿定向更深入地闡述其宗旨的機會。換句話說，若沒有李贄橫亙於耿定向的求道路程上，則耿氏今日所留下關於「不容已」的論述恐怕便不會這麼多。在各種講會盛行的明代，思想人物本身的觀念常受人觸發而萌芽或改變，在這當中，對話者的角色實不可或缺。李贄和耿定向於思想上的刀光劍影雖看似截然二分，展現出來的招式卻又緊密貼和，這意味著兩人的思想有不可忽視的依存性質。

此外，耿定向與李贄的思想糾葛，隱隱暗示了心學發展至晚明時的形成的兩種理路。耿定向雖被黃宗羲歸至泰州一派，但無論在思想宗旨、性情或是行爲上，他與同被認爲是泰州中人的顏鈞、何心隱或是李贄有很大的差別。我們若俯瞰耿定向所處的位置，可以發現他的一生幾乎就是傳統觀念裡士人的標準範本。站在官僚系統的上層，耿定向的言論作爲皆謹守儒家禮教，這種態度映射到他的思想上，表現出濃厚的教化氣息。他認爲自己的身份「近爲鄉里後生之耳目，遠爲四方友朋之宗依」，必須擔負起社會責任。〔註 5〕相對的，李贄的一生與耿定向大異其趣，他在中年即棄官流寓，各種言行常常引人側目，而他自己也不將禮教規範放在眼裡，到了晚年甚至削髮剃鬚爲僧人模樣，意圖就此掙脫儒者枷鎖，卻反而遭受到來自「正統」更嚴厲的責難，成爲千夫所指的目標。

後世論者將耿、李兩人都貼上心學的標籤，但他們之間其實有著嚴重的分歧，這意味著王陽明的學問經過幾十年的傳衍後，出現了「一綱各表」的現象。就以耿、李二人來說，耿定向代表著傳統官僚士大夫教化平民、移風易俗的一方，他的思想與國家治理融爲一體，將原先王陽明在世時還遭受爭議的心學妥善地結合到體制內，重新體現了儒家士大夫修齊治平的理念；然而李贄顯然往另一個方向走，他抗拒官僚體系以及國家權力，棄世間身家羈絆於不顧，行走於民間而不拘格套，展現較爲開放的態度。因此，耿定向與李贄的互動，並不單單是兩個在各方面有許多差異的人物之交往，其背後還隱含著晚明心學思想的兩種路徑。立足於同一個思想光譜上的兩人，各自佔據的位置卻相距遙遠。如果將王陽明的思想做爲基準點，則這兩人顯然往相反的方向行去，這是晚明思想多樣性的一個例證。〔註 6〕

歷史人物去今已遠，他們留存的吉光片羽構成了後世對他們的印象與評價，但也遮蔽許多細節。思想學術的發展亦復如此，看似屬於同樣脈絡的理路，內裡實有細微差異。耿定向、李贄與時代的縱橫交錯，昭示了思想與人

〔註 5〕〔明〕耿定向著，《耿天臺先生文集》，卷 6，〈與同志〉第二書，頁 166。

〔註 6〕本書未及處理耿、李二人的佛學想法，但在這方面已有幾本著作可以參考：林其賢，《李卓吾的佛學與世學》（臺北：文津出版社，1992 年）；劉季倫著，《李卓吾》（臺北：東大圖書公司，1999 年）；江燦騰，〈李卓吾：明末已獲當時社會群眾歡迎的新類型〉，收於氏著《晚明佛教改革史》（桂林：廣西師範大學出版社，2006 年），第 14 章，頁 235～295。另外荒木見悟在一篇討論鄧豁渠的文字中，亦兼論及耿、李的佛學觀念。參考荒木見悟，〈鄧豁渠的出現及其背景〉，收於氏著、廖肇亨譯《明末清初的思想與佛教》（臺北：聯經，2006 年），頁 189～214。

物的複雜性。無論看似多麼鮮明的人物形象，其表面下仍有許多蛛絲馬跡值得發掘。畢竟人心複雜精微，永遠耐人尋味，有著各種可能性。

參考書目

一、傳統文獻

1. 中央研究院歷史語言研究所校勘，《明神宗實錄》，臺北：中央研究院歷史語言研究所，1964 年～1966 年。
2. 中央研究院歷史語言研究所輯校，《明世宗實錄》，臺北：中央研究院歷史語言研究所，1964 年～1966 年。
3. 方祖猷等編校整理，《羅汝芳集》，南京：鳳凰出版社，2007 年。
4. 朱保炯、謝沛霖編，《明清進士題名碑錄索引》，上海：上海古籍出版社，1979 年。
5. 余晉芳纂，《麻城縣志前編》，臺北：成文出版社據民國二十四年鉛印本影印，1975 年。
6. 吳震編校，《王畿集》，南京：鳳凰出版社，2007 年。
7. 高洪鈞編著，《馮夢龍集箋注》，天津：天津古籍出版社，2006 年。
8. 湖北省人民政府文史研究館、湖北省博物館編，《湖北文徵》，武漢：湖北人民出版社，2000 年。
9. 〔明〕王世貞，《弇州四部稿》，收入《景印文淵閣四庫全書》，第 1280 冊，臺北：台灣商務印書館，1986 年。
10. 〔明〕李贄，《焚書．續焚書》合刊，臺北：漢京文化事業有限公司，1984 年。
11. 〔明〕李贄著，《藏書》，收於張建業主編、劉幼生整理，《李贄文集》第二、三卷，北京：社會科學文獻出版社，2000 年。
12. 〔明〕李贄著，《續藏書》，收於張建業主編、劉幼生整理，《李贄文集》第四卷，北京：社會科學文獻出版社，2000 年。

13.〔明〕沈德符撰，《萬曆野獲編》，北京：中華書局，1959 年。

14.〔明〕耿定向著，《耿天臺先生文集》，收入《四庫全書存目叢書》，第 131 冊，臺南：莊嚴文化事業有限公司據南京圖書館藏明萬曆二十六年劉元卿刻本影印，1997 年。

15.〔明〕耿定向編著，《觀生紀》，收入陳來選、于浩輯，《宋明理學家年譜續編》，第五冊，北京：北京圖書館出版社據民國十四年鉛印本影印，2006 年。

16.〔明〕袁中道著，錢伯城點校，《珂雪齋集》，上海：上海古籍出版社，1989 年。

17.〔明〕袁宏道著，錢伯城箋校，《袁宏道集箋校》，上海：上海古籍出版社，2008 年。

18.〔明〕袁宗道著，錢伯城標點，《白蘇齋類集》，上海：上海古籍出版社，1989 年。

19.〔明〕張瀚撰，盛冬鈴點校，《松窗夢語》，北京：中華書局，1985 年。

20.〔明〕章潢，《圖書編》，收入《文津閣四庫全書》，第 972 冊，北京：商務印書館，2006 年。

21.〔明〕湯顯祖著，徐朔方箋校，《湯顯祖全集》，北京：北京古籍出版社，1998 年。

22.〔明〕焦竑撰，李劍雄點校，《焦氏筆乘》，北京：中華書局，2008 年。

23.〔明〕焦竑撰，李劍雄點校，《澹園集》，北京：中華書局，1999 年。

24.〔明〕焦竑編，《國朝獻徵錄》，收入《明代傳記叢刊》，臺北：明文書局，1991 年。

25.〔明〕馮夢龍著，《情史類略》，收於《古本小說集成》，第 352 冊，上海：上海古籍出版社，1994 年。

26.〔明〕馮夢龍編著，李廷先、田漢雲校點，《麟經指月》，收於《馮夢龍全集》，第 20 冊，南京：江蘇古籍出版社，1993 年。

27.〔明〕過庭訓撰，《本朝分省人物考》，收於《續修四庫全書》，第 533 冊，上海：上海古籍出版社據北京大學圖書館藏明天啓刻本影印，1995 年。

28.〔明〕劉侗、于亦正著，孫小力校注，《帝京景物略》，上海：上海古籍出版社，2001 年。

29.〔明〕謝肇淛著，傅成校點，《五雜組》，收於《明代筆記小說大觀》第二冊，上海：上海古籍出版社，2005 年。

30.〔明〕顧起元撰，譚棣華、陳稼禾點校，《客座贅語》，北京：中華書局，1987 年。

31.〔清〕丁宿章輯，《湖北詩徵傳略》，收入《續修四庫全書》，第 1707 冊，上海：上海古籍出版社據清光緒七年孝感丁氏涇北草堂刻本影印，2002年。

32.〔清〕余懷著，李金堂校注，《板橋雜記》，上海：上海古籍出版社，2000年。

33.〔清〕屈振奇修，周維秬纂，《麻城縣志》，臺北故宮博物院藏善本，康熙九年（1670）刊刻。

34.〔清〕紀昀總纂，《四庫全書總目提要》，石家莊：河北人民出版社，2000年。

35.〔清〕英啓修，〔清〕鄧琛纂，《黃州府志》，臺北：成文出版社據清光緒十年刊本影印。

36.〔明〕盧濬等修，《黃州府志》，臺北：新文豐出版公司據寧波天一閣藏明弘治刻本影印。

37.〔清〕張廷玉等撰，楊家駱主編，《明史》，臺北：鼎文書局，1980年。

38.〔清〕張岱著，夏咸淳、程維榮校注，《陶庵夢憶．西湖夢尋》合刊，上海：上海古籍出版社，2001年。

39.〔清〕章學誠，《湖北通志檢存稿》，武漢：湖北教育出版社，2002年。

40.〔清〕黃宗羲著，沈芝盈點校，《明儒學案》，北京：中華書局，2008年。

41.〔清〕劉承啓修，詹大衢纂，《黃安縣志》，收入《天津圖書館孤本秘籍叢書》，第7冊，北京：中華全國圖書館文獻縮微複製中心據清康熙三十六年刻本影印，1999年。

42.〔清〕錢謙益著，《列朝詩集小傳》，上海：上海古籍出版社，2008年。

43.〔清〕顧炎武，《天下郡國利病書》，收入《四庫全書存目叢書》，第172冊，臺南：莊嚴文化事業公司據涵芬樓輯四部叢刊三編影印手稿本影印，1996年。

44.〔清〕顧炎武著，黃汝成集釋，欒保群、呂宗力校點，《日知錄集釋》，上海：上海古籍出版社，2006年。

45.〔清〕顧祖禹，《讀史方輿紀要》，收於《續修四庫全書》，第607冊，上海：上海古籍出版社據上海圖書館藏稿本影印，1995年。

46.〔清〕龔自珍著，王佩諍校，《龔自珍全集》，上海：上海古籍出版社，1975年。

二、近人論著

（一）中　文

1. 卜正民（Timothy Brook）著，張華譯，《爲權力祈禱：佛教與晚明中國士紳社會的形成》，南京：江蘇人民出版社，2005年。

2. 大木康著，辛如意譯，《風月秦淮——中國遊里空間》，臺北：聯經，2007年。
3. 小野和子著，李慶、張榮湄譯，《明季黨社考》，上海：上海古籍出版社，2006年。
4. 方志遠，《明清湘鄂贛地區的人口流動與城鄉商品經濟》，北京：人民出版社，2001年。
5. 毛效同編，《湯顯祖研究資料彙編》，上海：上海古籍出版社，1986年。
6. 夫馬進著，伍躍、楊文信、張學鋒譯，《中國善會善堂史研究》，北京：商務印書館，2005年。
7. 王仁祥，《先秦兩漢的隱逸》，臺北：國立臺灣大學出版委員會，1995年。
8. 王正華，〈過眼繁華：晚明城市圖、城市觀與文化消費的研究〉，收於李孝悌主編，《中國的城市生活》（臺北：聯經，2005年），頁1～57。
9. 王汎森，〈清初的講經會〉，《中央研究院歷史語言研究所集刊》，68：3（臺北，1997年9月）頁503～588。
10. 王汎森，《晚明清初思想十論》，上海：復旦大學出版社，2004年。
11. 王晴佳，《臺灣史學五十年（1950～2000）：傳承、方法、趨向》，臺北：麥田，2002年。
12. 王鴻泰，〈明清間士人的閒隱理念與生活情境的經營〉，《故宮學術季刊》，24：3（臺北，2007年春季），頁1～44。
13. 王鴻泰，〈俠少之游——明清士人的城市交游與尚俠風氣〉，收於李孝悌編，《中國的城市生活》（臺北：聯經，2005年），頁101～147。
14. 王鴻泰，〈迷路的詩——明代士人的習詩情緣與人生選擇〉，《中央研究院近代史研究所集刊》，50（臺北，2005年12月），頁1～54。
15. 王鴻泰，〈從消費的空間到空間的消費——明清城市中的酒樓與茶館〉，《新史學》，11：3（臺北，2000年9月），頁1～48。
16. 王鴻泰，〈閒情雅致——明清間文人的生活經營與品賞文化〉，《故宮學術季刊》，22：1（臺北，2004年秋季），頁69～97。
17. 王鴻泰，《流動與互動——由明清間城市生活的特性探測公眾場域的開展》，臺北：國立臺灣大學歷史學研究所博士論文，1998年。
18. 史明正，〈西方學者對中國近代城市史的研究〉《近代中國史研究通訊》，13（臺北，1992年3月），頁187～197。
19. 史景遷（Jonathan D. Spence）著，溫洽溢譯，《前朝夢憶——張岱的浮華與蒼涼》，臺北：時報文化，2009年。
20. 皮明庥，《近代武漢城市史》，北京：中國社會科學出版社，1993年。
21. 任放，〈近代市鎮研究的回顧與評估〉，《近代史研究》，2008：2（北京，

2008 年 3 月），頁 131～146。

22. 任放，《明清長江中游市鎮經濟研究》，武昌：武漢大學出版社，2003 年。
23. 朱倓，《明季社黨研究》，重慶：商務印書館，1945 年。
24. 池勝昌，《耿定向與泰州學派》，臺北：國立臺灣師範大學歷史學研究所碩士論文，1990 年。
25. 江燦騰，《晚明佛教改革史》，桂林：廣西師範大學出版社，2006 年。
26. 何宗美，《公安派結社考論》，重慶：重慶出版社，2005 年。
27. 何宗美，《明末清初文人結社研究續編》，北京：中華書局，2006 年。
28. 何宗美，《明末清初文人结社研究》，天津：南開大學出版社，2003 年。
29. 何宗美，《袁宏道詩文繫年考訂》，上海：上海古籍出版社，2007 年。
30. 何淑宜譯，〈明清地域社會論的反思——《明清交替と江南社會》新書序言〉，《近代中國史研究通訊》，30（臺北，2000 年 9 月），頁 164～176。
31. 何漢威，〈評 William T. Rowe, *Crimson Rain: Seven Centuries of Violence in a Chinese County*〉，《中國文化研究所學報》，48（香港，2008 年），頁 571～575。
32. 吳震，〈泰州學派芻議〉，《浙江社會科學》，2004：2（杭州，2004 年 3 月），頁 142～150。
33. 吳震，《明代知識界講學活動繫年：1522～1602》，上海：學林出版社，2003 年。
34. 吳震，《陽明後學研究》，上海：上海人民出版社，2003 年。
35. 吳宣德，《明清進士的地理分布》，香港：香港中文大學，2009 年。
36. 呂妙芬，《陽明學士人社群——歷史、思想與實踐》，臺北：中央研究院近代史研究所，2003 年。
37. 巫仁恕，〈江南園林與城市社會——明清蘇州園林的社會史分析〉，《中央研究院近代史研究所集刊》，61（臺北，2008 年 9 月），頁 1～59。
38. 巫仁恕，〈明清近代市鎮墟集研究的回顧與前瞻〉，《九州學刊》，5：3（香港，1993 年 2 月），頁 95～112。
39. 巫仁恕，《品味奢華——晚明的消費社會與士大夫》，臺北：聯經，2007 年。
40. 李孝悌，〈十七世紀以來的士大夫與民眾——研究回顧〉，《新史學》4：4（臺北，1983 年 12 月），頁 97～139。
41. 李孝悌，《中國的城市生活》，臺北：聯經，2005 年。
42. 李孝悌，《昨日到城市——近世中國的逸樂與宗教》，臺北：聯經，2008 年。

43. 李焯然，《明史散論》，臺北：允晨文化，1991 年。
44. 李慶龍，《羅汝芳思想研究》，臺北：國立臺灣大學歷史學研究所博士論文，1999 年。
45. 沈登苗，〈明清全國進士與人才的時空分布及其相互關係〉，《中國文化研究》，26（北京，1999 年），頁 59～66。
46. 汪榮祖，〈晚明消費革命之謎——巫仁恕《品味奢華——晚明的消費社會與士大夫》〉，《中央研究院近代史研究所集刊》，58（臺北，2007 年 12 月），頁 193～200。
47. 邢義田，〈總序〉，收於邢義田、黃寬重、鄧小南總主編，《臺灣學者中國史研究論叢》，北京：中國大百科全書出版社，2005 年。
48. 周榮，《明清社會保障制度與兩湖基層社會》，武漢：武漢大學出版社，2006 年。
49. 周振鶴，〈晚明文人與旅遊風氣〉，收於香港城市大學中國文化中心編，《明代政治與文化變遷》，香港：香港城市大學出版社，2006 年。
50. 周質平，《公安派的文學批評及其發展——兼論袁宏道的生平及其風格》，臺北：臺灣商務印書館，1986 年。
51. 岸本美緒演講，朱慶薇紀錄，〈秩序問題」與明清江南社會〉，《近代中國史研究通訊》，32（臺北，2001 年 09 月），頁 50～58。
52. 林其賢，《李卓吾事蹟繫年》，臺北：文津出版社，1988 年。
53. 林其賢，《李卓吾的佛學與世學》，臺北：文津出版社，1992 年。
54. 林海權，《李贄年譜考略》，福州：福建人民出版社，1992 年。
55. 林麗月，〈世變與秩序——明代社會風尚相關研究評述〉，《明代研究通訊》，4（臺北，2001 年 12 月），頁 9～19。
56. 林麗月，〈衣裳與風教——晚明的服飾風尚與「服妖」議論〉，《新史學》，10：3（臺北，1999 年），頁 111～157。
57. 林麗月，〈明代中後期的服飾文化及其消費心態〉，收於劉翠溶、石守謙主編，《經濟史、都市文化與物質文化》，臺北：中央研究院，2002 年。
58. 林麗月，〈故國衣冠——鼎革易服與明清之際的遺民心態〉，《臺灣師大歷史學報》，30（臺北，2002 年 6 月），頁 39～56。
59. 林麗月，〈萬髮俱齊——網巾與明代社會文化的幾個面相〉，《臺大歷史學報》，33（臺北，2004 年 6 月），頁 133～160。
60. 邱仲麟，〈宜目宜鼻——明清文人對於盆景與瓶花之賞玩〉，《九州學林》，5：4（上海，2007 年 12 月），頁 120～166。
61. 邱仲麟，〈明清江浙文人的看花局與訪花活動〉，《淡江史學》，18（臺北，2007 年 9 月），頁 75～108。

62. 邱仲麟，〈花園子與花樹店——明清江南的花卉種植與園藝市場〉，《中央研究院歷史語言研究所集刊》，79：3（臺北，2007 年 9 月），頁 473～552。
63. 施堅雅（William G. Skinner）編，葉光庭等合譯，《中華帝國晚期的城市》，北京：中華書局，2000 年。
64. 科大衛（David Faure），〈告別華南研究〉，收於華南研究會編，《學步與超越：華南研究論文集》，香港：文化創造出版社，2004 年。
65. 范毅軍，〈明清江南市場聚落史研究的回顧與展望〉，《新史學》，9：3（臺北，1998 年 9 月），頁 95。
66. 唐文基，〈明中葉東南地區徭役制度的變革〉，《歷史研究》，1981：2（北京，1981 年），頁 115～134。
67. 夏咸淳，《明代山水審美》，北京：人民出版社，2009 年。
68. 島田虔次著，甘萬萍譯，《中國近代思維的挫折》，南京：江蘇人民出版社，2005 年。
69. 容肇祖，〈述復社〉，收於氏著《明代思想史》，濟南：齊魯書社，1992 年。
70. 容肇祖編，《李贄年譜》，北京：三聯書店，1957 年。
71. 徐林，《明代中晚期江南士人社會交往研究》，上海：上海古籍出版社，2006 年。
72. 徐泓，〈明代社會風氣的變遷〉，收於《第二屆國際漢學會議論文集：明清與近代組》，臺北：中央研究院，1989 年。
73. 海冰，〈李贄三鬥耿定向〉，《中山大學學報（社會科學版）》，1974：4（廣州，1974 年），頁 93～96。
74. 荒木見悟著，廖肇亨譯，《明末清初的思想與佛教》，臺北：聯經，2006 年。
75. 袁光儀，〈名教與眞機——耿定向、李卓吾學術論爭之本質及其意義〉，《中國學術年刊》，第 31 期春季號（臺北，2009 年 3 月），頁 90～92。
76. 袁光儀，〈僞道學或眞聖賢？——明儒耿定向的人格學術之再評價〉，《興大中文學報》，22（臺中，2007 年 12 月），頁 205～229。
77. 袁光儀，《李卓吾新論》，臺北：國立臺北大學出版社，2008 年。
78. 張育齊，〈評介 William T. Rowe, *Crimson Rain: Seven Centuries of Violence in a Chinese County*〉，《新史學》，19：4（臺北，2008.12），頁 153～163。
79. 常建華，〈日本八十年代以來的明清地域社會研究述評〉，《中國社會經濟史研究》，1998：2（廈門，1998 年），頁 72～83。
80. 張偉然，《湖北歷史文化地理研究》，武漢：湖北教育出版社，1999 年。
81. 張偉然，《湖南歷史文化地理研究》，北京：復旦大學出版社，1995 年。

82. 張德建，《明代山人文學研究》，長沙：湖南人民出版社，2005 年。
83. 張學智，〈明代春秋學述要〉，《哲學門》總 16 輯，8：2（北京，2008 年 1 月），頁 61。
84. 張學智，《明代哲學史》，北京：北京大學出版社，2000 年。
85. 張藝曦，《社群、家族與王學的鄉里實踐——以明中晚期江西吉水、安福兩縣爲例》，臺北：國立臺灣大學出版委員會，2006 年。
86. 梅莉、張國雄、晏昌貴著，《兩湖平原開發探源》，南昌：江西教育出版社，1995 年。
87. 梁方仲編著，《中國歷代户口、田地、田賦統計》，北京：中華書局，2008 年。
88. 梁其姿，《施善與教化——明清的慈善組織》，臺北：聯經，1997 年。
89. 陳建勤，《明清旅遊活動研究——以長江三角洲爲中心》，北京：中國社會科學出版社，2008 年。
90. 陳春聲，〈走向歷史現場〉，收於趙世瑜著，《小歷史與大歷史：區域社會史的理念、方法與實踐》，北京：三聯書店，2006 年。
91. 陳時龍，《明代中晚期講學運動（1522～1626）》，上海：復旦大學出版社，2005 年。
92. 郭紹虞，《照隅室古典文學論集》，上海：上海古籍出版社，1983 年。
93. 陳萬益，《晚明小品與明季文人生活》，臺北：大安出版社，1992 年。
94. 陳熙遠，〈人去樓坍水自流試論——座落在文化史上的黃鶴樓〉，收於李孝悌編，《中國的城市生活》（臺北：聯經，2005 年），頁 367～416。
95. 陳學文，〈論江南市鎮史的研究〉，《九州學刊》，6：3（香港，1994 年 12 月），頁 125～138。
96. 陳寶良，《中國的社與會》，杭州：浙江人民出版社，1996 年。
97. 傅衣凌，〈明清時代江南市鎮經濟的分析〉，《歷史教學》，1964：5（北京，1964 年 5 月），頁 9～13。
98. 傅衣凌，《傅衣凌治史五十年文編》，北京：中華書局，2007 年。
99. 傅璇琮、蔣寅主編，郭英德分卷主編，《中國古代文學通論．明代卷》，瀋陽：遼寧人民出版社，2005 年。
100. 黃仁宇，《萬曆十五年》，臺北：食貨出版社，1994 年。
101. 黃卓越，《明中後期文學思想研究》，北京：北京大學出版社，2005 年。
102. 楊國安，《明清兩湖地區基層組織與鄉村社會研究》，武漢：武漢大學出版社，2004 年。
103. 溝口雄三、小島毅主編，孫歌等譯，《中國的思維世界》，南京：江蘇人民出版社，2006 年。

104. 溝口雄三著，索介然、龔穎譯，《中國前近代思想的演變》，北京：中華書局，2005 年。

105. 葛劍雄、曹樹基、吳松弟著，《簡明中國移民史》，福州：人民出版社，1993 年。

106. 熊月之、張生，〈中國城市史研究綜述（1986～2006）〉，《史林》，2008：1（上海，2008 年 2 月），頁 21～35。

107. 趙園，《制度．言論．心態——《明清之際士大夫研究》續編》，北京：北京大學出版社，2006 年。

108. 劉大杰，《中國文學發展史》，天津：百花文藝出版社，1999 年。

109. 劉石吉，〈小城鎮大問題——江南市鎮研究的回顧與展望〉，收於章開沅、嚴昌洪主編，《近代史學刊》，第 2 輯，武漢：華中師範大學出版社，2005 年。

110. 劉石吉，〈小城鎮經濟與資本主義萌芽——綜論近年來大陸學界有關明清市鎮的研究〉，《人文及社會科學集刊》，1：1（臺北，1988 年 11 月），頁 183。

111. 劉石吉，《明清時代江南市鎮研究》，北京：中國社會科學出版社，1987 年。

112. 劉志琴，《晚明史論——重新認識末世衰變》，南昌：江西高校出版社，2004 年。

113. 劉季倫，《李卓吾》，臺北：東大圖書公司，1999 年。

114. 劉海岩，〈近代中國城市史研究的回顧與展望〉，《歷史研究》，1992：3（北京，1992 年），頁 14～30。

115. 樊樹志，《江南市鎮——傳統的變革》，上海：復旦大學出版社，2005 年。

116. 鄧洪波，《中國書院史》，上海：東方出版中心，2004 年。

117. 鄭培凱，《湯顯祖與晚明文化》，臺北：允晨文化，1995 年。

118. 魯西奇，《區域歷史地理研究：對象與方法——漢水流域的個案考察》，南寧：廣西人民出版社，1999 年。

119. 賴惠敏，《明代南直隸賦役制度的研究》，臺北：國立台灣大學出版委員會，1983 年。

120. 錢明，《王陽明及其學派論考》，北京：人民出版社，2009 年。

121. 錢穆，《中國學術通義》，收於《錢賓四先生全集》第二十五冊，臺北：聯經，1995 年。

122. 謝國楨，《明清之際黨社運動考》，上海：上海書店出版社，2006 年。

123. 韓大成，《明代城市研究》，北京：中國人民大學出版社，1991 年。

124. 顏曉紅、方志遠，〈80 年代以來國內學者明清城鎮及城鄉商品經濟研究的回顧〉,《中國史研究動態》,1999:4(北京,1999年4月),頁2～10。

125. 羅宗強,《明代後期士人心態研究》,天津:南開大學出版社,2006年。

126. 羅威廉(William T .Rowe)著,江溶、魯西奇譯,《漢口——一個中國城市的商業和社會(1796～1889)》,北京:中國人民大學出版社,2005年。

127. 羅威廉(William T .Rowe)著,魯西奇、羅杜芳譯,《漢口——一個中國城市的衝突和社區(1796～1895)》,北京:中國人民大學出版社,2008年。

128. 羅福惠,〈兩舍則兩從,兩守則兩病——耿定向與李贄「論道相左」新解〉,《江漢論壇》,2002:10(武漢,2002年10月),頁70～75。

129. 譚其驤主編,《中國歷史地圖集》,北京:中國地圖出版社,2004年。

130. 龔鵬程,《大俠:俠的精神文化史論》,臺北:風雲時代出版股份有限公司,2007年。

131. 龔鵬程,《晚明思潮》,北京:商務印書館,2005年。

(二)英　文

1. Brook, Timothy. *Praying for Power: Buddhism and the Formation of Gentry Society in Late-Ming China*. Cambridge, Mass. : Harvard University Press, 1993.

2. Brook, Timothy. *The Confusions of Pleasure: Commerce and Culture in Ming China*. Berkeley: University of California Press, 1998.

3. Chan, Hok-lam. *Li Chih, 1527-1602*, in *Contemporary Chinese Historiography: New Light on His Life and Works*. New York: M. E. Sharpe, 1980.

4. Clunas, Craig. *Superfluous Things: Material Culture and Social Status in Early Modern China*. Cambridge: Polity Press, 1991.

5. Elman, Benjamin A. *From Philosophy to Philology: Intellectual and Social Aspects of Change in Late Imperial China*. Cambridge, Mass. : Harvard University Press, 1984.

6. Ho, Ping-ti. *The Ladder of Success in Late Imperial China: Aspects of Social Mobility, 1368-1911*. New York: Columbia University Press, 1962.

7. Li, Hsiao-ti(李孝悌). "Writing History or Collecting Facts? Different Ways of Representing Modern Chinese Rebellions," 《古今論衡》,9(臺北,2003.7),頁31～34。

8. Rowe, William T. *From Ming to Ch'ing along the Great Divide*. Taipei: Institute of History and Philology, Academia Sinica, 2005.

9. Rowe, William T. *Hankow: Commerce and Society in a Chinese City, 1796-1889*. Stanford: Stanford University Press, 1984.

10. Rowe, William T. *Hankow: Conflict and Community in a Chinese City, 1796-1895*. Stanford: Stanford University Press, 1989.

11. Rowe, William T. *Crimson Rain: Seven Centuries of Violence in a Chinese County*. Stanford: Stanford University Press, 2007.

12. Skinner, William G.（ed.）*The City in Late Imperial China*. Stanford: Stanford University Press, 1977.

13. Spence, Jonathan D. *Return to Dragon Mountain : Memories of a Late Ming Man*. New York: Viking, 2007.

（三）日文

1. 大久保英子，《明清時代書院の研究》，東京：国書刊行会，1976 年。
2. 大木康，《中国遊里空間——明清秦淮妓女の世界》，東京：青土社，2002 年。
3. 山本英史編，《伝統中国の地域像》，東京：慶應義塾大学出版会，2000 年。
4. 山田賢，〈中国明清史研究における「地域社會論」の現狀と課題〉，《歷史評論》，580 号（東京，1998 年 8 月），頁 40～53。
5. 山根幸夫，《明清華北定期市の研究》，東京：汲古書院，1995 年。
6. 小野和子，《明季党社考——東林党と復社》，京都：同朋舍，1996 年。
7. 川勝守，《明清江南市鎮社会史研究——空間と社会形成の歴史学》，東京：汲古書院，1999 年。
8. 夫馬進，《中国善会善堂史研究》，京都：同朋舍，1997 年。
9. 岸本美緒，《明清交替と江南社會——17 世紀中国の秩序問題》，東京：東京大学出版会，1999 年。
10. 島田虔次，《中國における近代思惟の挫折》，東京：平凡社，2003 年。
11. 荒木見悟，《明末宗教思想研究》，東京：創文社，1979 年。
12. 溝口雄三，《李卓吾——正道を歩む異端》，東京：集英社，1985 年。
13. 溝口雄三，《中国前近代思想の屈折と展開》，東京：東京大学出版会，1980 年。

附錄一：
別具隻眼：李贄的論史、論世與論己

張 育 齊

一、前 言

明代中晚期無論在社會、經濟或思想各層面，都以繽紛多彩的面貌呈現在研究者面前。近年文化史中許多取徑更揭示以往未曾注意到的面向，令我們了解晚明的歷史並非鐵板一塊。就以思想面來說，一般常認爲由於明代中後期商品經濟的發展，促使社會風氣快速變化，加上王學發展愈盛，以及各式各樣的宗教信仰的興起，使得晚明思潮多元而奔放。因此，晚明是一個思想解放的時代，以儒家爲例，其內部也出現一種深刻焦慮與不安，思想之間的界域非常不穩定。〔註1〕也就因爲這樣，在這個時代便產生了各種新奇大膽之言論，這是明代以前幾乎看不到的。本文所要討論的李贄即是這麼一個作風竣怪的人物。如果說李贄是近代以前中國幾個作風最大膽、言論最激烈的人物之一，也無誇大之處。事實上，就算明代有著較開放的思想風氣，但李卓吾的一言一行依然讓許多人視之爲寇讎，而他最後也以此而死於獄中。

錢穆先生在評論明代學術時曾有此一番話：

> 我們若說宋學在人生問題上是探討發明的階段，則明儒是在享受和證實的階段了。〔註2〕

明人繼承宋學基礎而釐清了諸多細節，是不可忽視的貢獻。身處此季的李贄

〔註1〕 王汎森，《晚明清初思想十論》（上海：復旦大學出版社，2004），頁2。

〔註2〕 錢穆，《宋明理學概述》（台北：蘭臺，2001），頁189。

與許多當代知識份子一樣，廣泛接觸各類書籍、各式各樣的思想。對他們來說，不同思想論點之間的衝突與調和是相當重要的問題。李贄是個儒者，可是也被許多人視爲異端，不過他自認其思路與方法才是挽救日漸衰頹的儒家之靈丹妙藥。對他來說，當世的儒者之言行充滿許多虛僞，於是他要以自己的方法來重新掌握儒家眞理。

因爲特立獨行的行事風格，李贄在一生中往往被目爲怪異分子，不斷地被人貼上標籤；但另一方面，李贄也不斷地對外在世界作區分，定義他者與自我的分際，確立一個他認知中的自己，並在「我」與「他人」間劃下楚河漢界。藉由這樣的行動，李贄建立起視野上的高度，甚至可讓他縱橫於史事之間而馳騁其議論。本文即想從這一點切入，觀察李贄不間斷地定義自己與他人的行爲，並以此爲主線，討論他激烈的言行與這樣的定義行爲之關係，及其中的意義。在另一個層面上，也將從他的論史文字裡探索他如何定義古人，同時也比擬自己於古人的思想策略。我們將看到，李贄透過談論歷史人物，同時也不停地在確認自己的時空位置。

二、精光凜凜的「隻眼」

袁中道在爲李贄所作的傳中描述李贄爲人「中燠內冷，丰骨稜稜，性甚卞急，好面折人過，士非參其神契者不與言；強力任性，不強其意之所不欲」，〔註 3〕有著這樣剛強性格的李卓吾，面對當時的社會與學風，自然要發出批判。其批判精神並不是能簡單地說是反儒學或是盲目反對社會現實的，而是在深刻了解到現實世界中的虛僞與荒謬、社會秩序的僵化與可笑後，從內心眞誠而發的沉痛之筆，這也就是其「驚世駭俗」的文字內部蘊含的眞正意義。他稱自己的《焚書》「所言頗切近世學者膏肓」，〔註 4〕尤其強烈批評一些迂腐虛僞的道學家，並曾戲謔地用了一個寓言來表現這些人的嘴臉：

> 有一道學，高屐大履，長袖闊帶，綱常之冠，人倫之衣，拾紙墨之一二，竊唇吻之三四，自謂眞仲尼之徒也。時遇劉諧。劉諧者，聰明士，見而哂曰：「是未知我仲尼兄也。」其人勃然作色而起曰：「天不生仲尼，萬古如長夜。子何人也，敢呼仲尼而兄之？」劉諧曰：「怪

〔註 3〕 袁中道，〈李溫陵傳〉，《焚書》（北京：中華書局，1988），頁三。
〔註 4〕 李贄，〈自序〉，《焚書》頁一。

得義皇以上聖人盡日燃紙燭而行也！」其人默然自止。〔註5〕

藉著這個故事，李贄嘲弄這些板著道學臉孔的儒者太過迂腐，雖是一副聖人之徒的樣貌，但古板又不知變通。不過，李贄在此仍只是表演言語機鋒，若要更清楚地了解他對當時俗儒之不齒，可由其他地方再做觀察：

嗟乎！平居無事，只解打恭作揖，終日匡坐，同於泥塑，以為雜念不起，便是眞實大聖大賢人矣。其稍學姦詐者，又攙入良知講習，以陰博高官，一旦有警，則面面相覷，絕無人色，甚至互相推委，以為能明哲。〔註6〕

國家因爲充斥著這樣的人，使天下無太平之日，學術趨於無用而虛假，這是卓吾對這些人的控訴。另外李贄也看到許多啖名者爲達目的而「饑渴以求之，亦自無所不至矣」，世間眾人多好利，而所謂的賢者也多是好名之人而已，這都是他所鄙視的。〔註7〕

袁中道稱李贄「爲文不阡不陌，攄其胸中之獨見，精光凜凜，不可迫視」，其言語如利刃般直接刺入人心，散發的光芒更使人震懾三分。能要有這樣的識見，則其眼界與判斷必非平常人所能比肩，始能達到這樣的效果，而這樣的眼力也可見於他在評論史事與人物之上。李卓吾於儒學上所長之處，並不在於哲學式的形上論；就算偶有觸及，也常受佛教的影響。就其論著而言，直指當世社會人心的李卓吾更是一個史家，他所擅長的是評史與論史，傳統中國史學的「知人論世」在他的文字與言談中是很重要的部份。然而，如何能知人論世而不作浮泛平庸之言，是史家都需面對的問題。以傳統史學而言，即是關乎「史識」之層面。卓吾能夠精明地揭露他所看到的當世人心之虛僞，除了天生的性情激昂之外，我們可以說，他具有不同凡常的視野，讓他能縱橫古今而別具隻眼。

由此，李贄無論談論當世或敘述過往，皆特重個人的識見。他說自己的論史之作《藏書》因爲「上下數千年是非，未易肉眼視之」，所以當先藏諸名山，以待後世有若揚子雲之士來發掘。〔註8〕他認爲當世少有具識見的人能懂得《藏書》內的是非論斷，此可見卓吾對其眼光層次的自豪。此種視野上的

〔註5〕李贄，〈贊劉諧〉，《焚書》，頁130。

〔註6〕李贄，〈因記往事〉，《焚書》，頁156。

〔註7〕李贄，〈答劉方伯書〉，《焚書》，頁53～54。

〔註8〕李贄，〈自序〉，《焚書》頁一。

高度來自何處？他在評論司馬遷與班固之見識高下時說：

> 班氏文儒耳，只宜依司馬氏例以成一代之史，不宜自立論也。立論則不免攙雜別項經史聞見，反成穢物矣。班氏文才甚美，其於孝武以前人物，盡依司馬氏之舊，又甚有見，但不宜更添論贊於後也。何也？論贊須具曠古隻眼，非區區有文才者所能措也。劉向亦文儒也，然筋骨勝，肝腸勝，人品不同，故見識亦不同，是儒而自文者也。雖不能超於文之外，然與固遠矣。〔註 9〕

很明顯的，李卓吾強調「論贊須具曠古隻眼」這個要旨，認爲班固僅具文才而不具備能論贊之識見。他所謂的「隻眼」，即是能深入推斷事理與理解人物的才能。因爲「人品不同故見識亦不同」，這種視野上的洞悉能力或許無法由後天習來，而李贄一方面道出論史之必備條件，另一方面也在告訴我們，他的見識是足以讓他馳騁古今的。

卓吾在《藏書》中論德業儒臣之時又說：

> 噫！耳目無功，聞見自狹。予雖欲尚論古人，以知其世，何可得也。姑即平生所知者，錄而別之，目爲有德之儒，雖師友淵源莫詳次第，而僅存什一，要當知道無絕續，人具隻眼云耳。〔註 10〕

在這裡李贄再度提到「隻眼」的重要性，唯有具隻眼者始能如實而公允地評判古人，古人也才不爲後人所誣。明末各家論學各有其不同的「宗旨」，〔註 11〕若借用此觀念，則李贄無論觀看當代或過往的時候，其宗旨便是「須具隻眼也」，由此出發則能鞭辟入裡而絲絲入扣。因爲具有這樣的視域，則在論史上能夠「上下數千年之間，別出手眼，凡古所稱爲大君子者，有時攻其所短；而所稱爲小人不足齒者，有時不沒其所長」，不被舊慣所囿；另一方面回到當代，便可「大有補於世道人心」。〔註 12〕

憑藉著這樣超異於常人的識見，卓吾用自己的意念來論斷歷史，其思路不依成法。他認爲任何人物之是非對錯，起初並無定質，況且隨著所處時空環境的不同，評斷是非的標準也會改變，也就是說，卓吾的「隻眼」並不死板而專橫，他也不覺得自己的評判標準是唯一的。就他看來：

〔註 9〕李贄，〈賈誼〉，《焚書》，頁 201。

〔註 10〕李贄，〈德業儒臣前論〉，《藏書》（臺北：學生書局，1974），頁 517。

〔註 11〕關於「宗旨」，參考王汎森先生的〈明末清初思想中之「宗旨」〉，收於《晚明清初思想十論》，頁 107～116。

〔註 12〕袁中道，〈李溫陵傳〉，《焚書》，頁 5。

> 前三代，吾無論矣；後三代，漢唐宋是也。中間千百餘年，而獨無是非者，豈其人無是非哉？咸以孔子之是非爲是非，故未嘗有是非耳。然則予之是非人也，又安能已？夫是非之爭也，如歲時然，晝夜更迭，不相一也。昨日是而今日非矣，今日非而後日又是矣。雖使孔夫子復生於今，又不知作何如非是也，而可遽以定本行罰賞哉？〔註 13〕

所以他也要告誡翻覽《藏書》的眾人「無以孔夫子之定本」來對他的個人意見定賞罰，因爲就算孔子自己再生，面對紛雜的後世，其是非標準也未必能能像後代諸儒所堅奉之穩固不變。因此，論斷歷史並沒有標準的定律，凡事皆要基於時空環境與當下感受，並要切合社會現實來作判斷，此時的「眼睛」骨碌碌不停地轉動著，靈活地投射炯炯目光直到深層，並無成法，也沒有一定的準則。

但我們就能如此直接地認定卓吾腦中全無任何既定意念來引導他做出價值判斷嗎？恐怕也未如是。任何選擇行爲的背後，一定都有某種依據的標準，更何況以卓吾如此具特出思想者，他的論斷更不可能是恣意而無章的。卓吾說：

> 經、史一物也。史而不經，則爲穢史矣，何以垂戒鑑乎？經而不史，則爲說白話矣，何以彰事實乎？故春秋一經，春秋一時之史也。詩經、書經，二帝三王以來之史也。而易經則又示人以經之所自出，史之所從來，爲道屢遷，變易匪常，不可以一定執也，故謂六經皆史可也。

史籍要有綱領大法，承擔起戒鑑的責任；而經書亦須言之有實，否則便是說空話。既然歷史遷異不斷而不止息，故無法用任何僵硬的道理去限定之，所以李贄特別看重《周易》，〔註 14〕因爲《周易》即是在講宇宙萬物變化的道理，既然世間充滿「變卦」，則任何固定的律則都是不可靠的。另一方面，深受陽明心學影響的李贄，認爲一切事物都要經過自己的心去檢視才可確認其眞實性，所以若以爲外來的「聞見道理」就是最高眞理，則便會失卻了「童心」，

〔註 13〕李贄，〈世紀列傳總目前論〉，《藏書》，頁七。

〔註 14〕現存李贄著作中有《九正易因》一書，也收錄到近年出版的《李贄文集》之中（北京：社會科學文獻出版社，2000），不過晚明多有假借李贄之盛名而鬻書者，故此書是否眞爲李贄之作品，尚有很大的爭議。同樣的例子還有《史綱評要》。

也就爲世間成規所障，而這正是卓吾強烈反對之處。〔註 15〕

由此，我們可以很清楚地歸納出卓吾在面對歷史與當代之原則。他認爲寰宇間沒有固定恆常的道理，所有的判斷都要經過「我自身」而來並且須符合現實，不能只是陳腐的虛言假語。既然世間並未有固定的道理，則一切的事物都處於變化之中，自身的判準亦巧妙地不斷更動，注重「變」才能貼近事理並切近人情。抱著這樣的想法，卓吾用其「法眼」來觀看世界，道理、規範、格式都是死的，自己的眼睛是活的，唯有用此清明之眼，才可見到萬事萬物底蘊，始能「見神骨」。具備這樣的識見，卓吾目光銳利地縱浪大化之中，並且不斷地用這樣的「隻眼」來定義自己也定義他人。

三、重觀歷史

李贄自身思想的形成，兼受個人天性及社會環境的影響。他生當晚明政治惡化之時，上有權臣逆閹專國，下則科舉與假道學敗壞人才，憤世嫉俗的卓吾因而生滿腔不平之氣。另一方面，王學左翼的「禪狂」又有強烈的反抗束縛之傾向，正好與卓吾的個性相投，於是推波助瀾，卓吾的激烈言論便激盪發洩，其勢不可遏止。〔註 16〕

在日常生活中有潔癖的李贄，於待人處事與剖析世道上亦有著同樣的潔癖。袁中道提到，李贄「於誦讀之暇，尤愛讀史，於古人作用之妙，大有所窺，以爲世道安危治亂之機，捷於呼吸，微於縷黍」，〔註 17〕而卓吾用來品評人物的利器即是他引以爲傲的「眼」，藉著這樣的工具，他游刃於史事於古人之間，用自己心中的體會來認識古人，剝離數百年以來的刻板印象，再換上經過自己隻眼認可過的標籤。經由他氣勢滂沱的言論，我們可以一窺他的行動策略。

卓吾的論史宗旨不固守僵硬道理，他更反對用不近情理的道德觀來看歷史。他在《藏書》中說：

> 今夫造爲謗言，誣害一家者，其罪誅。今以一語而誣千百載之君臣，非特其民無道，其臣無道，其君亦且無道，一言而千古之君臣皆不免於不道之誅。誣罔若此，有聖王出，反坐之刑，當如何也？而可

〔註 15〕李贄，〈童心說〉，《焚書》，頁 98～99。

〔註 16〕蕭公權，《中國政治思想史》下冊（臺北：聯經，1982），頁 607。

〔註 17〕袁中道，〈李溫陵傳〉，《焚書》，頁五。

輕易如此矣乎？予甚恨之，是以不能已於太息焉。〔註18〕

因爲其觀念中沒有舊往的僵硬倫常標準，更不能忍受世間持續以不知變通的陳規來評斷古人，故卓吾「甚恨之」而要嚴詞批判那些污衊古人爲無道的言論，爲千百年來的君臣平反，此中更隱隱有駁斥宋代理學中的「王霸之辨」的意涵，也就是朱熹所持以論史的一大原則。由此可推想，李贄並不會太贊同朱熹的史論。事實上，《藏書》處處針對朱熹的《通鑑綱目》而來。例如關於王安石的功過，李贄評論旁人所言「安石誤國之罪，本不容誅；而安石無誤國之心，天地可鑑。主意於誤國而誤國者，殘賊之小人也，不待誅也。主意利國而誤國者，執拗之君子也，尙可憐也」一語，他認爲：

> 公但知小人之能誤國，而不知君子之尤能誤國也。小人誤國猶可解救，若君子而誤國，則末之何矣。何也？蓋彼自以爲君子而本心無愧也。故其膽益壯而志益決，孰能止之。如朱夫子亦猶是矣。故余每云貪官之害小，而清官之害大；貪官之害但及於百姓，清官之害並及於兒孫。余每每細查之，百不失一也。〔註19〕

此處便在批評朱熹從心術之正與否來論事，忽略現實也不近人情。卓吾指出，若照朱熹的想法，那這樣的君子豈不危害更甚？如果只講心術而不見實際的影響，便嫌迂腐。所以重實際的卓吾「每每細查之」，發現這種心態害世甚深。

因而他認爲「朱文公談道著書，百世宗之，然觀其評論古今人品，誠有違公是而遠人情者」。何以作此論？因爲卓吾覺得朱熹竟然把引用姦邪的王安石「列之名臣錄而稱其道德文章」，卻力詆「道德文章古今所共仰」的蘇軾，是非常荒謬的事。但朱熹又何以爲此？李贄說：「文公非不知坡公也，坡公好笑道學，文公恨之，直欲爲洛黨出氣耳，豈其眞無人心哉！」接著他又批評朱熹稱秦檜有骨力而譏岳飛蠻橫、將諸葛亮名之爲盜又議其爲申韓，如此種種。卓吾最後說：

> 一蘇文忠尚不知，而何以議天下之士乎？文忠困阨一生，盡心盡力幹辦國家事一生。據其生平，了無不幹之事，亦了不見其有幹事之名，但見有嬉笑遊戲，翰墨滿人間耳。而文公不識，則文公亦不必論人矣。〔註20〕

〔註18〕李贄，〈德業儒臣前論〉，《藏書》，頁517。

〔註19〕李贄，〈黨籍碑〉，《焚書》，頁217。

〔註20〕李贄，〈文公著書〉，《焚書》，頁217。

卓吾於此再次表現他重視實際的觀念。不識人，則也不必論人，這又是重彈「論贊須具曠古隻眼，非區區有文才者所能措也」的調子。在卓吾看來，朱熹的最大缺點便在「違公是而遠人情」，如此就會虛僞不切實。也就是說，若要見到人物與事物的神骨，便不能被僵硬的規範和意識形態所限。探索至最深切處，卓吾所要表達的是基本的「人情」一面，凡事經過自己心中的理解而有了最眞純的感受，切合現實而不失卻人情，這才是看待萬事萬物應有的態度。

所以他說：

> 竊以魏、晉諸人標致殊甚，一經穢筆，反不標致。眞英雄子，畫作疲軟漢矣；眞風流名世者，畫作俗士；眞啖名不濟事客，畫作褒衣大冠，以堂堂巍巍自負。豈不眞可笑！〔註21〕

李贄在史論中重新評價了許多在儒家綱常觀念中認爲不入流或卑劣的人物。他把漢唐之間諸多有名君主從朱熹的批駁中救出，更爲古往今來的文臣武將製作許多分類標籤，一一以自身親切的體會來歸類他們。其中如五代的馮道，一個在傳統典籍中被詆毀千年的人物，李贄不僅爲他辯駁，重述其心路歷程與背後的情懷，把自宋儒以來伴隨馮道的不忠形象移除，並將馮道歸於在《藏書》中有高度評價的「吏隱外臣」一類，這樣的例子在《藏書》裡屢見不鮮。他稱讚馮道：

> 馮道自稱長樂老子，蓋眞長樂老子也。孟子曰:「社稷爲重，君爲輕」，信斯言也，道知之久矣。夫社者，所以安民也；稷者，所以養民也。民得安養而後君臣之責始塞，君不能安養斯民，而後臣獨爲之安養斯民，而後馮道之責始盡。今觀五季相禪，潛移嘿奪，縱有兵革，不聞爭城。五十年間，雖經歷四姓，事一十二君并耶律契丹等，而百姓卒免鋒鏑之苦者，道務安養之之力也。〔註22〕

在這裡又再次看到卓吾重實際、體人情的論史原則，此種態度絲毫不屑自歐陽修以來對馮道的負面史論與道德批評。李贄痛斥不顧時勢而好談高調的儒者，責備他們不知人民之安養，如此的想法還是他批判迂腐儒者與陳舊教條的精神之承續與延伸。

誠如島田虔次先生所說，離開儒家性的先入爲主，完全根據童心來重新評價歷史的李卓吾，不得不發現的，是儒者、儒臣的虛僞與無能。作爲心學

〔註21〕李贄，〈答焦漪園〉，《焚書》，頁8。

〔註22〕李贄，〈馮道〉，《藏書》，頁1136。

成熟期的「童心」，對外在世界獲得了客觀的認識，產生自信而最後達到了「客觀的文化批判」。〔註 23〕這樣的操作手法，背後都植基於卓吾所注重的「隻眼」，以及近人情、切實際的觀念。藉此，他建構了自己觀看世界的視角。當他把目光拉回現世時，他也以一樣的手法來爲世間人貼標籤，同時也不斷地反覆定義自己，要爲自己尋找一個想像中的座標位置。

四、定義當世與定位自我

明中葉後期政治上的腐敗、倫理綱常的僵化以及人心的虛僞，都使有道德潔癖的李贄無法忍受。此外，整體商業發展愈趨繁榮，連帶讓社會風氣走向解放，甚至形成許許多多的亂象，看在卓吾眼中就如寇讎一般。

但李贄的言論難道不是同代人中最偏激的嗎？況且，其思想不也是從倫理綱常中解放後的產物？這樣的疑問不僅出現在現代對李卓吾的理解之中，更是卓吾同時代人對他的批評。事實上，卓吾自認自己才是最能掌握儒家眞實道理的人，表面上反儒、批儒並佞佛的他，詆毀的是當世的「假道學」。他說：

> 今之所謂聖人者，其與今之所謂山人者一也，特有幸不幸之異耳。幸而能詩，則自稱曰山人；不幸而不能詩，則辭卻山人而以聖人名。幸而能講良知，則自稱曰聖人；不幸而不能講良知，則謝卻聖人而以山人稱。展轉反覆，以欺世獲利，名爲山人而心同商賈，口談道德而志在穿窬。〔註 24〕

「山人」在明代中晚期是個很有意思的群體，這樣的文士往往具有廣大的知名度，並且編書甚多，而在旁人的「妝點架子」之下，變成周游於權貴間的名人，這在文化史上是一個很有趣的現象。〔註 25〕李贄雖也在士人文化圈裡享有大名，並且東奔西走，編輯和評點了許許多多的書籍，但他自認不屬於這一類賺名與賣名之人，且對之相當厭惡。在卓吾看來，當時講道學的「聖人」其實就跟好附庸風雅的山人無異；若不幸口不能言心性道德，則還可以自作清高，成爲一個山人。如果普世間以儒者自詡來立學之人多是如此，則

〔註 23〕島田虔次著，甘萬萍譯，《中國近代思維的挫折》（南京：江蘇人民出版社，2005），頁 99～100。

〔註 24〕李贄，〈又與焦弱侯〉，《焚書》，頁 49。

〔註 25〕參考張德建，《明代山人文學研究》（長沙：湖南人民出版社，2005）以及王汎森老師課堂所述。

可以想見學術之敗壞，因此卓吾強力批判這樣的現象。其態度的實際表現，藉由他與耿定向之間的書信往來便可以看得一清二楚。耿定向爲卓吾好友耿定理之兄，不僅曾爲高官，且繼承泰州王學而以「不容已」立自己的講學宗旨。卓吾由於一段時間曾住在耿家，因此與耿定向有相當多的論辯來往，其中直言不諱，也使耿定向心中頗有芥蒂。

卓吾批評耿定向：

> 自朝至暮，自有知識以至今日，均之耕田而求食，買地而求種，架屋而求安，讀書而求科第，居官而求尊顯，博求風水以求福蔭子孫。種種日用，皆爲自己身家計慮，無一厘爲人謀者。及乎開口談學，便說爾爲自己，我爲他人；爾爲自私，我欲利他；我憐東家之餓矣，又思西家之寒難可忍也；某等肯上門教人矣，是孔孟之志也；某等不肯會人，是自私自利之徒也；某行雖不謹，而肯與人爲善；某等行雖端謹，而好以佛徒害人。以此而觀，所講者未必公之所行，所行者又公之所不講，其與言顧行、行顧言何異乎？以是謂爲孔聖之訓可乎？〔註 26〕

這段話不僅是卓吾毫不客氣直指耿定向道學臉孔而已，更是對當世之人醜態的描述。這仍舊是卓吾運用其敏銳的觀察能力所見到的現象，由此揭發了世間假道學表面上的道德仁義之面具，痛快暢言這些事事宣稱依傚孔子之人的虛假。就此，卓吾定義了他所認爲的「假道學」之面容，就像在爲歷史人物貼標籤一樣，他也把如耿定向一般的人物貼上假道學的標籤。〔註 27〕

既然有如此赤裸裸的言論，則遭人攻訐也是可預料之事。所以李贄不滿地說道：「又今世俗子與一切假道學，共以異端目我，我謂不如遂爲異端，免彼等以虛名加我，何如？夫我既已出家矣，特餘此種種耳，又何惜此種種而不以成此名耶！」〔註 28〕、「此間無見識人多以異端目我，故我遂爲異端以成彼豎子之名」。〔註 29〕此外，卓吾甚至還曾因「左道」、「惑眾」被圍攻於武昌，

〔註 26〕李贄，〈答耿司寇〉，《焚書》，頁 30。

〔註 27〕不過，張學智先生認爲李、耿二人的分歧是個性或處事態度上的，哲學思想上的分歧並不大。見張學智，《明代哲學史》（北京：北京大學出版社，2000），頁 282。

〔註 28〕李贄，〈答焦漪園〉，《焚書》，頁 8。

〔註 29〕李贄，〈與曾繼泉〉，《焚書》，頁 53。

〔註 30〕這都是當時人爲他貼上的道德標籤，因此卓吾也不禁要感嘆「今世想未有知卓吾子者也」，〔註 31〕甚至說出若「生在中國而不得中國半箇知我之人，反不如出塞行行，死爲胡地白骨也」這樣的話。〔註 32〕

但以卓吾的個性，是絕不會甘於任人隨意在他身上貼標籤而不作任何回應的，他也要定義自我，爲自己作標籤：

> 余性好高，好高則倨傲而不能下。然所不能下者，不能下彼一等倚勢仗富之人耳，否則稍有片長寸善，雖隸卒人奴，無不拜也。余性好潔，好潔則狷隘而不能容。然所不能容者，不能容彼一等趨勢諂富之人耳，否則果有片善寸長，縱身爲大人王公，無不賓也。〔註 33〕

從生活習慣上之潔癖轉化到道德上的準則，卓吾以好高潔來闡述自己的處世態度，除了把自己歸類到高潔一群，更定義了所謂「世之齷齪者」。他又說：

> 余觀世人恒無眞志，要不過落在委靡渾濁之中，是故口是心非，言清行濁，了不見有好高好潔之實，而又反以高潔爲余病，是以痛切而深念之。〔註 34〕

不屑與塵世同流合污的李卓吾，在此更明顯地區分了自我與他者，把自己與混濁的世人劃分開來，重新拭淨「高潔」的本意，爲自己貼上高潔的標籤。是故，在卓吾的身上，日常生活的潔癖又與道德上的高潔相連結，恰巧符合了卓吾性好實際、切身實行的守則，相當有趣。

卓吾又自述「僕隱者也，負氣人也」，〔註 35〕他把自己定位爲隱者，而他在《藏書》中也對隱者的概念有相當多的發揮。在其史觀中，卓吾把古往今來的人物分成幾類「決宜出家者」，亦即隱者也。他說：

> 蓋世有一種如梅福之徒，以生爲我酷，形爲我辱，智爲我毒，身爲我桎梏，的然見身世之爲贅疣，不得不棄官而隱夫洪崖、王笥之間者，一也。又有一種如嚴光、阮籍、陳摶、邵雍輩，苟不得比於呂尚之遇文王，管仲之遇齊桓，孔明之遇先主，傅說之遇高宗，則寧隱無出。……又有一種，則陶淵明輩是也：亦貪富貴，亦苦貧窮。

〔註 30〕李贄，〈與周友山書〉，《焚書》，頁 55。
〔註 31〕李贄，〈答焦漪園〉，《焚書》，頁 8。
〔註 32〕李贄，〈與焦弱侯〉，《焚書》，頁 63。
〔註 33〕李贄，〈高潔說〉，《焚書》，頁 105。
〔註 34〕李贄，〈失言三首〉，《焚書》，頁 81～82。
〔註 35〕李贄，〈與曾中野〉，《焚書》，頁 52。

> 苦貧窮，故以乞食為恥，而曰「扣門拙言詞」；愛富貴，故求為彭澤令，因遣一力與兒，而曰「助汝薪水之勞」。然無耐其不肯折腰何，是以八十日便賦歸去也，此又一種也。〔註36〕

但卓吾在《藏書》中的分類則又稍稍有點不同，他在《藏書．外臣傳》中區份了四種隱逸類型：時隱、身隱、心隱和吏隱。他把「時當隱而隱，所謂邦無道則隱」定義為「時隱」，而在上引資料中所說的嚴光、陳摶和邵雍，卓吾則把他們歸類在「身隱」一類，意指「以隱為是，不論時世是也」。有趣的是，在上引文中被評為與嚴光等人同類的阮籍，在《藏書》中則被卓吾重新分配到「心隱」的範疇之內，表示比身隱又更進一階而「身心俱隱」。不過，卓吾最佩服的還是「吏隱」一類的人，因為就算如阮籍一般做到身心俱隱的境界仍「猶有逃名之累，尚未離乎隱之跡也」，因此要像東方朔一樣「大隱居朝市」，才稱得上是理想典範。〔註37〕

李贄談了這麼多關於隱者的問題，甚至自況為一隱者，難道他眞的欲隱嗎？或者換個方式問，李贄心中的隱可以走得多遠、最後達到什麼境界？經過體觀史事的過程，他把「隱」中的行跡和心志區別開來，強調「吾跡」是吏隱，也不得不為吏隱。由此，我們解開了卓吾為何一邊類比自己為屬於「身隱」的陶潛，另一邊又將自己歸類到「吏隱」的範疇中之矛盾。陶潛「身雖隱而心實未嘗隱也」，而卓吾也暗示著他只有行跡為隱，因此身隱與吏隱表面上的分際其實並不重要，重要的是「心未嘗隱」的理念。在「隻眼」重觀古人及史事，李贄從中獲得了定位自我的思想資源。

五、結　語

從十六世紀晚期到十七世紀，湖北的麻城已成為全國士人匯集的舞台之一，在這裡有各式各樣的集會與講論，李贄等人即在此為明代思想史寫下了一頁篇章。〔註38〕卓吾個人在思想上的豐富表現，讓本文能利用一些有趣的線索來對他的「隻眼」小題大作。

循著卓吾最重視的「隻眼」目光所及而行走，我們認識到他論史的方法

〔註36〕李贄，〈感慨平生〉，《焚書》，頁188。

〔註37〕李贄，〈外臣總論〉，《藏書》，頁1089。

〔註38〕詳見 William T. Rowe, *Crimson Rain: Seven Century of Violence in a Chinese County*, 83-85 (California: Stanford University Press, 2007).

以及重視「變」的觀念。更進一層，卓吾也憑藉著這樣不凡的隻眼來觀察當世，其中切合實際與重視人情與變化的原則依然與論史之宗旨是一體的。靠著這樣的識見，卓吾爲古人翻案也重新評價古人；把這樣的眼界擴大到當世，評論世間人之優劣，並一再宣稱自己的定位，毫不含糊地區分自我與他者，爲自己也爲他人貼上標籤。綜而觀之，卓吾強調識人、識世之眼，並藉此在其史評中大做文章，同時亦把這樣的行動策略應用到區別自己與他者的問題上，最後始能在千夫所指的外在壓力下，不斷地提供自己對抗攻訐的意志力與勇氣，鞏固自己的立基點，傲然孤立於世。從「具隻眼」到確立自我，其實一脈相連。而眾所周知，李贄的死與其《藏書》的激烈言論有關，也可說與其隻眼有關。島田虔次先生深刻地描繪出卓吾遇禍的原因及背後的意義：

> 卓吾從名教士大夫、爲政當局的鎮壓中逃脱出來，東奔西走，最終到了在獄中死得那麼悲慘的地步的根本原因，就在於與以前的心學者不同，他深深懂得歷史，一邊在當代士大夫的教養中完善自己，一邊又毫不忌憚對之進行具體而全面的批判。〔註 39〕

島田先生在這裡注意到李贄作爲史家的角色與其意涵。能夠深刻體察歷史的人，對現世也才有卓越的觀想能力，卓吾即是這樣的一號人物，這是我們在討論其思想與言論時所不能忘卻的重要面向。透過定位古人與當世之人，卓吾也一面在尋找自己於當世的定位。最後他慨嘆：

> 嗚呼！國士之遇也，知已之感也，滅國之恨也，五世之冤也，千載豪傑其揆一也。吏不吏，隱不隱，皆跡也，非所論也，具眼者倘以我言爲然不？〔註 40〕

此時的卓吾已是七旬老翁，心中用世的熱情、嫉惡如仇的想法仍未滅，但他也體認到自己的心願大概無法實現，於此也僅能作豁達狀，掙脫吏與隱的形跡表現，把自身的境界提升到古今豪傑共的擁有的情懷與豪氣，能夠處在這個氛圍便已足夠。他所殷殷期待的，或許是一個能了解他內心底蘊，跟他一樣具有隻眼的揚子雲。

〔註 39〕島田虔次著，甘萬萍譯，《中國近代思維的挫折》，頁 93。
〔註 40〕李贄，〈吏隱外臣總論〉，《藏書》，頁 1136。

附錄二：
評介 William T. Rowe, *Crimson Rain: Seven Centuries of Violence in a Chinese County*

Stanford: Stanford University Press, 2007. xiii + 437 pp.*

一

談到歷史上的暴動與騷亂，首先令人聯想到的，常是在各個不同時空場合以多變面貌出現的土匪、盜賊與大規模的侵略和反叛。不過，武裝暴動在各種敘事中亦非只有負面的意義，如秦末陳勝揭竿而起爲司馬遷所稱道，三國時代眾多英雄好漢也在小說中譜下數不盡的精彩樂章，其後再到水滸傳裡的豪傑事蹟或是台灣近代的武裝抗日，可以發現，無論在歷史記述或小說創作，加諸尚武形象上的正面意義又與一般觀念中的暴亂有所不同。經由不同角度的各自表述，暴力在歷史書寫中被賦予曲折的價值判斷，此時便讓人警覺到其內部隱含的複雜性。

在西方學界對於暴力相關議題的研究中，霍布斯邦（Eric J. Hobsbawm）兩本關於盜匪與原始叛亂的論著已成經典。〔註 1〕而於中國史的範疇，孔復禮

〔註 1〕閱讀此書與寫作書評，緣起於 2007 年春天時王汎森老師的引介與指導，謹此向王老師致謝。另外，林麗月老師、陳慧宏老師、陳榮聲學長和林宛儒同學

（Philip Kuhn）的《中華帝國晚期的叛亂及其敵人》、裴宜理（Elizabeth Perry）的《華北的叛亂者與革命者——1845～1945》以及周錫瑞（Joseph Esherick）的《義和團運動的起源》則可作爲美國學界對中國群眾叛亂研究的代表。〔註 2〕他們跳脫瑣細資料的堆砌，對研究對象施以具問題意識的分析策略和詮釋框架，把視野擴展到地域社會、民間宗教、士紳與民眾關係等面向上，展露了深刻的社會史圖像。〔註 3〕有了對歷史場景的全面認識，暴動與叛亂的意義便愈豐富多彩。

本文所介紹的著作吸收此研究脈絡的優點，作者羅威廉（William T. Rowe）現任 Johns Hopkins University 講座教授，早期兩本關於漢口的專書爲他奠下在近代中國城市研究的地位，還激起學界對公共領域與市民社會的熱烈討論。〔註 4〕2001 年出版的論著以陳宏謀爲主角，分析中國精英的意識範疇並觀

都對本文提供了寶貴的意見，在此一併表達謝忱。E. J. Hobsbawm, *Primitive Rebels: Studies in Archaic Forms of Social Movement in the 19th and 20th Centuries* (New York: W. W. Norton and Company, 1959); *Bandits* (London: Weidenfeld & Nicolson, 1969). 中譯本：楊德睿譯，《原始的叛亂——十九至二十世紀社會運動的古樸形式》（臺北：麥田，1999）；鄭明萱譯，《盜匪——從羅賓漢到水滸英雄》（臺北：麥田，1998）。

〔註 2〕 Philip A. Kuhn, *Rebellion and Its Enemies in Late Imperial China: Militarization and Social Structure, 1796-1864* (Cambridge: Harvard University Press, 1970); Elizabeth Perry, *Rebels and Revolutionaries in North China, 1845-1945* (Stanford: Stanford University Press, 1980); Joseph Esherick, *The Origins of the Boxer Uprising* (Berkeley: University of California Press, 1987). 三書均有中譯本：孔飛力（即孔復禮）著，謝亮生等譯，《中華帝國晚期的叛亂及其敵人——1796～1864 年的軍事化與社會結構》（北京：中國社會科學出版社，1990）；裴宜理著，池子華、劉平譯，《華北的叛亂者與革命者——1845～1945》（北京：商務印書館，2007）；周錫瑞著，張俊義、王棟譯，《義和團運動的起源》（南京：江蘇人民出版社，1994）。

〔註 3〕 李孝悌，"Writing History or Collecting Facts? Different Ways of Representing Modern Chinese Rebellions,"《古今論衡》，9（臺北，2003.7），頁 33～34。關於地方社會變亂的研究回顧，還可參考巫仁恕，《明清城市民變研究——傳統中國城市群眾集體行動之分析》（臺北：國立臺灣大學歷史學研究所博士論文，1996），頁 1～23；黃志繁，《「賊」「民」之間——12～18 世紀贛南地域社會》（北京：三聯書店，2006），頁 1～16。

〔註 4〕 William T. Rowe, *Hankow: Commerce and Society in a Chinese City, 1796-1889* (Stanford: Stanford University Press, 1984); *Hankow: Conflict and Community in a Chinese City, 1796-1895* (Stanford: Stanford University Press, 1989). 中譯本：羅威廉著，江溶、魯西奇譯，《漢口——一個中國城市的商業和社會（1796～1889）》（北京：中國人民大學出版社，2005）；魯西奇、羅杜芳譯，《漢口——一個中國城市的衝突和社區（1796～1895）》（北京：中國人民大學出版社，2008）。

看大時代下的社會與文化。〔註5〕本書則是作者將研究視角由城市轉到縣鎮的成果，他在序言中戲稱這是「下放」。全書將焦點集中在湖北麻城及其鄰近地區，以七個世紀的時間量尺來探索一個地方的暴力史。在寫作上，作者以方志與文集爲主要材料來構建全書樑柱，藉由梳理發生於此地的大小事件，牽引出橫跨七百年的暴力元素。〔註6〕

二

於導言及結論之外，作者用十二章的篇幅來鋪陳論述，大略以明清交替將全書分爲兩部份。本書一開頭以一片葉子來譬喻河南與湖北臨界處的區域，麻城正位於葉脈的中心。城鎮與農村之間有種種矛盾，數百年來麻城便擔負著來自四周縱橫交錯的壓力。而當元明易代之際，一種明王出世的信仰成爲地方武力凝聚的推力，就作者的意見，元末反叛力量的領導者很少是純粹的農民，「無賴」才是主要帶頭者，民間信仰便是使其聚合的動力之一。這些民間勢力對於「光明」的追求，除了反應在明王與明教信仰活動上，最終更促成明朝的建立。不過，光明對抗黑暗的心態，也導致令人毛骨悚然的殺戮。作者認爲，這個解釋可以修正以往將元末動亂歸因於民族觀念或是階級對抗的看法。

到了明代，麻城開始進入繁榮的發展階段，第三章所勾勒的便是農業商品化、貿易活動興盛、土地集中化與宗族力量建立的種種現象。作者仔細觀察麻城地方家族勢力的建構，發現許多大族以商業貿易致富，其內部皆有家約來維持秩序。他們將財富投資到教育事業，在科考與仕進上獲致成功，但其榮顯不免或多或少建立在對鄉里的壓迫，埋下未來衝突的導火線。作者於此部份也點出幾條貫穿全書的敘事線索：各權力團體將敵對者妖魔化爲土匪、長期存在的盜匪致使麻城逐漸武裝化、地方尚武傳統加深了暴力化的傾向，以及種種來自官員與精英階層爲應付地方失序的合法暴力行爲，都是數百年來低迴於麻城的

〔註5〕William T. Rowe, *Saving the World: Chen Hongmou and Elite Consciousness in Eighteenth-Century China* (Stanford: Stanford University Press, 2001).

〔註6〕作者蒐羅了六種麻城縣志，但書中將光緒八年（1882）刊本的編修者鄭慶華誤植爲郭慶華。另外據其他資料來看，鄭慶華所修者應是光緒二年（1876）的刊本，光緒八年刊本其實是陸祐勤、朱榕椿所修，余士衍重纂，結合前志的基礎重新編訂。見金恩輝、胡述兆主編，《中國地方志總目提要》（臺北：漢美圖書公司，1996），頁17之31～32；中國科學院北京天文臺主編，《中國地方志聯合目錄》（北京：中華書局，1985），頁615。

背景配樂。

隨著時序來到晚明，麻城成爲士人聚集的文化場所，吸引了李贄、公安三袁、焦竑與馮夢龍等人來到此地，泰州王學、東林黨與復社亦留下思想足跡。另一方面，當地家族的有力人士，如梅國楨或是後來與李贄交惡的耿定向，也發揮影響鄉里的力量。第四章即藉著這些有名的人物，闡述全國性精英、地方士紳與鄉里百姓之間的糾葛關係。在這當中，除了地方舊族與新興家族的鬥爭，還有稅務改革、地方自治以及重劃行政區的政治問題。本章的標題「異端」也貼切地道出李贄在當時的境況，他的被逐除了因其言論思想爲世所側目之外，更是麻城與黃安的地方精英結合官員並進一步煽動百姓的結果。這樣的集體暴力以巧妙的形象呈現在晚明麻城，李贄則成爲犧牲者。

第五、六章，作者敘述麻城在明清政權交替之際所遭受的衝擊。他首先提到地方內部階級的不平等，最明顯的即是奴僕現象相當普遍。這種情況背後的原因甚多，有的自耕農因無法負擔賦稅，自願投獻；地方上也有土豪大族唆使不良少年與流氓來欺壓鄉鄰，強行聚斂土地。受役使之奴僕的憤恨漸增，最終在明清之際達到暴力的高潮，對此亂象，地方豪強亦以暴力的手段來回應失控的場面。〔註 7〕另一方面，作者點出明清之際「地方主義」與「忠誠」之間的矛盾：明朝政府缺乏整體戰略與有力援助，地方不得不以自己的力量來對抗叛亂與侵略，「保家」成了最主要的訴求，對於國家的忠誠意識反而相形遙遠，由此伴隨而來的，儼然是地方自主的景況。

麻城及其鄰近區域使清政權花費了許多時間才平定，而麻城居民的反抗，也導致清軍決定採用屠戮的手段以將此地納入版圖。在這裡，地方強烈的反抗意識到底是單純保家還是對明朝的忠誠，就是個很耐人尋味的問題。若以清末民初之人王葆心的觀點來看，這是當地武勇傳統和漢族主義的表現。但是作者引用魏斐德（Frederic E. Wakeman）的分析，說明一個地區會選擇反抗，背後其實蘊含著許多複雜因素，各個群體的動機亦不相同。他進一步檢討歷史記憶與現實之間的關係，並提醒讀者，不應直觀地將上述現象當作是中國固有地方自治的傳統，也不能把此地的對抗行爲全歸因於既有風氣或民族思想的延伸。

〔註 7〕蘇雲峰討論明末清初的湖北動亂時，亦特別指出麻城強宗巨族蓄養家奴的現象。參考蘇雲峰，〈明末清初的湖北動亂與社會經濟創傷，1634～1664〉，收於中央研究院近代史研究所編，《近代中國初期歷史研討會論文集》（臺北：中央研究院近代史研究所，1989），頁 287～288、299～300。

歷史記憶受到許多因素影響，其意義不僅多樣，且極度不穩定。

經歷朝代變遷，麻城內部也啓動了一個長期的權勢轉移過程，由處於較邊緣、教育程度不高且深具地域觀念的東部高地強人，取代富裕而具全國性聲望的士紳。第七章以 1674 年的東山之亂作爲例子，詳述有名的清朝官吏于成龍如何以兩面手法來平定此地的動亂。在事件中，于氏首先用招撫的辦法來柔性勸說地方強人並聯合之，使其發揮掌控鄉里的功能來對付無賴與流氓，同時亦利用各勢力之間的扞格，讓他們相互牽制。但是當另一個以佃農與僕隸爲主體的暴亂發生時，于氏所代表的國家力量卻一改之前的和善臉孔而與地方強人合作，用霹靂手段鎮壓暴亂。所以作者認爲，若以麻城爲例，國家與精英間的權力分享以及地方武力的正當化，其時程應要比孔復禮在研究清帝國晚期叛亂時所設定的十九世紀前期還要早許多。由此，國家力量結合地方勢力，施以保甲制、鄉勇與寨堡防禦的手段來壓制地方社會的不滿，在統治上獲得極大的成效。

第八章進入十九世紀中葉，也就是太平天國亂事的時代。在太平天國軍隊對武漢的攻防戰中，麻城是其必經之地，這迫使地方精英必須高度武裝來保衛家園，地方的力量重新被確認。不過，相較於其十七世紀的前輩，這些地方武力的領導者有著不同的理念，他們經歷十九世紀的學風變革而強調經世，在這樣的氛圍下，地方精英形成新的政治理想，並在之後的戰亂中以武力將其實現。作者最後以「焦土」戰略的爭論帶出國家與地方之間的利益衝突，他認爲，在麻城精英效忠國家的英勇行爲之內裡，更重要的驅力其實是來自地方主義而深植心中的「邦風」。

到了十九與二十世紀之交，外部驟變的世界又給麻城帶來什麼影響？第九章提到，此時的麻城不僅遠離於新式工商業發展，鐵路和電報設施也都過其門而不入，持續邊緣化的過程昭示此地貿易重要性的衰微。在麻城，保守排外的心態使任何現代化的思潮及改變都難以生根。革命與國家政權轉移所留給麻城的遺產，竟是社會秩序的崩解和擴大的暴力活動，而大環境下地方自治運動的蓬勃發展也恰巧切合麻城固有的地方主義，各地方團體達成共生的結合，進而形成終極性的組織暴力。這麼一個複雜的時空環境，作者稱之爲「現代性的插曲」，所謂的現代性在麻城不僅來得遲，也未曾眞正立足。

1920 年代時情勢更加嚴重，國內各個政治軍事勢力相互鬥爭的戲碼不斷在麻城上演，造成經濟生產和社會秩序的崩潰。爲了保衛鄉里與維護秩序，地方上的自衛武力延續其數百年來的悠久傳統，挺身而出以對抗亂局，軍事化在此刻達到前所未有的境界。作者在第十章將上述現象譬喻為鼎沸的大鍋，北洋軍閥、國民黨、共產黨以及紅槍會的力量相互競爭，「政治掛帥」形成地方行動的指導方針。以共產黨年輕支持者為主體的農民協會及其所策劃的下層農民運動，更藉由妖魔化對手的方式，將此地的暴力情緒釋放出來。精英們為了保護自己的身家，也加強彼此組織性的連結來對抗這樣的暴亂。麻城被下層農民的力量佔領，卻又被地方精英與強人反過來包圍，晚明的場景彷彿重現。再度經歷暴力洗禮的麻城，所有文明的面貌皆被摧毀，進入全然軍事化與總體戰的年代。

第十一章以國民黨將領夏斗寅的活動為引線，進一步說明此時麻城的景況。夏氏出身於麻城高地，性格深受地方尚武風氣影響。在他和蔣介石結合來對抗左派的武漢國民政府後，自然與麻城的農民協會勢力發生嚴重衝突，成為暴力的另一個註腳。此章另一個有趣的觀察是「性別戰爭」，作者認為，夏斗寅在戰事中對女性的殘暴乃來自地方上壓迫女性的傳統，當像夏氏一樣的男性觀察到舊的男女階級與世界觀都已改變的時候，性格裡的保守因子便驅使他們做出各種對女性的殘忍行為。而性別議題在與夏氏敵對的農民運動陣營中也同樣發酵，女性所應扮演的角色引起其內部爭議，有如一把雙面刃，在保守與革命的對抗中造成更多矛盾。

本書末章以 1930 年後國民黨大規模的肅清與清鄉為主題，此時麻城全面武裝，國民黨勢力介入原有的地方自衛系統並將之改組，加強對地方社會的掌握。新生活運動的推行，喚起的卻是舊式由上而下的「教化型」社會控制。另一方面，共產黨雖在清剿中遭到挫敗，但仍持續進行游擊戰，暴力的絲線依舊纏繞不斷。總結之，許多歷史記載常把麻城的暴亂陳述為階級問題，但作者認為，更深層的因素其實應該是根深蒂固的地方主義。鄂豫皖蘇維埃的肅清在麻城僅是另一個中央與地方扞格的例子，一個不斷再現於此地歷史的拉扯過程。

三

羅威廉研精覃思將麻城歷史中各層面的現象聯繫在一起，為的是描繪暴力的長時段體現，他所談論的是一個貫串數百年的深層問題。透過對地理環境、經濟發展、社會變遷與政治權力爭鬥的分析，一齣齣迫人戲碼重新搬演於讀者眼前，暴力也從抽象的概念，實體化為一種只要踏入此場域即自然會嗅聞到的血腥氣味。

細數麻城的痛苦歷史後，不免讓人開始思考：數百年來的各種矛盾，是不是此地某種結構性的因素影響所致？作者在導論中談到了這個問題，他坦言，在研究的過程中的確會讓人看到結構的存在，但當眼前的結構愈清晰時，各種外於結構的失序現象卻也更顯明。暴力在漫長的時間向度中是揮之不去的幢幢鬼魅，無所不在，不過作者不只想要書寫暴力的結構性存在，他更希望透過微觀分析來釐清各個歷史事件的底蘊，從而發現表層暴力內部的愛恨情仇。由全書敘述可以看到，作者所使用的暴力定義相當寬廣，不同團體的暴力和不同手法的暴力都包括於其中，而下層社會的叛亂、精英階層的武裝與國家力量的介入又都環環相扣，由此觀之，暴力陰影的多層次是遠超過任何單一結構論述所能總括的。

然而，作者對於近年來被廣泛討論的地方社會「民變」、「士變」的敘述不太足夠。從全書脈絡來看，作者把目光大部份聚焦在國家與地方的對抗，或者說是外來與在地的折衝過程，藏諸地方內部較微小之事件和情緒的角色因此而不夠明顯。承此思路，近年來一些研究成果還可以增益本書著墨較少的「隱性暴力」，例如巫仁恕討論明清城市民變時指出，在暴力行爲之外，群眾運動其實還包括非暴力形式的抗爭、示威、遊行與請願等等行爲，各種類型的集體行動也都有一些基本要素。〔註 8〕仔細觀察這些事件，它們表面上可能未引發直接的殺戮與流血衝突，但深層的緊張氣氛卻相當濃厚。這些不以暴力面紗登場的各種行動，與暴力往往僅有一線之隔，其來龍去脈亦值得探索。若能對這個部份加以補充，相信可以更全面地刻劃出地方內部潛伏的想法、情感跟暴力事件的關聯所在。

延伸論之，作爲暴力對應面的「秩序」也是個相當有意思的問題。暴力常被用來建立或維持某種秩序，但此手段也有可能造成原有秩序的崩壞與更大規模暴力的出現。順此理路亦可推想，無論秩序看似多麼穩定的時代或地點，暴力並不會銷聲匿跡；同樣的，在暴力席捲時，地方依然會存在著某種秩序，即便此秩序可能近乎頹圮。暴力與秩序常常在各自獨領風騷時霸佔了人們的注意力，遮蔽了對方的存在，但兩者其實息息相關。因此之故，如果

〔註 8〕詳見巫仁恕，〈明清城市「民變」的集體行動模式及其影響〉，收於郝延平、魏秀梅主編，《近世中國之傳統與蛻變——劉廣京院士七十五歲祝壽論文集》（臺北：中央研究院近代史研究所，1998），頁 229～258。

太過突顯暴力的存在，便會予人秩序全無的意象，而事實恐怕不是如此。考慮到暴力與秩序之間有著錯綜複雜的關係，我們便須在檢視暴力的同時還不忘秩序的存在，以免得出過於簡化的印象。〔註9〕本書雖以暴力爲主題，但也一再描繪不同時期的秩序圖像，値得留意。

原始反終，作者提出了大哉問：爲什麼是麻城？爲何麻城會有如此的命運？本書隱隱暗示「國家與地方」、「外力與地方勢力」的縱橫交錯是數百年來暴力產生的源頭，無論同不同意此看法，都應該肯定作者長時段研究手法的努力。中國幅員遼闊，概括性的大論述常常不能切合小地方的實際景況，而我們透過本書來了解麻城的各種暴力，也會進一步思考其他地方是否可能有類似風貌。如此種種，唯有經過細緻探究始得解答，也才可發掘出廣袤土地上的眾多故事。麻城的暴力歷史，即展現了中國地域社會另一種面貌的可能，這是本書的貢獻。

觀諸長久以來的歷史敘事，可歌可泣的英雄事蹟與偉大的道德表現時常攫取人們的目光。不過，這些歷史敘事雖然背負著道德訓誡的終極目標，其中的暴力卻又層出不窮。在這樣的弔詭中，以「揚善」爲目的的歷史寫作反而成爲「惡」的見證，歷史的創造總脫離不了惡獸般的記憶。〔註10〕摩撫書葉，緩緩步入麻城的歷史，目光所及處，蓄積的洪水襲掩大地，陣陣血雨淋濕了人們的衣裳。昔者已矣，往事遠颺，但暴力仍持續幻化成各式各樣的形體，在日月相繼間，反覆遊走於任何時代的思想與行動之中。

〔本文原刊於《新史學》第19卷4期（臺北，2008年12月）〕

〔註9〕岸本美緒回顧中國前近代的暴力問題研究時認爲，暴力與秩序往往都被國家所掌握，國家可以動員民間暴力，但亦可能導致反噬而破壞了原有的秩序。另外，「敵我認識」、「公憤」也都與暴力的展開和秩序之崩解有著密切的關聯。由此看來，暴力與秩序是不可分的。詳見岸本美緒，〈中国における暴力と秩序——前近代の視点から〉，《歷史評論》，689（東京，2007.9），頁70～80。

〔註10〕王德威，《歷史與怪獸——歷史．暴力．敘事》（臺北：麥田，2004），頁9～11。

南京教案與明末儒佛耶之爭

李春博　著

作者簡介

李春博，河南省鎮平縣人，現爲復旦大學歷史系圖書館員。著有《南京教案與明末儒佛耶之爭——歷史與文獻》（碩士論文），發表之期刊論文主要爲明清時期中外交往、學術史相關問題。

提　　要

萬曆四十四年（1616）南京禮部侍郎沈㴶發起的反對天主教運動，被稱為「南京教案」。利瑪竇的「補儒易佛」傳教策略引起儒佛耶之間的早期爭論，但他通過學術交流的傳教方式把爭端限制在學術範圍之內。龍華民主持中國教務後，鼓勵王豐肅在南京擴大傳教規模，儒佛耶之爭迅速激化，最終導致南京教案爆發。

南京教案發生後，教徒被捕，教堂被封，傳教士在經過審訊之後被遣送澳門。天主教在華傳教事業遭受重大挫折，儒佛人士對天主教展開更為深入全面的批判，明末儒佛耶之爭進一步深化。普通民眾、反教士紳、護教人士、萬曆皇帝對南京教案的不同反應，顯示出儒佛耶之爭貫穿於南京教案的始終，南京教案是儒佛力量聯合起來反對天主教的結果。

本文以《聖朝破邪集》為基本資料，圍繞明末南京教案發生的背景、原因、經過以及晚明社會各方反應進行考察，並對《聖朝破邪集》進行文本分析，敘述其編撰經過、內容、版本與流傳，通過對歷史與文獻的分析，透視南京教案發生前後中西方文化交流過程中發生的這次典型碰撞。

目次

引　言

清代之前，基督教曾經三次進入中國，最早一次是唐代的景教，第二次是元代的也里可溫教，第三次是明代的天主教。中西文化本質上的差異，導致基督教在中國的傳播步履維艱。唐代的景教在「會昌滅佛」之後即銷聲匿迹，元代的也里可溫教也在王朝更叠之後不復存在，明萬曆年間進入中國內地的耶穌會士在傳教過程中同樣遭遇重重危機。自 1583 年 10 月耶穌會士羅明堅與利瑪竇定居肇慶之後，幾乎每到一地傳教，都會受到當地一些人的仇視和圍攻，發生了多起教案。這些教案大多是由於地方百姓的疑懼心理或者中西風俗文化以及信仰不同而造成的，因而往往經過地方官員的干預之後就會平息下來。發生於萬曆四十四年（1616）的南京教案卻顯著不同，是明朝官方意識形態對西方外來文化的強烈回應，並引起一系列有關中西文化的爭論，被稱爲「基督教入華後第一次大規模中西文化衝突表象化的標誌」〔註 1〕，對此後的中西文化交流產生極爲重大的影響。

南京教案發生之後，明朝官方處理這一事件的有關檔案成爲原始的文獻資料，其中主要包括南京禮部侍郎沈㴶先後三次參奏耶穌會士的奏摺、確認被逮捕者身份的「查驗夷犯劄」、案件的審訊記錄和最後的處理結果。這些文件當時被沈㴶整理爲《南宮署牘》，後又被明末反對天主教的人士收錄在《聖朝破邪集》中。〔註 2〕另外一件重要的原始資料則是當事人之一耶穌會士曾德昭（Alvaro Semedo）在其著作《大中國志》（“Relacao da Grande Monarqaia da

〔註 1〕萬明：《晚明南京教案新探》，載王春瑜主編《明史論叢》，中國社會科學出版社 1997 年版，第 141 頁。

〔註 2〕徐昌治輯：《聖朝破邪集》，載《四庫未收書輯刊》第 10 輯第 4 冊，北京出版社 2000 年版。

China”）中的敘述，該書原爲葡萄牙文撰寫，後有義大利文、法文和英文譯本，上海古籍出版社 1998 年出版了何高濟所譯的中文本。〔註 3〕

南京教案的相關情況，《明神宗實錄》中有簡略記載，〔註 4〕崇禎年間所修《烏程縣志》在沈㴶的傳記中提到他擔任南京禮部侍郎時，「西夷利瑪竇建事天堂，中設天主像，煽惑愚俗，公糾疏三上，得旨遣歸國，次年山東白蓮妖賊大起，人方服公先見。」傳記主要目的在於彰顯沈㴶的功績，故對教案的詳細經過並未過分關注。〔註 5〕清代纂修《明史》，在《沈㴶傳》及《外國傳》中曾經提到南京教案，但具體內容都沒有超出《明神宗實錄》的記載。〔註 6〕光緒年間陳作霖編《金陵通紀》，在第十卷「萬曆四十七年」條記載「時西洋人利瑪竇等倡行天主教於南京，禮部尚書沈㴶奏請禁止驅逐焉。」〔註 7〕不僅教案發生時間記述錯誤，甚至連沈㴶當時的官職也是錯誤的。1930 年張維華的《南京教案始末》一文利用《聖朝破邪集》所收《南宮署牘》中的明朝官方文件，首次對南京教案進行了較爲詳細的研究。〔註 8〕1934 年謝國楨在《明清之際黨社運動考》中曾經提及南京教案，認爲東林黨人與傳教士多有同情，但沒有直接關係。〔註 9〕此後 1938 年徐宗澤在《中國天主教傳教史概論》中敘述了這次教案的大致情況，1940 年王治心《中國基督教史綱》一書第九章「南京教難的始末」同樣利用《聖朝破邪集》對南京教案進行考察。值得注意的是 1968 年臺灣楊森富所編《中國基督教史》第五章「南京教案」，根據羅光《徐光啓傳》、費賴之《入華耶穌會士列傳》、徐宗澤《明清間耶穌會士譯著提要》等資料對這次教案發生的前後過程重新加以整理，並增補了教案中的部分細節，然而該書更多的著眼於南京教案在中國基督教傳播史上的地位。1987 年張力、劉鑒唐等人編著的《中國教案史》〔註 10〕一書出版，

〔註 3〕[葡]曾德昭著、何高濟譯：《大中國志》，上海古籍出版社 1998 年版，第 251 頁。

〔註 4〕詳可參見本文附錄一《南京教案始末表》。

〔註 5〕（崇禎）《烏程縣志》，《日本藏中國罕見地方志叢刊》，書目文獻出版社 1991 年版，第 332 頁。

〔註 6〕《明史》卷二八〇，卷三二六。

〔註 7〕陳作霖：《金陵通紀》卷十，光緒六年瑞華館刊本。

〔註 8〕張維華：《南京教案始末》，載《晚學齋論文集》，齊魯書社 1986 年版。原載齊魯大學《齊大月刊》1930 年第 1 卷第 2～3 期，收入《中國近代史論叢》第 1 輯第 2 冊，臺灣正中書局 1956 年版。

〔註 9〕謝國楨：《明清之際黨社運動考》，上海書店出版社 2004 年版，第 38 頁。

〔註 10〕張力、劉鑒唐：《中國教案史》，四川省社會科學院出版社 1987 年版。

全書卷帙浩繁，內容包括基督教在華傳播史、傳教士與中西文化交流、基督教傳播過程中引起糾紛的教案史，比較詳盡地收錄了歷次教案的文獻資料和研究狀況，可以說是第一部全面考察中國教案史的宏著。遺憾的是該書在「南京教案」部分，基本上沿襲前述王治心《中國基督教史綱》中的相關內容，未能進一步加以研究。這一年知識出版社推出的江文漢遺著《明清間在華的天主教耶穌會士》一書第三章從徐光啓、李之藻、楊廷筠三人保教的角度討論了南京教案。1988 年樊洪業發表《明末「南京教案」及其對西學傳播的影響》一文，認爲南京教案的發生阻斷了傳教士帶來的西方近代科學技術的傳播。〔註 11〕

20 世紀 90 年代以來關注南京教案的論著漸多，1993 年寶成關發表《中西文化的第一次激烈衝突——明季〈南京教案〉文化背景剖析》，利用《聖朝破邪集》中明末士大夫反對基督教的言論來考察南京教案的文化背景，通過明末儒佛耶的相互辯爭分別從宗教、倫理道德、政治及科學技術等方面揭示中西文化的巨大差異，並指出「這些差異所引起的矛盾和衝突從明末迄於近現代 300 餘年間，曾不斷再現和深化，中西文化正是在這些矛盾衝突中相互增進瞭解與溝通，並在衝突中進行選擇和調適，實現了中西文化的不斷融合與彙通，從而推動了中國文化的發展與進步」，第一次對南京教案的意義進行了深入的總結。這篇文章的另外一個貢獻在於首次提出南京教案前後出現批駁天主教的文章對後世有重大的示範作用，「反映了中國以儒學爲主的傳統文化與西方中世紀基督教文化的激烈衝突，其內容可以說包羅萬象，幾乎涉及中西文化論爭的各個領域，或者說此後三百餘年所有中西文化衝突，都可以在此發現端倪，覓其萌芽。」〔註 12〕從對後世影響的角度提出南京教案在中西文化交流史上有著重要意義。1994 年于雲漢發表《晚明南京教案剖析》，認爲南京教案的發生，「就其本質而言，還在於基督教倫理與中國傳統觀念的衝突。」這種觀念上的衝突導致基督教被視爲「大逆不道的異端邪說」。〔註 13〕于雲漢在此觀點基礎上，1998 年又發表《西方傳教士布教策略的演變與晚明

〔註 11〕 樊洪業：《明末「南京教案」及其對西學傳播的影響》，載《世界科學》1988 年第 4 期。

〔註 12〕 寶成關：《中西文化的第一次激烈衝突——明季〈南京教案〉文化背景剖析》，載《史學集刊》1993 年第 4 期。

〔註 13〕 于雲漢：《晚明南京教案剖析》，載《昌濰師專學報（社會科學版）》1994 年第 4 期。

南京教案》，認爲傳教士傳教策略的變化和布教對象的轉移，「導致晚明士大夫對西方傳教士發起驅教運動。」〔註 14〕

1997 年萬明發表《晚明南京教案新探》一文，主要根據耶穌會士曾德昭在《大中國志》中對「南京教案」的記述來重新考察南京教案。作者參考相關史料，將南京教案置於當時的政治社會背景之中進行歷史考察，通過對萬曆末年政局演變的研究，揭示出政局與教案發生之間的內在關係，從而加深了對這一事件的認識。作者指出「在明末士大夫改革派和保守派的政治鬥爭中，南京教案是保守派反對改革的又一具體體現」，因而在結論中認爲「南京教案的發生，除了從根本上說是中西文化衝突的結果以外，它還是中國社會內部士大夫改革派和保守派矛盾鬥爭的產物。〔註 15〕同年北京圖書館出版社出版了張鎧《龐迪我與中國》一書，該書重點研究傳教士龐迪我與耶穌會在華適應性傳教策略，其中以較大篇幅論述龐迪我在南京教案中爲基督教辯護的《具揭》，並深入的分析了教案發生的原因。作者利用了不少以往研究者未曾注意的中西文資料，在不少問題上有著獨到見解。這一年周燮藩《中國的基督教》一書也討論了南京教案的相關問題。1998 年何俊《西學與晚明思想的裂變》一書出版，重點探討晚明社會思想界對西方耶穌會士所帶來西學的反應，其中討論了耶穌會士補儒易佛的傳教方法及其爲了適應中國社會所宣傳的天主教義，對晚明社會在遇到西方天主教傳入中國時的反應作了深入研究，包括官員中的信教與反教，佛教界與傳教士的辯爭，均提出了比較合乎事實的判斷。該書第五章《爲何破邪與如何破邪》對南京教案進行了分析研究，認爲南京教案的發生相當大程度上是政府行爲的結果，對之前研究者將南京教案的發生簡單歸因於佛教與天主教的矛盾提出了不同意見，使得我們從史實出發重新反省之前對南京教案的研究。同年李志躍發表在《南京史志》上的《明萬曆年間的南京教案》〔註 16〕一文也對南京教案加以關注。1999 年林仁川、徐曉望《明末清初中西文化衝突》〔註 17〕、2001 年郭衛東《中土基督》〔註 18〕亦曾討論到南京教案。

〔註 14〕于雲漢：《西方傳教士布教策略的演變與晚明南京教案》，載《昌濰師專學報（社會科學版）》1998 年第 1 期。

〔註 15〕萬明：《晚明南京教案新探》，載王春瑜主編《明史論叢》，中國社會科學出版社 1997 年版，第 141～155 頁。

〔註 16〕李志躍：《明萬歷年間的南京教案》，載《南京史志》1998 年第 1 期。

〔註 17〕林仁川、徐曉望：《明末清初中西文化衝突》，華東師範大學出版社 1999 年版。

〔註 18〕郭衛東：《中土基督》，雲南人民出版社 2001 年版。

近年來學術界對南京教案的關注更多，研究也更爲深入。2004 年龐乃明發表《「南京教案」所表現的明人天主教觀》，認爲南京教案中起決定作用的排教者與護教者成爲主角，雙方有著共同的儒家文化根基，但由於對西方天主教認識的不足，因而兩者觀點都有缺陷。作者主張對待外來文化正確的做法是，「既要有暢通的認識渠道，又需要平和的的認知心態。只有這樣，才能取長補短，整合、完善傳統文化。」〔註 19〕同年周志斌發表《晚明「南京教案」探因》，認爲南京教案「是東西方不同的文化價值觀、晚明黨派鬥爭等因素綜合作用的結果」。〔註 20〕2008 年鄒振環先生發表《明末南京教案在中國教案史研究中的「範式」意義——以南京教案的反教與「破邪」模式爲中心》，指出南京教案體現了「官紳民一體化」的反教模式，具有中國教案時研究的「範式」意義，爲南京教案研究提供了新的視角。〔註 21〕2011 年譚樹林、張伊玲發表《晚明南京教案起因再探——以西方殖民活動爲視角》，認爲南京教案的發生與西方殖民者在中國東南沿海的頻繁活動有關。〔註 22〕

國外學者對南京教案也多有論及，如日本學者金子省治發表在《上智史學》上的《萬曆 44 年的南京事件——明末天主教迫害的一斷章》、葛谷登發表在《一橋論叢》上的《明末南京教難與天主教人士護教的論理》，以及韓國學者李寬淑的《中國基督教史略》。西方研究南京教案的成果主要有美國學者鄧恩利用羅馬梵蒂岡檔案館的第一手資料所撰寫的《Generation of Giants: The Story of the Jesuits in the Last Decades of the Ming Dynasty》，其中對南京教案做了進一步的研究，該書 2003 年由余三樂、石蓉譯爲中文，題爲《從利瑪竇到湯若望——晚明的耶穌會傳教士》。〔註 23〕

南京教案發生的原因，前人觀點不一，曾德昭認爲是沈㴶崇信佛教、追求權勢的結果；〔註 24〕張維華的觀點是南京教務的迅速發展導致教案發生；

〔註 19〕龐乃明：《「南京教案」所表現的明人天主教觀》，載《明史研究》第 8 輯，黃山書社 2004 年版。

〔註 20〕周志斌：《晚明「南京教案」探因》，載《學海》2004 年第 2 期。

〔註 21〕鄒振環：《明末南京教案在中國教案史研究中的「範式」意義——以南京教案的反教與「破邪」模式爲中心》，載《學術月刊》2008 年第 5 期。

〔註 22〕譚樹林、張伊玲：《晚明南京教案起因再探——以西方殖民活動爲視角》，載《江蘇社會科學》2011 年第 5 期。

〔註 23〕鄧恩著，余三樂、石蓉譯：《從利瑪竇到湯若望——晚明的耶穌會傳教士》，上海古籍出版社 2003 年版。

〔註 24〕[葡]曾德昭著、何高濟譯：《大中國志》，上海古籍出版社 1998 年版。

〔註25〕鄧恩以爲宋明理學的影響是導致教案發生的深層原因；〔註26〕萬明認爲沈㴶是浙黨人物，在政治上屬於保守派，發動南京教案是爲了打擊傾向改革的東林黨人士，「南京教案的發生，除了從根本上說是中西文化衝突的結果以外，它還是中國社會內部士大夫改革派和保守派矛盾鬥爭的產物。」〔註 27〕張鎧不同意用東林黨與保守派之間的政治鬥爭來解釋南京教案，他指出東林黨人對傳教士的態度並不完全一致，如東林黨人鄒維璉著《闢邪管見錄》猛烈攻擊利瑪竇，同情東林黨人的徐如珂同樣對耶穌會士深惡痛絕。他的意見是龍華民錯誤的傳教政策引起中國士民的反感，沈㴶借機掀起南京教案。〔註 28〕何俊則認爲南京教案發生的原因不能簡單歸因於佛教界對天主教的排斥和攻擊，而完全是政府行爲的結果，即部分官員認爲天主教的傳播威脅到明王朝的統治，因而發起南京教案。〔註29〕孫尚揚認爲，「興教難之原因主要是因爲衛道士們對異質宗教文化有一種基於正邪二分法的排斥和仇視，佛教僧徒在天主教的挑戰面前所產生的危機感，在教難中的作用亦不可低估。」〔註30〕

儒佛耶的文化辯爭貫穿於晚明天主教在華傳播始終。利瑪竇採用「補儒易佛」的傳教策略，將天主教義比附中國傳統文化觀念，用中國人可以接受的觀念和方式傳播天主教，其根本目的在於使中國人接受西方天主教文化和觀念，最終使中國人皈依天主教。爲了減少在華傳教的阻力，耶穌會士不能公開宣揚以天主教義取代儒家傳統觀念，只能借助傳統儒學觀念傳佈天主教義，宣稱天主教義有助於彌補儒學之不足，因無法公開批評傳統儒學，故只能對與儒學相互影響相互滲透、已經完全融合於中國儒家社會的佛教進行攻擊，他們公開毀棄佛像、對佛教教義進行駁斥和猛烈抨擊。利瑪竇著《天主實義》和《畸人十篇》，其中即有大量篇幅對佛教進行批判。〔註31〕四庫館臣

〔註25〕《南京教案始末》，第 201 頁。

〔註26〕《從利瑪竇到湯若望——晚明的耶穌會傳教士》，第 115 頁。

〔註27〕《晚明南京教案新探》，第 141～155 頁。

〔註28〕張鎧：《龐迪我與中國：耶穌會適應策略》，北京圖書館出版社 1997 年版，第 324 頁。

〔註29〕何俊：《西學與晚明思想的裂變》，上海人民出版社 1998 年版，第 215～216 頁。

〔註30〕孫尚揚、鍾鳴旦：《1840 年前的中國基督教》，學苑出版社 2004 年版，第 258 頁。

〔註31〕孫尚揚：《利瑪竇對佛教的批判及其對耶穌會在華傳教活動的影響》，載《世界宗教研究》1998 年第 4 期。

在《天主實義》提要中即指出該書的主要意圖，「大旨主於使人遵信天主，以行其教。知儒教之不可攻，則附會六經中上帝之說，以合於天主，而特攻釋氏以求勝。」〔註 32〕

耶穌會士對佛教的攻擊引起佛教人士的反擊，深受佛教思想影響、與佛教人士關係緊密的虞淳熙即對利瑪竇表示不滿，並作《天主實義殺生辨》與《明天體以破利夷僭天罔世》批駁天主教義，著名僧人蓮池和尚袾宏作《天說》四篇批評《天主實義》，顯示出佛教已經感受到天主教的攻擊，並進行了反擊。

教案發生前，佛教人士與傳教士之間曾多次進行辯論，在中國社會中處於主導力量的士大夫則對雙方有著不同認識，最終分化爲支持天主教與佛教的兩個陣營。一部分士大夫出於對耶穌會士帶來的西學知識的好奇，開始與傳教士交往並逐漸接受其所宣揚的天主教義，他們中的不少人認爲西學可以「補益王化、左右儒術、救正佛法」〔註 33〕，因而轉向天主教信仰，如瞿太素、徐光啓、李之藻、楊廷筠等。同樣由於耶穌會士的「合儒闢佛」策略，一些與佛教人士關係緊密的士大夫對天主教義進行批駁，還有的士大夫擔心天主教對明王朝統治的穩定造成威脅，因而指責天主教蔑視君親，「勸人不祭祀祖先，是教之不孝也」，「率天下而無君臣」，「率天下而無無父子」，「蓋儒術之大賊。」〔註 34〕他們堅決反對天主教在華傳播，如虞淳熙、沈㴶、晏文輝、余懋孳等人。這些辯爭與南京教案之間有著緊密聯繫。

較早注意到這些文化論爭的有全漢昇 1936 年發表的《明末清初反對西洋文化的言論》，該文將明末人士所反對西方文明分爲的物質與精神兩種，物質文明包括器物、曆法、地圖，精神文明包括宗教、哲學、倫理，作者對雙方的論爭分別進行了研究。〔註 35〕張維華 1942 年發表的《明清間中西思想之衝突與影響》及《明清間佛耶之爭辯》同樣研究了中西文化辯爭問題，前者以「傳汎際與李之藻合譯《名理探》一書爲西洋邏輯學傳入中國之始」，〔註 36〕認爲西方哲學傳入中國之後，引起了中國思想界的震動，理學家否認上帝超

〔註 32〕《天主實義》提要，《四庫全書總目》卷一二五，中華書局 1965 年版，第 1080 頁。

〔註 33〕徐光啓：《辨學章疏》，《徐光啓》集卷九書牘，第 492 頁。

〔註 34〕沈㴶：《參遠夷疏》，《聖朝破邪集》卷一。

〔註 35〕全漢昇：《明末清初反對西洋文化的言論》，原載《嶺南學報》1936 年第 5 卷第 3 期，收入《中國近代史論叢》第 1 輯第 2 冊，臺灣正中書局 1956 年版。

〔註 36〕「汎」爲「汎」字之誤，參見《陳垣學術論文集》（中華書局 1980 年版）第 77 頁。

越宇宙而存在、否認宇宙間有賞罰之說，二者衝突的根源在於中國文化的本位性。後者主要研究佛教與基督教之間的辯論，從萬物來源、宇宙本體兩方面進行討論，在比較二者觀點之後指出「基督教傳入中國時，宗教之形式已成立，教條已確定，不易容納外來意見，故不易受其他理論之影響。因其爲超然的教條，故始終走不到中國社會裏層去，中國固有之文化，亦始終不能受其影響」。〔註 37〕此外陳受頤的《明末清初耶穌會士的儒教觀及其反應》一文，認爲明末耶穌會士的儒教觀包括四個方面：「天主等於儒經的上帝，而不是太極；中國先儒信仰靈魂不滅；後儒的說話不能代表原始的純粹的儒教；中國儒教需要天主教的補足。」在此基礎上他研究了中國士大夫的反應，包括同意的意見和反對的意見，前者以馮應京、徐光啓、李之藻、楊廷筠、瞿式耜、韓霖、王徵、朱宗元、周炳謨、王家植、鄒元標、謝肇淛、陳亮采、陳儀、許胥臣等人爲例進行個案研究，後者以袾宏、晏文輝、王啓元、蔣德璟、黃貞、鄒維璉、黎遂球、黃宗羲、楊光先、張潮等人爲例進行個案研究，全面而深入的論述了明末清初的中西思想文化紛爭。〔註 38〕

1999 年林仁川、徐曉望《明末清初中西文化衝突》用了相當大的篇幅對南京教案前後的中西文化衝突進行分析研究。2000 年鄭安德作題爲《明末清初天主教和佛教的護教辯論》的博士論文，對當時天主教與佛教之間的論辯進行專門研究，其同時編纂《明末清初天主教和佛教的護教辯論資料選》，搜集了大量相關資料，爲學術界對該問題的進一步研究奠定了堅實基礎。2005 年蘇新紅發表《晚明士大夫黨派分野與其對耶穌會士交往態度無關論》，作者通過對晚明士大夫與耶穌會士交往情況進行分類排比和統計分析，認爲他們對耶穌會士的態度與其在晚明黨爭中所屬政治派別並無直接關係。〔註 39〕同年賈雪飛作碩士論文《信仰還是生存——晚明佛教和天主教的相遇與衝撞》，集中討論了晚明佛耶之間的衝突，作者認爲雙方衝突的根本原因在於雙方爭奪生存空間，「中國人對宗教的抉擇中，生存是最終的衡量尺度。」〔註 40〕2009 年楚怡俊在碩士論文《從明清間耶穌會士著作看他們對佛教的反應》中，從

〔註 37〕張維華：《晚學齋論文集》，齊魯書社 1986 年版，第 178～179 頁。

〔註 38〕陳受頤：《中歐文化交流史事論叢》，臺灣商務印書館 1970 年版。

〔註 39〕蘇新紅：《晚明士大夫黨派分野與其對耶穌會士交往態度無關論》，載《東北師大學報（哲學社會科學版）》2005 年第 1 期。

〔註 40〕賈雪飛：《信仰還是生存——晚明佛教和天主教的相遇與衝撞》，南開大學 2005 年碩士學位論文，第 45 頁。

文獻學的角度出發，在對當時佛耶之辯相關文獻的基礎之上討論傳教士對佛教態度的變化。〔註 41〕

上述研究成果使學術界對南京教案的研究逐漸深入，爲我們還原歷史眞相、瞭解明末社會狀況奠定了基礎，也爲筆者的進一步研究提供了線索和視角。筆者通過對南京教案發生前後儒佛耶之間論爭相關史料的研讀，認爲明末儒佛耶之爭與南京教案有密切關係，對南京教案的處理集中反映了當時反對天主教傳入中國的部分官方人士的態度。天主教傳入中國引起的儒佛耶之爭卻並未停息，隨著耶穌會士傳教事業的發展及其對佛教的持續攻擊，佛教人士集中力量對天主教義進行辯駁，他們力圖借助儒學與政府的行政力量應對天主教義的傳播，《聖朝破邪集》的刊刻即爲最明顯例證。

《聖朝破邪集》，崇禎十三年（1640）費隱禪師與徐昌治在黃貞等人編撰工作的基礎上彙刻。〔註 42〕全書共八卷，收有奏疏、公牘、揭帖、論辯、信函，共六十篇。撰者或官吏，或儒生，或僧人，有名可考者四十人。〔註 43〕《聖朝破邪集》是明末一部分士大夫與佛教徒聯合起來反對天主教在華傳播的言論總集，其中所載批判天主教的文章，使我們可以比較詳細的瞭解明末儒佛耶之爭的相關情況。其中第一、二兩卷收錄沈㴶《南宮署牘》的部分內容，更是研究南京教案不可缺少的原始文件，具有極爲重要的文獻價值，前述今人對南京教案的研究大都以此書爲文獻依據。關於《聖朝破邪集》的刊刻、版本、流傳情況，夏瑰琦作有《維護道統　拒斥西學——評〈破邪集〉》對《聖朝破邪集》的刊刻情況及主要內容做了初步研究，文章第一部分敘述黃貞邀請諸人批判天主教，彙集《破邪集》後送交費隱禪師，最後由徐昌治編訂刊刻；第二部分介紹儒者在「華夏中心論」這一指導思想下對天主教的批判；第三部分介紹佛教人士在世界根源和宗教戒律方面同天主教的爭論。作者認爲《聖朝破邪集》「是中西文化交流史上一部重要的文獻，反映了中西文化的差異與衝突」，較早注意到該書在明末儒佛耶之爭研究中的文獻價值，引起研究者的關注。〔註 44〕可能由於資料缺乏的緣故，文章沒有研究《聖

〔註 41〕楚怡俊：《從明清間耶穌會士著作看他們對佛教的反應》，華東師範大學 2009 年碩士學位論文。

〔註 42〕呂俐：《〈聖朝破邪集〉研究》，華東師範大學 2009 年碩士學位論文，第 47 頁。

〔註 43〕另有《查驗夷犯劄》、《南京都察院回咨》、《拿獲邪黨後告示》、《清查夷物案》是南京官府相關部門所發公文。

〔註 44〕夏瑰琦：《維護道統　拒斥西學——評〈破邪集〉》，載《浙江學刊》1995 年第 1 期，第 54～56 頁。李天綱《中國禮儀之爭》一書曾利用徐昌治所編《聖朝

朝破邪集》的版本與流傳情況，也沒有提到該書在南京教案研究中的利用，筆者 2004 年根據已掌握的資料，曾對《聖朝破邪集》這一文獻本身及其在研究明末儒佛耶之爭的文獻價值進行嘗試性探討。〔註 45〕2005 年賈雪飛在碩士論文《信仰還是生存——晚明佛教和天主教的相遇與衝撞》中討論了《闢邪集》與《聖朝破邪集》之間的關係。〔註 46〕2007 年劉燕燕作碩士論文《明末福建士大夫與天主教傳教士的對話——以〈三山論學記〉、〈熙朝崇正集〉、〈聖朝破邪集〉爲例》，集中討論《三山論學記》、《熙朝崇正集》、《聖朝破邪集》三者之間的關係，認爲傳教士艾儒略與福建士大夫關於天主教義的討論彙集爲《三山論學記》，促進了天主教在福建的傳播。一部分士大夫贈給傳教士的詩文彙集爲《熙朝崇正集》，表達了他們對天主教的讚賞與推崇。另一部分士大夫則對傳教士的闢佛行爲表示憤慨，認爲天主教在華傳播威脅到中國傳統儒家文化的生存，因而堅決反對天主教在中國的傳播，他們的觀點彙集爲《聖朝破邪集》。〔註 47〕2009 年伍玉西在博士論文《明清之際天主教書籍傳教研究（1552～1773）》中對《聖朝破邪集》與《闢邪集》的內容進行了討論。〔註 48〕同年呂俐碩士論文《〈聖朝破邪集〉研究》利用新發現的文獻資料對《聖朝破邪集》進行專門研究，對該書的結集、編訂、刊刻、流傳過程以及版本情況作了詳細考察，其對文集作者的考訂、結集後的流轉過程及編訂情況、版本情況及流傳日本的途徑均有新的見解。〔註 49〕

筆者在 2004 年碩士論文《南京教案與明末儒佛耶之爭——歷史與文獻》的基礎上，結合現有資料及上述先行研究成果，從明末儒佛耶之爭的角度系統考察南京教案的具體情況，並對與南京教案研究關係最爲密切的《聖朝破

破邪集》，朱維錚先生在該書序言中說：「徐集本是萬曆晚年南京禮部侍郎沈㴶與當國的權相方從哲內外配合發動南京教難的辯護狀，結集時下距明亡僅五年，那時方從哲早被清議指爲導致帝國瀕危的首惡，沈㴶更是已經蓋棺論定的閹黨謀主。」筆者認爲徐昌治編《聖朝破邪集》的主要目的是批判天主教，沈㴶在南京教案中的文件成爲反教人士得到官方支持的依據。

〔註 45〕李春博：《南京教案與明末儒佛耶之爭——歷史與文獻》，復旦大學 2004 年碩士學位論文。

〔註 46〕賈雪飛：《信仰還是生存——晚明佛教和天主教的相遇與衝撞》，南開大學 2005 年碩士學位論文，第 21 頁。

〔註 47〕劉燕燕：《明末福建士大夫與天主教傳教士的對話——以〈三山論學記〉、〈熙朝崇正集〉、〈聖朝破邪集〉爲例》，福建師範大學 2007 年碩士學位論文。

〔註 48〕伍玉西：《明清之際天主教書籍傳教研究(1552～1773)》，四川大學 2009 年博士學位論文，第 214～223 頁。

〔註 49〕呂俐：《〈聖朝破邪集〉研究》，華東師範大學 2009 年碩士學位論文。

邪集》一書進行考察。筆者通過研究認爲，由於耶穌會士攻擊佛教、在底層民眾中傳播天主教的傳教方式，引起了佛教人士和儒家士大夫的強烈反應，導致明末儒佛耶之爭的激化，是南京教案發生的內在原因。保留南京教案相關文獻資料的《聖朝破邪集》，是徐昌治在黃貞已經刊刻之《破邪集》的基礎上，與其他「闢邪諸書」一起重新整理後編訂彙刻的，該書有著重要的文獻價值。

第一章　南京教案發生的背景與原因

第一節　明末儒佛耶之爭的產生與激化

南京教案發生之前，在耶穌會士方濟各·沙勿略（Francis Xavier）、范禮安（Alexander Valignano）、羅明堅（Michel Ruggieri）、利瑪竇（Mathieu Ricci）等人的先後努力下，天主教在華傳教事業取得很大成功，在肇慶、韶州、南昌、南京、北京、上海、杭州等地建立教堂，吸收2000餘名中國人加入天主教，其中包括不少有名望的士大夫，在明末社會產生很大影響。如此成績與利瑪竇推行適應性傳教政策是分不開的。

利瑪竇〔註1〕爲了使天主教義更容易被中國人接受，通過學術交流的方式與士大夫交好，並容忍中國人的祭祖祀孔行爲，把儒家祭祀活動看成非宗教性的紀念性活動。此外他還將西方天主等同於儒經中的上帝，這一舉措並非要使天主教成爲儒學的附庸，利瑪竇的根本用意仍然是傳播天主教，因而在《天主實義》等著作中否認「太極爲萬物之原」這一宋明理學的根本觀點，將萬物的創造歸因於天主。同樣是爲了適應中國社會，傳教士初入中國身著僧服，後來又改穿儒者服裝，以顯示與佛教僧人的差異。在利瑪竇的觀察中，佛教與天主教是完全對立的，正是佛教的影響導致中國普遍的偶像崇拜，同時佛教沒有明顯的政治地位，所以把進攻矛頭對準佛教，希望天主教能夠取而代之，進而對儒學產生影響，達到歸化中國的傳教目的。這就是利瑪竇在

〔註1〕利瑪竇（1552～1610），字西泰，1583年到達廣東肇慶，1601年進入北京，主持中國教務。參見費賴之著、馮承鈞譯：《在華耶穌會士列傳及書目》（上），中華書局1995年版，第31～32頁。

傳教中著力推行的「補儒易佛」傳教策略。〔註 2〕

利瑪竇的「補儒易佛」策略取得明顯效果，得到許多士大夫的認同，與利瑪竇有過交往的陳儀說：「當時都中縉紳，交許可其說。投刺交歡，倒屣推重，傾一時名流。」〔註 3〕徐光啓亦說：「四方人士，無不知有利先生者，諸博雅名流，亦無不延頸願望見焉。」〔註 4〕雖言辭中多有誇張，利瑪竇與士大夫之間的友好關係於此可見一斑。在「補儒易佛」之說的影響下，不少士大夫相信「西儒之學與儒家學說深相契合」，可以彌補儒學之不足，引起明末士大夫的西學熱潮，這方面的問題前人多有論及，本文不欲重複討論，筆者更加關注的是利瑪竇「補儒易佛」策略引起的儒佛耶之爭。

利瑪竇在南京傳教時，曾與著名僧人三淮就神的觀念、物質與意識的關係、人性的善惡等問題相互辯難，傳教士在南昌、韶州傳教時也曾與當地儒者發生糾紛。〔註 5〕但由於缺少中文資料的記載，我們無法知道當時的具體情況。可以確定的一點是，明末儒學受到佛教很大影響，不少儒者「對佛學採取融通的態度」，特別是江浙一帶的士紳名流，與佛教僧人多有交往。〔註 6〕傳教士對佛教的攻擊必然會引起奉佛人士的不滿，其中虞淳熙與利瑪竇之間的來往辯駁反映出明末儒佛耶之爭的最初狀況。

虞淳熙字長孺，號德園，錢塘人。生於明世宗嘉靖三十二年（1553），萬曆十一年（1583）進士，以父喪歸家守制，服滿授兵部職方司主事，遷禮部主客員外郎，改吏部稽勳司郎中，因朝廷黨爭罷官歸，天啓元年（1621）六月卒。〔註 7〕虞淳熙崇信佛教，致仕後歸隱山林、寺廟之間，以名僧袾宏、憨山爲師，四處募修寺院、講經說法，在杭州建勝蓮社，辦放生會。〔註 8〕虞淳

〔註 2〕李天綱：《中國禮儀之爭》，上海古籍出版社 1998 年版，第 23 頁。

〔註 3〕陳儀：《性學觕述序》，見徐宗澤《明清間耶穌會士譯著提要》，中華書局 1989 年版，第 212 頁。

〔註 4〕徐光啓：《跋二十五言》，見王重民輯《徐光啓集》，上海古籍出版社 1984 年版，第 87 頁。

〔註 5〕[意]利瑪竇、金尼閣：《利瑪竇中國劄記》，中華書局 1983 年版，第 369、455、569 頁。

〔註 6〕唐君毅：《略談宋明儒學與佛學之關係》，載張曼濤主編《佛教與中國文化》，上海書店 1987 年版，第 330 頁。另參見孫尚揚：《利瑪竇對佛教的批判及其對耶穌會在華傳教活動的影響》，載《世界宗教研究》1998 年第 4 期。

〔註 7〕黃汝亨：《吏部稽勳司員外郎德園虞公墓誌銘》，《寓林集》卷十五，載《四庫禁毀書叢刊》集部第 42 冊。另參《明人傳記資料索引》，中華書局 1987 年版，第 740 頁。

〔註 8〕虞淳熙：《虞德園先生集》，載《四庫禁毀書叢刊》集部第 43 冊，北京出版社

熙《虞德園銓部與利西泰先生書》中提到利瑪竇《畸人十篇》作成後曾通過他人請其作序〔註 9〕，虞淳熙在序言中講述對利瑪竇的瞭解之後，接下來一反通常作序要推重作品本身的慣例，卻對儒家義理中的天學觀大加誇讚，同時認爲天主教義只是儒家義理的改頭換面，中國並不需要天主教，「即禮厚於獻琛，均非華夏之乏也。請得神交西泰，各操東西之券。安所稱畸哉！安所稱畸哉！」〔註 10〕言語中透露出對天主教義不以爲然和敬而遠之的態度。《畸人十篇》的現有刊本中都未見這篇序言，只在《虞德園先生集》中收有此序，可能正是因爲他的這種不友好態度，使得《畸人十篇》刊刻時，並未收入這篇序言。虞淳熙作爲深受佛教影響的儒者，對天主教的這種非常冷淡的反應具有代表性意義。

由於傳教士加大對佛教的攻擊力度，虞淳熙在爲《畸人十篇》作序的同時還寫信給利瑪竇，認爲佛教教義與天主教義多有相合者，希望利瑪竇加深對佛教的瞭解，與佛教和平共處。他在《答利西泰》中說：「不佞固知先生奉天主戒，堅於金石，斷無倍師渝盟之理。第六經子史，既足取徵，彼三藏十二部者，其意每與先生合輒，不一寓目，語便相襲，詎知讀《畸人十篇》者，掩卷而起曰『了不異佛意』乎！」虞淳熙同時指出天主教與佛教一樣都來自西方，希望對方停止對佛教的攻擊，以免兩敗俱傷。他說：「且太祖、文皇，並崇剎像，名卿察相，咸峙金湯，火書廬居，譚何容易！幸無以西人攻西人，一遭敗蹶，教門頓圮。」〔註 11〕這已經是在對利瑪竇提出警告了。

利瑪竇在回信中解釋天主教的主要觀點，並說明反對佛教的理由。他說：「伏讀來教，知竇輩奉戒，堅於金石，不識區區鄙衷，何由見亮？」他指出，「堯舜周孔，皆以修身事上帝爲教，則是之。佛氏抗誣上帝，而欲加諸其上，則非之。」他不同意虞淳熙所言佛教教義與天主教義完全相合的觀點，「竇所惜者，佛與我未盡合轍耳。若盡合者，即異形骨肉，何幸如之！」〔註 12〕表明他堅決反對佛教的立場。

虞淳熙接到回信後作《天主實義殺生辨》，針對《天主實義》批評佛教嚴禁殺生的觀點，與利瑪竇進行辯論。文章分別對草木是否有血及禽獸是否

2000 年版。虞淳熙生平事迹參見顧及《虞淳熙思想研究》，浙江大學 2006 年碩士學位論文。

〔註 9〕朱維錚：《利瑪竇中文著譯集》，復旦大學出版社 2001 年版，第 657 頁。

〔註 10〕《虞德園先生集》卷六，第 250 頁。

〔註 11〕《虞德園先生集》卷二十四，第 516 頁。

〔註 12〕《利瑪竇中文著譯集》，第 662 頁。

有魂進行討論，進而駁斥天主生萬物爲人所用、生虎狼之害警醒世人之說。文末稱天主教主張殺生，「所謂無惻隱之心，非人也。」〔註 13〕已經近似於謾罵。他還作《明天體以破利夷僭天罔世》〔註 14〕，駁斥天主造人說、天堂地獄說，認爲天主教「毀棄宗廟以祀天主」實爲「僭天罔世」，對天主教以金錢誘人入教而士大夫竟信從其說表示憤慨。篇名前有「第一篇」字樣，表明虞淳熙準備撰寫系列文章對利瑪竇的觀點進行批判，但不知什麼原因他沒有繼續寫作下去。文內直呼利瑪竇之名，且稱其爲「夷人」，顯然已對利瑪竇極爲憤怒。虞淳熙在文中攻擊天主教，「故命人莫親父母，而親天主之大父。莫尊國君，而尊天主之大君。人宜愛而戶俱祀也。愛祀天主者，雖賤不肖，必生天堂。不愛祀天主者，即君若聖，必墮地獄。天主立，而儒之太極，佛之慈悲，道之清淨，皆無是君矣。或從其教者，至毀棄宗廟以祀天主，而竟不知祀天之僭，罪在無將。罔世之夷，志將移國。」宣稱天主教無父無君，對儒、佛、道均構成威脅，更加嚴重的是「志將移國」、「其漸久漸熖之勢，不至於移九廟辟雍而天主之不已也」，上陞到了威脅統治秩序穩定的高度，因而籲請「息夷之教」、「焚夷之書」，聲稱：「敢惜軀命而不奮勇爲前矛者，非夫矣。」〔註 15〕言辭之激烈透露出其對天主教極爲敵視。這兩篇文章，前者以佛教立場批評《天主實義》殺生，後者以儒家立場駁斥天主造人說、天堂地獄說，認爲天主教「毀棄宗廟以祀天主」實爲「僭天罔世」，應當嚴禁。反映佛教在儒家士大夫中有很深影響，虞淳熙除了以佛教觀點與天主教義進行論辯外，還給傳教士加上「僭天罔世」的罪名，意圖借助官方行政力量打擊天主教傳教士。

虞淳熙還將利瑪竇的回信送給蓮池和尚袾宏，袾宏在《答虞德園銓部》中說：「利瑪竇回柬，灼然是京城一士夫代作。向《實義》、《畸人》二書，其語雷堆艱澀。今柬條達明利，推敲藻繪，與前不類，知邪說入人，有深信而力爲之羽翼者。然格之以理，實淺陋可笑，而文亦太長可厭。蓋信從此魔者，必非智人也。且韓、歐之辯才，程、朱之道學，無能摧佛，而況蠢爾么魔乎！此么魔不足辯，獨甘心羽翼之者可歎也。倘其說日熾，以至名公皆爲所惑，廢朽當不惜病軀，不避口業，起而救之。今姑等之漁歌牧唱、蚊喧蛙叫而已。」

〔註 13〕《虞德園先生集》卷二十一，第 463～465 頁。

〔註 14〕《虞德園先生集》未見此文，《聖朝破邪集》卷五《天主實義殺生辨》後即此篇，目錄中該篇作者署爲虞淳熙。

〔註 15〕《聖朝破邪集》卷五。

〔註 16〕他認爲利瑪竇的回信是京城士大夫代作，將其視作「漁歌牧唱、蚊喧蛙叫」，顯示出非常輕蔑的態度，同時表明要「不惜病軀，不避口業，起而救之」，準備與天主教進行論戰。爲此，他作《天說》四篇批評《天主實義》，指出佛經與儒經中「天」和「天主」的觀念與西方不同，特別提出天主教不禁殺生，實爲「慘毒之心」。《天說》多引儒家觀點駁斥天主教義，從中可見儒佛之間相互影響之深。從虞淳熙、袾宏二人對天主教的批駁可以看出，當時佛耶之間的矛盾已經非常尖銳，佛教欲聯合儒家力量反對天主教的意圖顯而易見。

利瑪竇主持中國教務時推行「補儒易佛」，雖然引起儒佛耶之爭，在傳教中遭到不少挫折，卻始終沒有進一步釀成大的反教風潮，天主教在華傳教事業得以平穩發展。這一方面是由於利瑪竇適應中國文化，處處小心謹慎，不致引起事端。另一方面他得到皇帝的優遇，又積極與士大夫交往，在傳教中遇到麻煩時，利瑪竇往往通過與各地官員的良好私人關係使問題得到解決。

利瑪竇死後龍華民（Nicolas Longbardi）〔註 17〕主持中國教務，他對利瑪竇學術傳教路線有不同意見，更加強調利用書籍與聖像直接向民眾宣傳，在宣教對象上不贊成把主要精力放在少數士大夫的做法，主張集中力量在普通百姓中進行基督教的歸化運動。〔註 18〕他的這種傳教方式最初取得了一定成效，遠遠超出利瑪竇的傳教成績，「利瑪竇、郭居靜和羅如望三個傳教士花費 6 年時間總共才發展了 20 名，至多 25 名新教徒；而龍華民一人在兩年時間便爲 300 人授洗。」〔註 19〕可能正是因爲他的這些成績贏得了教會的信任，利瑪竇將他選爲自己的繼任者。但龍華民的傳教方法很快就被證明在中國是行不通的，他在韶州的傳教活動以失敗告終，韶州教會被永久關閉。〔註 20〕

然而龍華民並未從中吸取教訓，他主持教務後很快改變利瑪竇的傳教策略，開始專注於在民眾中直接傳教，同時忽視與士大夫在文化上的交往。現存史料很少見到他與士大夫來往晉接的記載，至於通過西方科技來擴大天主

〔註 16〕《利瑪竇中文著譯集》，第 663 頁。

〔註 17〕龍華民（1565～1655），字精華，1597 年入華後一直在韶州傳教，繼利瑪竇主管中國教務。參見費賴之著、馮承鈞譯：《在華耶穌會士列傳及書目》（上），中華書局 1995 年版，第 77 頁。

〔註 18〕《龐迪我與中國》，第 204 頁。

〔註 19〕龐迪我《書信》第 49 頁，轉引自《龐迪我與中國》第 204 頁。

〔註 20〕《龐迪我與中國》，第 326 頁。

教的影響，他也只有《地震解》一書介紹地震知識〔註21〕，遠遠無法與利瑪竇相比。龍華民還對利瑪竇時期定下的「補儒易佛」、「中國禮儀」、「譯名問題」提出疑問，他認爲儒家經典中的「天」、「上帝」在程朱理學中含有宗教意味，中國教徒祭祖祀孔屬於偶像崇拜，於 1612 年上書日本——中國省會長，要求禁用「天」、「上帝」、「天主」等譯名，成爲引起中國禮儀問題第一人。〔註22〕

利瑪竇通過多年艱苦努力方才得以在北京居住，把北京作爲傳教中心，指導各地傳教活動，並通過與中央和地方官員的交往對傳教士提供保護，使儒佛耶之爭不致激化。龍華民與此相反，認爲北京是中國政治中心，傳教活動在此受到諸多限制，南方的傳教環境相對寬鬆，決定把傳教活動的中心轉移到南京。〔註23〕龍華民輕易放棄在北京傳教的極大影響力，顯示出他對中國文化很難適應。在他的大力推動下，南京傳教士王豐肅受到感染，傳教規模迅速擴大，「在南京的王豐肅，被勝利沖昏了頭腦，將謹愼小心的態度拋之腦後，以完全公開的方式來宣講福音。在教堂裏進行的禮拜儀式中，神父穿著華麗的服飾，場面十分輝煌壯麗。……但是在南京的另一些人，則以帶有偏見的眼光看待此事。有很多佛教的僧侶，他們將這一新興而充滿生機的運動視爲對自己地位的威脅。王豐肅的態度也不是設法平息這些人本能的反感。他認爲，他們中的絕大多數無疑是騙子，只能蠱惑無知和輕信的人。他毫不掩飾地對他們表示出輕蔑的態度。」〔註24〕他們的行爲引起反感，卻仍然毫無顧忌地進行公開傳教活動，又不能與士大夫交好得到中國社會的理解，導致儒佛耶之爭迅速激化。

通過以上論述可以知道，利瑪竇「補儒易佛」策略一方面得到不少士大夫的認同，促進天主教適應中國社會，在華傳播事業迅速發展，另一方面又引起儒佛耶之間的早期爭論，使傳教事業潛伏著一定危機。但是利瑪竇通過與士大夫的學術交流取得信任，使儒佛耶之爭局限於學術範圍內，避免大規模教案的發生。龍華民主持中國教務後，對中國社會實際情況缺乏認識，盲目擴大傳教規模，使儒佛耶之爭迅速激化，最終引起南京教案的發生，耶穌會士遭到晚明入華以來最爲嚴重的挫折。

〔註21〕《明清間耶穌會士譯著提要》，第 354 頁。
〔註22〕《中國禮儀之爭》，第 24～25 頁。
〔註23〕《龐迪我與中國》，第 327 頁。
〔註24〕《從利瑪竇到湯若望——晚明的耶穌會傳教士》，第 110 頁。

第二節　南京教案前各地傳教狀況考察

南京教案發生前，北京、南京、杭州、南昌、上海等地教會都有很大發展，爲何教案偏偏發生於南京而不是其他地區？回答這一問題，就需要對當時各地傳教狀況進行詳細的資料統計。然而目前沒有見到當時耶穌會士這方面的精確記載，眾多宗教史論著中也未見較爲詳細的統計，本文只能在所掌握資料的基礎上對各教區傳教狀況作一粗略考察。

肇慶開教於萬曆十年（1582），是中國內地開闢最早的傳教地區，有傳教士在內地建立的第一座教堂，一度成爲嶺南地區的傳教中心。在肇慶期間，利瑪竇展示西方的藝術品、書籍和世界地圖，引起廣泛關注，通過傳播在中國人看來新奇的西方自然科學知識，利瑪竇加強了與中國上層士大夫的交往，得到他們的同情與支持，這成爲利瑪竇成功在華傳教最爲重要的因素之一，爲以後傳教事業奠定堅實的基礎。曾經有羅明堅、巴範濟、利瑪竇、孟三德、賈勃拉、黎安東等耶穌會士在此傳教，受洗入教的教徒可能有 40 餘人。〔註 25〕萬曆十七年（1589）肇慶教堂被兩廣總督劉節齋佔據，利瑪竇等人被迫前往韶州傳教，此後未見天主教在肇慶有何活動。

韶州開教於萬曆十七年（1589），利瑪竇等人在此的傳教活動非常困難，「1589 和 1590 兩年的光景，好像沒有人受洗」，截至 1592 年 11 月 12 日，僅僅有十六七人受洗入教，1593 年只有「八九上十人受洗，其中還有兩個是幼兒，受洗後不久就死了」，1594 年「受洗的人極少」，利瑪竇的兩位助手麥安東與石方西也因爲不適應當地氣候而先後死去，傳教事業陷入困境。〔註 26〕龍華民於萬曆二十六年（1598）接替郭居靜在韶州傳教，傳教事業變得興旺起來，曾在兩年內爲 300 人授洗。〔註 27〕但他很快就受到挫折，韶州教會引起當地官府和民眾的敵意，教徒對基督教變得完全冷淡下來，許多人棄教，「可說是已經沒有基督教徒了」。〔註 28〕最終韶州會院於 1612 年被永久封閉，龍華民自己也被驅逐出韶州。先後有利瑪竇、麥安東、石方西、羅雅各、郭居

〔註 25〕徐宗澤：《中國天主教傳教史概論》，上海書店 1990 年版，第 188 頁。另參見顧衛民：《中國天主教編年史》，上海書店 2003 年版，第 87 頁。以下統計還參考鄧恩《從利瑪竇到湯若望——晚明的耶穌會傳教士》、張鎧《龐迪我與中國：耶穌會適應策略》、利瑪竇《利瑪竇中國箚記》等作品的相關內容。

〔註 26〕[法]裴化行著、管震湖譯：《利瑪竇評傳》（上），商務印書館 1993 年版，第 169 頁。

〔註 27〕龐迪我《書信》第 49 頁，轉引自《龐迪我與中國》第 204 頁。

〔註 28〕《利瑪竇評傳》，第 528 頁。

靜、龍華民、費奇觀、陽瑪諾、杜祿茂、駱入祿等人在此傳教。

南昌開教於萬曆二十三年（1595），由於瞿太素的宣揚，利瑪竇受到當地上層士大夫熱烈歡迎。江西巡撫陸萬陔、九江推官李日華和白鹿書院院長章潢對利瑪竇表示出友好態度，分封於此的建安王和樂安王也多次宴請利瑪竇，利瑪竇刊刻的《交友論》和《西國記法》更使他聲譽鵲起，南昌成爲基督教一個鞏固的根據地。〔註 29〕先後有利瑪竇、蘇如望、羅雅各、李瑪諾、倪雅谷、羅儒望、史惟貞等人在此傳教，都與南昌地方官員建立了良好的關係，因此傳教士在受到當地儒者攻擊時多次得到官員的保護與幫助，南京教案發生後，「在南昌，這一針對耶穌會士的政令執行得非常溫和，官方允許這裡的兩位神父撤到建昌。耶穌會輔理修士丘良厚仍然不受干擾地留在了南昌的會院。」〔註 30〕萬曆三十三年（1605）這兒的已有教徒 400 餘人，兩年後已經達到 700 餘人，南昌會院爲容納更多教徒，還建起一座新的教堂。〔註 31〕可以推想在南京教案發生前，南昌的傳教事業已經取得相當大的成果。

南京開教於萬曆二十七年（1599），利瑪竇在此結識了一大批公侯勳爵、南部名卿和社會名流，這些人包括「魏國公徐弘基、南京右軍都督操江御史李環、原司禮監太監馮保、刑部尚書趙參魯、侍郎王樵、王汝訓、禮部侍郎葉向高、楊道賓、郭正域、戶部尚書張孟男、工部員外郎劉冠南、翰林名宿王肯堂、理學名儒焦竑、祝世祿、李心齋及進步思想家李贄等」。〔註 32〕此外正是在南京利瑪竇與李之藻、徐光啓的相識，爲日後二人加入基督教奠定了基礎。利瑪竇在南京通過學術傳教，受到士大夫的極大歡迎，雖然曾經與儒佛兩方面的人士進行過有關宗教教義的辯論，但都在學術範圍之內，並且得到眾多士大夫的支持，所以當時儒佛耶之間的爭論沒有造成反教風潮。在士大夫的幫助下，他得以前往北京向皇帝進獻方物。

除了利瑪竇之外，還有郭居靜、龐迪我、羅儒望、金尼閣、王豐肅、謝務祿、龍華民、艾儒略等人先後在此傳教，南京會院建有洪武岡教堂，在孝陵衛前有花園一所。教案發生前，王豐肅、謝務祿、龍華民、艾儒略四人都在南京，在龍華民的支持下，王豐肅擴大傳教規模，使教徒數目迅速增加，

〔註 29〕《利瑪竇中國劄記》，第 303 頁。

〔註 30〕《從利瑪竇到湯若望——晚明的耶穌會傳教士》，第 123 頁。

〔註 31〕《利瑪竇中國劄記》，第 496，567 頁。

〔註 32〕林金水：《利瑪竇在中國的活動與影響》，載《歷史研究》1983 年第 1 期。

成爲皈依天主教的人數最多的會院。〔註 33〕《聖朝破邪集》收錄教徒口供，其中王豐肅在口供中稱「聚徒講教，約二百餘人，每遇房虛昴星日一會，寅聚辰散，月以爲常」，余成元在口供中稱「七日一聚會，天未明而至，日未出而散，每次或三四十人，或五六十人不等」，由此可以知道南京傳教的大致情形。〔註 34〕此外《萬曆野獲編》提到「今中土士人授其學者遍宇內，而金陵尤甚」〔註 35〕，余懋孳在奏疏中稱「留都王豐肅、陽瑪諾等煽惑百姓不下萬人，朔望朝拜，動以千計。」〔註 36〕雖然比較誇張，但亦可看出當時南京傳教的聲勢和影響是很大的。

北京開教始於利瑪竇萬曆二十九年（1601）入京進獻方物，隨後得以在北京居住傳教，建立教堂。利瑪竇在與士大夫結交的過程中，他所介紹的西方天文學、地理學、數學等自然科學知識受到高度讚揚，禮部官員還曾上疏請求讓傳教士參與修訂曆法，對天主教傳教事業產生很大幫助。利瑪竇於萬曆三十八年（1610）去世後，在不少朝廷官員的幫助下受到皇帝賜葬的待遇，顯示出他生前與士大夫之間有著良好交往。萬曆三十三年（1605）北京教徒已經超過 100 人，利瑪竇死後，未見到北京天主教有大的發展，這一方面與北京是政治中心有關，另一方面也與在京傳教士龐迪我等人的小心謹慎有關。利瑪竇之後在北京傳教的耶穌會士有龐迪我、熊三拔、李瑪諾、倪雅谷、龍華民、畢方濟等人。

萬曆三十六年（1608），徐光啓邀請郭居靜到上海開教，此爲上海開教之始。郭居靜在上海兩年中曾爲 200 餘人授洗。

萬曆三十九年（1611）李之藻邀請郭居靜、金尼閣前往杭州開教，不久楊廷筠加入天主教，給予傳教事業很大幫助，黎寧石、艾儒略、費奇觀、陽瑪諾等人先後在杭州天主堂居住，南京教案發生時，共有五名耶穌會士在楊廷筠家中避難。

通過以上對各地傳教狀況的考察，可以發現南京教案前肇慶與韶州的傳教事業已經遭到破壞，上海有徐光啓的保護，杭州有楊廷筠、李之藻的保護，不致發生教案。南京教案發生後，徐光啓在家書中說：「南京諸處移

〔註 33〕《從利瑪竇到湯若望——晚明的耶穌會傳教士》，第 105 頁。

〔註 34〕參見《會審王豐肅等犯一案》、《會審鍾鳴禮等犯一案》，《聖朝破邪集》卷一，卷二。

〔註 35〕沈德符：《萬曆野獲編》卷三十「大西洋」條,中華書局 1959 年版，第 784 頁。

〔註 36〕《明神宗實錄》卷五四七，萬曆四十四年七月戊子條。

文驅迫，一似不肯相容。杭州諒不妨。如南京先生有到海上者，可收拾西堂與住居也。」〔註 37〕證明了這一點。在南昌的羅儒望與史惟貞同當地官員有著友好關係，不僅沒有受到迫害，反而允許他們到建昌繼續傳教。北京的教士在教案發生後，由於沈㴶等人奏疏中提到龐迪我、熊三拔，二人被遣送廣東，其他傳教士則躲藏起來，並未受到追究，這與徐光啓等官員的保護是分不開的。

以上各地傳教士均與士大夫有著良好關係，南京會院則與此不同，皈依天主教者雖多，卻大多爲普通的貧苦百姓，此外也沒有見到傳教士與士大夫交往的記載，這與利瑪竇的做法恰好相反。晏文輝在奏疏中說：「豐肅數年以前，深居，簡出入，寡交遊，未足啓人之疑，民與之相忘，即士大夫亦與之相忘。邇來則有大謬不然者，私置花園於孝陵衛，廣集徒眾於洪武岡。大瞻禮，小瞻禮，以房虛星昴日爲會約，灑聖水，擦聖油，以剪字貼門戶爲記號。迫人盡去家堂之神，令人惟懸天主之像。」〔註 38〕聚眾結會是當時官府非常忌諱之事，禁止祭祀「家堂之神」違背中國傳統習俗，王豐肅盲目擴大傳教規模的行爲促使儒佛耶之爭激化，與士大夫缺少交往無法得到有效保護，因而教案爆發於南京變得不可避免。

第三節　南京教案發生的原因

在對南京教案發生前各地傳教狀況和儒佛耶之爭矛盾激化考察之後，可以看出利瑪竇在適應中國文化習俗的過程中，認識到聯合儒者反對佛教的重要性，把天主教義與儒學之間的差異巧妙掩蓋起來，緩和雙方矛盾，集中力量批判佛教。利瑪竇「補儒易佛」傳教策略雖然引起儒佛耶之間初期爭論，但他通過學術交流的方式與士大夫建立起友好關係，得到他們的幫助和支持，同時把儒佛耶之爭儘量限制在學術討論的範圍之內，取得良好效果，使傳教活動平穩發展。

龍華民主管中國教務後，改變傳教路線，積極在底層民眾中傳播教義，他認爲儒家文化違背天主教義，因而嚴厲禁止教眾祀天、祭祖和參拜孔子，試圖用基督教文化來同化中國的世俗文化，這種堅決排斥儒家思想的行爲「爲具有反教情緒的士大夫與佛教信仰者結盟共同反對西方傳教士提供了最便於

〔註 37〕《徐光啓集》卷十一書牘，第 492 頁。

〔註 38〕《聖朝破邪集》卷一。

動員社會輿論的藉口」。〔註 39〕他又鼓動王豐肅在南京擴大傳教規模，引起南京官員的敵視，儒佛耶之爭迅速激化，南京教案隨即發生。

南京教案爆發的根本原因，主要是由於天主教進入中國之後，在倫理、社會以及文化價值等方面都與儒佛發生矛盾，最終儒佛耶之爭的激化演變爲明末第一次全國規模的反教運動——南京教案。

其一，從倫理層面上看，儒耶之間的衝突表現在對祀天、祭祖和參拜孔子的不同認識上。在儒家的觀念中，「天」的含義非常豐富，鍾始聲在《天學再徵》中把儒家「天」的含義總結爲三個方面，其一指「望而蒼蒼之天」，其二指「統御世間主善罰惡之天」，其三指「本有靈明之性，無始無終，不生不滅，名之爲天，此乃天地萬物本原，名之爲命」。〔註 40〕顯示出與西方天主觀念有著根本性差異。中國的「祀天」行爲含有祈禱上蒼保祐民生之意，在政治上起著維護皇權的作用。〔註 41〕只有皇帝才可以「祀天」，天主教敬奉天主在反教儒者眼中無疑是僭越和大逆不道的行爲。沈㴶在奏疏中就把這一罪名加在天主教頭上，「三代之隆也，臨諸侯曰天王君天下，曰天子。本朝稽古定制，每詔告之下，皆曰奉天。而彼夷詭稱天主，若將駕軼其上者，然使愚民眩惑，何所適從？」〔註 42〕

儒耶之間在祭祖、祀孔之事上同樣存在衝突。儒家倫理觀中「孝」的觀念非常重要，是維繫家庭與社會關係的紐帶，祭祀祖先含有愼終追遠的意味，儒者要定期參拜孔子則是歷代朝廷尊重在意識形態上佔有統治性地位的儒學的一種表現方式，兩者在中國社會文化習俗中都佔有極其重要的地位。利瑪竇認識到這一點，把祭祀祖先的活動解釋成「非宗教性的家族宗法活動，是教育性的、紀念性的」，把參拜孔子的行爲解釋爲「儒家教育和科舉制度的一部分」，〔註 43〕從而避免在這一敏感問題上引起衝突。龍華民則不然，認爲這些行爲都包含有宗教意義，屬於異端行爲，因而嚴厲禁止，在南京教案中成爲極大罪名。晏文輝指責天主教「迫人盡去家堂之神，令人惟懸天主之像。」〔註 44〕沈㴶奏疏中同樣指出，「臣又聞其誑惑小民，輒曰祖宗不必祭祀，但尊

〔註 39〕《龐迪我與中國》，第 334 頁。

〔註 40〕鍾始聲：《天學再徵》，載周駬方校點《闢邪集》，收入《明末清初天主教史文獻叢編》，北京圖書館出版社鉛印線裝本，2001 年版。

〔註 41〕王劍：《天學精神與儒學倫理——明末中西文化衝突探因》，載《吉林大學社會科學學報》2000 年第 3 期，第 59～64 頁。

〔註 42〕沈㴶：《參遠夷疏》，《聖朝破邪集》卷一。

〔註 43〕《中國禮儀之爭》，第 22～23 頁。

〔註 44〕晏文輝奏疏參見《會審王豐肅等犯一案並移咨》，《聖朝破邪集》卷一。

奉天主，可以昇天堂，免地獄。夫天堂地獄之說，釋道二氏皆有之，然以之勸人孝弟，而示懲夫不孝不弟造惡業者，故亦有助於儒術爾。今彼直勸人不祭祀祖先，是教之不孝也。繇前言之，是率天下而無君臣，繇後言之，是率天下而無父子。何物醜類，造此矯誣，蓋儒術之大賊，而聖世所必誅，尚可蚩蚩然驅天下而從其說乎？」〔註 45〕認爲天主教禁止小民祭祀祖宗，是教人不孝，危害道德人心。由此可見，儒耶之間在祀天、祭祖、參拜孔子等方面觀念的衝突是南京教案的一個重要原因。

其二，從社會層面上看，傳教士對佛教發動猛烈攻擊，南京教案前傳教規模迅速擴大，教徒數量激增，除了在教義方面威脅佛教在中國的宗教地位外，不少佛教徒改變信仰，轉變爲天主教徒，實際上縮小了佛教原有的精神領地，這種威脅在佛教徒看來更加現實，後果也更加嚴重。這一點在楊廷筠放棄佛教並加入天主教的事例中表現得尤爲明顯。

楊廷筠，字仲堅，號淇園，杭州仁和人。生於嘉靖三十六年（1557），中萬曆二十年（1592）進士，選爲江西安福知縣，歷官監察御史、湖廣道御史、四川道掌道事，萬曆三十七年（1609）稱病告退，歸隱杭州。天啓二年（1622）起任河南按察司副使，轉任光祿少卿和順天府丞，兩年後因得罪魏忠賢被迫退職。天啓七年（1627）卒於家。〔註 46〕當時杭州盛行佛教信仰，楊廷筠的父母都是佛教信徒。受家庭環境影響，楊廷筠與佛教關係頗深，同馮夢禎、虞淳熙、黃汝亨、沈潅等人交往很多，曾與虞淳熙、黃汝亨、聶心湯、洪瞻祖、葛寅亮、陳寓謨、袾宏等人一起編修《錢塘縣志》。〔註 47〕馮夢禎、虞淳熙皆是著名僧人袾宏弟子，曾在杭州一起組織勝蓮社，舉辦放生會。〔註 48〕黃汝亨同樣對佛教抱有好感，是虞淳熙的至交好友，曾主持校刻虞淳熙的《虞德園先生集》，還與後來爲沈潅《南宮署牘》作序的陳懿典多有往來。〔註 49〕楊廷筠與沈潅則是同年中進士，兩人關係一度很好。由於深受佛教影響，楊廷筠雖然與利瑪竇早就相識，卻並未產生加入天主教之念。

萬曆三十九年（1611），李之藻丁憂回到杭州，邀請郭居靜、金尼閣等前

〔註 45〕沈潅：《參遠夷疏》，《聖朝破邪集》卷一。

〔註 46〕方豪：《中國天主教史人物傳》中華書局 1988 年版，第 127 頁。

〔註 47〕《錢塘縣志》凡例，萬曆三十七年修，清光緒十九年刊本，《中國方志叢書》華中地方第 192 號，臺灣成文出版社 1975 年版。

〔註 48〕馮夢禎：《快雪堂集》，《四庫全書存目叢書》集部第 164 冊。

〔註 49〕參見《四庫禁毀書叢刊》集部第 42，43 冊。

去傳教，大肆焚毀佛像。楊廷筠與傳教士經過往復辯難之後，逐漸領悟基督教義，遂「屏妾異處，躬行教誡」，領洗成爲天主教徒，教名彌額爾。〔註 50〕楊廷筠對於天主教的信仰十分虔誠，還把天主教義與中國「昭事上帝」、「民我同胞」等儒家觀念結合起來，以證明天主教是有益無害的。〔註 51〕此外楊廷筠還發表有《天釋明辯》、《代疑篇》、《代疑續篇》、《聖水紀言》、《鴞鸞不並鳴說》等著作，貶斥佛教。

楊廷筠加入天主教前，與佛教有著緊密關係，「公倡道結眞實社，討論勤脩遐邇知名。優婆比丘襲竺乾衣缽之傳者，恒以禪秉中之。於是，公之門有禮僧之室焉。持珠授偈者環堵。公雅好施與，凡寺剎臺殿多所修建。」〔註 52〕這一記載顯示出他對佛教僧侶的支持，並且多次幫助修建廟宇，因而在佛教中有很大名望。他加入天主教之後，不再資助佛教，轉而爲天主教做了許多善事，曾經建立「仁會」資助貧苦民眾，設立「仁館」給不能上學的孩子提供受教育的機會，藉此傳播天主教。此外他還建立四所聖堂，幫助傳教士刊刻書籍，並爲去世的傳教士提供墓地。〔註 53〕

楊廷筠的這些行爲對佛教人士產生很大刺激，曾經有行元和尙作《爲翼邪者言》對楊廷筠表達不滿，認爲他棄佛從耶對佛教的損害甚至大於天主教本身的影響，「此余所以不咎天教之行於中國，而深咎中國之人行乎天教也。余固深咎中國之人行乎天教，而尤痛咎行天德之人叛乎正教也。」由此可以看出在天主教攻擊之下，佛教原有的精神領地受到侵犯，在佛教人士看來是無法容忍的。此外行元《非楊篇》、《代疑序略記》、性潛《燃犀》、行聞作《拔邪略引》等人作品對他在《代疑篇》中所宣揚的天主教義進行了反駁，從文章中稱他「襲瑪竇之唾餘」、「附西夷天主教」、「天學邪黨」等辱罵性言語看來，天主教與佛教的衝突已經達到非常激烈的程度。〔註 54〕

除了楊廷筠之外，鐘鳴旦在研究中提到，有教徒丟棄佛社皈依天主教後曾經創建「聖母會」。〔註 55〕這方面的事例說明天主教對佛教精神領地的侵犯

〔註 50〕方豪：《中國天主教史人物傳》第 128 頁。

〔註 51〕楊廷筠：《七克序》，徐宗澤《明清間耶穌會士譯著提要》第 53 頁。

〔註 52〕《楊淇園超性事迹》，轉引自鍾鳴旦《楊廷筠——明末天主教儒者》，第 66 頁。

〔註 53〕鍾鳴旦：《楊廷筠——明末天主教儒者》，社會科學文獻出版社 2002 年版，第 78 頁。

〔註 54〕釋行元：《爲翼邪者言》，另參周駬方校點《闢邪集》，收入《明末清初天主教史文獻叢編》，北京圖書館出版社鉛印線裝本，2001 年版。

〔註 55〕《楊廷筠：明末天主教儒者》，第 76 頁。

成爲雙方矛盾激化的一個重要原因。

其三，從文化價値層面上看，作爲西方文化形態象徵的教堂文化構成了對儒家道德和佛教寺院文化秩序的威脅，這也是儒佛耶之爭激化的原因之一。

傳教士進入中國之後，每到一地，都要建立教堂，除了以此作爲傳播宗教的場所外，還把教堂變爲展示西方文化的一個窗口。天主教教堂作爲「宗教意識的物化形態」，蘊涵著西方文化多種形態的要素，「是天主教觀念、感情、精神、儀式、藝術和工藝多種元素的結合體」，因而一方面成爲「溝通中西文化的橋梁」，另一方面成爲「嵌入中國傳統社會的異質文化」，使中國人「對自己熟悉的文化秩序遭到威脅而感到憂慮」，「教堂文化作爲西方文化形態的代表，最先在中國傳播並引發了中西兩種文化的衝突與碰撞。」從而導致「明清以來的許多教案中，一般民眾往往把教堂首先視爲攻擊的目標」。〔註 56〕

明末天主教進入中國的歷程完全證實了這一點，耶穌會士從肇慶到韶州、南昌，教堂都多次受到攻擊。南京教案中天主教堂同樣成爲攻擊的對象，沈漼指控教士的罪名即是「起蓋無梁殿，懸設胡像，誑誘愚民」，還指責傳教士定期在教堂聚會，圖謀不軌，有聚眾作亂的嫌疑，因而教案發生後馬上捉拿教徒，查封教堂。隨後又「清查夷物」，沒收「私置中國書籍，及自造番書、違禁天文器物」等物品，爲了從根本上消除天主教的影響，防止傳教士再次進入中國，南京禮部又將象徵著西方文化的天主教堂徹底拆毀並將地基出賣，甚至連原有的建築材料都要用於修造名臣祠宇。〔註 57〕可見在士大夫眼中，教堂文化構成的威脅是相當嚴重的，必須徹底清除。

〔註 56〕鄒振環：《明清之際嶺南的「教堂文化」及其影響》，載《學術研究》2002 年第 11 期，第 73～83 頁。

〔註 57〕《聖朝破邪集》卷二。

第二章　南京教案的經過與結果

第一節　南京教案的醞釀

南京教案起止時間如何限定，研究者對此尚沒有統一認識。教案當事人之一謝務祿認爲始於 1615 年，結束於 1622 年。他把天主教在華所受兩次大的挫折歸爲一體，故時間限定頗爲模糊。〔註 1〕張維華則認爲南京教案始於 1616 年五月沈㴶上《參遠夷疏》，結束於 1617 年傳教士被解送廣東。〔註 2〕鄧恩《從利瑪竇到湯若望——晚明的耶穌會傳教士》一書認爲南京教案始自「1615 年五月沈㴶上疏」，〔註 3〕林仁川認爲南京教案應分爲前後兩個階段，第一階段始於萬曆四十四年（1616）五月，「南京禮部侍郎沈㴶第一次上奏《參遠夷疏》，全面攻擊天主教，從而拉開了南京教案的序幕。」結束於萬曆四十五年（1617）沈㴶罷官，南京教案方告一段落。第二階段始於天啓元年（1621）沈㴶起爲禮部尚書兼東閣大學士，借白蓮教攻擊天主教，在南京逮捕教徒嚴加治罪，至第二年沈㴶革職還鄉，不久病死家中，南京教案方告結束。〔註 4〕

〔註 1〕《大中國志》，第 251～267 頁。

〔註 2〕張維華在《南京教案始末》一文中說：「計自沈㴶上疏之始至此次教案之終，前後凡越十六月之久。」沈㴶上《參遠夷疏》爲萬曆四十四年（1616）五月，廣東撫按收到南京都察院所解送之傳教士後回咨日期爲萬曆四十五年（1617）八月，前後恰爲「十六月」。他在文末又稱南京教案「結於萬曆五十三年」，萬曆在位僅四十八年，不可能有「五十三年」，當爲「四十五年」之筆誤。

〔註 3〕此處上疏時間應該是「1616 年」之誤。《從利瑪竇到湯若望——晚明的耶穌會傳教士》，第 115 頁。

〔註 4〕《明末清初中西文化衝突》，第 137～138 頁。

以上對南京教案起止時間的討論意見不一，事實上沈㴶上《參遠夷疏》是南京教案發生的前奏，在未得到答覆之前沒有採取實際行動，直到萬曆四十四年（1616）七月二十一日因「有番書訂寄揭稿在王豐肅處」，方才將傳教士逮捕，標誌著教案的正式爆發。〔註5〕萬曆四十五年（1617）八月廣州府向南京禮部回覆咨文，詳述王豐肅等四名傳教士被解送廣州的情形，自此案件平息，其餘教士隱身內地，並未受到深究，可以說標誌著南京教案的結束。至於傳教士記載數年後南京官員以勾結白蓮教為名再興大獄，沈㴶借機發動第二次南京教案的說法，從實際效果上看沒有對天主教產生太大影響，並且很快得到平息，因此與南京教案並無直接聯繫，同時缺少相應的中文文獻記載，故不列入本文討論範圍。本文系統考察南京教案，起自萬曆四十四年（1616）五月沈㴶上《參遠夷疏》，結束於萬曆四十五年（1617）八月傳教士被遣送廣東。

考察南京教案發生前的醞釀可以發現，南京教案的發生與明末儒佛耶之爭有著緊密聯繫。沈㴶到達南京之際，正值南京天主教擴大傳教規模，沈㴶認為天主教變亂中國道統，對儒學有很大損害，很快準備禁止天主教的傳播。〔註6〕他於萬曆四十四年（1616）五月上《參遠夷疏》，奏疏從夷夏之防的角度指責傳教士私入中國，所稱「大西洋」、「天主教」僭越中國禮制，從傳教士私習天文曆法的角度指控天主教企圖變亂「中國相傳綱維統紀之最大者」。認為天主教禁止教徒祭祖先「由前言之，是率天下而無君臣，由後言之，是率天下而無父子」，實為「儒術之大賊」。天主教以金錢誘人入教的行為居心叵測、圖謀不軌，有聚眾作亂的嫌疑，為防患於未然，必須加以驅逐。〔註7〕南京禮科給事中晏文輝的奏疏，反映出儒耶之間存在很大矛盾，他說：「天帝，一也。以其形體謂之天，以其主宰謂之帝。吾儒論之甚精，而彼刻天主教要略云天主生於漢哀帝時，其名曰耶穌，其母曰亞利瑪。又云被惡官將十字枷釘死。是以西洋罪死之鬼為天主也，可乎？不可乎？將中國一天而西洋又一天耶？將漢以前無天主而漢以後始有天主耶？據斯謬譚，直巫覡之

〔註5〕沈㴶：《再參遠夷疏》，《聖朝破邪集》卷一。張維華在《南京教案始末》一文中說「南京教案，雖肇始於沈㴶第一次之奏疏，而其爆發，則在萬歷四十四年七月二十一日」，亦可證明。

〔註6〕沈㴶在《參遠夷疏》中稱：「臣初至南京，聞其聚有徒眾，營有室廬，即欲修明本部執掌，擒治驅逐。」參見《聖朝破邪集》卷一。

〔註7〕沈㴶：《參遠夷疏》，《聖朝破邪集》卷一。

邪術也。」〔註 8〕兩人從維護儒學道統的角度對天主教進行批判，顯示出儒耶之間的衝突已經激化。

天主教同佛教的衝突與南京教案的醞釀也有很大關係。就在南京教案發生的前一年，著名僧人袾宏作《天說》對天主教進行批判，他指出大千世界共有萬億天主，天主教所尊奉者僅爲其中之一小天主，在強調六道輪迴說正確性的同時，辯命殺生之說，認爲天主教不禁殺生，實爲「慘毒之心」。他還闡述儒家所稱「天」的含義，解釋儒經中「天」與西方「天主」意義之不同，二者不可相提並論。〔註 9〕當時的耶穌會士曾經記載：「沈㴶的佛教好友曾受徐光啓有力駁斥，因而忌恨在心；南京的和尚向沈㴶行賄，希望藉此驅逐耶穌會士。」〔註 10〕有人認爲這指的是傳教士曾與袾宏進行辯論，引起雙方衝突。由於袾宏恰好在這一年去世，甚至有西方研究者暗示這是由於辯論失敗造成的，沈㴶即因此發難。〔註 11〕

羅光稱沈㴶是袾宏的俗家弟子，認爲教案的發生與佛耶之爭直接相關。〔註 12〕目前沒有見到沈㴶拜袾宏爲師的證據，僅在袾宏《雲棲大師遺稿》卷三「開示」中有《示沈少宗伯薦夭求子》一文，筆者推測該文可能是袾宏寫給沈㴶的。沈㴶曾任南京禮部侍郎，且筆者查閱《明代職官年表》，袾宏活動的明朝嘉靖、隆慶、萬曆年間京師與南京歷任禮部侍郎只有沈㴶一人姓沈，故「沈少宗伯」應爲沈㴶無疑。〔註 13〕但因爲原文寫作時間和對象均不明確，此文開示對象是否爲沈㴶尚須進一步考證，筆者根據文章內容論述如下。

文章分爲兩個部分，第一部分爲「薦夭」，主要闡明生子夭亡，在舉辦佛事超度殤子亡靈時，「誦經要體佛心，禮懺要明己過。」他向對方指出最重要的是要行慈悲、戒殺生，爲此需要做兩件事情，一件是變賣亡兒衣飾玩好買放生命，「以贖其殺業。」另一件是生子後慶賀時不可殺生，父母要「永斷殺業」。另外還有「二事當戒」，一是父母要制止孩子傷害蠅蚋螟蠓之類「種種微細蟲豸」，避免因殺生而折壽；二是要禁止孩子戲言辱罵父母尊長，以免折壽。第二部分爲「求子」，首先說明爲了求子而拜佛禮僧一定要誠心向善，僅

〔註 8〕晏文輝奏疏參見《會審王豐肅等犯一案並移咨》，《聖朝破邪集》卷一。

〔註 9〕袾宏：《天説》，《聖朝破邪集》卷七。

〔註 10〕《大中國志》，第 251 頁。

〔註 11〕《從利瑪竇到湯若望——晚明的耶穌會傳教士》，第 113 頁。

〔註 12〕羅光：《徐光啓傳》，第 72 頁。轉引自楊森富《中國基督教史》第 65 頁。

〔註 13〕張德信：《明代職官年表》，黃山書社 2009 年版。

作佛事之表面文章則未必能夠實現願望。為此要做兩件事情，一是戒殺生，二是積陰德。同樣有「二事當戒」，一是不可只知愛護自己親生兒子，對「義男女」則「視同土芥，恣意鞭撻」，應有仁愛之心；二是不可於老年「取少女以為姬妾」，否則其怨氣會「損德消福」而導致無子。〔註14〕文章重點說明只有誠心向善、戒殺生、積仁德，方能超度夭折之殤子亡靈，求得子嗣，這表明袾宏是為了告訴對方怎麼樣才能求得子嗣而寫這篇文章的。

那麼沈潅是否真的沒有子嗣呢？筆者在同治年間纂修的《湖州府志》中找到了相關證據，該志卷九十五「《雜綴》三」記載沈潅家族在清朝初年因受「科場案」與「通海案」牽連而家族敗落之事，其中提到：「沈尚書演與兄相國潅皆為侍郎沈節甫子，家貲數百萬，無嗣，以侄丙子舉人棨號文五承祧。」〔註15〕沈演確實因子早殤而過繼長兄沈淙之次子沈棨〔註16〕，至於沈潅則未見其有子嗣之記載，沈演在給徐光啓的信中曾說：「寡嫂、孤兒只存一線，情景極慘楚」〔註17〕，表明沈氏三兄弟似乎僅存一脈，與《示沈少宗伯薦夭求子》結合起來考慮，可以推斷沈潅同樣缺乏子嗣，在中國「不孝有三，無後為大」傳統觀念的影響之下，希望通過求神拜佛得到子嗣，為此向袾宏求教，袾宏撰寫此文告訴他薦夭求子應注意的事項。

袾宏，字佛慧，號蓮池，杭州仁和（今屬浙江杭州）人。生於明嘉靖十四年（1535），卒於萬曆四十三年（1615），俗姓沈，三十二歲時出家為僧，後在杭州主持雲棲寺長達三十餘年，為中國佛教淨土宗第八祖，有《竹窗隨筆》、《竹窗二筆》、《竹窗三筆》、《正訛集》、《直道錄》等多部著作，後由其弟子彙編為《雲棲法匯》。〔註18〕袾宏當時在江南社會中影響力很大，「一時

〔註14〕袾宏：《示沈少宗伯薦夭求子》，《雲棲大師遺稿》卷三，收入《雲棲法匯》，光緒二十五年金陵刻經處刊本。另參《蓮池大師全集》下冊，華夏出版社 2011 年版，第 383～384 頁。

〔註15〕宗源瀚等：（同治）《湖州府志》，據同治十三年刊本影印，臺灣成文出版社 1970 年版，第 1799 頁。

〔註16〕錢謙益：《南京刑部尚書沈公神道碑》，《牧齋初學集》卷六十五，參見《錢牧齋全集》，上海古籍出版社 2003 年版，第 1515 頁。

〔註17〕沈演：《止止齋集》卷六十一，日本尊經閣文庫藏崇禎六年刊本，轉引自黃一農《兩頭蛇——明末清初的第一代天主教徒》，上海古籍出版社 2006 年版，第 120 頁。

〔註18〕郭朋：《明清佛教》，福建人民出版社 1982 年版，第 176～179 頁。另參明河：《補續高僧傳》卷五《雲棲蓮池宏師傳》，載《高僧傳合集》，上海古籍出版社 1991 年版，第 639 頁。

諸縉紳先生次第及門，問道者以百計。皆扣關擊節，徵究大事，精難義，靡不心折。」「其及門得度者，不下數千計，而在家無與焉。縉紳士君子及門者，亦以千計，而私淑者無與焉。」〔註 19〕由此可以看出其與晚明官僚士紳交往很多。沈㴶與袾宏俗家同姓沈，又同爲浙江人〔註 20〕，二人之間有過交往並不奇怪，沈㴶爲了求得子嗣而崇信佛教並向袾宏求教亦爲自然而然之事。

通過上述材料，筆者推測沈㴶因渴望得到子嗣而信仰佛教並向袾宏請教，袾宏寫了《示沈少宗伯薦夭求子》一文告訴他應該嚴戒殺生、積德行善方能求得子嗣。袾宏早年未出家之前曾有一子同樣幼年夭折〔註 21〕，故對沈㴶薦夭求子心情應有切身體會，因而在此文中結合佛教信仰極力強調戒殺生、行仁善。此文反映出沈㴶與袾宏之間有密切關係，稱沈㴶爲袾宏之俗家弟子亦未始不可。如此一來面對天主教傳教士的批判和攻擊，即使佛教人士不提出控告，沈㴶從佛教信仰出發對耶穌會士的行爲也是無法容忍的。沈㴶在《參遠夷疏》中也提到「釋道二氏流傳既久，猶與儒教並馳」，又說「夫天堂地獄之說，釋道二氏皆有之，然以之勸人孝弟，而示懲夫不孝不弟造惡業者，故亦有助於儒術爾。」〔註 22〕至少說明他對佛教是有好感的。

參與並主持審訊南京教案被捕教眾工作的徐從治與佛教人士也有密切交往。徐從治，字仲華，號肩虞，浙江海鹽人。萬曆三十五年（1607）進士，知桐城，改武學教授，轉國子助教，遷南京禮部祠祭司主事至郎中。明代宗教及外國朝貢事務由禮部負責，具體來說，祠祭司負責對僧道諸人的管理，「有興造妖妄者罪無赦。」主客司負責「諸蕃朝貢接待給賜之事」，「各國使人往來，有誥敕則驗誥敕，有勘籍則驗勘籍，毋令闌入。」〔註 23〕徐從治時任南京禮部祠祭司主事，南京教案在其職責範圍之內，故徐從治具體負責審理南京教案，最後又主管教堂物產的處理，自始至終參與了南京教案。〔註 24〕他在萬曆四十五年（1617）應其兄徐光治〔註 25〕之請作《金粟山廣慧禪寺禪堂

〔註 19〕釋德清：《古杭雲棲蓮池大師塔銘》，載《蓮池大師全集》下冊《雲棲大師塔銘偈贊》，華夏出版社 2011 年版第 501、503 頁。

〔註 20〕沈㴶爲烏程（今屬浙江湖州）人，其傳記資料參見本書第三章第二節。

〔註 21〕釋德清：《古杭雲棲蓮池大師塔銘》，《蓮池大師全集》下冊《雲棲大師塔銘偈贊》，第 499 頁。

〔註 22〕沈㴶：《參遠夷疏》，《聖朝破邪集》卷一。

〔註 23〕《明史．職官志一》卷七十二。

〔註 24〕《聖朝破邪集》卷二。

〔註 25〕徐光治，字型唐，號孟勳。徐應奎長子，徐從治之兄。工詩文，遊庠，以貢

置產序》，敘述其家鄉浙江海鹽金粟山廣慧禪寺重修經過，及其兄徐光治參與重修寺廟並請密雲禪師前來主持廣慧禪寺之事，顯示出他對佛教的友好態度。他在文中提到寺廟重修後四方信佛人士雲集於此，「即余光祿兄孟勳、兒同貞亦各輸粟飯僧，羅拜大師，親承棒喝。」言其兄徐光治、子徐同貞〔註 26〕均崇信佛教。他敘述金粟山廣慧禪寺重修之後煥然一新，又言：「即余備員南儀，典金陵諸剎，無能踰其壯麗者。余府君通奉公喟然曰：『山之靈耶，抑師之靈耶？』余曰：『非山之靈不能攀留大師，非師之靈不能充仞物力，合併而成焉者也。」〔註 27〕從中可以知道當時他負責管理南京包括佛教在內的宗教相關事務，對南京各佛寺都很熟悉，與佛教人士有著友好關係。其與父親徐應奎〔註 28〕之間的對話顯示其父亦爲信佛人士，事實上其弟徐昌治亦與佛教有極爲緊密之關係〔註 29〕。由此不難推想，在全家人崇信佛教的影響下，徐從治對天主教極力攻擊佛教是非常反感的，其排斥天主教的態度可想而知。

此外徐光啓在《辨學章疏》中說「諸陪臣之言與儒家相合，與釋老相左，僧道之流咸共憤嫉，是以謗害中傷，風聞流播」，〔註 30〕同樣透露出南京教案的發生與佛耶之間的矛盾衝突有關。

入國學，授光祿寺署丞。參光緒《海鹽縣志》卷十七《徐光治傳》，《中國地方志集成》（浙江府縣志輯）第 21 冊，上海書店 1993 年版第 908 頁。

〔註 26〕徐同貞，字伯圜。徐從治長子，諸生。從治殉難萊城，同貞蔭襲錦衣衛，歷指揮使、都指揮僉事。明亡後歸鄉閒居，入清屢辭地方官之推薦，康熙初舉郡邑鄉賢。參光緒《海鹽縣志》卷十五《徐同貞傳》，《中國地方志集成》（浙江府縣志輯）第 21 冊，上海書店 1993 年版，第 858 頁。

〔註 27〕徐從治：《金粟山廣慧禪寺禪堂置產序》，載《徐忠烈公集》卷四，康熙刊本。另參《四庫禁毀書叢刊補編》第 70 冊，北京出版社 2005 年版，第 711～712 頁。

〔註 28〕徐應奎，字星魯，海鹽人。共四子，長子光治，次子從治，三子允治，四子昌治。壽九十一而終，以次子徐從治殉難萊城封贈兵部尚書，崇祀鄉賢。其父年八十一，從子文治年九十四，子光治年九十，昌治年九十一。一門耆壽，自古所稀。參見康熙《海鹽縣志》與光緒《海鹽縣志》，《中國地方志集成》（浙江府縣志輯）第 21 冊，第 226、930 頁。另《徐忠烈公集》卷首附《浙江通志》卷三十六《孝義紀．徐應奎傳》與《明大司馬肩虞徐公行狀》，《四庫禁毀書叢刊補編》第 70 冊。徐昌治《無依道人錄》卷下《歷敘一生艱苦》亦有相關記載，載《明版嘉興大藏經》第 23 冊，臺北新文豐出版公司 1987 年版，第 345 頁。

〔註 29〕詳見後文第四章。

〔註 30〕徐光啓：《辨學章疏》，《徐光啓集》第 431 頁。

考察與南京教案直接相關的傳教士王豐肅的相關情況，亦可發現儒耶之爭對南京教案的影響。王豐肅，又名王一元，字泰穩，義大利人。1605 年到達南京，1609 年開始主持南京教務。〔註 31〕南京教案後被遣送廣東，又被押解到澳門。天啓四年（1624）改名高一志，再次進入中國，前往山西絳州傳教，曾勸化韓雲、韓霖兄弟加入天主教，崇禎十三年（1640）卒於絳州。他的著作很多，主要有《聖教解略》、《聖母行實》、《天主聖教聖人行實》、《童幼教育》等。

王豐肅最初受利瑪竇傳教策略影響較大，在傳教活動中小心謹慎，因而南京教會並未受到太多敵視。龍華民主持中國教務後，主張積極在底層民眾中宣傳宗教，吸收更多中國人加入天主教，並親自前往南京會院，加強傳教工作。王豐肅在他的影響下，改變以往作風，迅速擴大傳教規模，鄧恩利用教會保存的第一手資料敘述了他在南京的傳教活動，「在南京的王豐肅，被勝利沖昏了頭腦，將謹慎小心的態度抛之腦後，以完全公開的方式來宣講福音。在教堂裏進行的禮拜儀式中，神父穿著華麗的服飾，場面十分輝煌壯麗。天主教徒們當然對此非常高興。很多從利瑪竇住在南京的那段時間起，就對天主教表示同情和感興趣的非天主教徒的學者型官員們，也不會不高興。在南京和其他城市的一些人，受到了南京生氣勃勃的天主教團體的感染，被啓發和吸引，向天主教的信仰接近了。但是在南京的另一些人，則以帶有偏見的眼光看待此事。有很多佛教的僧侶，他們將這一新興而充滿生機的運動視爲對自己地位的威脅。王豐肅的態度也不是設法平息這些人本能的反感。他認爲，他們中的絕大多數無疑是騙子，只能蠱惑無知和輕信的人。他毫不掩飾地對他們表示出輕蔑的態度。」〔註 32〕晏文輝的奏疏同樣反映出王豐肅傳教方法變化造成的影響：「豐肅數年以前，深居，簡出入，寡交遊，未足啓人之疑，民與之相忘，即士大夫亦與之相忘。邇來則有大謬不然者，私置花園於孝陵衛，廣集徒眾於洪武岡。大瞻禮，小瞻禮，以房虛星昴日爲會約，灑聖水，擦聖油，以剪字貼門戶爲記號。迫人盡去家堂之神，令人惟懸天主之像。假周濟爲招來，入其教者，即與以銀。記年庚爲恐嚇，背其盟者，云置之死。

〔註 31〕榮振華著、耿昇譯：《在華耶穌會士列傳及書目補編》，中華書局 1995 年版，第 690 頁。《會審王豐肅等犯一案》他的口供中稱萬曆三十九年（1611）到達南京。

〔註 32〕《從利瑪竇到湯若望——晚明的耶穌會傳教士》，第 110 頁。

對士大夫談，則言天性，對徒輩談，則言神術，道路爲之喧傳，士紳爲之疑慮。」〔註 33〕可見南京教案前他的傳教活動產生的影響是很大的。

王豐肅主持的南京教會產生很大影響，他本人也因此被視爲南京教案的主犯，沈㴶在《參遠夷疏》中就提出「不謂近年以來，突有狡夷自遠而至，在京師則有龐迪我、熊三拔等，在南京則有王豐肅、陽瑪諾等，其他省會各郡，在在有之。」《再參遠夷疏》中又說「豐肅神奸，公然潛住正陽門裏，洪武岡之西，起蓋無梁殿，懸設胡像，誑誘愚民。」〔註 34〕從王豐肅在南京的傳教活動的變化可以看出，正是傳教士盲目擴大傳教規模的行爲，導致儒耶之爭激化，沈㴶決心驅逐天主教，發動教案，儒佛開始聯合起來利用政治的力量對天主教發動攻擊。

由於沈㴶並未掌握傳教士的獲罪證據，且朝廷對教士多所優待，賜予利瑪竇墓地，一些官員還上疏請求讓傳教士參與修訂曆法，沈㴶對此頗有顧忌，故於萬曆四十四年（1616）五月上《參遠夷疏》，試探朝廷態度，「㴶自上疏之後，無日不思捕拿西士，以償宿願，然因疏上不報，未便遽行，而西士亦奉法惟謹，無所藉口，故兩月來，隱忍無逮捕之事發生。」〔註 35〕萬曆皇帝對教士存有好感，對沈㴶奏疏未加理會，南京官員又沒找到藉口，因而教案沒有馬上發生。

第二節　南京教案發生的經過

南京教案正式爆發是在萬曆四十四年七月二十一日（1616 年 9 月 1 日），此前北京的傳教士也許已經意識到可能會發生教案，龐迪我提前派人通知王豐肅等人做好應變準備，萬曆四十四年七月十九日（1616 年 8 月 30 日）午夜，龐迪我所派之人到達南京，第二天龍華民與艾儒略即由南京前往北京。七月二十日晚沈㴶派遣軍隊包圍教堂，北京禮科給事中余懋孳似乎是爲了與沈㴶的行動南北呼應，同一天上《闢異教嚴海禁疏》請求嚴禁天主教。〔註 36〕七月二十一日教案發生，教徒被捕，教堂被封。王豐肅在前往監獄的路上被百姓侮辱、嘲笑和謾罵。生病的謝務祿（曾德昭）被留在一間加上

〔註 33〕《聖朝破邪集》卷一。

〔註 34〕《聖朝破邪集》卷一。

〔註 35〕《南京教案始末》，第 210 頁。

〔註 36〕《明神宗實錄》卷五四七，萬曆四十四年七月戊子條。

封條的房屋內。〔註 37〕沈潅在《再參遠夷疏》中敘述了教案的發生情況，「更可駭者，臣疏向未發抄，頃七月初，才有邸報，而彼夷即於七月初旬具揭，及至二十一日，已有番書訂寄揭稿在王豐肅處矣。夫置郵傳命，中國所以通上下，而廣宣達也，狡夷醜類而横弄線索於其間，神速若此，又將何爲乎？頃該巡視東城御史孫光裕查炤會題事理，行令兵馬司拘留彼夷候旨。」〔註 38〕由此可知，七月初邸報登載沈潅奏疏之後，傳教士不甘束手就擒，「訂寄揭稿」爲自己辯護，被沈潅查知，遂加以罪名，由巡城御史行令兵馬司加以逮捕。

此次逮捕教眾數目，沈潅《再參遠夷疏》中稱「有愚民手執小黃旗，自言願爲天主死」，又說「在本所搜獲者，一十三名」。南京禮部《拿獲邪黨後告示》則說「據申報西營地方，搜獲十三名，幼童五名。孝陵衛地方，搜獲一名。」兩相對照可知，沈潅未將幼童計算在內，故稱「在本所搜獲十三人」，加上「手執小黃旗，自言願爲天主死」的姚如望，與《拿獲邪黨後告示》及《會審鐘鳴仁等犯一案》人數相符，恰爲十九人。〔註 39〕

萬曆四十四年八月（1616 年 9 月）沈潅在發動教案之後上《再參遠夷疏》，列舉西士罪名，解釋發動教案的原因，請求朝廷「早賜批發該部」，奏疏中一再提到傳教士行蹤無常，心懷叵測，對中國社會穩定存在嚴重威脅，爲了「申嚴律令，以正人心，以維風俗」，請求朝廷允許「將夷犯從法依律擬斷，其原參未獲陽瑪諾等者，行提緝獲」。奏疏最後說：「庶乎明旨昭然而人心大定，道化歸一而風俗永清。不惟臣部職掌得申，而國家之隱憂亦杜矣。臣不勝激切，待命之至。」〔註 40〕顯示出天主教對儒家文化秩序的威脅是他發動教案的重要原因。

南京教案發生後，儒佛耶之爭的激化使「禮部及南北臺省諸臣，先後題催」，除徐光啓等少數幾人爲之辯護外，大部分朝廷官員對傳教士懷有疑慮。龍華民對此嚴峻形勢明顯準備不足，匆忙由高郵趕赴北京，希望通過朝廷官員向皇帝申訴。可是徐光啓三年前已到天津練兵屯田，傳教士不懂官場內情，朝中無人相助，因而毫無效果。〔註 41〕傳教士愈發感到形勢嚴峻，派遣張案

〔註 37〕《大中國志》，第 255 頁。沈潅《再參遠夷疏》證實這一教案發生時間是準確的。

〔註 38〕沈潅：《再參遠夷疏》，《聖朝破邪集》卷一。

〔註 39〕《聖朝破邪集》卷一。

〔註 40〕沈潅：《再參遠夷疏》，《聖朝破邪集》卷一。

〔註 41〕《從利瑪竇到湯若望——晚明的耶穌會傳教士》，第 120 頁。

帶著龐迪我、熊三拔所作《辨揭》至南京刊刻印發，希望通過輿論對沈㴶施加壓力。〔註 42〕由於傳教士不瞭解中國的具體情況，不僅沒有達到積極效果，反而弄巧成拙，被沈㴶找到更多藉口，使教案進一步擴大。

鄧恩的研究認爲龍華民「派鐘鳴禮帶著徐光啓的文章趕赴南京，在南京印行並散發」。〔註 43〕此言不確，當時鐘鳴禮身在杭州，前往南京的是教徒張案。所帶文章也並非徐光啓《辨學章疏》，而是龐迪我、熊三拔所作《辨揭》。沈㴶奏疏中說「龐迪峨熊三拔等，亦造疏揭」，「臣觀疏揭內，公然自言兩京各省有十三人，殊爲可駭。」〔註 44〕查徐光啓《辨學章疏》，文內並無「兩京各省有十三人」之言，而龐迪我、熊三拔所作《辨揭》內卻存有此語，「《具揭》著者進一步指出，當時在中國傳教的除北京的龐迪我和熊三拔外，尚有王豐肅、陽瑪諾、謝文珞（謝務祿）、羅如望、黎寧石、史百度（史惟貞、龍化民（龍華民）、費奇觀、郭居靜、畢芳濟（畢方濟）和艾儒略共 13 人。」〔註 45〕張鎧對《具揭》的這段介紹恰恰證明沈㴶所指疏揭即龐迪我所作《辨揭》。

張鎧不僅沿用鄧恩的這一錯誤，並且加以引申，「當龍華民讀到徐光啓的《辨學章疏》時，認爲其內容非常富有說服力，可起到平息南京反教風潮的作用。所以他決定派人帶徐光啓的《辨學章疏》前往南京，然後將該文刻印分發。龍華民不在南京刊刻印發《具揭》而決定將《辨學章疏》推向社會，這固然是考慮到徐光啓的社會地位和聲望，而更重要的一點我們認爲是基於：《辨學章疏》僅僅抽象地肯定了基督教地補儒作用，而《具揭》則詳述了適應策略的理論和社會實踐活動，這些內容是龍華民所堅決反對的。因此面對來勢洶洶的反教風潮，爲了擺脫眼前的困境，在萬不得已的情況下，他寧願把《辨學章疏》當作爲西方傳教士辯護的手段，而不願求助於《具揭》，以

〔註 42〕《奏疏》及《告示》中都說鍾鳴禮（又名鍾明宇）與張案一起帶著揭帖來到南京，鄧恩在《從利瑪竇到湯若望》一書可能受此影響，稱「龍華民就派鍾鳴禮帶著徐光啓的文章趕赴南京，在南京印行並散發」。張維華根據《會審鍾鳴禮等犯一案》中鍾鳴禮與張案的供詞，證明持疏揭至南京者「只張案一人，鍾鳴禮原在杭州，八月初二日，聞豐肅被捕，其兄鳴仁亦罹於難，遂於十日，自杭州至南京，謂其自北京來者，當爲一時未審查之謬誤也。」

〔註 43〕《從利瑪竇到湯若望——晚明的耶穌會傳教士》，第 120 頁。

〔註 44〕沈㴶：《參遠夷三疏》，《聖朝破邪集》卷一。

〔註 45〕《龐迪我與中國：耶穌會適應策略》，第 370 頁。徐宗澤《明清間耶穌會士譯著提要》中稱龐迪我著有《辨揭》一卷，後題「一六一六年教難時之辯護書，一六一八年刻於澳門」。《徐家彙藏書樓所藏古籍目錄稿初編》卷二收有龐迪我、熊三拔《辯誣奏疏》一卷，或即此書。

示他在禮儀之爭中所堅持的原則性立場。」〔註 46〕張鎧爲突出龍華民與龐迪我之間的矛盾，意圖借刊刻疏揭之事加以渲染，事實上並非如此，當時刊刻《辨學章疏》不僅於事無補，甚至徐光啓也會因此受到連累而獲罪，徐光啓不可能不知道這麼做的後果。很有可能徐光啓對傳教士刻印散發《辨揭》並不知情，否則應該會阻止傳教士的這種行爲。

萬曆四十四年八月初二日（1616）南京教案發生的消息傳至杭州，〔註 47〕八月初八日張寀到達南京，尋至教友余成元家。〔註 48〕萬曆四十四年八月初十日（1616 年 9 月 20 日）鐘鳴禮自杭州來到南京，訪教友余成元，與張寀見面，商量刊刻揭帖之事。八月十一日（1616 年 9 月 21）余成元雇傭工人潘明、潘華、秦文等包工刊刻，十四日（1616 年 9 月 24 日）刻完。由教徒周用、雇工吳南印刷一百本，約定第二天朝天宮習儀處所投遞。余成元之叔父怕受連累，前往官府告密。〔註 49〕至八月十四日晚，發生了第二次逮捕教眾事件，這次逮捕教眾八人。〔註 50〕

沈㴶在《參遠夷三疏》中敘述了此次逮捕的情況：「南京各衙門月給報房工食，蓋謂兩京事體，奉旨施行，欲緝呼吸相通爾，其他鄉官士民皆不能得，而彼夷人亦給工食於報房人，意欲何爲？尤可異者，各衙門參彼之疏，尙未得旨，而龐迪我、熊三拔等，亦造疏揭，差其細作鐘鳴禮、張寀等齎持前來，詐稱已經奏進，刊刻投遞。臣觀其疏揭內，公然自言兩京各省有十三人，殊爲可駭。〔註 51〕《拿獲邪黨後告示》亦說：「無奈有一二邪黨，如鍾明宇等八名，自遠而來，齎有龐迪我、熊三拔等疏揭二件，潛搭窩棚，私行刊刻，肆出投遞。夫本部未有一牌票提治，而狡夷公然揭，又公然疏，又公然刻，此等伎倆，豈法紀所容，爲此不得不拿。」〔註 52〕《明實錄》在遣送傳教士歸國的記載中說：「迪我等亦刊揭逞辯，千里之遠，數日可達，人益疑豐肅等爲佛郎機夷種。」又說：「禮部覆言此輩左道惑眾，止於搖鐸鼓簧，倡夷狄之道於中國，是書所稱蠻夷滑夏者也，此其關係在世道人心，爲禍顯而遲。但其

〔註 46〕《龐迪我與中國：耶穌會適應策略》，第 379 頁。

〔註 47〕《會審鍾鳴禮等犯一案》鍾鳴禮口供，參見《聖朝破邪集》卷二。

〔註 48〕《會審鍾鳴禮等犯一案》張寀口供，參見《聖朝破邪集》卷二。

〔註 49〕《會審鍾鳴禮等犯一案》諸人口供，《聖朝破邪集》卷二，另參見《大中國志》第 258 頁。

〔註 50〕《會審鍾鳴禮等犯一案》，《聖朝破邪集》卷二。

〔註 51〕沈㴶：《再參遠夷疏》，《聖朝破邪集》卷一。

〔註 52〕《拿獲邪黨後告示》，《聖朝破邪集》卷一。

各省盤踞，果爾神出鬼沒，透中國之情形於海外，是書所稱寇賊奸宄者也，此其關係在廟謨國是，爲禍隱而大。」在明朝統治者看來，天主教的活動一方面威脅到在意識形態上佔有統治地位的儒學，另一方面對統治者非常關心的統治秩序也構成了威脅。由此可以看出儒耶之間的衝突是導致這次教案發生並進一步擴大的重要因素。

第二次逮捕之後，南京禮部下發《拿獲邪黨後告示》，安定南京社會秩序，又於萬曆四十四年十月（1616 年）四司會審鐘鳴禮等八人，並催請皇帝下旨驅逐傳教士，「南府部臺省合疏參奏，不報。北科道諸臣及南京禮部參之，不報。南科臣晏文輝有速賜處分之請。」〔註 53〕萬曆四十四年十二月沈漼上《參遠夷三疏》，敘述第二次逮捕教徒的情況，催促皇帝作出答覆。在眾多大臣的催促下，萬曆皇帝於十二月初十日下旨驅逐教士。〔註 54〕

第三節　審訊及處理結果

《聖朝破邪集》保留了南京官員四司會審天主教徒的審訊記錄，主要包括《會審鍾明禮等犯一案》、《會審王豐肅等犯一案》及《會審鐘鳴仁等犯一案》，三份文件分別記載了參與審訊的官員名單，被捕教眾供述各自從教經歷及被捕經過的口供，最後是作出判決的「堂批」。這些文件反映出當時天主教在華傳播情況，南京教案發生的具體過程，以及反對天主教的中國官員對耶穌會士所帶來的西方宗教文化的態度，其中有關儒耶衝突的內容尤爲珍貴，本節據此對教案的審訊情況加以整理。

兩次逮捕教徒之後，沈漼等官員在合疏參劾教士的同時，未等旨意下達，即展開對中國教徒的審理，一來藉此坐實教眾私刻揭帖、聚眾作亂諸項罪名，二來試探萬曆皇帝對待西方傳教士的態度。第一次審訊在萬曆四十四年（1616）十月，由南京禮部主客清吏司、祠祭司、精膳司、儀制司四司共同會審因刊刻疏揭而被捕的鐘鳴禮等八人，最後由法司分別定罪。

爲了更清楚的瞭解南京教案，現將各人口供按照審訊先後順序整理如下：〔註 55〕

〔註 53〕《明史》卷三二六：「（南京）禮部郎中徐如珂與侍郎沈漼、給事中晏文輝等合疏斥其邪說惑眾，且疑其爲佛郎機假託，乞急行驅逐。」

〔註 54〕《明神宗實錄》卷五五二，萬曆四十四年十二月丙午條。

〔註 55〕以下爲方便統計，所有被捕教徒統一編號。

（一）鍾明禮，又名鐘鳴宇，34 歲，廣東新會縣人。父鍾念山，兄鐘鳴仁，曾居住香山澳，皆信奉天主教，後跟隨傳教士至江西傳教，萬曆三十三年（1605）至南京，與王豐肅同住天主堂內。萬曆三十九年（1611），與鐘鳴仁一同前往北京會葬利瑪竇，後仍回南京協助王豐肅傳教。本年五月前往杭州與郭居靜會話，八月初二日知教案發生，兄鳴仁被捕，又聞浙江軍門亦將逮捕郭居靜，遂於十日回到南京，見教堂被封，只好到教友余成元家，遇到自北京帶來疏揭稿件的張寀，因而雇傭刻匠開始刊刻，至十四日晚刻完，打算第二天投遞，不料為官府偵知，當場被捕，猶說「平日受天主大恩，無以報答，今日就拿也不怕」等語。

（二）張寀，26 歲，山西平陽府曲沃縣人。萬曆四十二年（1614）至北京推水過活，因同鄉介紹，由龐迪我施洗成爲天主教徒，七日一瞻拜，群誦天主經，日將出乃散，習以爲常。南京教案爆發後，龐迪我命其攜帶疏揭前往南京，八月八日到余成元家，與隨後到來的鐘鳴禮商量刊刻疏揭之事，十四日正裝釘時被捕。

（三）余成元，29 歲，原籍江西，本京府軍右衛人，住鷹揚倉地方。與教徒王甫同院居住，合種一園。表叔曹秀爲天主教徒，勸其入教，先由鐘鳴仁講解靈魂不滅等教義，後由王豐肅施洗入教，七日一聚會，天未明而至，日未出而散，每次或三四十人，或五六十人不等。教案發生後，王甫被捕，獨居園中，張寀及鐘鳴禮先後前來，雇工刊刻疏揭，因而被捕。

（四）方政，32 歲，徽州府歙縣人。描金生理，於萬曆三十八年（1610）十一月二十日由信奉天主教的叔叔方文榜介紹，經王豐肅施洗後成爲天主教徒。教案發生後因同余成元等人一起刊刻疏揭而被捕。

（五）湯洪，32 歲，應天府上元縣人，住朝天宮後易家橋總甲劉科地方。萬曆四十年（1612）十一月由信奉天主教的故兄湯應科介紹往見鐘鳴仁，後由王豐肅施洗入教。八月十四日前往余成元家，一同裝釘揭帖，並答應幫助散發，希望救出被捕母舅王桂，事發被捕。

（六）夏玉，33 歲，南京府軍右衛人，住本衛平倉地方。賣糕生理，萬曆四十年（1612）十月經天主教徒曹秀介紹加入天主教。本年八月二十四日協助印刷疏揭時被捕。〔註 56〕

（七）周用，68 歲，江西撫州府東鄉縣人。一向在南京居住，開設書鋪，

〔註 56〕當爲「八月十四日」，「二十四日」係《聖朝破邪集》刊刻之誤。

並刷書生理。萬曆三十八年（1610）因王豐肅勸說而加入天主教。八月十四日被湯洪請去印刷揭帖，遂被捕。

（八）吳南，24 歲，羽林左衛人。平日刷印爲生，未曾信教。八月十四日被周用所雇前來印刷揭帖而被捕。

南京禮部主事吳爾成〔註 57〕在堂批中說：「鐘鳴禮父子兄弟通夷，雖戴履中華天地而儼然披髮左衽。」又說：「故來犯法，正惡有此等輩耳。」此處顯露出儒家的夷夏之防觀念使其對信從天主教的中國人特別反感。

朝廷禁教旨意下達之後，南京官員很快於萬曆四十五年（1617）二月展開對王豐肅、謝務祿二人的審訊，此爲南京教案中的第二次審訊。《會審王豐肅等犯一案》記錄兩名傳教士在口供，並做出堂批：「二犯既查驗明白，即移咨都察院，轉行巡城衙門，遵旨速差員役遞送至廣東撫按衙門，督令西歸。」〔註 58〕二人口供中敘述了前來中國傳教的情況，現整理如下：

（九）王豐肅，50 歲，面紅白，眉白長，眼深鼻尖，鬍鬚黃色，大西洋人。自幼讀書，由文考理考道考得中多耳篤，即中國進士。約年三十歲時奉耶穌會長格老的惡之命，同林斐理、陽瑪諾三人乘海船行兩年四個月，於萬曆二十七年（1599）七月到達廣東廣州府香山縣香山澳中。五個月後同林斐理至韶州、南昌等地傳教，後協同辦理利瑪竇所獻方物，於萬曆三十九年（1611）三月到南京西營街居住，建立教堂，聚徒講教，約二百人，每遇房虛昴星日一會，寅聚辰散，月以爲常。林斐理於萬曆四十一年（1613）六月病故，陽瑪諾於萬曆四十三年（1615）十二月前往南雄居住。所用錢糧，自西洋國商船帶至澳中，約有六百兩，若欲蓋房，便增至千金，每年一次，各處教堂分用。

（十）謝務祿，32 歲，面紅白色，眼深鼻尖，黃須，大西洋人。曾中多耳篤，乘海船到廣東澳中，後至南京，教案發生後被捕。

萬曆四十五年三月二十五日（1617 年 4 月 29 日），南京都察院將王豐肅、謝務祿（曾德昭）二人轉行五城巡視御史衙門。三月二十六日（4 月 30 日）由指揮李鈺、劉仕曉帶領八名兵勇押送前往廣東撫按衙門。〔註 59〕萬曆四十

〔註 57〕吳爾成，字伯玉，直隸青浦人。萬曆三十二年（1604）進士，官至南京禮部郎中。參見光緒五年《青浦縣志》卷十五，臺灣成文出版社 1970 年版，第 966～967 頁。

〔註 58〕《會審王豐肅等犯一案》，《聖朝破邪集》卷一。

〔註 59〕曾德昭說自己是在 1617 年 4 月 30 日被押送出獄，出發前往廣東，沈㴶《發遣遠夷回奏疏》記載南京都察院在此前一天將王豐肅、謝務祿（曾德昭）二

五年四月十六日（1617 年 5 月 20 日）王豐肅、謝務祿二人到達廣州。〔註 60〕

在處理完傳教士之後，南京官員於萬曆四十五年（1617）五月展開第三次審訊，審理第一批被捕的中國教徒，記錄口供，分別量刑。現同樣整理如下：

（十一）鐘鳴仁，55 歲，廣東新會縣人。先年居香山澳中，遂信奉天主教。萬曆二十七年（1599）跟隨利瑪竇北上進獻方物，在北京七八年，到南京住三年，又往浙江一年，不久回到南京協助王豐肅傳教，教案發生後被捕。

（十二）曹秀，40 歲，江西南昌府南昌縣人。結帽爲生，因妻染痰疾，五年不愈，慕天主教可以禳災獲福，遂於萬曆四十三年（1615）三月與妻子一同入教，後介紹多人成爲天主教徒，事發被捕。

（十三）姚如望，61 歲，福建興化府莆田縣人。挑腳爲生，居南京三十年，萬曆四十二年（1614）正月十六日進教。教案發生後手執黃旗口稱願爲天主死，隨即被捕。

（十四）游祿，53 歲，江西南昌府南昌縣人。篦頭爲生，經羅儒望勸解後加入天主教。萬曆四十四年（1616）五月儒望以書一封命其送至王豐肅處，遂在南京天主堂頭門外耳房居住看守，教案發生後被捕。

（十五）蔡思命，22 歲，廣東廣州府新會縣人。萬曆三十七年（1609）十六歲時同陽瑪諾、費奇規來到王豐肅處，專管書柬，兼理茶房，每年約得錢一千二百文，事發被捕。

（十六）王甫，31 歲，浙江湖州府烏程縣人。萬曆四十四年（1616）五月由余成元引進王豐肅處看園，每月得受雇工錢一百五十文，飯米三斗，菜錢三十文，隨即被捕。

（十七）張元，32 歲，江西瑞州府人。結帽爲生，萬曆四十年（1612）因竊慕天主教而傭於教堂，客至捧茶，每月得受工食銀三錢，事發被捕。

（十八）王文，30 歲，江西九江府湖口縣人。補網爲生，萬曆四十三年（1615）正月十六日由姐夫曹秀介紹受洗入教，教案發生後被捕。

（十九）劉二，39 歲，江西南康府都康縣人。木匠爲生，常在天主堂內修理做工，萬曆四十三年（1615）聽王豐肅之勸奉教。事發往看，因而被獲。

（二十）周可斗，27 歲，江西九江府湖口縣人。結帽爲生，萬曆四十四

人轉行五城巡視御史衙門，可以證明這一日期是準確的。

〔註 60〕《從利瑪竇到湯若望——晚明的耶穌會傳教士》，第 128 頁。

年（1616）六月十二日進教。為王豐肅結帽一頂，網完送去時被獲。

（二十一）王玉明，29 歲，福建邵武府邵武縣人。萬曆四十三年（1615）進天主堂煮飯，每月得工錢一百二十文，事發被捕。

（二十二）鄒三郎，15 歲，松江府上海縣人。萬曆四十三年（1615）父母皆病故，由祖父送至杭州郭居靜處讀書，後轉至王豐肅處。

（二十三）劉仁兒，〔註 61〕14 歲，北直保定府人。萬曆四十四年（1616）三月被父親賣與龐迪我，因南京用人，遂由管家送來，兩月後被獲。

（二十四）張龍兒，〔註 62〕14 歲，北直保定府淶水縣人。父親去世後被伯父賣於龐迪我，同劉仁兒一起被送至南京。

（二十五）劉本多，14 歲，廣東東莞縣人。父親在南京當軍，將其雇於王豐肅燒火，每月得錢七十文。

（二十六）熊良，14 歲，江西南昌人。父為木匠，在天主堂內做工，曾帶其進出。王豐肅給錢五十文命其買雞，適值案發被捕。

王治心在《中國基督教史綱》一書中曾將教案中被捕諸人資料列為表格，陳垣亦曾製表，使得諸教徒資料更加清晰明瞭，現在二人所製表格基礎上增加教徒入教時間，重新列表如下：

姓　名	年　歲	籍　貫	職　業	進教時間	進教緣由	判　案 結　果
鐘鳴禮	34	廣東新會	修士		其父入教	送法司定罪
張寀	22	山西曲沃	推水	萬曆四十二年	因同鄉稱說	同上
余成元	29	江西	種園		因表叔曹秀勸	同上
方政	32	安徽歙縣	描金	萬曆三十八年	其叔入教	同上
湯洪	32	南京上元	未詳	萬曆四十年	其兄舅皆入教	同上
夏玉	33	南京衛	賣糕	萬曆四十年	因曹秀勸	同上
周用	68	江西東鄉	刷印	萬曆三十八年	因王豐肅勸	釋放
吳南	24	羽林衛	刷印		未入教	釋放
鐘鳴仁	55	廣東新會	修士		其父入教	送刑部定罪
曹秀	40	江西南昌	結帽	萬曆四十三年	因妻疾祈福	同上

〔註 61〕《南京教案始末》稱「不知姓氏」，而《會審鍾鳴仁等犯一案》所錄口供中稱其父名「劉大」，則可知其姓劉。

〔註 62〕張維華說「姓氏亦不詳」，龍兒口供中稱「有伯張文正將龍兒賣於龐迪我」，可知其姓張。

姚如望	61	福建莆田	挑腳	萬曆四十二年		同上
游祿	53	江西南昌	篦頭		因羅儒望勸	同上
蔡思命	22	廣東新會	書童	萬曆三十七年	投王豐肅家	同上
王甫	31	浙江烏程	看園	萬曆四十四年	因余成元勸	遞解回籍
張元	32	江西瑞州	結帽	萬曆四十年	仰慕王豐肅	發縣看管
王文	30	江西湖口	補網	萬曆四十三年	因姐夫曹秀勸	釋放
劉二	39	江西都康	木匠	萬曆四十三年	因王豐肅勸	同上
周可斗	27	江西湖口	結帽	萬曆四十四年	同上	同上
王玉明	29	福建邵武	煮飯	萬曆四十三年	同上	同上
鄒三郎	15	江蘇上海	孤兒	萬曆四十三年	祖父送入天主堂	遞解回籍
劉仁兒	14	直隸保定		萬曆四十四年	由父賣於龐迪我	發僧錄司收養
張龍兒	14	直隸淶水〔註63〕	孤兒		伯父賣於龐迪我	發僧錄司收養
劉本多	14	廣東東莞	父當軍		在教堂內燒火	交其父領回
熊良	14	江西南昌	父木匠			交其父領回

由上表可以看出，〔註64〕這些涉案教徒大部分是在教案發生前幾年內加入天主教的，說明天主教傳教政策與利瑪竇時期顯著不同，龍華民主持教務後積極在下層民眾中展開宣傳，取得明顯效果，教眾迅速增加。這些教徒的職業表明他們大多爲底層民眾，生活的貧困使得他們渴望獲得倖福，在聽了傳教士的宣傳後，公正仁慈的天主，美妙的天堂生活，無疑會成爲他們的精神上的追求，因而紛紛入教，即使在教案爆發的危難時刻，仍能堅持天主信仰。從這一點來說，龍華民等人改變利瑪竇適應性傳教策略，利用直接在民眾中宣傳的方式，使天主教在華傳教事業上取得了很大成績。然而正因爲傳教策略的改變，不顧中國實際情況大肆公開傳教，聚眾禮拜，嚴禁教徒祭祖，造成儒佛耶之爭的激化，引起統治階級的疑懼，導致教案發生。同時傳教士忽視了與士大夫群體的交好，利瑪竇主持教會時仰仗的政治保護力量不復存在，教案爆發後處處被動，最終教眾被捕，

〔註63〕王治心《中國基督教史綱》中所製表格爲「漆水」，係繁體「淶水」之誤。

〔註64〕參見王治心：《中國基督教史綱》，第96頁。另見陳垣：《從教外典籍見明末清初之天主教》，載《陳垣史學論文集》（一），第192頁。

教士被逐，教堂被毀。儒佛耶之爭激化引起南京教案，此處爲又一證明。

除王豐肅、謝務祿被遣送澳門外，另有教徒王桂，又名王貴，病死獄中。其餘中國教徒，分別受到處理。《會審鐘鳴仁等犯一案》堂批：「鐘鳴仁、曹秀、姚如望與別案鐘鳴禮、張寀，平時勾連夷教，扇誘愚民，臨事又往來偵探，壞法情重。」因此與游祿、蔡思命俱被參送南京刑部河南司「收問定罪」，「發邊衛充軍」。由於官府認定鐘鳴禮是謀主，因而所受懲罰更重，被捕之初即「兩次受杖」，經沈㴶提審，「又遭毒打，受創甚重」，後被送到大運河上做拉縴的苦役，三年後贖出時已成殘廢。鐘鳴仁則被送到採石場爲奴。〔註 65〕「王甫、張元、三郎免其參送，竟遞回籍。王文、劉二、周可斗、王玉明姑準省放。」幼童仁兒、龍兒「發僧錄司收養」，本多、熊良，「各發伊父領回」。至此被捕教徒全部得到發落。〔註 66〕

禁教令下達之時，在北京的傳教士共六人，只有龐迪我與熊三拔被列入遣送名單，二人於五月十六日被順天府派員押往廣東。龍華民與畢方濟「躲在北京徐光啓的家中避難」，兩名助手游文輝與仉一誠（仉雅谷）則藏身北京西郊的利瑪竇墓地。〔註 67〕當時驅逐傳教士的命令並未嚴格執行，「至十二月令豐肅及迪我等俱遣赴廣東，聽還本國。命下久之，遷延不行，所司亦不爲督發。」「豐肅尋變姓名，復入南京，行教如故，朝士莫能察也。」〔註 68〕

南京官員爲了完全清除天主教的影響，除查禁教堂中「私置中國書籍，及自造番書、違禁天文器物」等物品外，對象徵著西方文化的天主教堂極爲反感，萬曆四十五年八月（1617 年），將孝陵衛花園地基估價銀一十五兩賣於內相王明，洪武岡教堂地基估價銀一百五十兩賣於平民李成，原有的建築材料用於修造名臣祠宇黃公祠。〔註 69〕

第四節　南京教案的影響

南京教案是天主教入華後第一次全國規模的反對天主教運動，對天主教在華傳教事業產生重大影響。禁教命令在南京執行得非常嚴厲，「南京諸處移

〔註 65〕《中國基督教史綱》，第 96 頁。《從利瑪竇到湯若望——晚明的耶穌會傳教士》，第 129 頁。郭衛東《中土基督》，雲南人民出版社 2001 年版，第 37 頁。

〔註 66〕《會審鍾鳴仁等犯一案》，《聖朝破邪集》卷二。

〔註 67〕《從利瑪竇到湯若望——晚明的耶穌會傳教士》，第 123 頁。

〔註 68〕《明史》卷三二六。

〔註 69〕《拆毀違制樓園一案》，《聖朝破邪集》卷二。

文驅迫，一似不肯相容」〔註 70〕，傳教士王豐肅與謝務祿被審訊後遣送廣東，被捕教徒在經過審訊後或參送法司定罪，或遞回原籍，或量與省放，幼童則由親人領回，無親人者由僧錄司收管寄養，許多未被逮捕的教徒也放棄天主教信仰。〔註 71〕北京的龐迪我、熊三拔同樣被遣送廣東，其餘傳教士全都躲藏起來，自利瑪竇以來一直平穩發展的傳教事業突然中斷，以至於鄧恩認爲南京教案對天主教是一次毀滅性打擊，「所有的收穫似乎在一夜之間全都喪盡。」由此可見南京教案對天主教影響之大。天啓年間傳教士重入中國後，在傳教活動中變得小心翼翼，因爲害怕受到聚眾作亂的指控，甚至規定天主教徒在行彌撒禮時「人數不得超過五人」。〔註 72〕在佛教人士反覆要求辯論時，他們也加以拒絕，盡可能避免與佛教勢力發生直接衝突，應該說也是吸取南京教案的教訓。〔註 73〕

南京教案還對明末儒佛耶之爭產生影響。沈㴶等人在發動教案時，就提出天主教私習天文曆法危害中國道統，教人不祀祖宗是率天下而無君臣父子，以金錢誘人入教居心叵測，明末儒佛人士對天主教進行批判，很大程度上受到沈㴶的影響。徐昌治在編訂《聖朝破邪集》時，就把沈㴶在南京教案中處理傳教士的文牘置於篇首，其中所收批判天主教的文章，也多次提到南京教案。如黃貞在《破邪集自敘》中就說：「萬曆間宗伯沈仲雨驅逐之疏霹靂」，又說：「幸得沈仲雨等諸公舊疏於沈晦之秋，遂募刻播聞。」其他如王朝式《罪言》、黃廷師《驅夷直言》、李璨《劈邪說》、李維垣《攘夷報國公揭》、釋成勇《闢天主教檄》等人的作品都曾提到南京教案，顯示出南京教案的深遠影響。

明末士大夫對天主教的批判，不少是在南京教案中沈㴶指控天主教罪名的基礎上進一步發揮。沈㴶指責傳教士私習天文曆法變亂中國綱維統紀，謝宮花作《曆法論》專門批判西洋曆法不置閏月，歷數中國自漢武帝太初曆至明代大統曆等四十八種曆法均置閏月，西曆不置閏月，則將中國神聖賢哲「視爲醜類」，又作《四宿引證》以中國星象之說解釋天主教七日「朝夕持咒」、「房虛星昴四日聚會」、「祭拜彗星」，指控傳教士以巫術祈禱胡人侵襲，最終將導

〔註 70〕《徐光啓集》卷十一，第 492 頁。

〔註 71〕「一時從邪之民，俱已去番字，而貼門符，遠異教而祀宗祖，會見維新之眾，大有廓清之機。」參見《會審鍾鳴禮等犯一案》，《聖朝破邪集》卷二。

〔註 72〕《從利瑪竇到湯若望——晚明的耶穌會傳教士》，第 131、133 頁。

〔註 73〕釋圓悟：《辨天說》，《聖朝破邪集》卷七。

致天下大亂。〔註 74〕南京教案中沈㴶指責天主教教人不祀祖先將率天下而無君臣父子，張廣湉在《闢邪摘要略議》中認爲天主教禁止祭祀祖宗「將斬先王之血食，廢九廟之大饗，以詔民從之耶。嗟夫，何物妖夷敢以彼國忘親之夷風，亂我國如生之孝源。」〔註 75〕南京教案中天主教被指控爲左道惑眾，對中國社會構成很大威脅。王朝式在批判天主教的《罪言》中則稱傳教士圖謀佔領中國，「以舉國之物力，竭其畢世之精神，遂敢破明禁而闌入，抗王章而不去，日蔓月延，幾遍海內。斯其心其勢，不舉我中國君師兩大權盡歸之耶穌會裏，大明一統之天下盡化爲妖狐一窟穴不止也。」〔註 76〕沈㴶指責天主教以金錢誘人入教，居心叵測，許大受在《聖朝佐闢》中說：「夷又爲令曰，能勸百人從者，賞自鳴鐘、自鳴琴各一，金帛稱是。若得一青衿準十人，得一縉紳準百人。凡從之者楣有鼈形標記，其徒之晉見者必開三代貫籍，繳歸夷落，與白蓮等何異。」〔註 77〕兩者所言如出一轍。沈㴶曾指出天主並不存在，僅僅是西方一罪人，明末儒者同樣提出耶穌實乃罪民，並無神奇之處，天主是後人假託，「其祖名仙士習，其祖母仙礁廝里耶，未嫁而孕，生一子名未僚氏，年十五，頗有邪術，周流他國，誘占各處地方。其間復有豪傑，起而擒之，釘以十字刑架，而僚氏竟爲罪鬼矣。後承其術者緣此就假一說，謂僚氏之死也，蓋爲萬民贖罪。」〔註 78〕

前後對比，可以發現南京教案傳教士受到的指控與明末儒者批判天主教的觀點之間有內在聯繫。南京教案的發生，爲反對天主教人士提供政治乃至法律依據，他們在上述批判的基礎上，從「天主之有無」、「萬物之由來」、「儒經中上帝與天主之不同」、「天主教貶斥儒家太極觀念，危害道統」、「毀諸神像，誣謗聖人」等更深層次批判天主教。〔註 79〕需要明確指出的是，反教人士還針對傳教士帶來的西方自然科學技術提出批判，許大受在《聖朝佐闢》中提出「夷技不足尚、夷貨不足貪、夷占不足信」的觀點，李璨同樣指出西方星文律器不足爲奇，「此等技藝原在吾儒覆載之中」，「治教之大源在人心，

〔註 74〕謝宮花：《曆法論》、《四宿引證》，《聖朝破邪集》卷六。

〔註 75〕張廣湉：《闢邪摘要略議》，《聖朝破邪集》卷五。

〔註 76〕王朝式：《罪言》，《聖朝破邪集》卷三。

〔註 77〕許大受：《聖朝佐闢》，《聖朝破邪集》卷四。

〔註 78〕黃廷師：《驅夷直言》，《聖朝破邪集》卷三。

〔註 79〕本文第四章對此有較爲詳細的介紹。

而不在此焉。」因而反對利用這些「外夷小技」。〔註 80〕可以說是清末中西體用之爭的早期源流。

南京教案對明末政治的影響似乎不太明顯。不少研究者通過對南京教案前後明朝政局的考察，認爲保守派通過發動南京教案攻擊天主教，實際上是把進攻矛頭指向與傳教士關係密切的葉向高、趙南星、曹于汴等東林黨人。〔註 81〕萬明也指出南京教案「是中國社會內部士大夫改革派和保守派矛盾鬥爭的產物」，作者通過對驅逐西方傳教士和排斥東林黨事件同時發生於萬曆四十五年（1617）的考察，暗示保守派在南京教案事件上的勝利，實際上削弱了東林黨人的力量。〔註 82〕蘇新紅認爲晚明士大夫黨派分野與其對耶穌會士的態度無關，事實表明東林黨人中有對天主教表示欣賞者，亦有堅決反對而加以批駁者，閹黨中人同樣有與傳教士友好交往者，亦有攻擊天主教者。〔註 83〕張鎧以東林黨人鄒維璉、徐如珂反對天主教爲例，認爲東林黨人對西學的態度並不完全一致，因而不能完全用黨爭來解釋南京教案的發生，但他也認爲當時的朝廷黨爭與南京教案是有聯繫的。〔註 84〕

目前沒有直接證據表明南京教案影響到當時政局，唯一有影響的，那就是南京教案中斷了當時的中西文化交流。一些對西方近代軍事技術感興趣的官員主張引入西人火器，至此包括修曆在內的傳教士盡被驅逐，軍事方面學習西方火器製造技術已無可能。明末如能切實利用西方軍事技術，或可改變對後金作戰的被動局面，然而由於不少士大夫對傳教士存在成見，天啓年間數次召用澳門西人火器，但都因保守派官員以擔心西人叛亂爲由加以反對而始終未能實現。〔註 85〕應該說這與南京教案的影響不無關係。但明朝的滅亡與當時使用的武器關係不大，其主要問題在於統治階級內部黨爭和統治者的昏庸腐朽，對內部形勢和東北後金狀況認識不清。從《聖朝破邪集》所反映

〔註 80〕李璨：《劈邪說》，《聖朝破邪集》卷五。

〔註 81〕許理和：《中國首次反基督教運動（1616——1621）》，載《荷蘭東方學報》，萊頓 1971 年版，第 188～195 頁。轉引自張鎧：《龐迪我與中國：耶穌會適應策略》第 320 頁。

〔註 82〕萬明：《晚明南京教案新探》，載王春瑜主編《明史論叢》，中國社會科學出版社 1997 年版。

〔註 83〕蘇新紅：《晚明士大夫黨派分野與其對耶穌會士交往態度無關論》，載《東北師大學報（哲學社會科學版）》2005 年第 1 期。

〔註 84〕參見《龐迪我與中國：耶穌會適應策略》，第 324～325 頁。

〔註 85〕《從利瑪竇到湯若望——晚明的耶穌會傳教士》，第 141～142 頁。

的情況來看，整個統治階級對西方世界的認識完全構建在道聽途說和臆想猜測的基礎之上。既不知己，又不知彼，隨著對內對外社會危機的擴大，其統治最終崩潰瓦解。如果說南京教案與明朝的滅亡有很大關係，未免過於牽強。

沈㴶對南京教案的果斷處理，就其仕途而言在當時是作爲功績的。陳懿典對沈㴶處理南京教案一事大加褒揚，其在《南宮署牘序》中稱：「而其所發憤抗論，至再至三，不顧流俗，不避勞怨，必期於異說芟除之淨盡者，毋如西洋夷人一事。」〔註 86〕崇禎《烏程縣志》中《沈㴶傳》同樣就此事讚揚沈㴶，「歷南京禮部侍郎時，西夷利瑪竇建事天堂，中設天主像，煽惑愚俗。公糾疏三上，得旨遣歸國。次年山東白蓮妖賊大起，人方服公先見。」〔註 87〕《明史．沈㴶傳》對於沈㴶反對天主教的意見亦稱「識者韙其言」。這表明沈㴶在處理南京教案一事上得到當時不少人的認可，但沒有證據顯示此事與其二年後被推爲朝廷內閣成員有關。《明史．沈㴶傳》認爲沈㴶入閣是內閣首輔方從哲極力推薦的結果，「然㴶素乏時譽。與大學士從哲同里閈，相善也。神宗末從哲獨當國，請補閣臣，詔會推。亓詩教等緣從哲意擯何宗彥、劉一燝輩，獨以㴶及史繼偕名上。帝遂用之。或曰由從哲薦也。」沈㴶入閣後與魏忠賢勾結，奏請錦衣衛舉內操，彈劾閣臣劉一燝，又攻擊刑部尚書王紀包庇熊廷弼。〔註 88〕他的這些行爲均在政治上支持了魏忠賢，可謂閹黨之先聲，但這並不能證明南京教案與明末政局有直接關係。

〔註 86〕陳懿典：《南宮署牘序》，《聖朝破邪集》卷一。

〔註 87〕參見（崇禎）《烏程縣志》，《日本藏中國罕見地方志叢刊》，書目文獻出版社 1991 年版，第 332 頁。

〔註 88〕《明史．沈㴶傳》卷二一八。

第三章　晚明社會對南京教案的反應

南京教案的發生，在中國社會中激起很大反響，上至官僚士紳下至平民百姓均做出強烈反應，朝野上下開始仔細審視天主教在華傳教的情況。目前對南京教案中各方面反應的研究大多集中在沈㴶奏疏與徐光啓的護教上面，本章從普通民眾、反教士大夫、傳教士、護教士大夫以及萬曆皇帝等方面在教案發生前後的反應展開分析，探索他們在教案中的活動，從側面觀察儒佛耶之爭與南京教案的關係。

第一節　普通民衆的反應

傳教士剛剛進入中國內地的時候，他們帶來的玻璃三棱鏡、書籍、聖母像和其他的歐洲產品，曾經引起過普通百姓的好奇，人們紛紛前來參觀教堂，一些人還因此受洗入教。〔註 1〕但是風俗習慣的差異很快引起不少民眾對傳教士的敵視，傳教士幾乎每到一地，都會受到當地人士的攻擊。利瑪竇曾經描寫，「有些演員從澳門來到韶州，在集市的日子裏，他們繪製廣告，並演戲挖苦中國人所看不慣葡萄牙人的每一樣東西。他們畫的一些東西庸俗不堪，這裡且不說他們嘲弄葡萄牙人的短裝來極力引起群眾哄笑的情況，我們要談一談他們怎樣挑剔那些歸信基督教的人。他們畫的人在教堂裏數著念珠、皮帶上掛著短刀，還畫了難看的漫畫：僅屈下一膝跪拜上帝的人、互相鬥毆的人、中國所憎惡的男女混雜的聚會等。」〔註 2〕這些描述清楚表明當地人對西方風

〔註 1〕《利瑪竇中國箚記》，第 114、112 頁。

〔註 2〕《利瑪竇中國箚記》，第 322 頁。

俗習慣充滿了嘲弄和鄙視，在這樣的環境裏稍有差錯就會引起糾紛，比如傳教士不允許人們像進入佛教寺廟一樣隨便進入教堂就會引起衝突。〔註3〕在南京不少人的眼中，天主教的形象同樣不佳，甚至是邪惡勢力的象徵。當時南京的數名秀才上書請願，要求驅逐傳教士，恰好證明了這一點，「請願書中說，這些外國人無論對個人和公眾的利益，還是對國家都造成了傷害。請願書還稱，一年中有數次，天主教徒們以做莊嚴的宗教儀式爲藉口，男人和女人夜間在教堂聚會，直到天亮之前方才離去。……請願書還指控說，傳教士們給每位天主教徒五塊銀元；這些傳教士掌握神秘的煉丹術；新入教人都要起一個十分陌生的外國名字；教徒們一律都被教如何劃十字，這是因爲他們要發動革命，而畫十字是他們使用的暗號；在外國人的住所裏藏著武器；等等。」〔註4〕顯示出南京地方士紳對天主教傳教活動的反感和疑慮，無疑這是儒耶衝突在普通民眾中的反映。

普通教眾對待教案的態度主要反映在被捕諸人的供詞之中。由前文可知，被捕教徒大多係下層貧民，整日爲生計奔波，突然接觸到從未聽說過的天主教以及面貌奇異的傳教士，自然會產生好奇心，一旦瞭解到天主教可以帶來福音，他們就會欣然接受，如教徒張宲「因同鄉人說稱天主教極好」，遂受洗入教。傳教士積極勸化的態度，天堂美好生活的召喚，對他們無疑也有著極大的誘惑力，對死後靈魂升入天堂渴望，使他們願意接受天主教。余成元即在鐘鳴仁講說「人生不久，壽夭不同，不如及今修一修使靈魂不滅」的勸說下受洗入教。六十八歲的周用，也在王豐肅「你年紀老大，何不從天主教，日後魂靈可昇天堂」的勸說下加入天主教。對治癒疾病的渴望是一部分教徒加入天主教的原因，《利瑪竇中國箚記》中多次提到傳教士施捨藥物、治癒疾病而吸納教徒的情況，南京教案中教徒曹秀，同樣因「妻染痰疾，五年不愈，慕天主教可以禳災獲福」而與妻子雙雙入教。〔註5〕

較早入教的中國教徒對天主教的傳播起著很大作用，幫助耶穌會士完成他們不方便去做的事情。婦女加入天主教，傳教士「不便登堂」，中國教徒即代行施洗禮儀，鐘鳴仁即曾代替王豐肅「竟詣本家，與婦淋水宣咒」，招收女性教徒「十五六口」。中國教徒在教士的日常生活中也有很大幫助。各地傳教士之間聯絡，大多由中國教徒往來送信，不會引起太多注意，避免產生不必

〔註3〕《利瑪竇中國箚記》，第322頁。

〔註4〕《從利瑪竇到湯若望——晚明的耶穌會傳教士》第115頁。

〔註5〕《會審鍾鳴仁一案》，《聖朝破邪集》卷二。

要的麻煩，張寀爲龐迪我送《辨揭》，鐘鳴禮聯絡南京杭州兩地教會，就起著這樣的作用。至於雇傭教徒看園、守門、燒火、作爲隨從，一方面可以更好地適應中國社會習俗，另一方面可以更深入地接近普通百姓，爲他們提供幫助，使更多的人瞭解並加入天主教，這些中國教徒很快成爲傳教士與中國人溝通的橋梁，在這樣的影響下，他們身邊熟識的人紛紛入教。張寀是同鄉稱說，方政由叔叔方文榜相勸，湯洪是故兄湯應科勸說，夏玉由曹秀勸化，余成元是表叔曹秀勸說，王文亦由其姐夫曹秀招入教中。

在傳教士和中國教徒的共同努力下，傳教規模迅速擴大，「七日一聚會，天未明而至，日未出而散，每次或三四十人，或五六十人不等。」〔註6〕鄧恩的著作中也說：「南京天主教徒的熱情之高，在當時中國的其他地方是無可比擬的。他們做了大量的慈善工作。王豐肅將城市劃爲三部分，在教堂聚眾的時候，他將天主教徒們分配到劃分好的區域中，每個部分都有聚會的地方，天主教徒們在這裡聚會祈禱，並且得到指導。」〔註7〕可以知道南京教會的傳教聲勢愈來愈大，教徒的信教熱情不斷高漲，這對以儒家思想爲基礎的社會統治秩序構成很大威脅，使得儒耶之間的衝突逐漸激化。

南京教案爆發後，有一部分教眾因爲懼禍而放棄天主教，「一時從邪之民，俱已去番字，而貼門符，遠異教而祀宗祖，會見維新之眾，大有廓清之機。」〔註8〕普通教眾把「貼門符」、「祀宗祖」等文化習俗上的行爲看作是脫離天主教的象徵，這說明在他們心目中天主教違背儒家文化傳統的行爲是天主教遭到禁止的重要原因，因而只要放棄天主教的做法，就成爲「維新之眾」，不會再受到追究。

當時仍有一部分中國教徒堅守信仰，甘願與傳教士共赴患難，如教徒姚如望在明知會獲罪的情況下，仍然「手執黃旗，口稱願爲天主死」〔註9〕，鐘鳴仁受審時爲不連累教友，聲稱不記施洗教徒名姓，鐘鳴禮在被捕前猶說「平日受天主大恩無以報答，今日就拿也不怕」，可見信仰之堅定。面對突如其來的災難，中國教徒並不退縮，積極參與營救工作，張寀、鐘鳴禮很快分別由

〔註6〕以上引文均見《會審鍾鳴仁一案》，《聖朝破邪集》卷二。

〔註7〕《從利瑪竇到湯若望——晚明的耶穌會傳教士》，第106頁。

〔註8〕《會審鍾鳴禮等犯一案》，《聖朝破邪集》卷二。

〔註9〕鄧恩稱「官員們給他鬆開綁，讓他坐下，不久就將他放了」。（《從利瑪竇到湯若望——晚明的耶穌會傳教士》，第120頁）此說不確，事實上姚如望與鍾鳴仁等人一起被「參送南京刑部河南司收問定罪」。參見《會審鍾鳴仁等犯一案》。

北京、杭州前來，聯繫教友，刊刻揭帖，並準備分頭髮送，湯洪在教案發生後仍然「時常探聽消息」。中國教徒忠於信仰，使得反教士大夫特別憤怒，「所惡異教之惑人者，正惡有此等輩耳。」〔註 10〕

天主教對佛教的攻擊是引起佛耶之爭的重要原因，在傳教士眼中，佛教的影響造成了中國社會普遍的偶像崇拜，「全中國各地偶像的數目赫然之多簡直無法置信。這種偶像不僅在廟裏供奉，一座廟裏可能就有幾千尊偶像，而且幾乎家家戶戶都有。在公共廣場上、在鄉村、在船上以及公共建築的各個角落，這種到處都有的可厭惡的形象是第一件引人矚目的東西。」因而將佛教作爲主要攻擊對象，龍華民在韶州傳教時激烈地攻擊佛教，讓教徒焚燒佛像，引起當地百姓的強烈不滿，甚至把大旱不雨歸罪於此，「觀音菩薩生氣了，因爲她背上每天都挨燒」，以至於他們「陰謀把龍華民神父當作罪魁禍首來除掉」。〔註 11〕南京的佛教寺院眾多，傳教士在南京的傳教活動中對佛教的攻擊，就曾經引起佛教僧侶的不安，「有很多佛教的僧侶，他們將這一新興而充滿生機的運動視爲對自己地位的威脅。」〔註 12〕由於資料的缺失，我們無法瞭解南京佛耶衝突的詳細情況，然而可以想見，在佛教的影響下，南京普通百姓很有可能成爲反對天主教的力量。

第二節　反教士大夫的反應

南京教案中反教士大夫的言論以沈㴶爲代表，沈㴶，字銘鎮〔註 13〕，號仲雨，浙江烏程人，沈節甫次子。治毛詩，與其弟沈演同時中萬曆二十年（1592）進士，選庶吉士，授檢討。累官南京禮部侍郎，掌部事。〔註 14〕有關他的傳記資料非常簡略，萬明根據《尊生館稿》指出「他長年在北京任官，曾爲國子監司業、翰林院侍講，又曾被貴州道御史徐鑒彈劾，不得不連上八疏乞歸」。〔註 15〕沈㴶在奏疏中也講到「臣蒙皇上作養在詞林者十七年」〔註 16〕，說明

〔註 10〕《會審鍾鳴禮等犯一案》，《聖朝破邪集》卷二。

〔註 11〕《利瑪竇中國劄記》，第 61、78、325 頁。

〔註 12〕《從利瑪竇到湯若望——晚明的耶穌會傳教士》，第 110 頁。

〔註 13〕杭世駿乾隆年間修《烏程縣志》卷四「選舉」中稱沈㴶字「仲愼」。參見《續修四庫全書》史部第 704 冊，上海古籍出版社 2002 年版。

〔註 14〕《明史》卷二一八。

〔註 15〕《晚明南京教案新探》，第 148 頁。

〔註 16〕沈㴶：《尊生館稿》，轉引自《晚明南京教案新探》，第 148 頁。

他中進士後一直在翰林院任職。《吳興藝文補》中收有馮琦《答沈仲潤書》，可知沈㴶在翰林院任職期間，二人之間有過交往。〔註 17〕崇禎年間編修的《烏程縣志》記載他曾經於萬曆二十八年（1600）擔任湖廣地區的鄉試主考官，因爲在選拔人才中恪盡職守而受到讚揚，「遍閱落卷，中式者過半，人稱公明。」〔註 18〕鄭元慶提到萬曆皇帝對他父親非常尊重，他的祖父去世後受到「特賜祭葬」的待遇，又讓沈㴶「以宮諭侍行」，〔註 19〕由此知道萬曆皇帝對他比較熟悉，可能對他還有著比較好的印象。萬曆四十二年（1614）沈㴶由詹事府少詹事兼翰林院侍讀學士出任南京禮部右侍郎，〔註 20〕他在南京期間主持發動了南京教案。

萬曆四十七年（1619）八月沈㴶在首輔方從哲的支持下被會推爲閣員，雖經方從哲三次催請，萬曆皇帝都沒有批答，光宗在下達召用沈㴶的旨意後不久就突然駕崩。〔註 21〕因而終萬曆、泰昌之年，沈㴶實際上並未進入內閣。直到天啓元年（1621）七月，他才眞正「入閣辦事」。〔註 22〕沈㴶在翰林院任職時曾教習內書堂，宦官魏忠賢、劉朝皆爲其弟子，此時沈㴶入閣，「密結二人」。〔註 23〕在他們的支持下，明熹宗對沈㴶非常信任，加封他爲少保兼太子太保，武英殿大學士，不久又任太子太保、禮部尚書兼文淵閣大學士。〔註 24〕沈㴶甫一入閣，就提出招募錦衣衛的申請，〔註 25〕奏請募兵在禁中操練，引起眾多官員的反對，《明熹宗實錄》記載他遭到的彈劾有六次之多，

〔註 17〕馮琦（1558～1603）字用韞，臨朐人。萬曆五年（1577）進士，改庶吉士，授編修，官至禮部尚書，年四十六而卒，謚文敏。有《北海集》、《宗伯集》等。參見《明史》卷二一六。馮琦卒年可知沈㴶與其交往當在任職翰林期間。

〔註 18〕參見（崇禎）《烏程縣志》，《日本藏中國罕見地方志叢刊》，書目文獻出版社 1991 年版，第 336 頁。

〔註 19〕鄭元慶：《吳興藏書錄》，道光十年（1830）晉石廠校本，第 19 頁。

〔註 20〕《明神宗實錄》卷五二三，萬曆四十二年八月乙巳條。鄧恩、萬明、張鎧等人在研究中認爲他是萬曆四十三年（1615）到達南京的，但都沒有說明依據所在。從朝廷任命到實際任職，時間上應有一定間隔，諸人判斷或即由此。

〔註 21〕《明神宗實錄》卷五八二，萬曆四十七年（1619）九月丙申條、辛丑條，萬曆四十八年（1620）四月辛酉條。另參見《明光宗實錄》卷三，泰昌元年（1621）八月丁未條。

〔註 22〕《明熹宗實錄》卷十二，天啓元年（1621）七月乙巳條。

〔註 23〕《明史》卷二一八《沈㴶傳》。

〔註 24〕《明熹宗實錄》卷十五，天啓元年（1621）十月壬辰條；卷二十，天啓二年（1622）三月庚戌條。

〔註 25〕《明熹宗實錄》卷十二，天啓元年（1621）七月庚戌條。

〔註 26〕他自己也曾爲此而四次請辭，〔註 27〕當時的刑部尚書王紀在參劾的奏疏中還將他與蔡京相比，最後都因皇帝的信任而沒有受到追究。天啓二年（1622）七月，沈潅發動反擊，參劾王紀在審訊熊廷弼一案時徇私，導致皇帝震怒，將王紀削職爲民，引起眾多大臣對沈潅的不滿，「潅不自安，乃力求去，命乘傳歸。」〔註 28〕天啓四年（1624）五月卒，在遺疏中引司馬光之言「非仁無以容眾，非明無以燭奸，非武無以決事」，用以勸誡皇帝。贈太保，謚文定。〔註 29〕崇禎初年編撰的《烏程縣志》中爲他作有傳記，稱他死後「祀鄉賢」，〔註 30〕此後的地方志中雖然有他父親及兄弟的傳記，他本人的傳記卻被刪去，「祀鄉賢」的記錄也不再見到，這可能是他與魏忠賢的閹黨有緊密關係造成的。《湖錄經籍考》記載他的作品有《南宮署牘》四卷〔註 31〕，另有《忠志堂全集》六十卷，後題「弟演序，此集雜亂重複，不堪屬目，《傳是樓書目》有《沈文定公集》二十卷，或經刪定者也，未見。」〔註 32〕

沈潅在《參遠夷疏》中認爲傳教士「闌入都門，暗傷王化」，沒有勘合而私入中國，不合朝貢律例，有奸細之嫌，且自稱「大西洋」、「天主教」，企圖與「大明」分庭抗禮，禍亂人心，「近年以來突有狡夷自遠而至，在京師有龐迪我、熊三拔等，在南京則有王豐肅、陽瑪諾等，其他省會各郡，在在有之。

〔註 26〕六次記載分別見：《明熹宗實錄》天啓二年（1622）三月己亥條、庚戌條，五月甲辰條、丁巳條，六月庚辰條、庚寅條。

〔註 27〕《明熹宗實錄》天啓二年（1622）三月癸卯條、丙辰條，七月癸丑條。

〔註 28〕《明熹宗實錄》卷二十四，天啓二年（1622）七月戊戌條、乙巳條、癸丑條，另參見《明史》卷二一八。

〔註 29〕《明熹宗實錄》卷四二，天啓四年（1624）五月甲子條。

〔註 30〕（崇禎）《烏程縣志》，第 332 頁。

〔註 31〕據臺灣漢學研究中心「明人文集聯合目錄與篇名索引資料庫」網站內有「沈潅《南宮署牘》四卷」，後題「明泰昌年刊本，據尊經閣文庫影印」，前有陳懿典、駱駸曾、文翔鳳三人所作序言，其中卷一有《參遠夷疏》，卷二有《再參遠夷疏》、《參遠夷三疏》、《發遣遠夷回奏疏》，卷三有《會審鍾鳴禮等犯一案》、《付該司查驗夷犯劄》、《會審王豐肅謝務祿二犯一案》、《移南京都察院咨》、《清查夷物一案》、《會審鍾鳴仁張寀犯一案》、《南京都察院回咨》，卷四有《拆毀違制樓園一案》、《會估修黃公祠一案》、《拿獲邪黨後告示》，這些內容都被選入《聖朝破邪集》中。「日本所藏中文古籍數據庫」收錄有《南宮署牘》四卷，其中「明泰昌版」藏前田育德會、京都大學人文研究所曾於昭和五十三年（1978）用東京尊經閣文庫藏萬曆四十八年序刊本影印，一橋大學亦曾於 1983 年用萬曆四十八年序刊本影印。

〔註 32〕鄭元慶：《湖錄經籍考》卷三，吳興劉氏嘉業堂 1920 年刻本。筆者曾查閱不少圖書目錄，均未查到《忠志堂全集》和《沈文定公集》何處有存。

自稱其國曰大西洋，自名其教曰天主教。夫普天之下，薄海內外，惟皇上爲覆載炤臨之主，是以國號曰大明。何彼夷亦曰大西，且既稱歸化，豈可爲兩大之辭以相抗乎。三代之隆也，臨諸侯曰天王，君天下曰天子。本朝稽古定制，每詔誥之下，皆曰奉天。而彼夷詭稱天主，若將駕軼其上者。然使愚民眩惑，何所適從？」

沈漼指控傳教士參與修訂曆法，是爲了變亂中國紀綱，必須加以禁絕，「說者又謂治曆明時之法，久失其傳，臺監推算漸至差忒，而彼夷所製窺天窺日之器，頗稱精好。故萬曆三十九年，曾經該部題，欲將平素究心曆理之人，與同彼夷開局繙繹。嗚呼，則亦不思古帝王大經大法所在，而不知彼之妖妄怪誕，所當深惡痛絕者，正在此也」，「是舉堯舜以來，中國相傳綱維統紀之最大者，而欲變亂之。此爲奉若天道乎？抑亦妄干天道乎？以此名曰慕義而來，此爲歸順王化乎？抑亦暗傷王化乎？夫使其所言天體，不異乎中國，臣猶慮其立法不同，推步未必相合。況誕妄不經若此，而可據以紛更祖宗欽定聖賢世守之大統曆法乎？」

他認爲天主教禁止小民祭祀祖宗，是教人不孝，危害道德人心，「臣又聞其誑惑小民，輒曰祖宗不必祭祀，但尊奉天主，可以昇天堂，免地獄。夫天堂地獄之說，釋道二氏皆有之，然以之勸人孝弟，而示懲夫不孝不弟造惡業者，故亦有助於儒術爾。今彼直勸人不祭祀祖先，是教之不孝也。繇前言之，是率天下而無君臣，繇後言之，是率天下而無父子。何物醜類，造此矯誣，蓋儒術之大賊，而聖世所必誅，尙可蚩蚩然驅天下而從其說乎？」

他指控傳教士圖謀不軌，爲防微杜漸，應將傳教士驅逐出境，「然閭左小民，每每受其簧鼓，樂從其教者。聞其廣有貲財，量人而與。且曰天主之教如此濟人。是以貪愚之徒，有所利而信之。此其胸懷叵測，尤爲可惡。昔齊之田氏，爲公私二量，公量小，家量大。以家量貸民，而以公量收之，以收民心，卒傾齊國，可爲炯鑒。劉淵入太學，名士皆讓其學識，然而寇晉者，劉淵也。王夷甫識石勒，張九齡阻安祿山，其言不行，竟爲千古永恨。有忠君愛國之志者，寧忍不警惕於此，猥云遠夷慕義，而引翼之，崇奬之，俾生其羽毛，貽將來莫大之禍乎？」〔註 33〕沈漼爲傳教士所列幾種罪名，都是大逆不道之罪，最終導致天主教傳教事業遭到沉重打擊。〔註 34〕

〔註 33〕《聖朝破邪集》卷一。
〔註 34〕《南京教案始末》，第 206 頁。

禮科給事中余懋孳在《闢異教嚴海禁疏》中，攻擊天主教威脅明朝國防安全，稱「留都王豐肅、陽瑪諾等煽惑百姓不下萬人，朔望朝拜，動以千計」，嚴重誇大天主教的聲勢，認爲天主教違反中國禁止通夷和組織邪教的禁令，「夫通夷有禁，左道有禁，使其處南中者夜聚曉散，效白蓮無爲之尤，則左道之誅何可貸也。使其資往偵來通濠鏡澳夷之謀，則通番之戮何可後也。」指出應當防微杜漸，「解散黨類、嚴飭關津。」〔註 35〕

第三節　護教者的反應

南京教案發生後，龐迪我和徐光啓等護教者面對沈漼的攻擊，都曾爲天主教提出辯護，從辯護的言詞中可以發現，他們都認爲教案的發生是由天主教與儒學的差異及同佛教的矛盾引起的，因此在辯護中主要解釋天主教與儒學是相通的，對中國並無危害，進而提出希望使天主教得到與佛教在中國的同樣地位。

傳教士中對教案積極反應的是龐迪我，他作有《辨揭》爲天主教辯護，針對漼的指責分別加以解釋。在《辨揭》中龐迪我首先說明傳教士並非私入中國，「自利瑪竇來華，直至利瑪竇與龐迪我赴京向萬曆皇帝呈獻方物，每到一處，每行一事，他們都處在中國官方監督與保護之下，而且得到中國最有權勢的官吏們的幫助和支持。」隨後列舉在各地幫助傳教士的士大夫姓名，並說明利瑪竇進獻方物也是由太監馬堂奉旨送其入京的，因此絲毫沒有違反中國法律，所有活動都是公開闔法的。〔註 36〕他指出「大西洋」指的是海有大小，沒有國家的含義，並非要與大明相抗衡，「天主」即中國儒家經典中的「上帝」，絕無凌駕於天子之上的意味。

其次，龐迪我針對「私習天文」、「妄干天道」的指責，辯稱西方「七重天」與中國的「九重天」實質上是一致的，並未「暗傷王化」，何況參與修曆之事僅經禮部上疏請求，尙在「候旨」，何來變亂中國紀綱之說？他否認教士禁止祭祀祖先，認爲只是東西方祭義不同的緣故，天主教義並不反對祭祀祖先，僅僅反對「向祖宗提出賜福免禍的要求」，並且反對按照佛教教義在祭祀時焚燒紙錢，這是與儒家的倫理道德規範相符合的，不能視作「勸人不孝」。

〔註 35〕《明神宗實錄》卷五四七，萬曆四十四年七月戊子條。

〔註 36〕《龐迪我與中國：耶穌會適應策略》，第 359 頁。

再次，《辨揭》針對以錢財引誘百姓入教的說法展開辯解，解釋說傳教士離家入道時已經「棄絕財、色、宦三事」，在中國只有龐迪我一人享有俸祿，僅能保證個人日常生活之需，根本沒有可供施捨的額外錢財。其他教士生活來源，都是教中支給，由來華經商的西方商人資助，生活非常艱苦，由此說明用錢財誘人入教的傳聞實乃誹謗。

最後，龐迪我辯解天主教並非邪教，請求檢核已翻譯的書籍，來證明自己所說屬實，「有一語一字違反正理」則甘願領罪，並請求與釋道二氏「共相辯論」，「仍求儒術名賢，爲之判定。」他聲稱傳教士來自禮儀之邦，每天誦經作禮，「一爲皇上，二爲此方官長，三爲父母，四爲親戚，五爲眾民」，都對皇帝懷有忠心，「蒙皇上恩養多年，即係臣子。萬一偶遇事變，隨其所在，皆能鞠躬盡瘁，繼之以死。」從根本上辯明傳教士並非煽惑愚民的不法之徒。〔註37〕

龐迪我通過《辨揭》表明，天主教義與儒家學說並不矛盾，而且可以彌補儒學不足之處，傳教士既敬奉天主，又效忠皇帝，沒有違背中國人倫道德規範，「具揭通篇貫串著聯儒闢佛的策略思想，極力欲與同情傳教士的士大夫們聯手，借助皇上的權威孤立反教勢力，力爭平息正席卷於全中國的反教運動。」〔註38〕龐迪我對傳教活動極力加以解釋，強調天主教與儒學的一致性，特別是其中指出天主教義可以彌補儒學之不足，說明他已經意識到傳教活動與儒家思想的衝突導致南京教案的發生，希望得到士大夫的同情和幫助以平息教案。

以徐光啓爲代表的奉教士大夫，在教案中竭力保護傳教士。徐光啓三年前因與魏廣微不協而前往天津練兵屯田，此時不在北京，因而教案發生後不能幫助教士穩定局勢，但他面對沈漼奏疏中「即士君子，亦有信嚮之者」的指控，挺身而出，上《辨學章疏》爲教士辯護。

徐光啓指出自己與傳教士多有交往，「嘗與諸陪臣講究道理」，「又嘗與之考求曆法」，所以「知此諸臣最眞最確，不止蹤迹心事一無可疑，實皆聖賢之

〔註37〕張鎧《龐迪我與中國》中稱之爲《具揭》，對其詳細介紹，以上內容即根據該部分資料整理而成，參見《龐迪我與中國》，第359～367頁。本人未見《具揭》原文，僅見徐宗澤《明清間耶穌會士譯著提要》中稱龐迪我著有《辨揭》一卷（一六一六年教難時之辯護書，一六一八年刻於澳門），故統一稱之爲《辨揭》。

〔註38〕《龐迪我與中國：耶穌會適應策略》，第371頁。

徒也」。他極爲稱道傳教士的品行道德，「其道甚正，其守甚嚴，其學甚博，其識甚精，其心甚眞，其見甚定，在彼國中亦皆千人之英，萬人之傑。」他解釋教士到中國的目的是勸人爲善，「所以數萬里來者，蓋彼國教人，皆務修身以事上主，聞中國聖賢之教，亦皆修身事天，理相符合，是以辛苦艱難，履危蹈險，來相印證，欲使人人爲善，以稱上天愛人之意。」徐光啓努力把天主教向儒學靠攏，使之符合中國的文化觀念。

他隨後又指出天主教義與儒家義理是一致的，絕非邪妄之言，「其說以昭事上帝爲宗本，以保救身靈爲切要，以忠孝慈愛爲工夫，以遷善改過爲入門，以懺悔滌除爲進修，以昇天眞福爲作善之榮賞，以地獄永殃爲作惡之苦報。一切戒訓規條，悉皆天理人情之至。」對天主教的認識充滿了理想色彩，認爲基督教可以匡正中國社會的弊端，「其法能令人爲善必眞，去惡必盡，蓋所言上主生育拯救之恩，賞善罰惡之理，明白眞切，足以聳動人心，使其愛信畏懼，發於繇衷故也。」徐光啓認爲佛教教義似是而非，到中國「千八百年」並未起到應有作用，只有天主教才可以彌補其缺陷，「必欲使人盡爲善，則諸陪臣所傳事天之學，眞可以補益王化，左右儒術，救正佛法者也。」明確提出天主教有「補儒益佛」的作用。

徐光啓提出三條實驗之法來證明自己所說正確。其一，請求朝廷派遣大臣與教士共譯天主教經典，定其是非；其二，讓教士與有名僧道「互相辯駁」，以儒學之臣爲之判定；其三，若前兩條不易實現，可命教士將天主教義「略述一書」，與已譯書籍一起「進呈御覽」，由皇帝親自判斷其是否邪妄。爲消除人們對教士的疑慮，他又提出三條處置之法。其一，「光祿寺恩賜錢糧照舊給發」，「明令諸陪臣量受捐助，以給衣食」，今後「不得寄送西來金銀」，以絕猜嫌；其二，明令教士可以「隨其所在，依止梵修」，信教之人「擇有身家行止者」具結在官，如有行爲不端者，「一體科坐」；其三，由所在官司監察從教人眾，年終審核有無過惡，三年總行考察，以定獎懲。由此可以看出，徐光啓爲從根本上消除對教士的懷疑，所提試驗之法與處置之法，均努力使傳教合法化。

徐光啓的目的是爲傳教士辯護，筆者更加關注的是其中所透露出的儒佛耶之爭與南京教案的關係。他在奏疏中著力解釋天主教與儒學的一致性，並且提出天主教可以「補益王化」、「救正佛法」，甚至說「若以崇奉佛老者崇奉上主，以容納僧道者容納諸陪臣，則興化致理，必出唐虞三代上矣。」在他看來，沈漼等人對天主教的攻擊集中在儒耶觀念的差異上面，南京教案也是因此而發生，所以必定要強調二者之間並無矛盾，天主教有助於統治秩序的穩定，希望得到皇帝的支持。爲此他在第一種實驗之法中提出讓傳教士翻譯西方書籍，由儒臣「共定其是非。果係叛常拂經，邪術左道，即行斥逐」，以證明天主教與儒學毫無危害，考慮到來不及全部翻譯，他甚至提出將天主教義概括在一本書中連同已經翻譯的作品由皇帝本人親自評判。

同時他意識到佛教勢力和天主教的矛盾與南京教案的發生有很大關係，因而對佛教提出批評，「奈何佛教東來千八百年，而世道人心未能改易，則其言似是而非也。說禪宗者衍老莊之旨，幽邈而無當；行瑜迦者雜符籙之法，乖謬而無理，且欲抗佛而加於上主之上，則既與古帝王聖賢之旨悖矣，使人何所適從、何所依據乎？」在此基礎上，徐光啓強調傳教士有利於國家，不應以遠夷視之，朝廷應當如同容納佛道二教一樣容納天主教，「若以崇奉佛老者崇奉上主，以容納僧道者容納諸陪臣，則興化致理，必出唐虞三代上矣。」他提出的第二條實驗之法中透露出「僧道之流」對天主教的「憤嫉」是南京教案發生的重要原因，「諸陪臣之言與儒家相合，與釋老相左，僧道之流咸共憤嫉，是以謗害中傷，風聞流播，必須定其是非。乞命諸陪臣與有名僧道，互相辯駁，推勘窮盡，務求歸一。仍令儒學之臣，共論定之。」〔註 39〕

第四節　萬曆皇帝的反應

萬曆皇帝幼年即位，在母親慈聖皇太后、司禮太監馮保與內閣首輔張居正的監護下處理朝政，總體政治形勢比較平穩。萬曆十年（1582）張居正卒，萬曆帝親政，追奪張居正官階，籍其家，報復張居正當政時期對自己的嚴格監管。萬曆十四年（1586）因爲立皇儲之事與群臣出現矛盾，逐漸發展到不願與大臣見面，長期不理朝政，尤其是萬曆十七年（1589）之後深居不出，罷日講經筵，群臣章奏留中不發，甚至大量官員空缺得不到補充他也不理不睬。萬曆皇帝怠於政事的惡果逐漸顯現，由於遲遲不立太子，引起立國本的爭論，造成朝廷大臣黨爭，萬曆四十三年（1615）又出現襲擊東宮的梃擊案，與此同時東北的努爾哈赤勢力日益壯大，萬曆四十四年（1616）建立後金。

〔註 39〕以上引文均見徐光啓：《辨學章疏》，《徐光啓集》第 431～432 頁。

這些情況爲二十幾年之後明朝統治的覆滅埋下了禍根。〔註 40〕

萬曆皇帝對待西方傳教士的態度，經歷了好奇、優容、疑忌三個階段。萬曆二十九年（1601）利瑪竇一行進京貢獻方物，稅監馬堂覬覦教士所帶貢品，將其扣留在天津並請旨處理。萬曆皇帝得知有西洋人前來進貢，對傳說的自鳴鐘極感興趣，《利瑪竇中國劄記》記載：有一天皇帝自動地突然想起了早先呈送給他的一份奏疏，就說：「那座鐘在哪裏？我說，那座鐘在哪裏？就是他們在上疏裏所說的外國人帶給我的那個鐘。」〔註 41〕利瑪竇由此意外的得以進入北京。萬曆後期怠於政事，縱情玩樂，對前所未見的西方貢品尤爲珍愛，派遣太監向利瑪竇學習鐘錶知識，又讓太監向教士學習西洋琴演奏之法，《利瑪竇中國劄記》還說萬曆皇帝曾讓兩名畫師爲利瑪竇、龐迪我畫像，派人向二人詢問有關歐洲的風俗習慣、禮儀物產，儘管缺乏明朝官方文獻的證實，但萬曆皇帝對西方事物感到好奇則是毫無疑問的，愛屋及烏，他的這種好奇心演變爲對教士的特別優容，同意傳教士在北京居住的請求，並在利瑪竇死後賞賜墓地。

按照明代禮制規定，外邦進貢之事須由禮部辦理，〔註 42〕而利瑪竇卻是通過太監進入北京的，禮部對此感到不滿，將利瑪竇等人軟禁在會同館，上疏對其身份提出質疑，並以私入京城、結交內官爲名，請求「給賜冠帶還國，勿令潛居兩京，與中人交往，別生事端」。疏入不報，表明萬曆皇帝不同意將教士遣送回國。禮部揣測皇帝同意教士留在中國的意圖，再次上疏，「乞速爲頒賜，遣赴江西諸處，聽其深山邃谷，寄迹怡老」，出於疑忌而要把教士送回遠離京師的南方，然而皇帝仍然不理。按照《利瑪竇中國劄記》的說法，最後萬曆皇帝口頭同意傳教士在北京居住，並由太監向禮部傳達旨意。《明史》亦載：「已而帝嘉其遠來，假館授粲，給賜優厚，公卿以下重其人，咸與晉接。瑪竇安之，遂留居不去。」〔註 43〕可見萬曆皇帝對利瑪竇頗有好感，不僅允許他在北京居住，還由光祿寺給賜錢糧。〔註 44〕利瑪竇去世後龐迪我上疏申請墓地，萬曆皇帝很快批覆，由禮部出面選中城西仁恩寺作爲埋葬之所。申

〔註 40〕《明史·神宗紀》卷二十、卷二十一。另參夏燮：《明通鑒》卷六十六——卷七十六，中華書局 1959 年版。

〔註 41〕《利瑪竇中國劄記》，第 400 頁。

〔註 42〕《明會典》，中華書局 1989 年版，第 361 頁。

〔註 43〕《明史·意大里亞傳》卷三二六。

〔註 44〕徐光啓《辨學章疏》有「光祿寺恩賜錢糧照舊給發」之言。以上引文參見《明史》卷三二六，另參《利瑪竇中國劄記》第 422 頁。

請墓地的成功，就耶穌會士來說這是在華傳教事業的偉大成就，就萬曆皇帝來說更表明其對向化而來的西洋人的包容心態。

萬曆皇帝對西方事物感到新奇，進而對利瑪竇等人產生好感，中國又有優容向化遠夷的傳統，所以這種優待並不奇怪。南京教案發生之初，明朝朝廷內有立國本之爭，之前一年剛剛發生梃擊案，外部又有倭寇之患，萬曆皇帝本來就怠於政事，因此更加不願多事。很長時間以來，萬曆皇帝對群臣章奏大多留中不發，因而對沈漼所上《參遠夷疏》同樣不予理會。徐光啓上《辨學章疏》爲教士辯護，萬曆皇帝僅僅批「知道了」三字，表明萬曆皇帝對南京教案是淡然處之的態度，不願意多管此事。徐光啓在家書中也說：「皇上藐若不聞，想已洞燭。近日又問近侍云，西方賢者如何有許多議論？近侍答言，在這裡一向聞得他好，主上甚明白也。」〔註 45〕從中可以看出萬曆皇帝認爲傳教士乃是「賢者」，對南京教案的發生感到不太理解。

朝廷中眾多大臣交章劾奏傳教士，沈漼在南京採取行動，逮捕傳教士，捉拿中國教徒，情況已經比較嚴重，又涉及到外國人，萬曆皇帝可能對此事感到厭煩，但又不能不加以處理。萬曆皇帝對西洋人的態度建立在好奇之上，面對群臣彈劾傳教士威脅明王朝統治的穩定，他只能聽從臣下意見將傳教士驅逐出境。事實上明朝朝廷對統治是否穩固特別敏感，《明實錄》記載：「禮部覆言此輩左道惑眾，止於搖鐸鼓簧，倡夷狄之道於中國，是書所稱蠻夷滑夏者也，此其關係在世道人心，爲禍顯而遲。但其各省盤踞，果爾神出鬼沒，透中國之情形於海外，是書所稱寇賊奸宄者也，此其關係在廟謨國是，爲禍隱而大。」〔註 46〕這種觀點更多體現了明朝朝廷的意見，當然也應該得到了萬曆皇帝的首肯。朝廷官員一方面認爲儒耶之爭「關係在世道人心，爲禍顯而遲」，說明儒耶衝突已經表現得非常明顯，天主教受到眾多官員的指責。另一方面朝廷官員認爲傳教士各省傳教的行爲有外國間諜的嫌疑，對統治秩序造成威脅，「關係在廟謨國是，爲禍隱而大」，對天主教可能產生的威脅表示擔憂。對照利瑪竇時代傳教士與士大夫之間的良好關係，可以發現這與耶穌會士傳教方法的改變導致儒佛耶之爭激化有很大關係。

萬曆皇帝受到反教士大夫意見的影響，爲了平息此事，在處理此事的聖旨中指出王豐肅等人「立教惑眾、蓄謀叵測」，要求派人「督令西歸，以靜地

〔註 45〕《徐光啓集》卷十一，第 492 頁。
〔註 46〕《明神宗實錄》卷五五二，萬曆四十四年十二月丙午條。

方」，更多著眼於統治的穩定性。沈漼在奏疏中將傳教士視爲一體，而萬曆皇帝卻將王豐肅與龐迪我區別對待，他說：「其龐迪我等，去歲爾等公言曉知曆法，請與各官推演七政，且皆係向化來京，亦令歸還本國。」〔註 47〕指出去年禮部官員上疏請求龐迪我參與修訂曆法，現在又言傳教士聚眾作亂，爲了避免再生事端而出現不安定因素，最終作出讓傳教士歸國的決策。

從萬曆皇帝對傳教士態度的變化可以看到，他對傳教士好奇、優容或者驅逐，受他的個人情緒影響較大，但同時也受到朝廷輿論的影響，而這種輿論相當多的時候以統治穩定爲根本。出於對西洋物品的好奇，萬曆皇帝可以違反國家典制規定，破例讓傳教士居住在北京，並賞賜利瑪竇墓地。一旦覺得他們會帶來麻煩，造成官員之間的矛盾，就會以驅逐的方式來保證統治的安穩。從根本上說，中西文化的衝突導致教案的發生，皇帝的態度又決定了教案的進程與結果。

〔註 47〕《南京都察院咨》，《聖朝破邪集》卷一。

第四章　《聖朝破邪集》與明末儒佛耶之爭

第一節　黃貞與《破邪集》之編撰

南京教案的發生，雖然對耶穌會士在華傳播事業是一個沉重打擊，但中西方文化交流並未中斷，天主教仍然在中國繼續傳播。隨著明王朝內外矛盾的加劇，統治危機日趨嚴重，對傳教士的傳教活動並未多加關注，一部分士大夫官員如葉向高、徐光啓等人，希望通過傳教士帶來的西方文化知識挽救社會危機，在他們的幫助下，天主教在中國傳播的規模日益擴大。貫穿於傳教過程中的儒佛耶之爭也隨之再次激化，這集中表現爲《聖朝破邪集》的刊刻。

《聖朝破邪集》的編撰，與明末天主教在福建的迅速傳播有很大關係。晚明天主教在福建大規模傳播，始自天啓四年（1624）葉向高邀請耶穌會士艾儒略至福建開教，在葉向高等人的幫助下，艾儒略打開了傳教局面。葉向高，字進卿，號臺山，福建福清人。生於嘉靖三十八年（1559），萬曆十一年（1583）進士，授翰林院庶吉士，進編修，遷南京國子司業，後任官南京禮部右侍郎，萬曆三十五年（1607）擢爲禮部尙書兼東閣大學士入閣，隨後獨任內閣首輔，主持朝廷政事。因萬曆皇帝怠政，朝廷黨爭不已，葉向高感到政事不可爲，數十次上疏請求罷歸，至萬曆四十二年（1614）八月致仕歸鄉。萬曆駕崩之後，明光宗復召葉向高入閣。明熹宗天啓元年（1621）十月，葉向高還朝再次入閣爲首輔。此時明朝朝廷形勢更加惡劣，對後金作戰屢次失敗，東北幾乎全部失陷。朝廷內部因三大案黨爭激烈，魏忠賢的閹黨勢力逐漸開始形成。天啓四年（1624）七月，東林與閹黨矛盾激化，葉向高無奈之下再次乞休歸鄉。就是此次歸鄉路上，葉向高途經杭州遇到耶穌會士艾儒略，力邀其前往福建傳教。葉向高致仕後閹黨開始肆虐，大興冤獄捕殺東林黨人，虐酷之狀慘不可聞，政局更加混亂不堪。天啓七年（1627）四、五月間，葉向高與艾儒略「三山論學」，討論天主教信仰與中國文化的異同，艾儒略將此次雙方對話整理爲《三山論學紀》，極大促進了天主教在福建傳播。八月葉向高卒，崇禎初年贈太師，謚文忠。〔註 1〕

三山論學之後，艾儒略在福建士大夫中的聲望得到極大提高，天主教在福建迅速發展。〔註 2〕對此福建士大夫產生了不同反映，一部分與傳教士友好交往的文人學士，依中國慣例贈詩給傳教士，表達對傳教士人品和西方知識的讚賞與推崇。這些詩作後結集而成《熙朝崇正集》，題爲「閩中諸公贈泰西諸先生詩初集」，共有詩 84 首，作者 70 人。另一部分士大夫則認爲天主教損害中國道統學同，堅決反對天主教在華傳播。同時由於傳教士採用「合儒闢佛「的傳教策略，猛烈攻擊佛教，因而深受佛教影響的士大夫聯合佛教人士，共同反對天主教，他們的觀點集中反映在《聖朝破邪集》中。〔註 3〕

面對天主教在福建的迅速傳播，起來號召反對天主教的代表人物是福建漳州人黃貞，他四處奔走，呼籲士大夫與佛教人士對天主教進行批判，這些批判文章最終結集爲《聖朝破邪集》。由於缺乏文獻資料，黃貞的生平事迹多不可考，目前只能從《聖朝破邪集》中得到一點零星資料。黃貞，字天香，福建漳州人。崇禎進士顏茂猷之弟子，在儒林及佛教中力倡闢除天主教，曾邀請多人著文加以批判，編爲《破邪集》，《聖朝破邪集》即在此書基礎上增刪而成。其本人亦作有《破邪集自序》、《十二深慨序》、《尊儒亟鏡》、《不忍不言》等文章批判天主教，現存於《聖朝破邪集》中。

崇禎六年（1633）艾儒略到達漳州，黃貞首次知道天主之說〔註 4〕，自

〔註 1〕《明史》卷二四〇《葉向高傳》。參考林金水：《艾儒略與福建士大夫的交遊》，載朱維錚主編《基督教與近代文化》，上海人民出版社 1994 年版。另參《三山論學記》解題，載葉農整理《艾儒略漢文著述全集》，廣西師範大學出版社 2011 年版，第 211 頁。

〔註 2〕李丹萍：《艾儒略與晚明福建結社運動》，福建師範大學 2009 年碩士學位論文，第 25 頁。

〔註 3〕劉燕燕：《明末福建士大夫與天主教傳教士的對話——以〈三山論學記〉、〈熙朝崇正集〉、〈聖朝破邪集〉爲例》，福建師範大學 2007 年碩士學位論文。

〔註 4〕黃貞：《破邪集自敘》，《聖朝破邪集》卷三。

言「一見即知其邪，但未知其詳耳」，「不得已往聽講數日，未能辨析破除之，幾至大病，至四五日以後方能灼見其邪說所在。」他爲了弄明白天主教義，曾經前去聽艾儒略傳道，因傳教士聲稱佛、菩薩、神仙皆爲魔鬼，娶妾者皆入地獄，包括中國歷來聖帝明王在內有妃嬪者亦不例外。黃貞特地就此再三質問艾儒略，「貞詰之曰：『文王后妃眾多，此事如何？』艾氏沉吟甚久，不答。第二日，貞又問，又沉吟不答。第三日，貞又問曰：『此義要講議明白，立千古之大案，方能令人了然皈依而無疑。』艾氏又沉吟甚久，徐曰：『本不欲說，如今我亦說。』又沉吟甚久，徐曰：『對老兄說，別人面前我亦不說，文王亦怕入地獄去了。』又徐轉其語曰：『論理不要論人，恐文王後來痛悔，則亦論不得矣。』」〔註5〕他在給顏茂猷的信中提到傳教士焚毀中國傳統供奉的神像，「觀音菩薩，關聖帝君，及梓童帝君、魁星君、呂祖帝君等像，皆令彼奉教之徒送至彼所，悉斷其首，或置廁中，或投火內。語及此，令人毛髮上指，心痛神傷，此貞親見者。此其教人叛聖，殘忍莫甚，大罪大逆。」〔註6〕黃貞對此感到憤怒，「奸夷設天主教入我中邦，以堯舜周孔入地獄，此千古所未有之膽也。」經過一段時間的考慮，他決定「起而呼號六合之內，共放破邪之炬，以光明萬世，以消此滔天禍水」，「於是不論儒徒佛徒，是我非我，惟極力激勸，乞同扶大義。」〔註7〕

黃貞隨即展開實際行動，大約在崇禎七年（1634）給其師顏茂猷寫信請其闢邪。他在《請顏壯其先生闢天主教書》中，將天主教之危害總結爲五個方面，認爲天主教「壞亂學脈」、「謗誣聖人」、「教人叛聖」、「禽獸沒有靈魂，殺生不妨」、「四處建立教堂，勾連士人」，對中國造成「無窮之害」。與此同時，他還作《尊儒亟鏡》批判天主教。文前有「敘」，敘述「尊儒」主旨。正文以「狡夷之害無窮，不辨爲忍心害理說」，「聖賢知天事天，夷不可混說」，「生死理欲相背說」，「受用苦樂相背說」，「尊貴迷悟相背說」，「道貫天地人物，非夷所知說」，「太極理道仲尼不可滅說」爲標題，共分爲七個部分，從「儒學之天」、「生死之說」、「道貫天地」、「太極不可滅」等方面對利瑪竇《天主實義》宣傳的天主教義進行批駁。〔註8〕

〔註5〕黃貞：《請顏壯其先生闢天主教書》，《聖朝破邪集》卷三。
〔註6〕黃貞：《請顏壯其先生闢天主教書》，《聖朝破邪集》卷三。
〔註7〕黃貞：《破邪集自敘》，《聖朝破邪集》卷三。
〔註8〕黃貞：《尊儒亟鏡》，《聖朝破邪集》卷三。

大約在崇禎八年(1635),黃貞爲了得到佛教人士的支持,作《不忍不言》,自稱「白衣弟子」,呼籲天下僧人闢除天主教。文章敘述天主教入華五十年來,僧人中無一明師碩德者起而闢之,實爲可歎。天主教則著書闢佛,焚毀佛像,勢力遍於南北各地,因而「不忍不言」,請求佛教僧眾「躬催量破」,驅除邪教。〔註9〕文前有黃貞邀請曾時於崇禎八年(1635)五月十五所撰《不忍不言序》,序言揭露天主教名爲合儒,實爲「抑儒滅儒」,因而籲請當政者「火其書,廬其居」,則「聖人幸甚,今古幸甚」。〔註10〕

黃貞隨後前往「吳越之間」尋求支持,得到沈漼等人奏疏立即「募刻播聞」,希望藉此引起更多人的關注。〔註11〕《南宮署牘》中關於南京教案的官方文件應該是黃貞在此時收集到的。他還邀請浙江士紳與佛教人士參與批判天主教,紹興人王朝式〔註12〕即應其所請作《罪言》。文章敘述天主教自南京教案後復入中國,教士更多,傳播更廣,入教者更眾,認爲天主教「謬妄悖逆」,「陰竊生天入獄之說」,以「舉國之力」前來,企圖以夷變夏。文末呼籲天下豪傑同黃貞一起闢除邪教,否則「不獨爲大聖人之罪人」,「實爲天香子之罪人。」〔註13〕王朝式爲天童寺圓悟法師俗家弟子〔註14〕,黃貞可能通過他拜訪了圓悟法師〔註15〕。

黃貞前往寧波天童寺請求圓悟法師撰文闢邪,圓悟爲此於崇禎八年(1635)八月五日作《辨天初說》,闡述佛經之義,認爲天主教「妄想執著」而欲闢佛,實爲「自暴自棄,自闢自矣」。同時提出準備與對方展開進一步辯論,「倘彼尚執情不化,然後徐申其說以與之辨。」〔註16〕他專門請人將此文

〔註9〕黃貞:《不忍不言》,《聖朝破邪集》卷七。

〔註10〕曾時:《不忍不言序》,《聖朝破邪集》卷七。

〔註11〕黃貞:《破邪集自序》,《聖朝破邪集》卷三。

〔註12〕王朝式,字金如,明浙江山陰(今屬浙江紹興)人。爲諸生,崇禎初隱居四明山,從沈國模、劉宗周學。崇禎末嵊縣大饑,其賑災全活甚眾。崇禎十三年(1640)卒,年三十八歲。參見邵念魯《思復堂文集碑傳》,《明代人物傳記資料叢刊》第158冊,第126頁。

〔註13〕王朝式:《罪言》,《聖朝破邪集》卷三。

〔註14〕《密雲禪師語錄》卷十《年譜》,崇禎二年、十二年、十五年的記載提到王朝式爲密雲禪師命門弟子,曾積極參予佛教活動。參見《乾隆大藏經》第158冊,臺灣傳正有限公司1997年版,第111、127、132頁。

〔註15〕字覺初,亦號密雲,俗姓蔣氏,宜興人。後爲四明天童寺主持。參見釋德介《天童寺志》卷三,《中國佛寺志叢刻》第75冊,江蘇廣陵古籍刻印社1996年版,第266頁。

〔註16〕釋圓悟:《辨天初說》,《聖朝破邪集》卷七。

在傳教士聚集地杭州張榜公佈，要求進行辯論，但傳教士對此沒有反應。八月二十一日，袾宏弟子杭州人張廣湉〔註 17〕帶著《辨天初說》前往杭州天主堂求辯，傳教士爲了避免引起是非，拒絕辯論。圓悟在九月十五日又作《辨天二說》敘述張光湉持《初說》前往杭州天主堂求辯遭拒之事，圓悟針對天主教徒之言逐一批駁，認爲天主教不敢與佛教辯論。此文同樣在杭州張榜公佈，十月九日張廣湉帶著《辨天二說》再次前往杭州天主堂要求辯論，再次遭到拒絕。傳教士在答覆中說：「況雲棲嘗著《天說》四條欲辨天教，尙且不勝，今天童更有過於雲棲者乎？」圓悟在十二月八日又作《辨天三說》批駁天主教義，斥責天主造人說之荒誕。又指出利瑪竇死後袾宏方作《天說》，天主教所說利瑪竇作《辨學遺牘》與之相辯實爲謊言。〔註 18〕作爲雲棲袾宏弟子的張廣湉亦作《證妄說》，引彌格子《辨學遺牘》跋言，指出袾宏作《竹窗三筆》中《天說》時利瑪竇已死五年，不可能「未見其說而先爲立辨」。〔註 19〕他還寫信給圓悟說明此事，圓悟在覆信中說：「讀來教，知門下願力生然，眞法門牆塹者也。《證妄說》尤深切著名。」〔註 20〕同在天童寺協助圓悟處理寺務的普潤禪師爲《證妄說》作跋，讚揚《證妄說》辯白天主教對雲棲袾宏二十年之誣，不僅還雲棲一人之清白，且警醒天下後世惑於天主教「而莫之返」者。〔註 21〕張廣湉又作《證妄後說》，駁斥「天主教謊言欺世適以自污，不足與之辨」的觀點，歷舉雲棲及虞淳熙批駁天主教之言論，說明闢除其教之必要。又辨天主教不禁殺生爲「忍心害理」，天下人當不畏艱險全力闢除。〔註 22〕雲棲弟子釋大賢亦作《緇素共證》證明袾宏《竹窗三筆》中四《天說》「係大師臨滅之年始出」，而利瑪竇已「卒化五載」，「安有說未出而預辨？」讚揚張光湉證妄之舉實爲「法門功臣」。〔註 23〕張光湉還曾作《闢邪摘要略議》，指責天主教欲以夷變夏，認爲其教不可從者有五：其一，君主有二，政教分立；其二，

〔註 17〕張廣湉，號夢宅，浙江杭州人。官百户，雲棲袾宏弟子。參見周駬方編《明末清初天主教史文獻叢編》中《明朝破邪集》校點前言。

〔註 18〕釋圓悟：《辨天二説》、《辨天三説》，《聖朝破邪集》卷七。

〔註 19〕張廣湉：《證妄説》，《聖朝破邪集》卷七。

〔註 20〕釋圓悟：《天童密雲和尚復書》，《聖朝破邪集》卷七。此信説明圓悟與張廣湉有書信往來，很可能圓悟在看到《證妄説》之後作的《辨天三説》，故在文末言利瑪竇卒年早於雲棲袾宏五年，利瑪竇不可能見到《天説》而爲之辨，據此筆者頗疑圓悟《辨天三説》作於《證妄説》之後。

〔註 21〕釋普潤：《證妄説跋》，《聖朝破邪集》卷七。

〔註 22〕張廣湉：《證妄後説》，《聖朝破邪集》卷七。

〔註 23〕釋大賢　：《緇素共證》，《聖朝破邪集》卷七。

一夫一妻，嚴禁納妾；其三，毀諸神像，獨尊天主；其四，不祀祖宗，教人不孝；其五，私習天文，居心叵測。大旨在於批判天主教「斥毀孔孟之經傳，斷滅堯舜之道統」。〔註24〕

《聖朝破邪集》所收作品的40位編撰者，除去7名僧人和南京教案中的11名官員，其中有15名福建人，可以說佔據絕大多數，這與同爲福建人的黃貞在士紳中大力提倡闢除天主教有很大關係。由於明末艾儒略在福建傳教成功，天主教勢力迅速增長，對中國原有習俗產生衝擊，遭到當地士紳的強烈反對，因而在黃貞的呼籲之下，他們紛紛撰文批判天主教。與黃貞同爲福建漳州人的王忠即於崇禎九年（1636）一月撰《十二深慨》，文章以天主教盛行於中國而無人闢之，可爲感慨者十二：其一，垂涎其金而信從其教，「貌華而心夷」；其二，受其賄賂而袖手不理；其三，士大夫與之往來，維護夷教；其四，陋其說而與之交接，以示優容；其五，以闢邪爲杞人憂天；其六，謂神靈自有報應，因而坐視不理；其七，恬不爲怪，明哲保身；其八，謂「有力者」闢之，草野之人不應多事；其九，不問世道，謂各有定數；其十，因寡助而中棄闢邪之事；其十一，貪圖安逸而坐視不理；其十二，爲官者因左右旁撓而廢其事。作者認爲這些原因導致邪教盛行而爲害日深。〔註25〕黃貞在崇禎十一年（1638）七月爲其作序，稱讚王忠「深心爲道」，「爲世而日維持履歷於其間」。認爲《十二深慨》批判天主教，是「普天鏡」，可爲「普天下之大炤」。〔註26〕唐顯悅在崇禎十年（1637）五月十五作《題黃天香詞盟》，對黃貞倡言闢除天主教表示支持和讚賞，其言：「壯哉黃子！不遠千里，呼朋闢邪。唯力是視，疾彼西人，釀茲禍水。聖脈幾沈，佛日漸晦。能言距之，世道攸繫。」〔註27〕崇禎十一年（1638）四月黃廷師作《驅夷直言》，同年蘇及寓作《邪毒實據》，都從不同方面對天主教進行批判，要求驅逐傳教士。〔註28〕此外福建士大夫曾撰文批判天主教的還有松溪人魏濬作《利說荒唐惑世》，福州人陳侯光作《辨學芻言》、戴起鳳作《天學剖疑》、黃紫宸作《闢邪解》、黃問道作《闢邪解》、李璨作《劈邪說》，漳州人林啓陸作《誅夷論略》，黃虞作《品級說》，建甌人謝宮花作《曆法論》、《四宿引證》、《續正氣歌》。

〔註24〕張廣湉：《闢邪摘要略議》，《聖朝破邪集》卷五。

〔註25〕王忠：《十二深慨》，《聖朝破邪集》卷六。

〔註26〕黃貞：《十二深慨序》，《聖朝破邪集》卷六。

〔註27〕唐顯悅：《題黃天香詞盟》，《聖朝破邪集》卷三。

〔註28〕《聖朝破邪集》卷三。

福建寧德發生的教案與批判天主教作品的大量出現可能也有關係。崇禎十年（1637）十一月初一，福建巡海道御史施邦曜下發《福建巡海道告示》，以通夷的罪名捉拿傳教士 3 人，中國教徒 16 人。福州官府隨即於十一月初五下發《提刑按察司告示》和《福州府告示》，下令嚴厲禁止天主教的傳播，如有信從者將嚴懲不貸。〔註 29〕

黃貞曾在《破邪集自敘》中言及籲請闢邪之艱難，「保守身家者多，敢闢者少」，敘述不少人因爲天主教勢力強大而明哲保身，王忠《十二深慨》中也提到有人「但耽利竇，只顧身家」，有闢邪者因「寡助而中棄」、「懼禍而中危」。〔註 30〕從二人的感慨中可以看出當時許多人對天主教並不瞭解，以爲天主教勢力強大，其傳播得到官府認可，由於擔心危及自身而不敢出面支持黃貞。福建官府下令禁止天主教，無疑是對黃貞批判天主教行爲的一種官方肯定，黃貞在士紳中因此得到更多支持。如崇禎十一年（1638）十一月福建教案爆發後，翰林院左春坊蔣德璟途經福州，當地士紳以福州衛千戶李維垣等爲首爲驅逐天主教向蔣德璟上《攘夷報國公揭》，聲稱天主教自南京教案後復入中國，欲變中國爲夷狄，且吞併呂宋等屬國，佔據香山澳、臺灣雞籠淡水，「一旦外犯內應，將何以御？」揭請蔣德璟乞旨驅除，以安「天下後世」。文末列名者有福州衛千戶李維垣等地方官員 27 人，儒生陳圻等 7 人。〔註 31〕表明黃貞反對天主教的行爲得到了官方及士紳的支持。

爲了在與天主教的鬥爭中擴大影響，得到更多支持，黃貞在閩浙之間四處奔波，請求各地士紳撰文闢邪，他可能很早就有編撰《破邪集》的計劃。崇禎十年（1637）十月，黃貞曾經請其師顏茂猷爲之作《聖朝破邪集》作序〔註 32〕。在爭取到福建更多士紳的支持之後，他於崇禎十一年（1638）七月請蔣德璟作《破邪集序》，十二月初又請周之夔爲之作序。崇禎十二年（1639）二月又作《破邪集自序》，歷數七年間批判天主教所遭遇之艱辛，期望通過《破邪集》的編撰達到驅逐天主教的目的。〔註 33〕至此黃貞應該已將《破邪集》刊刻成書。

〔註 29〕《聖朝破邪集》卷二。

〔註 30〕王忠：《十二深慨》，《聖朝破邪集》卷六。

〔註 31〕李維垣等：《攘夷報國公揭》，《聖朝破邪集》卷六。

〔註 32〕目錄中題爲《聖朝破邪集序》，正文題爲《明朝破邪集序》，據卷首例言可知正文標題在日本重新刊刻時改書。參見《聖朝破邪集》卷三。

〔註 33〕《聖朝破邪集》卷三。

但黃貞所刻《破邪集》今已不見，且其內容已經被徐昌治整理彙刻入《聖朝破邪集》中，故後人多認爲黃貞僅僅收集了反對天主教的文稿而並未刊刻成書。事實並非如此，黃貞在《破邪集自序》中說「今幸集成」，蔣德璟在《破邪集序》中說「黃君天香以《破邪集》見示」，周之夔《破邪集序》中亦說「清漳賢者黃天香，持所刻《破邪集》問序於夔」。〔註 34〕由此可知《破邪集》確實已經刊刻成書，這在徐昌治爲刊刻《聖朝破邪集》所作《闢邪題詞》中同樣有迹可尋。

徐昌治在《闢邪題詞》中講到「偕費隱禪師連舟詣禾，見其案前所列闢邪諸書」，則徐昌治所見並非文稿散篇，而是已經刊刻的批判天主教的諸書。其中包括「南有宗伯，北有諫臣，娓娓疏論於神宗顯皇帝之前」，應指陳懿典於萬曆四十八年（1620）春刊刻之《南宮署牘》。「閩諸君子，浙諸大夫，侃侃糾繩」，「閩諸君子」當爲黃貞所刻《破邪集》，其中多爲福建士大夫批判天主教之作，「浙諸大夫」很有可能指包括許大受《聖朝佐闢》〔註 35〕在內的浙江士大夫批判天主教諸書。《闢邪題詞》又說「雲棲有說，密老有辯，費師有揭」，雲棲袾宏《天說》早已刊刻，密雲圓悟崇禎八年（1635）所作《辨天說》曾「遍榜武林」，應當也已經刻印。〔註 36〕崇禎九年（1636）包括費隱通容《原道辟邪說》在內的批判天主教文集，同樣已經刊刻流傳。〔註 37〕因而筆者認爲黃貞已將收集到的反對天主教諸稿刊刻爲《破邪集》，由於密雲圓悟與費隱通容在閩浙佛教界的領袖地位，故反對天主教諸書彙集到他們手中，他們爲聯合佛儒共同反對天主教在華傳播，產生了將這些反對天主教的書籍彙刻在一起的想法，希望藉此擴大影響，在輿論上佔據對天主教的優勢地位。《闢邪題詞》說：「費師又慮巧僞易滋，除蔓匪細，不合諸刻，揭諸途，使人人警省，在在聳惕，焉能戶爲說而家爲喻！」此處明言「合諸刻」，即匯合包括《破邪集》在內的已刻諸書。又說「以數帙授昌治」，可見費隱通容是把幾種已經刊刻之書交給徐昌治。〔註 38〕這同樣證明黃貞已經將《破邪集》刊刻成書。再者，如果黃貞《破邪集》僅爲未刻成書之文稿，徐昌治必定會在《闢邪題詞》

〔註 34〕《聖朝破邪集》卷三。

〔註 35〕祁承㸁《澹生堂藏書目》子部一有許大受《聖朝佐闢》一卷，（雍正）《浙江通志》卷二四六亦有許大受《聖朝佐闢》一卷，證明該書已經單獨刊刻出版。

〔註 36〕呂俐：《〈聖朝破邪集〉研究》，華東師範大學 2009 年碩士學位論文，第 56 頁。另參見周駬方：《跋天童密雲禪師辯天說》，載《文獻》1999 年第 4 期。

〔註 37〕呂俐：《〈聖朝破邪集〉研究》，第 33～36 頁。

〔註 38〕徐昌治：《闢邪題詞》，《聖朝破邪集》卷首。

中對此加以說明，一方面表彰黃貞編撰文稿及奔走籲請闢邪之功，另一方面敘述自己爲之刊刻的情況。徐昌治絲毫未提此事，正是由於黃貞《破邪集》與其他闢邪諸書一樣均已刊刻，徐昌治完成的工作是將諸書整理匯刻，因而無須多言，否則就完全抹去了黃貞編撰收集《破邪集》文稿的功勞。徐昌治沒必要這麼做，從其篤信佛教來看，他也不可能這麼做。

由於有關黃貞本人傳記資料的欠缺，我們無法弄清楚他此後還有什麼活動，僅僅通過《聖朝破邪集》知道密雲禪師得到了黃貞努力編撰刊刻的《破邪集》，通過費隱禪師將包括該書在內的批判天主教諸書交給徐昌治，由其整理彙刻爲《聖朝破邪集》。

第二節 徐昌治與《聖朝破邪集》的彙刻

《聖朝破邪集》的編訂者徐昌治〔註 39〕，字覲周，浙江海鹽人。生於萬曆十一年（1583）〔註 40〕，卒於康熙十一年（1672）〔註 41〕。其父徐應奎，其兄徐從治在南京禮部主事任職時主持審理南京教案，後歷官濟南知府、兗東副使，崇禎四年（1631）擢右副都御史巡撫山東，崇禎五年（1632）因孔有德叛亂在萊州守城時中炮而死，詔贈兵部尚書，賜祭葬，蔭錦衣衛百戶，建祠曰「忠烈」。〔註 42〕徐昌治幼年跟隨父親讀書，康熙、光緒兩朝所修《海

〔註 39〕徐興慶《隱元禪師對德川中期日本文化之影響》一文中敘述東渡日本傳法的隱元禪師與徐昌治之間的交往，對徐昌治傳記有簡單介紹。該文載張寶三、楊儒賓編《日本漢學研究續探：思想文化篇》，華東師範大學出版社 2008 年版，第 138 頁。

〔註 40〕《費隱禪師語錄紀年錄》（順治）八年辛卯（1651 年）載：「冬，徐覲周七秩，師作偈贈祝。」則是年徐昌治 70 歲，其應生於萬曆十一年（1583）冬。參見《福嚴費隱容禪師紀年錄》，載《明版嘉興大藏經》第 26 冊，第 189 頁。另徐昌治在《無依道人錄》卷下《歷敘一生艱苦》中，講到崇禎九年（1636）九月其父九十歲，第二年父親去世，則其父生於嘉靖二十六年（1547），享年九十一歲。他還講到自己出生時父親三十六歲，亦可推算出徐昌治生於萬曆十一年（1583）。參見徐昌治：《無依道人錄》卷下《歷敘一生艱苦》，載《明版嘉興大藏經》第 23 冊，第 345 頁。

〔註 41〕康熙十二年（1673）所修《海鹽縣志》在卷九《徐昌治傳》中稱其壽九十一。光緒《海鹽縣志》卷七《輿地考·塚墓》稱「舉人徐昌治墓在大康橋青蓮溪漾東」。卷十七《徐昌治傳》言其「賓壽九十一」。則其卒於康熙十一年（1672）。參見《中國地方志集成》（浙江府縣志輯）第 21 冊，上海書店 1993 年版，第 239、668、900 頁。

〔註 42〕《明史》卷二四八《徐從治傳》。

鹽縣志》均有傳，稱其「少爲諸生，以高等食餼，棄去。入國學，考授通判，又不就」，在鄉試中舉後同樣「以父老不上公車」，光緒《海鹽縣志》說他「兩舉鄉飲」。傳記提到其兄徐從治任官山東時因孔有德之亂被圍萊州，他「匹馬走山東乞師救萊，列狀訴當道」，萊城因此得以保全。徐昌治曾在崇禎九年（1636）編著編年體史書《昭代芳摹》，崇禎十二年（1639）編訂《聖朝破邪集》，順治九年（1652）編撰《祖庭嫡傳指南》二卷、《醒世錄》八卷，順治十一年（1654）編《高僧摘要》四卷，康熙六年（1667）著《無依道人錄》。此外還著有《金剛經會解了義》、《般若心經解》、《妙法蓮華經卓解》等。〔註 43〕其他作品還有《綱鑒燦》、《四書旨》、《周易旨》，今已不存。〔註 44〕

從徐昌治留存下來的著作中我們還可以瞭解到他的一些傳記資料。他在《祖庭嫡傳指南》下卷《自記》中說：「予昌治，法名通昌，號覲周，別號無依道人，鹽官人也。……幼習儒，早補博士弟子，以副榜貢入都，道經山東，湊兄從治巡撫彼省，被圍萊城。時援萊者泄泄，且掩敗爲功。予據實具疏上聞，得俞旨，旋攜兄家眷南還。」〔註 45〕他隨後居於家鄉，與佛教人士密切交往，積極參與佛教活動。〔註 46〕徐昌治早年即對佛教感興趣，他在《無依道人錄》卷上《付法始末》中提到自己篤信佛教的情況：「余自少至壯，日以佞佛禮僧爲第一義，而未嫺於法。迨戊辰（崇禎元年，1628），隨僧濟公謁密雲老人，命名通昌。」文章還敘述了他誠心向佛所作的努力，

〔註 43〕徐昌治目前可見著作有如下幾種：《昭代芳摹》，載《四庫禁毀書叢刊》史部第 43 冊。《聖朝破邪集》，載《四庫未收書輯刊》史部第十輯第 4 冊。《祖庭嫡傳指南》、《醒世錄》、《高僧摘要》、《無依道人錄》均載《明版嘉興大藏經》第 23 冊，《妙法蓮華經卓解》載《明版嘉興大藏經》第 60 冊。《金剛經會解了義》載《卍續藏經》第 39 冊，《般若心經解》載《新編卍續藏經》第 42 冊。其中《祖庭嫡傳指南》和《無依道人錄》北京大學圖書館有藏，參見《北京大學圖書館藏古籍善本書目》，北京大學出版社 1999 年版，第 345、359 頁。

〔註 44〕《康熙海鹽縣志》卷九、《光緒海鹽縣志》卷十七，參見《中國地方志集成》（浙江府縣志輯）第 21 冊，第 239，900 頁。

〔註 45〕徐昌治：《祖庭嫡傳指南》下卷《自記》，載《明版嘉興大藏經》第 23 冊，臺北新文豐出版公司 1987 年版，第 213 頁。

〔註 46〕《金粟寺志》記載徐昌治及其兄徐光治、侄徐同貞、子徐乾貞、徐拱樞、徐升貞、徐蒙貞等，曾與當地士紳一起往請費隱通容禪師、百癡行元禪師、孤雲行鑒禪師先後主持海鹽金粟寺，顯示出其家人皆信佛。參見白化文、張智主編《中國佛寺志叢刊》第 79 冊《金粟寺志》，廣陵書社 2006 年版，第 58、62、67 頁。另參吳定中整理《金粟寺史料五種》之一《重印金粟寺志》，上海古籍出版社 2008 年版，第 55、59、63、64 頁。

包括刊刻佛教書籍、幫助募化資金、幫助處理廟產事務等情況。徐昌治崇禎十二年（1639）在費隱主持下編訂《聖朝破邪集》，順治八年（1651）捐貲助刻費隱所著《傳燈嚴統》五卷，並爲之作序，費隱贈號無依道人。他自己亦於順治九年（1652）編撰《祖庭嫡傳指南》二卷，同年冬編《醒世錄》八卷。順治十一年（1654）編輯《高僧摘要》四卷，《敘高僧摘要》中提到自己「刊佈《佛祖指南》、《法苑醒世》」，即指《祖庭嫡傳指南》與《醒世錄》二書。順治十三年（1656）春，徐昌治與費隱同在虞山，「於虞山維摩室中受付囑」。〔註 47〕順治十四年費隱前往海鹽與徐昌治相會，還講到「是時覲周施供捐助，不遺餘力」。〔註 48〕順治十七年（1660）費隱禪師逝世，其弟子爲之刊刻《費隱禪師語錄》，文末刊行名單中有徐昌治之名。〔註 49〕順治十八年（1661）徐昌治還曾爲《百癡禪師語錄》作《百和尚語錄序》，文末署「順治辛丑歲暮春穀雨日法弟無依道人徐昌治覲周父盥題」。〔註 50〕徐昌治晚年著《無依道人錄》，題「武原無依道人徐昌治覲周甫著，南村釣雪氏僧鑒刪定，嗣法比丘超悟錄」，有康熙六年（1667）七月僧鑒所作序言，其中說：「道人多著述，辯博典故則有鑒燦、芳摹諸書，宣揚教海則有法華、金剛諸注，游泳藝林則有孔孟、周易諸解，流演宗乘則有指南、醒世諸刻。莫不珠燦玉輝，洞徹源底。至於無依一錄，則道人之現居身而闡揚少室不傳之秘者，故其爲語，去華存實，去囂存樸。」〔註 51〕總結了徐昌治一生著述。

徐昌治編訂《聖朝破邪集》最主要的的原因是他篤信佛教，因而站在佛教的立場批判天主教。他在《闢邪題詞》中講到所見闢邪諸書「痛斥天主教之以似亂眞，貶佛毀道」，可見其反對天主教的首要原因就是由於傳教士之「貶佛」。徐昌治與佛教人士密雲禪師、費隱禪師有密切關係，在他們的主持下將「闢邪諸書」編訂彙刻爲《聖朝破邪集》。密雲禪師爲當時江南地區佛教領袖，且其在崇禎八年（1635）應黃貞之請作《辨天說》批判天主教。崇禎十二年（1639）包括黃貞《破邪集》在內儒佛人士批判天主教的書稿逐漸彙聚到密

〔註 47〕徐昌治：《無依道人錄》卷上《付法始末》，載《明版嘉興大藏經》第 23 冊，第 335～336 頁。

〔註 48〕《福嚴費隱容禪師紀年錄》，載《明版嘉興大藏經》第 26 冊，第 191 頁。

〔註 49〕《福嚴費隱容禪師紀年錄》，載《明版嘉興大藏經》第 26 冊，第 193 頁。

〔註 50〕徐昌治：《百和尚語錄序》，載《明版嘉興大藏經》第 28 冊，第 1 頁。

〔註 51〕徐昌治：《無依道人錄》卷上《付法始末》，載《明版嘉興大藏經》第 23 冊，第 335 頁。

雲手中，八月其在嘉興與費隱禪師、徐昌治相聚。徐昌治在《付法始末》中講到自己「受命輯闢邪集一帙」，「老人蓋深知昌之衷曲素直，故以此書委託如此。」〔註52〕他還在《闢邪題詞》說：「費師又慮巧僞易滋，除蔓匪細，不合諸刻，揭諸途，使人人警省，在在聳惕，焉能戶爲說而家爲喻！因以數帙授昌治。」可見彙刻「闢邪諸書」是三人商議後的結果。最終在密雲禪師的委託下，由費隱主持，徐昌治負責書稿編訂並捐資彙刻。〔註53〕

徐昌治編訂《聖朝破邪集》的主要目的是批判天主教義，反對天主教在中國的傳播，因而要聯合儒佛人士共同批判天主教。他在《闢邪題詞》中斥責天主教「援儒攻儒」，指出「南有宗伯，北有諫臣，娓娓疏論於神宗顯皇帝之前」〔註54〕，「閩諸君子，浙諸大夫，侃侃糾繩」，又稱天主教「以技術巧，以利誘愚，口誅創異，筆伐黨同」，均從儒家正統立場攻擊天主教，表明他希圖喚起更多士大夫反對天主教。《聖朝破邪集》全書八卷，前面六卷內容均從儒家立場批判天主教，顯示出徐昌治聯合儒佛，借助儒家力量與傳教士辯論，使士大夫從儒家立場對天主教產生排斥心理，以達到消滅天主教的目的。徐昌治在編訂中，將南京教案與福建教案中官員的奏疏與官方文告放在全書開頭兩卷，從而顯示明朝政府從法律上禁止天主教傳播，表明他希望通過官方權威加強反對天主教的力量。他將儒家士大夫與佛教人士反對天主教諸書彙刻在一起，在《闢邪題詞》中說「佛與儒同一衛道之心」，「一種憂世覺人之苦心洞若指掌，一段明大道、肅紀綱、息邪說、放淫詞、闢異端、尊正朔較若列眉。」〔註55〕充分反映出聯合佛儒對抗天主教的意圖。

徐昌治在《闢邪題詞》中表達了對「名臣烈士貞夫節婦」和「前朝君相豐功偉業」的感慨，這可能與當時朝廷褒獎其兄徐從治有關。〔註56〕徐從治

〔註52〕徐昌治：《付法始末》，《明版嘉興大藏經》第23冊，第335頁。

〔註53〕關於此次密雲禪師嘉興之行經過及密雲、費隱手中黃貞《破邪集》流轉過程，呂俐在其碩士學位論文《〈聖朝破邪集〉研究》中作了詳細敘述及分析，認爲有可能是黃貞通過普潤和尚將《破邪集》交給密雲，或者黃貞通過行元和尚將《破邪集》交給費隱，參見呂俐《〈聖朝破邪集〉研究》，第27～31頁。筆者認爲應是密雲禪師收集到包括黃貞《破邪集》在內的「闢邪諸書」，委託費隱、徐昌治編訂彙刻。

〔註54〕宗伯指沈㴶，諫臣指余懋孳，此處指《南宮署牘》中參奏天主教諸稿。參見吳廷燮撰《聖朝破邪集》八卷本提要，《續修四庫全書總目提要（稿本）》第22冊，齊魯書社1996年版，第250頁。

〔註55〕《闢邪題詞》，《聖朝破邪集》卷首。

〔註56〕《闢邪題詞》，《聖朝破邪集》卷首。

曾參與南京教案的審理，崇禎五年（1632）因孔有德之亂戰死萊州，賜祭葬，建忠烈祠。〔註 57〕《聖朝破邪集》編訂之時，徐從治已於七年前在平叛中戰死，受到朝廷極爲隆重的表彰。雖然徐昌治編訂《聖朝破邪集》是爲了批判天主教，但應該說與追念其兄功績亦有一定關係。

徐昌治出於聯合儒佛共同反對天主教的目的，在編訂《聖朝破邪集》時將原有「闢邪諸書」次序打亂，卷一、卷二收錄南京教案中沈㴶等人奏疏及南京各衙門處理教案的相關公文，保留了與南京教案有關的絕大部分原始材料，是研究南京教案不可缺少的史料。第一卷所收《南宮署牘序》透露出這一部分內容編選自沈㴶《南宮署牘》〔註 58〕，第二卷最後三篇是崇禎十年（1637）福建寧德等地發生教案時福建官府爲禁絕天主教而下發的文告。徐昌治將兩次教案中的官方文件編訂在一起，以宣傳朝廷官方禁止天主教傳播的態度及措施，表明其通過政府行政力量消滅天主教的意圖。

《聖朝破邪集》卷三至卷六收錄閩浙士紳批判天主教的文章，反映出明末儒者反對天主教的主要觀點。第三卷將黃貞請蔣德璟、顏茂猷、周之夔爲《破邪集》所作序言及黃貞的自序均收爲正文，此外還有黃貞本人批判天主教的作品，以及部分閩浙士紳應黃貞之請對天主教所作的批判，大部分內容都與黃貞的奔走呼號有直接關係，可能此卷即爲黃貞《破邪集》原書的主要部分。

第四卷收錄許大受〔註 59〕《聖朝佐闢》一書全文，前有自序，從十個方面針對利瑪竇《天主實義》進行批判，共爲十闢：「一闢誑世，二闢誣天，三闢裂性，四闢貶儒，五闢反倫，六闢廢祀，七闢竊佛訶佛種種罪過，八闢夷所謂善之實非善，九闢夷技不足尙、夷貨不足貪、夷占不足信，十闢行私曆、攘瑞應、謀不軌、爲千古未聞之大逆。」包括了明末儒者批判天主教的主要觀點，從中可以看出時人對天主教義已有較爲深刻的認識。〔註 60〕呂俐在《〈聖

〔註 57〕方拱乾：《明大司馬肩虞徐公行狀》，參見《徐忠烈公集》卷一，康熙三十四年（1695）刊，上海圖書館藏善本。

〔註 58〕《南宮署牘》爲沈㴶任官南京禮部侍郎時所作諸稿，陳懿典在萬曆四十八年（1620）沈㴶被召入閣時爲之刊刻並作序，表彰其在南京任官之功績。《破邪集》第一、二兩卷收有沈㴶《參遠夷疏》凡三，係其參劾天主教之奏疏。陳懿典《南宮署牘序》稱「所言謹天戒、開儲講、請王婚、定陵祀」，《湖錄經籍考》有《南宮署牘》四卷。

〔註 59〕許大受，浙江德清人。萬曆廩生，兵部左侍郎許孚遠之子，以父任刑部郎中。參見周駬方編《明末清初天主教史文獻叢編》中《明朝破邪集》校點前言。

〔註 60〕《聖朝破邪集》卷四。

朝破邪集〉研究》中指出，許大受《聖朝佐闢》之前已經收入《誅左集》中，釋普潤《誅左集緣起》及釋行元《緣問陳心》「所以《誅左集》許先生末篇云」引《聖朝佐闢》文字證明了這一點，徐昌治將包括《聖朝佐闢》在內的文集《誅左集》打亂次序後編入《聖朝破邪集》中。〔註 61〕

卷五與卷六收錄福建浙江等地士紳對天主教的批判，第五卷中虞淳熙《天主實義殺生辨》與《明天體破利夷僭天罔世》寫作時間較早，文內有與利瑪竇書信往來相互辯駁之言，可以肯定是萬曆三十八年（1610）年之前的作品。第六卷所收作品大部分作者都是福建人，很可能其中不少篇目原爲黃貞《破邪集》的內容。需要特別指出的是，第六卷中鄒維璉《闢邪管見錄》並非原文，而是將鄒維璉所作《管見闢邪錄序》與《跋》兩篇文章經過刪改後合而爲一。這兩篇文章在鄒維璉《達觀樓集》中可以見到，筆者經過核對後發現，徐昌治刪改原文的原因並非是「刪繁就簡」那麼簡單，而是因爲其中有反對佛教的言論。

鄒維璉（？～1635），字德輝，江西新昌人。萬曆三十五年（1607）進士，授延平推官。天啓間官兵部職方郎中，轉吏部考功郎中，以論救楊漣觸怒閹黨，削籍戍貴州。崇禎初起爲南京通政參議，五年（1632）以右僉都御史巡撫福建，與鄭芝龍合力擊退荷蘭侵犯廈門之敵，後爲首輔溫體仁所忌罷歸，崇禎八年（1635）卒於家。〔註 62〕有《達觀樓集》二十四卷。他在《管見闢邪錄序》與《跋》中針對利瑪竇《天主實義》展開批判，認爲天主教企圖以夷變夏，「凌駕五帝三王周公之上」，並且藐視孔孟聖賢之言，實爲當世之王莽，因而籲請士君子「人其人，火其書，廬其居」，極力加以剪除。文章同時透露出他對佛教的反感，他說：「利夷名爲尊儒以闢佛，實則襲佛以抑儒。」認爲天主教實際上是在利用佛教教義攻擊儒學。如果說這還不能明確反映他反對佛教，下面言論攻擊佛教的態度就更加明顯，「佛廢人倫，棄妻子，削髮出家，創爲輪迴三途六道以惑世，則昌黎佛骨一表、原道一詞已揭正道於中天，關閩濂洛以至我朝諸名儒闢之尤力。」可見他從理學角度出發，對佛教教義深惡痛絕。他又說：「佛老之害，過於楊墨。天主之害，過於佛老。」認爲佛教與天主教都對儒學有很大危害。〔註 63〕無論是黃貞還是徐昌治，與佛

〔註 61〕呂俐：《〈聖朝破邪集〉研究》，第 36～37 頁。

〔註 62〕《明史》卷二三五。

〔註 63〕鄒維璉：《達觀樓集》，載《四庫全書存目叢書》集部第 183 冊，齊魯書社 1997 年版，第 13 頁。

教都有密切關係，不可能無視文中反對佛教言論的存在，但為了在與天主教的鬥爭中團結到更多力量，利用鄒維璉的官聲獲得更多政治上的支持，他們還是在刪去文內反對佛教的言論後收入《聖朝破邪集》。

《聖朝破邪集》卷七、卷八收錄佛教批判天主教的文章。第七卷收錄有袾宏萬曆四十三年（1615）批判天主教的《天說》。崇禎八年（1635）黃貞作《不忍不言》呼籲佛教人士反擊天主教，圓悟應其倡議作《辨天說》，由袾宏弟子張廣湉持書前往杭州求辨，遭到拒絕後張廣湉又作《證妄說》、《證妄後說》，圍繞《辨學遺牘》是否為利瑪竇所撰的問題，批判天主教謊言欺世。第八卷收有費隱禪師的《原道闢邪說》，針對利瑪竇《天主實義》進行批駁，分別對天主教所稱「天主為萬物之原」、「佛教重空無而偏虛不實」、「魂三品說」、「萬物不能為一體」的說法加以駁斥。此外還收有劉文龍《統正序》及佛教僧人釋普潤、釋如純批判天主教的作品。

呂俐利用和刻本《闢邪集》進行分析研究，指出費隱禪師《原道闢邪說》崇禎九年（1636）即已單獨刊行，徐昌治將該書卷首劉文龍《統正序》與費隱禪師《原道闢邪說》和李王庭《誅邪顯據錄》選錄入《聖朝破邪集》中，其中《誅邪顯據錄》作了刪改，另外五位僧人批判天主教的十篇文章則沒有收錄。呂俐認為這是因為其中六篇內容對有著官宦政治背景的楊廷筠、張賡等儒家士大夫進行批判，徐昌治為了「爭取官方支持，促成儒釋聯合」，因而「選擇放棄這六篇文章」。其餘四篇則由於作者「輩分低淺，且文章論辨平平」，故徐昌治沒有選錄。〔註64〕

由上述內容可以知道，徐昌治編訂《聖朝破邪集》源自密雲禪師收集的「闢邪諸書」，包括《南宮署牘》、《破邪集》、《誅左集》、《原道闢邪說》等幾種文集，此外還有一些文稿散見於諸書中，如袾宏《天說》、虞淳熙《天主實義殺生辨》、鄒維璉《管見闢邪錄序》與《跋》等。徐昌治將原書次序打亂，「編其節次，臚其條款，列其名目」，「於中刪繁就簡，去肉存髓」，重新編訂為《聖朝破邪集》。徐昌治在編訂過程中，將序跋與正文雜糅，斷章與完書共存，公牘與奏疏混收，給人體例不一、次序混亂的感覺，事實上這正是徐昌治為了全力批判天主教而製定的編選標準產生的後果。他在《闢邪題詞》中說：「凡一言一字可以激發人心、抹殺異類、有補於一時、有功於萬世者靡不急錄以梓。」〔註65〕在這樣的標準下，他把官方禁絕天主教的文告放在最前

〔註64〕呂俐：《〈聖朝破邪集〉研究》，第33～42頁。

〔註65〕《闢邪題詞》，《聖朝破邪集》卷首。

面，各地士紳的批判文章列於其後，最後是佛教人士的批判文章，在「佛與儒同一衛道之心」的名義下聯合儒佛力量共同反對天主教。

徐昌治在完成編訂工作後，於崇禎十二年冬撰寫《闢邪題詞》。《福嚴費隱容禪師紀年錄》（崇禎）十三年庚辰條載：「彙刻《破邪集》，徐覲周作序捐貲。」則《聖朝破邪集》是崇禎十三年（1640）在費隱禪師主持下，由徐昌治出資最終完成刊刻。〔註 66〕至於全書命名爲《聖朝破邪集》，徐昌治很可能受到了顏茂猷《聖朝破邪集序》的啓發。

第三節　版本與流傳

《聖朝破邪集》刊刻於明崇禎十三年（1640），當時明王朝的統治面臨崩潰，農民起義和滿清的不斷進攻已經使整個朝廷無法繼續維持統治，四年後李自成農民軍攻佔北京，崇禎皇帝弔死煤山，明朝滅亡。滿清隨即入關，在擊敗農民軍後進軍江南，消滅了南明殘餘勢力後統一全國。在戰亂不斷的王朝交替時期，圖書資料往往容易遭到大的損毀，無數歷史文獻因此亡佚，《聖朝破邪集》的最初刻本可能因爲同樣原因在國內已經不存。謝和耐曾說：「在文士階層中，似乎並沒有更多地注意保存關基督教文獻。《破邪集》的流傳應歸功於偶然。」〔註 67〕我們目前能看到該書，有賴於其在日本的傳播。

《聖朝破邪集》傳入日本，據呂俐研究與費隱弟子隱元東渡日本傳法有關。隱元於順治十一年（1654）東渡日本，次年又遣弟子歸國，將一批圖書資料帶回日本。當時徐昌治將自己所刻書籍贈送隱元，其中應當包括《聖朝破邪集》，《聖朝破邪集》由此傳入日本。〔註 68〕目前我們所能見到的版本，大多源自日本安政二年（1855）〔註 69〕翻刻本。

〔註 66〕《福嚴費隱容禪師紀年錄》，載《明版嘉興大藏經》第 26 冊，第 187 頁。最早注意到這一點的是呂俐，見《〈聖朝破邪集〉研究》，第 47 頁。

〔註 67〕謝和耐：《中國與基督教——中西文化的首次撞擊》，上海古籍出版社 2003 年增訂版，第 8 頁。

〔註 68〕徐興慶《隱元禪師對德川中期日本文化之影響》文中講到徐昌治曾將《高僧摘要》、《醒世錄》等書籍託隱元弟子帶至日本，呂俐認爲《聖朝破邪集》可能與這些書籍一起贈予隱元。參見徐興慶《隱元禪師對德川中期日本文化之影響》，載《日本漢學研究續探：思想文化篇》，華東師範大學出版社 2008 年版，第 138 頁。另參呂俐《〈聖朝破邪集〉研究》，第 48～50 頁。

〔註 69〕即安政二年，時爲清咸豐五年（1855）。

日本安政元年（1854）被迫與美國締結通商條約，閉關鎖國局面從此被打破，一部分下級武士爲抵禦外侮，提出「尊王攘夷」的口號，〔註 70〕《聖朝破邪集》就是在這樣的背景下改名《明朝破邪集》刊刻的。書前有「安政乙卯冬翻刻《破邪集》」字樣，卷首《破邪集序》稱刊刻《破邪集》是爲了掃蕩邪教，達到「外奮武衛，內息邪說」的目的，序言末尾有「源齋昭印」和「尊王攘夷」二印。周駬方在《明朝破邪集》的校記中說：「《破邪集》在中國久已不傳，如今我們還能讀到，有賴日本安政二年水戶藩弘道館之翻刻。序者署源齋昭，即水戶藩第九代藩主德川齋昭。其時水戶藩進行藩政改革，以藩校弘道館爲中心之教育政策，使水戶藩聲名遠播，成爲後期水戶學之中心。後期水戶學以攘夷論爲基礎，排斥西學，反對日本開國。在這個時代背景下，翻刻《破邪集》，其意明顯。」〔註 71〕這說明《聖朝破邪集》在日本的刊刻，主要是用來抵制西方天主教思想文化的衝擊，該書卻由此得以在日本流傳。《東京大學東洋文化研究所漢籍分類目錄》子部釋家類收有《明朝破邪集》八卷，後題「明徐昌治輯　安政二年水戶弘道館刊本」。鄒振環先生在日本查找該書後給我的信中說：「關西大學藏有徐昌治訂《破邪集》寫本十冊，書寫地和書寫時間均不詳；日本京都中文出版社 1984 年出版有荒木見悟、岡田武彥主編的《和刻影印近世漢籍叢刊》，其中思想四編．元明佛教篇 14 收有安政三年版徐昌治輯《明朝破邪集》1 冊。」說明該書在日本曾多次翻印，日本學術界對該書是比較重視的。〔註 72〕

中國學術界關注《聖朝破邪集》，始於 20 世紀二、三十年代《續修四庫全書總目提要》的編撰，其中有吳廷燮所撰《聖朝破邪集》八卷本提要。〔註 73〕

〔註 70〕趙建民、劉予葦主編：《日本通史》，復旦大學出版社 1989 年版，第 148、151 頁。

〔註 71〕周駬方：《明末清初天主教史文獻叢編》，北京圖書館出版社鉛印線裝本，2001 年版。有關日本尊王攘夷思想，可參考鄭彭年《日本西方文化攝取史》第五章，杭州大學出版社 1996 年版，第 228 頁。

〔註 72〕「日本所藏中文古籍資料庫」關於《聖朝破邪集》的條目，有明崇禎版八卷 4 冊，藏前田育德會尊經閣。此外水户藩弘道館安政二年刊本在公文書館内閣文庫、九州大學、東洋文庫等均有館藏。參呂俐《〈聖朝破邪集〉研究》，第 47 頁。

〔註 73〕20 世紀 20 年代初，日本政府在國際、國内壓力下決定將「庚子賠款」的一部分「退還」中國，其中用於中國文化事業的一小部分成爲編纂《續修四庫全書總目提要》的經費，隨後成立「東方文化事業總委員會」主持此事，1927 年又成立「人文科學研究所」著手編撰《續修四庫全書總目提要》的準備工提要介紹各卷內容，並加按語，引用蔣德璟《破邪集序》中反對驅逐傳教士之言，認爲不可盲目排外，「蔣德璟之學識過徐昌治諸人遠矣。」最後引《明神宗實錄》有關南京教案的記載及余懋孳所上奏疏，敘述明末反對天主教的情況，並對徐昌治《闢邪題詞》加以解釋。〔註 74〕他根據的就是安政乙卯刊本，可知此前已有人將該書帶回中國。

張維華 1930 年作《南京教案始末》時曾大量引用《聖朝破邪集》的相關內容，1942 年作《明清間中西思想衝突與影響》一文時，提到陳垣藏有該書，「晚明之世，有《破邪集》、《闢邪集》二書，爲時人反對天主教之論著，操筆之士，多屬草野山林之緇流儒生，鮮獨到精闢之宏論，然中國本色思想，亦可代表一般。是書流傳不廣，十數年前，從陳援庵（垣）先生假閱一過，信筆摘錄數段。」〔註 75〕則其《南京教案始末》所用資料即來源於此。今中國國家圖書館藏有該書，同樣是日本安政二年刊本，著錄爲《破邪集》:「書名據序題，版心題《聖朝破邪集》; 陳垣贈書，與《請誅邪教疏》、《與許青嶼侍御書》、《闢邪論》、《改天主堂爲祠院碑記》、《論邪教攻心》合訂。」

1996 年香港建道神學院出版了由夏瑰琦點校並逐篇作出提要的校注本《聖朝破邪集》，〔註 76〕書前《校注說明》中指出校注底本是「明崇禎十二年刻本之手抄本」。〔註 77〕但未說明抄寫時間，亦不知所據之「明崇禎十二年刻本」是否存世。該書以「日本安政乙卯翻刻本爲校本」，篇首增添提要，並對其中的人物、典故加以注釋。爲辨明兩種版本的異同，筆者重新校對後發現，該書校勘記中注明的十八處文字差異均爲抄本有誤。現將這十八處差異列表如下〔註 78〕：

明崇禎十二年刻本之手抄本	日本安政乙卯翻刻本
P65，13 夫甚術之邪鄙不足言也	夫其術之邪鄙不足言也
P88，1 酌識通詳	酌議通詳

作。1931 年正式開始撰寫提要內容，隨後進行了初步整理工作，直到 1945 年日本戰敗投降，這一工作方告結束。參見《續修四庫全書總目提要（稿本）》前言，齊魯書社 1996 年版。

〔註 74〕《續修四庫全書總目提要（稿本）》第 22 冊，第 250 頁。

〔註 75〕張維華:《晚學齋論文集》，齊魯書社 1986 年版，第 165 頁。

〔註 76〕承蒙傅德華教授從復旦大學哲學系李天綱教授處借得該書，筆者在此向兩位老師的幫助表示誠摯謝意。

〔註 77〕參見夏瑰琦:《聖朝破邪集》之《校注說明》與《後記》，香港建道神學院 1996 年版。

〔註 78〕表格中前一阿拉伯數字爲頁碼，後一數字爲所在行數。

P162，4 天地一以清，地得一以寧	天得一以清，地得一以寧
P212，7 天立何人生	天主何人生
P212，8 又■而問	又進而問
P218，6 齋日單食水族	二齋日單食水族
P229，2 有七千部夷書未來中國之邪言	有七千部夷書未來中國之訛言
P278，3 僅爾一衣帶衣之間	僅爾一衣帶水之間
P286，2 伊何心者	伊何心哉
P342，13 不知其機斯空相	不知其幾斯空相
P350，9 則利民先雲棲五載矣	則利氏先雲棲五載矣
P373，8 而萬物則有如有終	而萬物則有始有終
P376，10 以別分言而就絡略窄狹故	以別分言而就約略窄狹故
P383，7 則道流德化子其間	則道流德化於其間
P391，2 實與五胡無軒輊	實與五胡無軒輊
P391，4 潤也匪以濫居禪窟	潤也匪似濫居禪窟
P399，1 君賜生以畜之	君賜生必畜之
P405，14 陰夫人王婕好等一百九十人	陰夫人王婕妤等一百九十人

以上兩種版本的十八處差異，點校者據日本安政乙卯本作了校正。此外除了異體字的差異外，筆者在校對中又發現了兩個版本間十四處文字差異，同樣列表如下：

明崇禎十二年刻本之手抄本	日本安政乙卯翻刻本
P80，3 特昔也隱處廛	特昔也隱處一廛
P97，11 將前項二處拆毀入官	將前項二處折毀入官
P108，11 供稱髭頭為生	供稱篦頭為生
P108，13 廣東廣州府新會新人	廣東廣州府新會縣人
P110，14 猶日引男子也	猶曰引男子也
P120，3 毋令閒人混入	母令閒人混入
P153，2 多方翦斥	多方剪斥
P172，14 所麼麼所竊侮	為麼麼所竊侮
P224，14 夷又有偽書日《幾可源本》	夷又有偽書曰《幾何源本》
P283，7 為天主之判民之可查可據乎	為天主之叛民之可查可據乎
P336，5 我存李先生公子引人入教在座	我存李先生公子以引人入教在座
P386，7 形於忘想	形於妄想
P401，10 至於終年染輸	至於終年染翰
P408，5 其言已徧於於天下矣	其言已徧於天下矣

如果能夠排除排版中人爲錯誤的話，這十四處差異中除了第二、六兩處爲日本翻刻本採用通假字「折」、「母」外，另外的十二處差異均爲手抄本錯誤。

通過以上對比可以發現手抄本由於抄寫質量的問題，其中存在一部分不應有的錯誤，因此在引用時必須兩相對照，仔細進行核對。事實上日本安政乙卯翻刻本保留了《聖朝破邪集》的最初面貌，其翻刻《例言》開頭即專門加以說明：「篇中稱呼如聖朝等，及其書法，如擡頭等，皆宜改書。今一從原刻，以見當日之舊。」最後還特別強調「通篇從原本，不增損一字」。〔註 79〕因而筆者認爲安政乙卯本《破邪集》與明崇禎十三年初刻本最爲接近，從某種程度上可以說是目前最好的版本。

1986 年藍吉富曾將日本安政二年本編入《大藏經補編》，〔註 80〕2000 年北京出版社根據日本安政二年刊本影印，收入《四庫未收書輯刊》第拾輯，第二年周駬方又對此版本加以校點整理後收入《明末清初天主教史文獻叢編》中，由北京圖書館出版社出版鉛印線裝本。此外謝和耐提到巴黎國立圖書館和華盛頓國會圖書館藏有《破邪集》，都是「1855 年在日本翻刻的本子」。〔註 81〕林中澤《晚明中西性倫理的相遇》〔註 82〕一書使用的同樣是「安政乙卯冬翻刻本」。

除了以上所述與日本翻刻本有關的版本之外，還有一些人也曾經利用過《聖朝破邪集》，如徐宗澤、王治心撰寫天主教在華傳教史都曾利用《聖朝破邪集》。張鎧《龐迪我與中國》和鐘鳴旦《楊廷筠：明末天主教儒者》所列參考書目中都有徐昌治輯《破邪集》，前者題「咸豐重刻本」，後者題「1855 年重印」，安政二年恰即爲咸豐五年（1855），則他們所用也是安政二年本《聖朝破邪集》。

第四節　與南京教案研究相關的幾份重要文獻

黃貞爲批判天主教而搜集沈㴶《南宮署牘》有關南京教案部分的奏疏文

〔註 79〕《聖朝破邪集》卷首翻刻《例言》。事實上翻刻時目錄中顏茂猷所作《聖朝破邪集序》，正文即改爲《明朝破邪集序》。

〔註 80〕藍吉富：《大藏經補編》第 28 冊，臺北華宇出版社 1986 年版。

〔註 81〕謝和耐：《中國與基督教——中西文化的首次撞擊》，上海古籍出版社 2003 年增訂版，第 7 頁。

〔註 82〕林中澤：《晚明中西性倫理的相遇——以利瑪竇〈天主實義〉和龐迪我〈七克〉爲中心》，廣東教育出版社 2003 年版。

牘，並由徐昌治將其收入《聖朝破邪集》的前兩卷，由於當時資料大多已經散佚，《聖朝破邪集》中保留的相關史料成爲研究南京教案必不可少的重要文獻。這些文件主要包括沈潅《參遠夷三疏》、三次會審被捕教眾的審訊記錄及清理教堂產業和遣送傳教士的文牘。

沈潅爲驅逐傳教士、禁絕天主教共三次上疏，其所上第一疏《參遠夷疏》，時間在萬曆四十四年（1616）五月，他在奏疏中首先認爲傳教士私自進入中國，有外國奸細的嫌疑，進而指出嚴於夷夏之防正是自己的職責，從而在反對天主教一事上顯得名正言順。隨後又指責天主教所稱「大西洋」企圖與「大明」相抗，「天主」凌駕「天子」之上，顯示出以天朝上國自居的態度和對遠夷的鄙視，同時給傳教士加上蔑視皇帝的罪名。接著對中國的天文曆法進行解釋，認爲傳教士私習天文，企圖變亂「中國相傳綱維統紀之最大者」，實爲「妄干天道」、「暗傷王化」，因而不可「據以紛更祖宗欽定聖賢世守之大統曆法」。他又指控傳教士教人不祀祖先，「是教之不孝」，「由前言之，是率天下而無君臣，由後言之，是率天下而無父子。」由此得出天主教爲「儒術之大賊」的結論。最後針對天主教以金錢誘人入教的傳聞，沈潅認爲這是天主教在收買人心、圖謀不軌，並引石勒、安祿山爲比，指出事態的嚴重性，希望能夠引起皇帝的重視，並請求皇帝下旨驅逐，以保國家太平。通過《參遠夷疏》，我們可以瞭解到沈潅對天主教的認識以及他發動南京教案的主要原因正是儒耶之間的差異和衝突。

沈潅上疏之後，由於萬曆皇帝未作答覆，是年七月沈潅未等朝廷旨意下達，即查封南京教堂、逮捕天主教徒，並於八月上《再參遠夷疏》，向皇帝報告逮捕南京天主教徒的相關情況。他在奏疏中除指責天主教「潛住兩京」、「左道惑眾」危及社稷安危外，又指控王豐肅等人在洪武岡之西「起蓋無梁殿，懸設胡像，誑誘愚民」，又在孝陵衛之前建造花園，「每月自朔望外，又有房虛星昴四日爲會期，每會少則五十人，多則二百人」，有聚眾作亂的嫌疑。最後特別指出「臣疏向未發抄，頃七月初才有邸報，而彼夷即於七月初旬具揭，及至二十一日，已有番書訂寄揭稿在王豐肅處矣。夫置郵傳命，中國所以通上下而廣宣達也，狡焉醜類而橫弄線索於其間，神速若此，又將何爲乎？」因而由巡視東城御史孫光裕「查炤會題事理，行令兵馬司拘留彼夷候旨」。請求皇帝早爲處斷，以申本部職掌、以絕國家之憂。

然而萬曆皇帝仍舊未對沈潅奏疏作出答覆，就在沈潅等候朝廷旨意期間，龐迪我、熊三拔由於求告無門，無奈之下作《辨揭》爲天主教辯護，並命教徒張寀持之前往南京刊刻散發，希望通過輿論的力量營救被捕教眾，最終引起教案中的第二次逮捕，使事態進一步擴大。沈漼爲此於該年十二月上《參遠夷三疏》，再次重申天主教對國家之危害，催促皇帝早作處斷。他指出天主「乃是彼國一罪人」，前來中國的教眾形迹可疑，「南京各衙門月給報房工食，蓋謂兩京事體，奉旨施行，欲其呼吸相通爾，其他鄉官士民皆不能得。而彼夷人亦給工食於報房人，意欲何爲？尤可異者，各衙門參彼之疏尚未得旨，而龐迪我、熊三拔等，亦造疏揭，差其細作鐘鳴禮、張寀等，齎持前來，詐稱已經奏進，刊刻投遞。」指控傳教士心懷叵測，刺探中國情報，相互之間消息靈通，實爲國家隱憂。認爲傳教士的行爲已經危害到國家的安全，朝廷最後基本上認同了沈漼的意見，可見他前後三次上疏對教案的最終處理結果有著很大影響。

沈漼奏疏中所保留他發動教案的緣由以及教案的發展狀況，對我們瞭解南京教案有著不可替代的作用，他對天主教的看法與明末相當多士大夫的觀點相一致，可以說具有廣泛的代表性，此後眾多士紳批判天主教大多在他這些觀點的基礎上引申開來，對我們研究明末儒佛耶之爭的早期狀況無疑也有著極爲重要的意義。

除了沈漼奏疏之外，與南京教案相關的第二部分文獻是南京禮部四司會審被捕教眾的審訊記錄。審訊共分三次，第一次審訊在萬曆四十四年（1616）十月，由南京禮部主客清吏司郎中主事吳爾成主持會審因刊刻疏揭而被捕的鐘鳴禮等八人，《聖朝破邪集》收錄《會審鐘鳴禮等犯一案》，是南京禮部主客清吏司、祠祭司、精膳司、儀制司四司會審鐘鳴禮、張寀、余成元、方政、湯洪、夏玉、周用、吳南等八人的審訊記錄。該文件文件記錄八人口供，分別敘述各自的職業、加入天主教的經過、被逮捕的經過，最後作出堂批，以周用年老、吳南未曾入教而當堂釋放，其餘六人由法司分別定罪。

第二次審訊在萬曆四十五年（1617）二月，當時朝廷驅逐傳教士的旨意已下，南京禮部急於對兩名傳教士加以處理，因而同樣在吳爾成主持下四司會審王豐肅、謝務祿（曾德昭）二人，《會審王豐肅等犯一案》即是審訊王豐肅與謝務祿二人的審訊記錄。文件記錄兩名傳教士個人資料、進入中國後生活費用來源及傳教的詳細經過，最後作出判決，「移咨都察院，轉行巡城衙門」，「遞送廣東撫按衙門。」

第三次審訊是在南京禮部主事徐從治主持下對被捕中國教徒的審訊、處斷，《聖朝破邪集》卷二所收《會審鐘鳴仁等犯一案》保留了相關審訊記錄。該文件是南京禮部四司會審鐘鳴仁等十一名被捕教眾及五名幼童的審訊記錄。文件記錄各人口供，包括各人的年歲、籍貫、職業、入教時間、入教原因及被捕經過，最後作出堂批，或參送法司定罪，或遞回原籍，或量與省放，幼童則由親人領回，無親人者由僧錄司收管寄養。

《聖朝破邪集》中保留的這些審訊記錄保留了涉案天主教徒的珍貴資料，首先他們的籍貫透露出中國教徒來自全國不同地方，包括廣東、山西、江西、安徽、南京、福建、浙江、上海、直隸等地，顯示出天主教在明末的影響之大，可能這也是沈㴶堅決反對天主教的原因之一。其次中國教徒的職業顯示出他們大多來自底層社會，屬於貧困群體，因而希望通過宗教得到精神上的滿足和來世的幸福，他們敘述自己加入天主教的原因證實了這一點。最後他們加入天主教的時間大多在南京教案發生前三到四年，說明利瑪竇死後在華耶穌會士開始逐步轉變適應性傳教策略，加強在底層民眾中的傳教活動，並取得相當大的成果，卻最終引起南京官員的懷疑，使明末天主教在華傳教活動收到重大挫折。由此可以看出，這些文件中保留的信息對於我們認識南京教案和明末天主教在華傳教情況都有重要意義。

第三部分有關南京教案的文獻是南京官員遣送傳教士和處理教堂產業的文告。主要包括沈㴶的《發遣遠夷回奏疏》向皇帝報告遣送傳教士至廣東的相關情況，南京都察院回覆南京禮部的咨文《南京都察院回咨》，說明已將王豐肅、謝務祿二人遣送廣東，「候有洋船至日，押發歸國。」此外還有應天府上元、江寧二縣奉命會同東城兵馬司清查教堂的《清查夷物一案》，介紹對教堂的清查情況，敘述將傳教士「私置中國書籍及自造番書、違禁天文器物」查收，其餘「衣物器皿傢夥」等都交給王豐肅變賣，文件特意說明「不許勢豪衙役勒騙強買」，從而表明朝廷懷柔遠人之意。最後是處理教堂產業的《拆毀違制樓園一案》，介紹洪武岡教堂及孝陵衛花園的拆毀情況，地基分別作價賣於內相王明和百姓李成，磚瓦木料移作修建黃公祠之用。在沈㴶等人看來，採取這些措施之後，傳教士被遣送歸國，信從天主教的中國教徒受到處罰，樹立起官府權威，達到了禁絕天主教的目的，同時顯示出自己忠心爲國，防患於未然，使國家安全得到保證。爲了從根本上消除天主教的影響，避免今後傳教士再次進入中國，南京禮部又將象徵著西方文化的天主教堂徹底拆毀並將地基出賣，甚至連原有的建築材料都要用於修造名臣祠宇，可謂根除淨盡。〔註 83〕這部分資料對於我們瞭解南京教案的最終結果同樣至關重要。

由以上對《聖朝破邪集》中所收有關南京教案文件內容的介紹可以知道，這些材料都是南京官府處理教案時的原始文件，通過《南宮署牘》和《聖朝破邪集》方才得以保存下來，從其他途徑我們已經無從得見，對我們較爲詳細地認識南京教案發生的原因、經過以及最終處理結果都有重要作用，因而研究南京教案，這部分資料必不可少。此外由於明末天主教在華傳播情況中文資料尤其是明朝官方文獻的稀缺，我們對於當時天主教的傳播狀況缺乏比較清晰的認識，南京禮部會審教徒的審訊記錄彌補了這種不足，教徒口供中透露出來的相關信息使我們對於耶穌會士的傳教情況有了比較深入的瞭解，具有珍貴的歷史文獻價值。

第五節　《聖朝破邪集》與明末儒佛耶之爭

徐昌治編訂《聖朝破邪集》主要是爲了聯合儒佛兩方面的力量對天主教義進行批駁，所以收錄了大量明末士紳以及佛教徒批判天主教的文章，針對中西雙方在宗教文化、地理、天文曆法等多個方面的差異，對傳教士帶來的西方文化展開辯駁，從中可以看出明末儒佛耶之爭的主要情況，也從側面反映出明末人士對西方文化乃至整個世界的認識程度，因此在明末儒佛耶之爭研究中具有重要作用。

《聖朝破邪集》中保留最多的是明末儒佛兩方面人士從宗教角度對天主教義的批判文章。從這些文章看來，儒者主要從「天主之有無」、「萬物之由來」、「儒經中上帝與天主之不同」、「天主教貶斥儒家太極觀念，危害道統」、「嚴禁教徒祭祖敬宗教人不孝」、「毀諸神像，誣謗聖人」等宗教角度批判天主教。其中黃貞《尊儒亟鏡》、許大受《聖朝佐闢》等人的作品最有代表性，他們在對西方天主教初步認識的基礎上，總結出天主教的主要觀點，展開針對性批判。

黃貞接觸到天主教之後，感到天主教義與中國儒學多有牴觸，認爲「夷邪爲毒中華不淺」。爲了詳細瞭解天主教義，他還專門花費數天時間前去聆聽傳教士的宣講，甚至因爲「未能辨析破除之，幾至大病」，直到「能灼見其邪

〔註 83〕「一以清愚民積習炫誘之端，一以杜彼夷覬覦復來之地」，參見沈㴶《發遣遠夷回奏疏》，《聖朝破邪集》卷二。

說所在，歷歷能道之，心神始爲輕快」，可見對此事確實非常重視。他在《請顏壯其先生闢天主教書》中將天主教對中國危害初步總結爲五個方面，認爲天主教「壞亂學脈」、「謗誣聖人」、「教人叛聖」、「禽獸沒有靈魂，殺生不妨」、「四處建立教堂，勾連士人」，對中國造成「無窮之害」。〔註 84〕隨後在《尊儒亟鏡》中進一步發揮，以「尊儒」爲主旨，以「狡夷之害無窮，不辨爲忍心害理說」，「聖賢知天事天，夷不可混說」，「生死理欲相背說」，「受用苦樂相背說」，「尊貴迷悟相背說」，「道貫天地人物，非夷所知說」，「太極理道仲尼不可滅說」爲標題，分爲七個部分，從「儒學之天」、「生死之說」、「道貫天地」、「太極不可滅」等方面對利瑪竇《天主實義》宣傳的天主教義進行辯駁，顯示出他對天主教義和儒學的差異已有較爲深入的認識。〔註 85〕

許大受《聖朝佐闢》對天主教的批判篇幅更大，佔了八卷本《聖朝破邪集》的整整一卷，批判力度也更爲深入。文章從十個方面批判天主教，共爲十闢：「一闢誑世，二闢誣天，三闢裂性，四闢貶儒，五闢反倫，六闢廢祀，七闢竊佛訶佛種種罪過，八闢夷所謂善之實非善，九闢夷技不足尚、夷貨不足貪、夷占不足信，十闢行私曆、攘瑞應、謀不軌、爲千古未聞之大逆。」他在序言中指出天主教「陽闢佛而陰貶儒」，因此「貫通儒釋」闢除邪說，其主旨在於「欲令天下曉然知夷說鄙陋，尚遠遜於佛及老，何況吾儒？」由此「治統道統」皆不容邪教，從而使「聖人之道自嘗尊於萬世」。〔註 86〕許大受的批判基本已將明末儒耶之爭的主要觀點包括在內，在這批文獻中顯得很有代表性意義。

《聖朝破邪集》的最後兩卷內容全部是佛教人士對天主教的批判，其中第七卷以袾宏《天說》和圓悟《辨天說》爲代表。袾宏在《天說》中指出大千世界共有萬億天主，天主教所尊奉者僅爲其中之一小天主，在強調六道輪迴說正確性的同時，辯命殺生之說，認爲天主教不禁殺生，實爲「慘毒之心」。他還闡述儒家所稱「天」的含義，解釋儒經中「天」與西方「天主」意義之不同，二者不可相提並論。〔註 87〕圓悟《辨天說》以佛經之說言天主教「妄想執著」而欲闢佛，實爲「自暴自棄，自闢自矣」，雖然沒有進行具有說服力的論證，卻從張廣湉前往天主教堂求辨三次遭到拒絕的事例認爲天主教不敢

〔註 84〕黃貞：《請顏壯其先生闢天主教書》，《聖朝破邪集》卷三。

〔註 85〕黃貞：《尊儒亟鏡》，《聖朝破邪集》卷三。

〔註 86〕許大受：《聖朝佐闢》，《聖朝破邪集》卷四。

〔註 87〕《聖朝破邪集》卷七。

與佛教辯論，文章隨後斥責天主造人之荒誕，指出利瑪竇死後祩宏方作《天說》，天主教所說利瑪竇作《辨學遺牘》與之相辯實爲謊言，最終結合起來認爲天主教只不過以謊言欺眾，因而必須闢除。〔註 88〕第八卷以釋如純《天學初闢》爲代表，針對《天主實義》將天主教義總結爲九個方面：其一「天主造人說」；其二「天地萬物不可爲一體」；其三「佛道二氏以虛無爲貴，不可崇尚」；其四「不戒殺生」；其五「佛教竊取閉他臥剌輪迴之說」；其六「人與禽獸之魂不相同，因而性亦不同」；其七「以佛國爲鄙陋，世人誤度佛書」；其八「託夢帝王、白馬迎佛爲妄誕之說」；其九「佛經皆中國文士自相撰集」。從多個方面揭露天主教之僞妄，勸人不可信從。

從佛教徒的批判中多引儒家觀點可以看出，明末儒佛之間相互影響的程度之深。耶穌會士的「補儒易佛」傳教策略希望對佛教取而代之，並對儒學產生根本性影響。這引起了佛教人士的反擊，他們也藉由佛教在明朝士大夫中的廣泛影響聯合儒佛一起攻擊天主教，並力圖借助政治力量對天主教在華傳教事業進行打擊。《聖朝破邪集》所保留的這部分文獻，充分反映了佛教人士的這種意圖。

此外從《聖朝破邪集》中可以看出，明末反教人士對耶穌會士帶來的西方知識盲目排斥，完全處於臆想的狀況。他們除了從宗教文化角度對天主教進行批判，反對天主教的人士認爲西方所有東西都是荒誕不經的。

《聖朝破邪集》中不少文章對傳教士帶來的西方地理學說提出疑問，不少人對傳教士所言大西洋距中國九萬里表示懷疑。蘇及寓在《邪毒實據》中即認爲「此夷詐言九萬里，夫詐遠者，令人信其無異志」。〔註 89〕許大受同樣從中國歷史從未記載大西洋的角度認爲傳教士是在騙人，「一往一返，是十八萬里，何人諳之，而何從核之耶？此不根之論。」〔註 90〕黃廷師更是認爲「此種出於東北隅，爲佛狼機，亦爲貓兒眼」，其國「原距呂宋不遠」，「所謂數萬里者，僞耳。」〔註 91〕同時有人對利瑪竇《輿地全圖》提出質疑，魏濬〔註 92〕在《利說荒唐惑世》中認爲將中國置於「全圖之中，居稍偏西而近於北」，以北極星驗之是不準確的，由此指責《輿地全圖》「洸洋冥渺，直欺人以其耳目

〔註 88〕《聖朝破邪集》卷七。

〔註 89〕蘇及寓：《邪毒實據》，《聖朝破邪集》卷三。

〔註 90〕許大受：《聖朝佐闢》，《聖朝破邪集》卷四。

〔註 91〕黃廷師：《驅夷直言》，《聖朝破邪集》卷三。

〔註 92〕魏濬，字禹欽，福建松溪人。萬曆三十二年（1604）進士，官至右副都御史，巡視湖廣。參見《福建通志》卷四十七。

之所不能見，足之所不能至，無可按驗耳」。〔註 93〕

《聖朝破邪集》還收有專門批駁西方天文曆法的文章。由於明末曆法錯舛，一部分士大夫對西方天文曆法很感興趣，不少人還因此加入天主教，反教士大夫對此專門進行批判。沈漼在《參遠夷疏》中就已經注意到這一點，在解釋中西方天文曆法差異之後，認爲西方曆法目的是變亂「中國相傳綱維統紀之最大者」，由此指出「夫使其所言天體，不異乎中國，臣猶慮其立法不同，推步未必相合，況妄誕不經若此，而可據以紛更祖宗欽定聖賢世守之大統曆法乎？」〔註 94〕其他批判天主教的文章對此多有論述，最具有代表性的是謝宮花批判西方曆法不置閏月的《曆法論》，他歷數中國自漢武帝太初曆至明代大統曆等四十八種曆法，「莫不遵古置閏」，西曆不置閏月，則將中國神聖賢哲「視爲醜類」。〔註 95〕可見由於文化差異，中國士大夫對西方世界缺乏直接瞭解，導致雙方很難進行學術意義上的對話，儒佛耶之爭很大程度上都是由此引起的。

另一點值得注意的是明末反教人士從「夷夏之防」的角度，認爲傳教士帶來的西方技藝是奇技淫巧，不足崇尚。許大受在《聖朝佐闢》中提出「夷技不足尚、夷貨不足貪、夷占不足信」的觀點，「縱巧亦何益於身心？」李璨同樣指出西方星文律器「稱爲中土之所未見未聞」，然而「此等技藝原在吾儒覆載之中」，「治教之大源在人心，而不在此焉」，因而反對利用這些「外夷小技」。〔註 96〕這可以說是固步自封、盲目排外的典型言論。

《聖朝破邪集》保留的這些文獻，反映出明末反教人士對天主教乃至西方文化缺乏直接認識，對於我們認識明末儒佛耶之爭的詳細情況及其與南京教案的關係有著極爲重要的作用。徐昌治在編訂《聖朝破邪集》時，已經把南京教案與儒佛對天主教的批判結合起來考慮，他在《闢邪題詞》中提出刊刻該書的宗旨是「明大端，肅紀綱，息邪說，放淫詞，闢異端，尊正朔」，又將南京教案和福建教案禁絕天主教的文告放在前面兩卷，其用意在於表明教案中禁絕天主教是「佛與儒同一衛道之心」採取的實際措施。

〔註 93〕魏濬：《利説荒唐惑世》，《聖朝破邪集》卷三。
〔註 94〕沈漼《參遠夷疏》，《聖朝破邪集》卷一。
〔註 95〕謝宮花：《曆法論》，《聖朝破邪集》卷六。
〔註 96〕李璨：《劈邪説》，《聖朝破邪集》卷五。

結　語

發生於萬曆四十四年（1616）的南京教案是明末天主教入華後第一次大規模反對天主教事件，是天主教在華傳播史及中西文化交流史的標誌性事件。南京教案發生的根本原因是東西方文化的內在矛盾具有不可調和性，這一矛盾通過儒佛耶之間的辯爭表現出來，最終由文化的衝突轉化爲政治上的反教事件，一方面它是儒佛耶之爭的必然結果，另一方面它又促使中西方文化交流向更深層次發展。

晚明時期的中國，社會經濟進一步向前發展，伴隨著新航路以及新大陸的地理大發現，歐洲的許多國家開始與中國發生貿易關係，經濟全球化將東西方世界緊密聯繫起來。〔註1〕16世紀西方殖民勢力擴展到東方，開展走私貿易，並在中國東南沿海地區進行軍事騷擾，中國與歐洲之間開始在經濟、政治和文化領域進行直接接觸。有研究者認爲，殖民者爲了實現全球擴張目的，企圖征服中國，在軍事上的嘗試失敗之後，轉而希望借助宗教力量勸化中國皈依天主，將中國納入以歐洲爲中心的世界體系。〔註2〕天主教就是在這樣的背景下由耶穌會士傳入中國。

傳教士爲了讓中國人能夠接受這種外來宗教，採用適應性傳教策略，在上層士大夫中宣傳「補儒易佛」，利用學術文化交流向儒者展示西方文化，進而引導他們思考宗教問題，達到傳教目的。經過傳教士的努力，天主教傳教事業取得初步成功，利瑪竇等人得以在北京居住傳教，並且吸引一批士大夫

〔註1〕樊樹志：《「全球化」視野下的晚明》，載《復旦學報》2003年第1期，第67～75頁。

〔註2〕沈定平：《明清之際中西文化交流史——明代：調適與會通》，商務印書館2001年版，第84～101頁。

與其進行文化上的交流，西方的天文、數學、地理、物理、音樂、美術、語文以及宗教神學等學科都在這一時期進入中國。面對西學的傳播，中國士大夫發生明顯分化，一部分人對西方自然科學發生興趣，進而認爲天主教可以彌補儒學不足，清除佛學流弊，最終從宗教上皈依天主教；另一部分人則由於傳教士攻擊佛教而對天主教產生反感，儒佛耶之間的辯爭成爲天主教在華傳播的最大阻力，這種影響在天主教傳教過程中逐漸表現出來。

天主教在華傳教政策的改變是南京教案發生的直接原因。傳教士對在華傳教方法有著不同意見，利瑪竇死後，龍華民改變適應性傳教政策，鼓勵教士向底層民眾直接傳教，傳教規模迅速擴大，在風俗習慣、宗教信仰等方面與中國社會傳統觀念完全對立起來，促使儒佛耶之爭全面激化，同時在政治上也觸犯了禁忌，爲沈㴶發動南京教案提供藉口，導致教眾被逮，教堂被封。教案發生後，傳教士未能採取有效措施，居然希望通過印發傳單對沈㴶施加壓力，營救被捕教徒，反而使教案進一步擴大，引起眾多官員的彈劾，萬曆皇帝爲穩定統治，同意了朝廷官員驅逐傳教士的決定。雖然有徐光啓等奉教士大夫的辯護，仍然未能挽回局面，傳教士被遣送澳門，標誌著南京教案的結束。

儒佛耶之間的辯爭卻並不因此而停止，天主教借助文化交流再次進入中國，反教儒者從世界本原角度質疑天主的存在，在此基礎上討論對「天」的含義的不同理解，反映出東西方文化的根本差異。天主教宗教上的排他性造成雙方矛盾直接激化，禁止教徒祭祖敬宗，破除天主教外的其他所有信仰，定期進行宗教聚會，都被目爲邪謬，遭到激烈批判。天主教對佛教的攻擊也促使佛教人士全面發動起來，批駁天主創世之說和人類原罪觀念，爲佛教的空無觀念、輪迴觀念和戒殺生說進行辯護。這些資料保存在徐昌治編訂的《聖朝破邪集》中，本文對此也作了一定考察。儒佛耶之間的這些爭辯對明清時期中國思想界產生很大影響，有研究者認爲正是西學的傳播促使明末學術界由空談心性的「王學」向經世致用的「實學」方向轉變，最終刺激了清初「漢學」的產生。〔註3〕

需要指出的是，從《聖朝破邪集》反映的內容可以知道，從萬曆四十五年（1617）南京教案結束，到崇禎六年（1633）黃貞開始組織力量批判天主

〔註3〕李天綱：《早期天主教與明清多元社會文化（續）》，載《史林》2000年第1期，第38～51頁。

教，再到《聖朝破邪集》於崇禎十三年（1640）刊刻完成，在這二十餘年的時間內儒佛耶之爭一直存在，並以不同形式表現出來。如劉文龍在《統正序》中說：「憶予曩謁霞城大座師許於華亭，知有天主教來矣。時邑之縉紳士庶，口自操刃攻之若寇，日訟於郡公縣公者，人不啻萬億計，牀不只千萬張。緣以暴銀金多，攀接貴介，不肖利其有者亦稍稍作寬活套子，聽其自去。此予目擊其事也。」〔註 4〕反映出當時上海地區民眾亦曾有過反對天主教的運動。此外沈漼《南宮署牘》於萬曆四十八年（1620）刊刻、鄒維璉作《管見闢邪錄序》與《跋》、許大受作《聖朝佐闢》，以及各地佛教人士撰寫批判天主教的文章，包括密雲禪師《辨天說》、費隱禪師《原道闢邪說》、釋如純《天學初闢》，顯示出當時儒佛耶之間在思想文化上不斷進行辨爭。而崇禎十年（1637）發生的福建教案，與南京教案頗有相似之處，同樣是儒佛耶之爭激化導致官方行政力量對天主教進行打擊。《聖朝破邪集》刊刻之後僅僅四年時間明朝就滅亡了，但儒佛耶之爭卻一直存在，清朝初年發生的楊光先《不得已》〔註 5〕與傳教士之間的辯論，再到羅馬教廷和清朝康熙皇帝之間的「中國禮儀之爭」〔註 6〕，應當說都是儒佛耶之爭不斷深化的結果。因而我們應該從更長的歷史階段去觀察南京教案與儒佛耶之爭的內在聯繫，總結其中的歷史經驗教訓，爲我們今天更好的進行中西文化交流提供借鑒。

就西方文化在中國傳播來說，最重要的不是外在形式，而是將西方文化的內在本質精神融入中國社會，根據實際情況採取恰當的方式使中國社會接受，眞正實現中西方文化的交流與融合，促進中華文明的發展與進步。

另一方面就中國如何吸取外來文明的有益成分來說，需要充分的學習和交流，做到知己知彼，才能吸取西方文化的長處，彌補自身的不足。南京教案發生後，地方官員馬上逮捕教眾，查封教堂，沒收「違禁天文書籍器皿，並自置番書天主像」，並在驅逐教士後拆毀教堂，將地基轉賣他人。雖然反教人士通過行政力量禁止天主教的傳播，但晚明社會並沒有去眞正瞭解和認識西方世界，這在《聖朝破邪集》中充分體現出來。沈漼在奏疏中攻擊傳教士禁止教徒祭祀祖宗爲教人不孝，以金錢誘人入教爲胸懷叵測，《拿獲邪黨後告示》也稱耶穌「是西洋一胡耳，又曰被惡官將十字枷釘死者耳，焉有罪胡而可名

〔註 4〕劉文龍：《統正序》，《聖朝破邪集》卷八。

〔註 5〕楊光先：《不得已》，《續修四庫全書》子部，第 1033 冊，上海古籍出版社 2002 年版。另參陳占山校注《不得已（附二種）》，黃山書社 2000 年版。

〔註 6〕李天綱：《中國禮儀之爭：歷史・文獻與意義》，上海古籍出版社 1998 年版。

天主者乎？」〔註 7〕黃廷師的《驅夷直言》中表現得更爲明顯，「說既謬而又佐以邪術，凡國內之死者皆埋巴禮院內，候五十年取其骨化火，加以妖術，製爲油水，分五院收貯，有入其院者，將油抹其額，人遂癡癡然順之。今我華人不悟，而以爲聖油聖水乎。且不特其術之邪也，謀甚淫而又濟以酷法。凡呂宋土番之男女，巴禮紿之曰：汝等有隱罪，僚氏弗宥，當日夜對僚氏解罪。不論已嫁未嫁，擇其有姿色者，或罰在院內灑掃挑水，或罰在院內奉侍僚氏，則任巴禮淫之矣。至若騙男人解罪，則用白布長衣自頭面罩至腳下，用小索五六條，其索尾繫以鐵釘，勒令人自打背上，血出滿地，押遍五院乃止，蓋借虐男人之法以嚇婦人也，其淫酷蓋如此哉。」〔註 8〕

這些言論完全是臆想猜測和毫無根據的攻擊，之所以產生這種情況，主要是由於天主教在中國人心目中的神秘感以及宗教文化上的衝突造成的。這反映出明末社會對西方世界完全缺乏瞭解，從政府官員到普通民眾面對西方文化帶來的衝擊，不是積極主動的加以學習和瞭解，通過對西方世界的實際考察來掌握對方的實際情況，反而固步自封，盲目排外，將西方世界臆想醜化，最終錯過了一次東西方文化充分交流的機會。當然這裡面有客觀歷史局限性的因素，但留給我們的啓示則有一個如何對待外來文化的問題。事實上我們應該立足自身，充分學習掌握其他文明的的特點，取其精華，棄其糟泊，根據我們自身文化的實際情況加以吸收利用，從而推動中華文明不斷向前進步。

〔註 7〕《拿獲邪黨後告示》，《聖朝破邪集》卷二。

〔註 8〕黃廷師：《驅夷直言》，《聖朝破邪集》卷三。

參考文獻

一、基本史料

1.〔意〕艾儒略著、向達校：《大西西泰利先生行迹》，北平上智編譯館 1947 年版。

2. 白化文、張智主編：《中國佛寺志叢刊》，廣陵書社 2006 年版。

3. 陳其元：（光緒）《青浦縣志》，光緒五年修，收入《中國方志叢書》華中地方第 16 號，臺灣成文出版社 1970 年版。

4. 陳占山校注：《不得已（附二種）》，黄山書社 2000 年版。

5. 馮夢禎：《快雪堂集》，載《四庫全書存目叢書》集部第 164 冊，齊魯書社 1997 年版。

6. 杭世駿：（乾隆）《烏程縣志》，《續修四庫全書》史部第 704 冊，上海古籍出版社 2002 年版。

7. 黄伯祿：《正教奉褒》，上海慈母堂 1904 年版。

8. 黄汝亨：《寓林集》，載《四庫禁燬書叢刊》集部第 42-43 冊，北京出版社 2000 年版。

9. 李之藻等：《天學初函》，臺灣學生書局 1965 年版。

10. 劉沂春：（崇禎）《烏程縣志》，據日本國會圖書館藏明崇禎十年刻本影印，收入《日本藏中國罕見地方志叢刊》，書目文獻出版社 1991 年版。

11. 彭孫貽：（康熙）《海鹽縣志》，《中國地方志集成》（浙江府縣志輯）第 21 冊，上海書店 1993 年版。

12. 邵念魯《思復堂文集碑傳》，《明代人物傳記資料叢刊》第 158 冊。

13. 沈德符：《萬曆野獲編》，中華書局 1959 年版。

14. 釋德介：《天童寺志》，《中國佛寺志叢刻》第 75 冊，江蘇廣陵古籍刻印社 1996 年版。

15. 釋德清：《憨山大師夢遊全集》，載《四庫未收書輯刊》第 3 輯第 25 冊，北京出版社 2000 年版。
16. 釋袾宏：《竹窗三筆》，1934 年上海涵芬樓影印明刻《雲棲法彙》本。
17. 王重民輯校：《徐光啓集》，上海古籍出版社 1984 年版。
18. 吳定中整理：《金粟寺史料五種》，上海古籍出版社 2008 年版。
19. 夏瑰琦點校：《聖朝破邪集》，香港建道神學院 1996 年版。
20. 徐昌治輯《聖朝破邪集》，載《四庫未收書輯刊》第 10 輯第 4 冊，北京出版社 2000 年版。
21. 徐從治：《徐忠烈公集》卷四，康熙刊本。另《四庫禁燬書叢刊補編》第 70 冊，北京出版社 2005 年版。
22. 王彬：（光緒）《海鹽縣志》，《中國地方志集成》（浙江府縣志輯）第 21 冊，上海書店 1993 年版。
23. 楊光先：《不得已》，《續修四庫全書》子部第 1033 冊，上海古籍出版社 2002 年版。
24. 楊振鍔：《楊淇園先生年譜》，重慶商務印書館 1944 年版。
25. 葉農整理：《艾儒略漢文著述全集》，廣西師範大學出版社 2011 年版。
26. 虞淳熙：（萬曆）《錢塘縣志》，萬曆三十七年修，據光緒十九年刊本影印，收入《中國方志叢書》華中地方第 192 號，臺灣成文出版社 1975 年版。
27. 虞淳熙：《虞德園先生集》，載《四庫禁燬書叢刊》集部第 43 冊，北京出版社 2000 年版。
28. 張廷玉：《明史》，中華書局 1974 年版。
29. 鄭元慶：《湖錄經籍考》，吳興劉氏嘉業堂 1920 年刻本。
30. 鄭元慶：《吳興藏書錄》，道光十年（1830）昝石廠校本。
31. 周駬方：《明末清初天主教史文獻叢編》，北京圖書館出版社鉛印線裝本，2001 年版。
32. 袾宏：《雲棲大師遺稿》，收入《雲棲法彙》，光緒二十五年金陵刻經處刊本。
33. 鄒維璉：《達觀樓集》，載《四庫全書存目叢書》集部第 183 冊，齊魯書社 1997 年版。
34.《明實錄》，臺灣中央研究院歷史語言研究所 1962 年版。
35.《明版嘉興大藏經》，臺北新文豐出版公司 1987 年版。
36.《乾隆大藏經》，臺灣傳正有限公司 1997 年版。
37.《大藏經補編》，臺北華宇出版社 1986 年版。
38.《卍續藏經》，臺北新文豐出版公司 1993 年版。

39.《新編卍續藏經》，臺北新文豐出版公司 1995 年版。

二、前人著作

1.〔法〕安田樸著、耿昇譯：《明清間入華耶穌會士和中西文化交流》，巴蜀書社 1993 年版。

2.〔日〕阪本健彥：《東京大學東洋文化研究所漢籍分類目錄》，日本東京大學東洋文化研究所 1981 年版。

3. 陳受頤：《中歐文化交流史事論叢》，臺灣商務印書館 1970 年版。

4. 陳垣：《陳垣史學論文集》（一），中華書局 1980 年版。

5.〔意〕德禮賢：《中國天主教傳教史》，臺灣商務印書館 1968 年版。

6.〔美〕鄧恩著，余三樂、石蓉譯：《從利瑪竇到湯若望——晚明的耶穌會傳教士》，上海古籍出版社 2003 年版。

7. 方豪：《中國天主教史人物傳》，中華書局 1988 年版。

8. 方豪：《中西交通史》，嶽麓書社 1987 年版。

9.〔法〕費賴之著、馮承鈞譯：《在華耶穌會士列傳及書目》，中華書局 1995 年版。

10. 顧衛民：《中國天主教編年史》，上海書店 2003 年版。

11. 郭衛東：《中土基督》，雲南人民出版社 2001 年版。

12. 何俊：《晚明思想的裂變》，上海人民出版社 1998 年版。

13. 嵇文甫：《晚明思想史論》，東方出版社 1996 年版。

14. 江文漢：《明清間在華的天主教耶穌會士》，知識出版社 1987 年版。

15.〔意〕柯毅霖著、王志成等譯：《晚明基督論》，四川人民出版社 1999 年版。

16.〔意〕利瑪竇等：《天主教東傳文獻》，臺灣學生書局 1965 年版。

17. 李天綱：《中國禮儀之爭：歷史．文獻與意義》，上海古籍出版社 1998 年版。

18. 梁家勉：《徐光啓年譜》，上海古籍出版社 1981 年版。

19. 林金水：《利瑪竇與中國》，中國社會科學出版社 1996 年版。

20. 林仁川、徐曉望：《明末清初中西文化衝突》，華東師範大學出版社 1999 年版。

21. 林中澤：《晚明中西性倫理的相遇——以利瑪竇〈天主實義〉和龐迪我〈七克〉爲中心》，廣東教育出版社 2003 年版。

22.〔法〕裴化行著、管震湖譯：《利瑪竇評傳》，商務印書館 1993 年版。

23.〔法〕裴化行著、蕭濬華譯：《天主教十六世紀在華傳教志》，商務印書館 1937 年版。

24.〔法〕榮振華著、耿昇譯：《在華耶穌會士列傳及書目補編》，中華書局 1995 年版。
25.〔法〕沙白里著：耿昇譯：《中國基督徒史》，中國社會科學出版社 1998 年版。
26.〔日〕山根幸夫編：《新編明代史研究文獻目錄——附韓國明代史文獻目錄》，1993 年版。
27. 沈定平：《明清之際中西文化交流史——明代：調適與會通》，商務印書館 2001 年版。
28. 孫尚揚：《宗教社會學》，北京大學出版社 2001 年版。
29. 王克文主編：《湖州市志》，崑崙出版社 1999 年版。
30. 王曉朝：《基督教與帝國文化》，東方出版社 1997 年版。
31. 王治心：《中國基督教史綱》，載《近代中國史料叢刊初編》第 64 輯第 635 冊，臺北文海出版社 1971 年版。
32. 王治心：《中國宗教思想史大綱》，中華書局 1940 年版。
33. 王重民輯《徐光啓集》，上海古籍出版社 1984 年版。
34. 蕭若瑟：《天主教傳行中國考》，上海書店 1989 年版。
35.〔法〕謝和耐：《中國文化與基督教的衝撞》，上海古籍出版社 2003 年增訂版。
36. 徐宗澤：《明清間耶穌會士譯著提要》，中華書局 1989 年版。
37. 徐宗澤：《中國天主教傳教史概論》，上海土山灣印書館 1938 年版。
38. 楊森富：《中國基督教史》，臺灣商務印書館 1968 年版。
39.〔葡〕曾德昭著、何高濟譯：《大中國志》，上海古籍出版社 1998 年版。
40. 張鎧：《龐迪我與中國：耶穌會適應策略》，北京圖書館出版社 1997 年版。
41. 張力、劉鑒唐：《中國教案史》，四川省社會科學院出版社 1987 年版。
42. 張維華：《〈明史〉歐洲四國傳注釋》，上海古籍出版社 1982 年版。
43. 張維華：《晚學齋論文集》，齊魯書社 1986 年版。
44. 趙建民、劉予葦主編：《日本通史》，復旦大學出版社 1989 年版。
45. 鄭彭年《日本西方文化攝取史》，杭州大學出版社 1996 年版。
46.〔比利時〕鐘鳴旦：《楊廷筠——明末天主教儒者》，社會科學文獻出版社 2002 年版。
47. 周燮藩：《中國的基督教》，商務印書館 1997 年版。
48. 朱靜編譯：《洋教士看中國朝廷》，上海人民出版社 1995 年版。
49. 朱維錚主編：《基督教與近代文化》，上海人民出版社 1994 年版。
50. 朱維錚：《利瑪竇中文著譯集》，復旦大學出版社 2001 年版。

51. 朱維錚：《走出中世紀》，上海人民出版社 1987 年版。
52. 鄒振環：《晚清西方地理學在中國》，上海古籍出版社 2000 年版。
53.《北京大學圖書館藏古籍善本書目》，北京大學出版社 1999 年版。
54.《明人傳記資料索引》，中華書局 1987 年版。
55.《續修四庫全書總目提要（稿本）》，齊魯書社 1996 年版。
56.《中國基督教史研究書目——中日文專著與論文目錄》，臺灣中國教會史研究中心 1981 年版。

三、論文

1. 寶成關：《中西文化的第一次激烈衝突——明季〈南京教案〉文化背景剖析》，載《史學集刊》1993 年第 4 期。
2. 陳垣：《從教外典籍見明末清初之天主教》，載《陳垣史學論文集》（一），中華書局 1980 年版。
3. 樊洪業：《明末「南京教案」及其對西學傳播的影響》，載《世界科學》1988 年第 4 期。
4. 樊樹志：《「全球化」視野下的晚明》，載《復旦學報》2003 年第 1 期。
5. 林金水：《利瑪竇在中國的活動與影響》，載《歷史研究》1983 年第 1 期。
6. 林金水：《利瑪竇交遊人物表》，載《中外關係史論叢》第 1 輯，北京世界知識出版社 1985 年版。
7. 林金水：《艾儒略與福建士大夫的交遊》，載朱維錚主編《基督教與近代文化》，上海人民出版社 1994 年版。
8. 李天綱：《徐光啓與明代天主教》，載《史林》1988 年第 2 期。
9. 李志躍：《明萬曆年間的「南京教案」》，載《紫金歲月》1998 年第 1 期。
10. 全漢昇：《明末清初反對西洋文化的言論》，原刊《嶺南學報》1936 年第 5 卷第 3 期，收入《中國近代史論叢》第 1 輯第 2 冊，臺灣正中書局 1956 年版。
11. 龐乃明：《「南京教案」所表現的明人天主教觀》，載《明史研究》第 8 輯，黄山書社 2004 年版。
12. 蘇新紅：《晚明士大夫黨派分野與其對耶穌會士交往態度無關論》，載《東北師大學報（哲學社會科學版）》2005 年第 1 期。
13. 孫尚揚：《利瑪竇對佛教的批判及其對耶穌會在華傳教活動的影響》，載《世界宗教研究》1998 年第 4 期。
14. 孫尚揚、鐘鳴旦：《1840 年前的中國基督教》，學苑出版社 2004 年版。
15. 譚樹林、張伊玲：《晚明南京教案起因再探——以西方殖民活動爲視角》，載《江蘇社會科學》2011 年第 5 期。
16. 唐君毅：《略談宋明儒學與佛學之關係》，載張曼濤主編《佛教與中國文化》，上海書店 1987 年版。

17. 萬明：《晚明南京教案新探》，載王春瑜主編《明史論叢》，中國社會科學出版社 1997 年版。
18. 王劍：《天學精神與儒學倫理——明末中西文化衝突探因》，載《吉林大學社會科學學報》2000 年第 3 期。
19. 夏瑰琦：《維護道統　拒斥西學——評〈破邪集〉》，載《浙江學刊》1995 年第 1 期。
20. 徐興慶：《隱元禪師對德川中期日本文化之影響》，載張寶三、楊儒賓編《日本漢學研究續探：思想文化篇》，華東師範大學出版社 2008 年版。
21. 于雲漢：《晚明南京教案剖析》，載《昌濰師專學報（社會科學版）》1994 年第 4 期。
22. 于雲漢：《西方傳教士布教策略的演變與晚明南京教案》，載《昌濰師專學報（社會科學版）》1998 年第 1 期。
23. 張維華：《明清間佛耶之辯》，載《晚學齋論文集》，齊魯書社 1986 年版。
24. 張維華：《明清間中西思想之衝突與影響》，載《晚學齋論文集》，齊魯書社 1986 年版。
25. 張維華：《南京教案始末》，載《晚學齋論文集》，齊魯書社 1986 年版。原刊齊魯大學《齊大月刊》1930 年第 1 卷第 2～3 期，收入《中國近代史論叢》第 1 輯第 2 冊，臺灣正中書局 1956 年版。
26. 周志斌：《晚明「南京教案」探因》，載《學海》2004 年第 2 期。
27. 鄒振環：《明清之際嶺南的「教堂文化」及其影響》，載《學術研究》2002 年第 11 期。
28. 鄒振環：《明末南京教案在中國教案史研究中的「範式」意義——以南京教案的反教與「破邪」模式爲中心》，載《學術月刊》2008 年第 5 期。

四、學位論文

1. 楚怡俊：《從明清間耶穌會士著作看他們對佛教的反應》，華東師範大學 2009 年碩士學位論文。
2. 顧及：《虞淳熙思想研究》，浙江大學 2006 年碩士學位論文。
3. 賈雪飛：《信仰還是生存——晚明佛教和天主教的相遇與衝撞》，南開大學 2005 年碩士學位論文。
4. 李丹萍：《艾儒略與晚明福建結社運動》，福建師範大學 2009 年碩士學位論文。
5. 劉燕燕：《明末福建士大夫與天主教傳教士的對話——以〈三山論學記〉、〈熙朝崇正集〉、〈聖朝破邪集〉爲例》，福建師範大學 2007 年碩士學位論文。
6. 呂俐：《〈聖朝破邪集〉研究》，華東師範大學 2009 年碩士學位論文。

7. 伍玉西：《明清之際天主教書籍傳教研究（1552～1773）》，四川大學 2009 年博士學位論文。

附錄：南京教案始末表

萬曆四十四年五月（1616年6月）沈㴶上《參遠夷疏》。

「奏爲遠夷闌入都門，暗傷王化，懇乞聖明申嚴律令，以正人心，以維風俗事。職聞帝王之御世也，本儒術以定紀綱，持紀綱以明賞罰，使民日改惡勸善而不爲异物所遷焉。此所謂一道同風，正人心而維國脉之本計也。以太祖高皇帝長駕遠馭，九流率職，四夷來王，而猶諄諄於夷夏之防，載諸祖訓及會典等書。凡朝貢各國有名，其貢物有數，其應貢之期，給有勘合，職在主客司。其不繫該載，及無勘合者，則有越渡關津之律，有盤詰奸細之律。至於臣部職掌，尤嚴邪正之禁，一應左道亂正，佯修善事，煽惑人民者，分其首從，或絞或流。其軍民人等，不問來歷，窩藏接引，探聽境內事情者，或發邊充軍，或發口外爲民，律至嚴矣。夫豈不知遠人慕義之名可取，而朝廷覆載之量，可以包荒而無外哉！正以山川自有封域，而彼疆我理，截然各止其所，正王道之所以蕩平。愚民易與爲非，而抑邪崇正，昭然定於一尊，乃風俗之所以淳厚。故釋道二氏流傳既久，猶與儒教并馳。而師巫小術，耳目略新，即嚴絕之，不使爲愚民煽惑，其爲萬世治安計至深遠也。

不謂近年以來，突有狡夷自遠而至，在京師則有龐迪我、熊三拔等，在南京則有王豐肅、陽瑪諾等，其他省會各郡，在在有之。自稱其國曰大西洋，自名其教曰天主教。夫普天之下，薄海內外，惟皇上爲覆載照臨之主，是以國號曰大明，何彼夷亦曰大西？且既稱歸化，豈可爲兩大之辭以相抗乎？三代之隆也，臨諸侯曰天王，君天下曰天子。本朝稽古定制，每詔告之下，皆曰奉天。而彼夷詭稱天主，若將駕軼其上者，然使愚民眩惑，何所適從？

臣初至南京，聞其聚有徒眾，營有室廬，即欲修明本部職掌，擒治驅逐。

而說者或謂其類實繁，其說浸淫人心，即士君子亦有信向之者，況於閭左之民，驟難家喻戶曉。臣不覺喟然長歎，則亦未有以尊中國、大一統、人心風俗之關係者告之耳。誠念及此，豈有士君子而忍從其說乎？說者又謂治曆明時之法，久失其傳，臺監推算漸至差忒，而彼夷所製窺天窺日之器，頗稱精好，以故萬曆三十九年，曾經該部具題，欲將平素究心曆理之人，與同彼夷開局翻譯。嗚呼，則亦不思古帝王大經大法所在，而不知彼之妖妄怪誕，所當深惡痛絕者，正在此也。臣請得言其詳。

從來治曆，必本於言天。言天者必有定體。《堯典》敬授人時，始於寅賓寅餞，以日爲記，如日中星鳥，日永星火，宵中星虛，日短星昴，蓋日者天之經也。而月五星同在一天之中，月之晦朔弦望，視日之遠近，而星之東南西北，與日之短永中相應，是故以日記日，以月記月，以中星記時。《舜典》在璇璣玉衡，以齊七政，解之者，以天體之運有恒，而七政運行於天，有遲有速，有順有逆，猶人君之有政事也，則未聞有七政而可各自爲一天者。令彼夷立說，乃曰七政行度不同，各自爲一重天，又曰七政諸天之中心，各與地心不同處所。其爲誕妄不經，惑世誣民甚矣。《傳》曰日者眾陽之宗，人君之表，是故天無二日，亦象天下之奉一君也。惟月配日，則象於後，垣宿經緯以象百官，九野眾星以象八方民庶。今特爲之說曰，日月五星各居一天，是舉堯舜以來，中國相傳綱維統紀之最大者，而欲變亂之，此爲奉若天道乎？抑亦妄干天道乎？以此名曰慕義而來，此爲歸順王化乎？抑亦暗傷王化乎？夫使其所言天體，不异乎中國，臣猶慮其立法不同，推步未必相合，況妄誕不經若此，而可據以紛更祖宗欽定聖賢世守之大統曆法乎？

臣又聞其誑惑小民，輒曰祖宗不必祭祀，但尊奉天主，可以昇天堂，免地獄。夫天堂地獄之說，釋道二氏皆有之，然以之勸人孝弟，而示懲夫不孝不弟造惡業者，故亦有助於儒術爾。今彼直勸人不祭祀祖先，是教之不孝也。由前言之，是率天下而無君臣，由後言之，是率天下而無父子。何物醜類，造此矯誣，蓋儒術之大賊，而聖世所必誅，尚可蚩蚩然驅天下而從其說乎？然閭左小民，每每受其簧鼓，樂從其教者，聞其廣有資財，量人而與，且曰天主之教如此濟人，是以貪愚之徒有所利而信之，此其胸懷叵測，尤爲可惡。昔齊之田氏，爲公私二量，公量小，家量大，以家量貸民而以公量收之，以收民心，卒傾齊國，可爲烱鑒。劉淵入太學，名士皆讓其學識，然而寇晉者劉淵也。王夷甫識石勒，張九齡阻安祿山，其言不行，竟爲千古永恨。有忠國之志者，寧忍不警惕於此？猥云遠夷慕義，而引翼之，崇奬之，俾生其羽毛，貽將來莫大之禍乎！

伏乞敕下禮兵二部，會同覆議。如果臣言不謬，合將爲首者依律究遣，其餘立限驅逐。仍復申明律令，要見彼夷者從何年潛入？見今兩京各省有幾處屯聚？既稱去中國八萬里，其資財源源而來，是何人爲之津送？其經過關津去處，有何文憑得以越渡？該把守官軍人等，何以通無盤詰、嚴爲條格？今後再不許容此輩闌入，違者照大明律處斷。庶乎我之防維既密，而彼之踪迹難詭，國家太平，萬萬年無復意外之虞矣。臣不勝激切待命之至。

萬曆四十四年五月　　日」（沈㴶《參遠夷疏》，《聖朝破邪集》卷一）

周子愚將沈㴶奏疏副本轉交徐光啓。楊廷筠得知教士被劾消息，寫信給沈㴶爲教士辯解，并邀請傳教士到其杭州家中。李之藻撰文頌揚天主教。（曾德昭《大中國志》第 252 頁）

萬曆四十四年七月（1616 年 8 月）初邸報有南京禮部參劾龐迪我奏疏。

「南京的禮部尚書同時呈上一份對沈㴶的這些要求表示支持的奏疏。這兩份文件於 8 月 15 日送交朝廷。南京禮部尚書所呈奏疏的內容，刊行於朝廷機構發布文件的邸報上。」（鄧恩著、余三樂譯：《從利瑪竇到湯若望——晚明的耶穌會傳教士》，上海古籍出版社 2003 年版，第 117 頁。）

萬曆四十四年七月（1616 年 8 月）徐光啓上《辨學章疏》。

「左春坊左贊善兼翰林院檢討臣徐光啓謹奏：爲遠人學術最正、愚臣知見甚眞，懇乞聖明，表章隆重，以永萬年福祉，以貽萬世乂安事。臣見邸報：南京禮部參西洋陪臣龐迪我等，內言：「其說浸淫，即士大夫亦有信向之者」；一云：「妄爲星官之言，士人亦墮其雲霧。」曰士君子，曰士人，部臣恐根誅連及，略不指名，然廷臣之中，臣嘗與諸陪臣講究道理，書多刊刻，則信向之者臣也。又嘗與之考求曆法，前後疏章具在御前，則與言星官者亦臣也。諸陪臣果應得罪，臣豈敢幸部臣之不言以苟免乎？然臣累年以來，因與講究考求，知此諸臣最眞最確，不止踪迹心事一無可疑，實皆聖賢之徒也。且其道甚正，其守甚嚴，其學甚博，其識甚精，其心甚眞，其見甚定，在彼國中亦皆千人之英，萬人之杰。所以數萬里來者，蓋彼國教人，皆務修身以事上主，聞中國聖賢之教，亦皆修身事天，理相符合，是以辛苦艱難，履危蹈險，來相印證，欲使人人爲善，以稱上天愛人之意。其說以昭事上帝爲宗本，以保救身靈爲切要，以忠孝慈愛爲工夫，以遷善改過爲入門，以懺悔滌除爲進修，以昇天眞福爲作善之榮賞，以地獄永殃爲作惡之苦報。一切戒訓規條，悉皆天理人情之至。其法能令人爲善必眞，去惡必盡，蓋所言上主生育拯救之恩，賞善罰惡之理，明白眞切，足以聳動人心，使其愛信畏懼，發於由衷故也。

臣嘗論古來帝王之賞罰，聖賢之是非，皆範人於善，禁人於惡，至詳極備。然賞罰是非，能及人之外行，不能及人之中情。又如司馬遷所云：顏回之夭，盜跖之壽，使人疑於善惡之無報，是以防範愈嚴，欺詐愈甚。一法立，百弊生，空有願治之心，恨無必治之術，於是假釋氏之說以輔之。其言善惡之報在於身後，則外行中情，顏回盜跖，似乎皆得其報。謂宜使人爲善去惡，不旋踵矣。奈何佛教東來千八百年，而世道人心未能改易，則其言似是而非也。說禪宗者衍老莊之旨，幽邈而無當；行瑜迦者雜符籙之法，乖謬而無理，且欲抗佛而加於上主之上，則既與古帝王聖賢之旨悖矣，使人何所適從、何所依據乎？必欲使人盡爲善，則諸陪臣所傳事天之學，眞可以補益王化，左右儒術，救正佛法者也。蓋彼西洋鄰近三十餘國奉行此教，千數百年以至於今，大小相恤，上下相安，路不拾遺，夜不閉關，其久安長治如此。然猶舉國之人，兢兢業業，惟恐失墜，獲罪於上主。則其法能使人爲善，亦既彰明較著矣。此等教化風俗，雖諸陪臣自言；然臣審其議論，察其圖書，參互考稽，悉皆不妄。

臣聞：繇余西戎之舊臣，佐秦興霸；金日磾西域之世子，爲漢名卿。苟利於國，遠近何論焉？又見：梵剎琳宮，遍佈海內；番僧喇嘛，時至中國；即如回回一教，并無傳譯經典可爲證據，累朝以來，包荒容納，禮拜之寺，所在有之。高皇帝命翰林臣李翀、吳伯宗與回回大師馬沙亦黑、馬哈麻等翻譯曆法，至稱爲乾方先聖之書。此見先朝聖意，深願化民成俗，是以褒表搜揚，不遺遠外。而釋道諸家，道術未純，教法未備，二百五十年來猶未能仰稱皇朝表章之盛心。若以崇奉佛老者崇奉上主，以容納僧道者容納諸陪臣，則興化致理，必出唐虞三代上矣。

皇上豢養諸陪臣一十七載，恩施深厚，諸陪臣報答無階，所抱之道、所懷之忠，延頸企踵，無由上達。臣既知之，默而不言，則有隱蔽之罪，是以冒昧陳情。倘蒙聖明採納，特賜表章，目今暫與僧徒道士一體容留，使敷宣勸化，竊意數年之後，人心世道，必漸次改觀。乃至一德同風，翕然丕變，法立而必行，令出而不犯，中外皆勿欺之臣，比屋成可封之俗，聖躬延無疆之遐福，國祚永萬世之太平矣！

倘以臣一時陳說，難可遽信；或恐旁觀猜忖，尚有煩言，臣謹設爲試驗之法有三，處置之法有三，并以上請。試驗之法：其一，盡召疏中有名陪臣，使至京師，乃擇內外臣僚數人，同譯西來經傳。凡事天愛人之說，格物窮理之論，治國平天下之術，下及曆算、醫藥、農田、水利等興利除害之事，一一成書，欽命廷臣共定其是非。果係叛常拂經，邪術左道，即行斥逐，臣甘受扶同欺罔之罪。其二，諸陪臣之言與儒家相合，與釋老相左，僧道之流咸共憤嫉，是以謗害中傷，風聞流播，必須定其是非。乞命諸陪臣與有名僧道，互相辯駁，推勘窮盡，務求歸一。仍令儒學之臣，共論定之。如言無可採，理屈辭窮，即行斥逐，臣與受其罪。其三，譯書若難就緒，僧道或無其人，即令諸陪臣將教中大意、勸誡規條與其事迹功效，略述一書，并已經翻譯書籍三十餘卷，原來本文經典一十餘部，一并進呈御覽。如其蹐駁悖理，不足勸善戒惡，移風易俗，即行斥逐，臣與受其罪。此三者試驗之法也。

處置之法：其一，諸陪臣所以動見猜疑者，止爲盤費一節，或疑燒煉金銀，或疑洋商接濟，皆非也。諸陪臣既已出家，不營生產，自然取給於捐施。凡今衣食，皆西國捐施之人，展轉託寄，間遇風波盜賊，多不獲至，諸陪臣亦甚苦之。然二十年來不受人一錢一物者，蓋恐人不見察，受之無名，或更以設騙科歛等項罪過相加。且交際往來，反多煩費故耳。爲今之計，除光祿寺恩賜錢糧照舊給發外，其餘明令諸陪臣量受捐助，以給衣食；足用之外義不肯受者，聽從其便。廣海洋商，諭以用度既足，不得寄送西來金銀，仍行關津嚴查阻回。如此音耗斷絕，盡釋猜嫌矣。其二，諸陪臣所居地方，不擇士民，不論富貴貧賤，皆能實心勸化。目今宜令隨其所在，依止梵修，官司以禮相待，使隨人引掖。或官司未能相信，令本地士民擇有身家行止者，或十家、或二十家，同具一甘結在官。如司教之人果有失德猬行、邪言妄念、表率不端者，依今部議放流迸逐，甘結諸人，一體科坐；其無人保結者，不得容留。若他人有以違犯事理、傳聞告言者，官司亦要體訪的確，務求實迹，則掩飾難容，眞僞自見矣。其三，地方保舉倘有扶同隱匿，難以遽信，再令所在官司，不時備細體察，除有前項違犯登時糾舉外；其道行高潔、地方士民願從受教者，有司給與印信文簿二扇，令司教者循環報數在官。年終正印官備查從教人眾，曾否犯有過惡，間有罪名，另籍登記。三年總行考察，如從教人眾一無過犯，兼多善行可指，正印官於司教之人，優行嘉獎。如從教者作奸犯科，計其人之眾寡，罪之輕重，甘結士民，量行罰治。若從教之人故犯罪惡，司教同教戒勸不悛，因而報明官司除其教籍者；或教籍未除而同教之人自行出首者，或過犯在從教以前事發在後者，罪止本身，同教之人并不與坐。如此官府有籍可稽，諸人互相覺察，不惟人徒寡少，仍於事體有益，其他釋道諸人，或爭論教法，更不必設計造言，希圖聳聽，只須分明。司教亦同此法，考察賞罰，誰是誰非，孰損孰益，久久自明矣。此三者處置之法也。已上諸條，伏惟聖明裁擇，如在可採，乞賜施行。

臣於部臣爲衙門後輩，非敢抗言與之相左，特以臣考究既詳，灼見國家致盛治、保太平之策，無以過此。倘欽允部議，一時歸國；臣有懷不吐，私悔無窮。是以不避罪戾，齋沐陳請。至於部臣所言風聞之說，臣在昔日亦曾聞之，亦曾疑之矣。伺察數歲，臣實有心窺其情實，從來洞悉底裏，乃始深信不疑。使其人果有纖芥可疑，臣心有一毫未信，又使其人雖非細作奸徒，而未是聖賢流輩，不能大有裨益，則其去其留，何與臣事。修曆一節，關係亦輕。臣身爲侍從之臣，又安敢妄加稱許，爲之遊說，欺罔君父，自干罪罰哉！竊恐部臣之伺察詳盡，亦復如臣，其推轂獎許，亦不後於臣矣。臣干冒天威，不勝惶恐待命之至。」（萬曆四十四年，御批「知道了」。）（《徐光啓集》卷九雜疏，第 431 頁）

禮部尚書方從哲未等皇上批示，授命沈㴶逮捕傳教士。（鄧恩《從利瑪竇到湯若望——晚明的耶穌會傳教士》第 118 頁）

萬曆四十四年七月十九日（1616 年 8 月 30 日）午夜，龐迪我派人到達南京，通知王豐肅可能發生教案，讓其做好準備。傳教士向天主認罪并獻祭，收拾教堂畫像和聖器，存放於教徒家中。（曾德昭《大中國志》第 255 頁）

萬曆四十四年七月二十日（1616 年 8 月 31 日）禮科給事中余懋孳上《闢異教嚴海禁疏》。

「自西洋利瑪竇入貢而中國復有天主之教，不意留都王豐肅、陽瑪諾等煽惑百姓不下萬人，朔望朝拜，動以千計。夫通夷有禁，左道有禁，使其處南中者夜聚曉散，效白蓮無爲之尤，則左道之誅何可貸也。使其資往偵來通濠鏡澳夷之謀，則通番之戮何可後也。故今日解散黨類、嚴飭關津誠防微之大計。」不報。（《明神宗實錄》卷五四七，萬曆四十四年七月戊子條）

萬曆四十四年七月二十日（1616 年 8 月 31 日）龍華民與艾儒略自南京前往北京。晚上沈漼派遣軍隊包圍教堂。（曾德昭《大中國志》第 255 頁）

萬曆四十四年七月二十一日（1616 年 9 月 1 日）教案發生，教徒被捕，教堂被封。教徒姚如望手執黃旗，口稱願爲天主死。王豐肅在前往監獄的路上被百姓侮辱、嘲笑和謾罵。生病的謝務祿（曾德昭）被留在一間加上封條的房屋內。龐迪我派遣張採帶書揭送往南京天主堂開拆。（曾德昭《大中國志》第 255 頁）

萬曆四十四年七月二十二日（1616 年 9 月 2 日）南京官員派人搜查孝陵衛花園，將謝務祿（曾德昭）送入監獄。龍華民與艾如略到達高郵李之藻處，龍華民前往北京，艾儒略到杭州楊廷筠家避難。李之藻派人前往南京給耶穌會士送錢和衣物。（鄧恩《從利瑪竇到湯若望——晚明的耶穌會傳教士》第 120 頁）

萬曆四十四年七月底（1616 年 9 月）徐光啓在家信中讓家人保護傳教士。

「西洋先生被南北禮部參論，不知所由，大略事起於南，而沈宗伯又平昔稱通家還往者，一旦反顏，又不知其由也。遽云爲細作，此何等事，待住京十七年方言之。皇上藐若不聞，想已洞燭。近日又問近侍云，西方賢者如何有許多議論？內侍答言，在這裏一向聞得他好，主上甚明白也。余年伯不甚知諸先生，疏中略爲持平之論，亦頗得其力矣。南京諸處移文驅迫，一似不肯相容。杭州諒不妨。如南京先生有到海上者，可收拾西堂與住居也。」（《徐光啓集》卷十一書牘，第 492 頁）

萬曆四十四年八月（1616 年 9 月）沈漼上《再參遠夷疏》

「奏爲遠夷闌入都門，暗傷王化，懇乞聖明申嚴律令，以正人心，以維風俗事。先該臣於本年五月間，具題前事，候旨未下，頃於七月十九日，接得邸報，又該禮部覆題，亦在候旨間。臣有以仰體聖心，未嘗不留念於此事也，則臣言有所未盡，而機務原不可不熟思爾。夫左道惑眾，律有明條，此臣部之職掌當嚴也。裔夷窺伺潛住兩京，則國家之隱憂當杜也。聖明自爲社稷計，豈其不留念及此乎！惟是兩京事體稍有不同，而王豐肅等潛住南京，其盤詰勾連之狀，尤可駭恨，則臣前疏尚有言之未盡者。何也？京師爲陛下日月照臨之所，即使有神奸潛伏，猶或上憚於天威之嚴重，而下怵於舉朝之公論，未敢顯肆猖狂，公行鼓扇。若南京則根本重地，高皇帝陵寢在焉，山川拱護，固爲臣庶之瞻依，而門殿閎清，全在紀綱之振肅，所以譏防出入，而杜絕夫异言异服者，尤不可不兢兢也。

而豐肅神奸，公然潛住正陽門裏，洪武岡之西，起蓋無梁殿，懸設胡像，誑誘愚民。從其教者，每人與銀三兩，盡寫其家人口生年日月，云有咒術，後有呼召不約而至，此則民間歌謠遍傳者也。每月自朔望外，又有房虛星昴四日爲會期，每會少則五十人，多則二百人，此其自刻《天主教解》要略中明開會期，可查也。踪迹如此，若使士大夫峻絕不與往還，猶未足爲深慮。然而二十年來，潛住既久，結交亦廣，不知起自何人何日，今且習以爲故嘗，玩細娛而忘遠略，比比是矣。臣若更不覺察，胡奴接踵於城闉，虎翼養成而莫問，一朝竊發，患豈及圖？

尤可恨者，城內有房既據洪武岡王地，而城外又有花園一所，正在孝陵衛之前。夫孝陵衛以衛陵寢，則高廟所從遊衣冠也。龍蟠虎踞之鄉，豈狐鼠縱橫之地？而狡夷伏藏於此，意欲何爲乎？更可駭者，臣疏向未發抄，頃七月初才有邸報，而彼夷即於七月初旬具揭，及至二十一日，已有番書訂寄揭稿在王豐肅處矣。夫置郵傳命，中國所以通上下而廣宣達也，狡焉醜類而橫弄線索於其間，神速若此，又將何爲乎？頃該巡視東城御史孫光裕查照會題事理，行令兵馬司拘留彼夷候旨，猶有愚民手執小黃旗，自言願爲天主死者，幸而旋就拘獲。然亦可見事機之不可失，而處分之明旨更不可後矣。

臣查得大明律例，「凡化外人犯罪者，并依律擬斷。」注云：「俱要請旨。」除王豐肅係化外人，臣謹遵律令明文候旨處分外，其餘同居徒眾，妄稱天主教，扇惑人民，見在本所搜獲者一十三名，一面行提鞫審，此外更不株連一人。今小民洗滌門戶，不復從邪，正可嘉與維新，而都士大夫尤曉然知狡夷不可測，臣乃得昌言以畢其愚慮，惟恐遠聽者不審其情形，而猶惑於術數之小知也。且龐迪我、熊三拔，久在輦下，傳送既速，皴弄必巧，遷延日久，線索橫出，則亦事機之不可不慮者也。伏乞陛下念根本重計，早賜批發該部，覆請速咨臣等將夷犯從法依律擬斷，其原參未獲陽瑪諾等者，行提緝獲。庶乎明旨昭然而人心大定，道化歸一而風俗永清。不惟臣部職掌得申，而國家之隱憂亦杜矣。臣不勝激切待命之至。

萬曆四十四年八月　　日」（沈漼《再參遠夷疏》，《聖朝破邪集》卷一）

萬曆四十四年八月初二日（1616 年 9 月 12 日）南京教案發生的消息傳至杭州。

萬曆四十四年八月初八日（1616 年 9 月 18 日）張採到達南京，尋至教友余成元家。

萬曆四十四年八月初十日（1616 年 9 月 20 日）鐘鳴禮自杭州來到南京，訪教友余成元，與張採見面，商量刊刻揭帖之事。八月十一日（1616 年 9 月 21 日）余成元雇傭工人潘明、潘華、秦文等包工刊刻，十四日（1616 年 9 月 24 日）刻完。由教徒周用、雇工吳南印刷一百本，約定第二天朝天宮習儀處所投遞。余成元之叔父怕受連累，前往官府告密，鐘鳴禮等八人被捕。鐘鳴禮有「平日受天主大恩無以報答，今日就拿也不怕」等語。

萬曆四十四年八月（1616 年 9 月）南京禮部下發《拿獲邪黨後告示》。

「南京禮部爲禁諭事。照得狡夷王豐肅等，潛住都門，妄稱天主教，煽惑人民，先該本部題參，只欲申嚴律令，解散其徒眾耳，向在候旨，未遽有行。及部科兩疏并前疏發抄，該城兵馬司奉察院明文提人候旨，本部亦未有行也。但據申報西營地方，搜獲十三名，幼童五名，孝陵衛地方搜獲一名，如此而已。本部之意，若明旨一下，只此見獲者究論，此外不必株連一人。目今地方素不從邪者，固幸獲狡夷之發露，無或擾亂我而可以各安生理。即有爲所引誘者，知其犯律令所禁，而迴心改過，一朝洗滌，依然是平世良民。本部嘉與維新，何曾搜剔？無奈有一二邪黨，如鍾明宇等八名，自遠而來，賚有龐迪我、熊三拔等疏揭二件，潛搭窩棚，私行刊刻，肆出投遞。夫本部未有一牌票提治，而狡夷公然揭，又公然疏，又公然刻，此等伎倆，豈法紀所容？爲此不得不拿。此外仍未嘗株連一人，猶恐愚民無知怵惕，合行曉諭，今後各務本等生理，不許訛言恐喝，安心無事做太平百姓，不必疑畏。即在彼夷，若能靜聽處分，官府必且哀矜。若多夷犯鑽刺，徒增一番罪案，無益有損。爲此出示禁諭，各宜知悉。

今將狡夷邪說欺世惑人，相應破除者，開欵於後：

一、夷人辨疏辨揭，俱稱天主即中國所奉之天。而附和其說者，亦曰：『吾中國何嘗不事天也？』乃彼夷自刻《天主教解要略》，明言天主生於漢哀帝某年，其名曰耶穌，其母亞利瑪，是西洋一胡耳。又曰被惡官將十字枷釘死，是胡之以罪死者耳。焉有罪胡而可名天主者乎？甚至辨疏內，明言天主降生西國，其矯誣無禮，敢於欺誑天聽，豈謂我中國無一人覺其詐耶！

一、《大明律》有私習天文之禁，正謂《大統曆法》爲萬世不刊之典，惟恐後世有奸宄之徒，威侮五行，遁天倍法者，創爲邪說以淆亂之也，故預嚴其防耳。凡我臣子，皆凜凜奉若，不敢二三。而狡夷突來，明犯我禁，私藏另造渾天儀等器，甚至爲七政七重天之說，舉天體而欲決裂之。然則天下何事非可以顚倒誑惑者耶？無論百里不同風，千里不同晷，九萬里之外，晷影長短懸殊，不可以彼格此。目今聖明正御，三光順度，晦朔弦望，不愆於月，分至啓閉，不愆於時，亦何故須更曆法，而故以爲狡夷地耶？

一、《大明律》禁私家告天，書符咒水，隱藏圖象，燒香集眾，夜聚曉散等欵。今彼夷妄稱天主，誘人大瞻禮、小瞻禮名色，不爲私家告天乎？從其教者，灑之以水曰『灑聖水』，擦以油曰『擦聖油』，不爲書符咒水乎？其每月房虛星昴、大小瞻禮等日，俱三更聚集，天明散去，不爲夜聚曉散乎？種種邪術，煽惑人民，豈可容於堯舜之世？

一、夷人煽惑愚民，從其教者，每人與銀三兩。此係民間歌謠遍傳者，而遠聽之君子，豈能入彼窟穴，探彼蓋藏，遂身任其無咎，曲證爲借貸乎？或曰：『人未有不自愛其鼎者，獨疑彼夷有禁咒之術，是以不得已而護之。』不知彼鬼術者，只可在魑魅之邦，騙下愚耳，豈能行於大明之世？而堂堂士君子，立身行己，自有法度，何至畏彼狡獪，反沮其正氣耶？今該本部出示之後，彼夷縱有邪術，自然不靈，不必畏護。

萬曆四十四年八月　　日示」（《拿獲邪黨後告示》，《聖朝破邪集》卷二）

萬曆四十四年十月（1616 年 11 月）南京禮部四司會審鍾明禮等八人。

「南京禮部主客清吏司爲緝獲人犯事。據東城兵馬司呈解犯人鍾明禮、張探、余成元、方政、湯洪、夏玉、周用、吳南等八名到部。奉堂諭四司會審。奉此該本司吳郎中，會同司務廳張司務、祠祭司徐郎中、儀制司文主事，審據鍾明禮即鐘鳴宇。

供：年三十四歲，廣東新會縣人。父鍾念山，生兄鐘鳴仁及鳴禮。幼時曾住香山澳中。澳中有大天主殿一，澳人皆從其教。彼時主教者，名曰歷山。又有頭目曰東寶祿。兩人共住澳中，或兩年一換，或三年一換，俱從西洋國撥來。鳴禮失記日月，不知何年分，有利瑪竇、龐迪峩、王豐肅、郭居靜、羅儒望等，從西洋國來入澳。繇將天主教愈加講明，要得行教中國。是父鍾念山率鳴禮兄弟，往拜從之，自此朝夕不離。利瑪竇等向在韶州地方，起造房屋，供奉天主像，約有十年。乃至江西南昌府，賃房居住。比時從之者少，教未大行。眾議分投行教，王豐肅至南京，郭居靜至浙江，羅儒望住江西。萬曆二十七年，利瑪竇、龐迪峩前往北京，有鳴仁從之同住，鳴禮自住江西。於萬曆三十三年間，鳴禮來至南京，與王豐肅同住天主堂內。兄鐘鳴仁亦自北來，一同居住。及萬曆三十九年，利瑪竇死，鳴禮兄弟同往北京會葬。葬畢，仍復來京。王豐肅一切費用，俱自香山澳送來。其銀自西洋國送入澳中，澳中商人轉送羅儒望，羅儒望轉送到此，歲歲不絕。凡天主堂中，有來從教者，或鳴仁，或鳴禮，先與講說，然後引見王豐肅，一向無异。至今年五月內，鳴禮前往杭州，與郭居靜會話。八月初二日，知王豐肅事發，兄鳴仁已被拘獲，又聞浙江軍門亦將緝拿郭居靜，鳴禮即於初十日到京，見天主堂已封，即訪教中人王甫、余成元。比時王甫已獲在城，惟余成元在家。見張探先已在彼，持有北邊書揭，俱不敢開。鳴禮云：『開亦何害？』即開其包袱，見護封內有揭帖一封，是禮稱說：『刻此揭帖，徧送各老爺，可以釋放我兄，并一干人犯。』即於初十夜，將錢雇已發落刻匠潘明、潘華，并已逃秦文等，包工刊刻。至十四日刻完，隨到蓬廠中裝釘，欲於十五日朝天宮習儀處所投遞。不意城上聞知，當有兵馬官前擒獲，是鳴禮說:『平日受天主大恩，無以報答，今日就拿也不怕』等語。

又據張採供：年二十六歲，山西平陽府曲沃縣人。於萬曆四十二年三月內前往北京，推水過活。因見同鄉人說稱天主教極好，遂拜從龐迪峩門下。迪峩即以鷄翎粘聖油，向額上畫一十字，謂之擦聖油。乃又持聖水念天主經，向額上一淋，即滌去前罪。自後七日一瞻拜，群誦天主經，在天我等父者云云。日將出乃散，習以為嘗。至今年七月二十一日，龐迪峩見南京王豐肅事發，要得救解，與探盤費銀二兩，交袱包一個，內書揭一大封，差採送南京天主堂中開拆。採於八月初八日到南京，見王豐肅天主堂已經封鎖，乃尋到教中余成元家。比時鍾鳴禮自杭州來，解包開封，因商量刻揭情繇，十一日刻起，十四日刻完，隨於本夜刷印裝釘，共成一百本，約十五日習儀處所投遞，不意二更時即被拘獲等情。

又據余成元供：年二十九歲，原籍江西，本京府軍右衛人，住鷹揚倉地方，向與王甫同院居住，合種一園。萬曆三十九年十一月，內有表叔曹秀，先從天主教，勸余成元亦入教中，先遇鍾鳴仁講說『人生不久，壽夭不同，不如及今修一修，使靈魂不滅』等語，遂於本月初七日進見王豐肅，成元跪於天主像前，王豐肅先擦聖油，後淋聖水，令拜天主四拜，并向王豐肅叩頭，口稱王爺。自後七日一聚會，天未明而至，日未出而散，每次或三四十人，或五六十人不等。至今年七月二十日，王豐肅事發，王甫被城上拘獲，成元獨住園中。八月初八日，值張採自北京賫揭前來至成元家，即與同住，尚未敢開揭。適鍾鳴禮亦從杭中來，將書揭拆開，是成元雇得潘明、潘華并已逃秦文等，包工刻完，議於十五日習儀日投揭，隨被拘獲等情。

又據方政供：年三十二歲，徽州府歙縣人，描金生理。先於三十八年十一月二十日，有不在官叔方文榜，向從天主教，政因此拜從王豐肅，稱為王爺，自稱小的。擦油淋水，其眾俱同，七日一會，歲時不絕。至今年五月內，王豐肅被參，至八月初九日，余成元見北京張採持揭到來，遂向政說：『北京有個信來，不知其中何意？』值鍾鳴禮自浙江來，乃開書揭，即同刊完，要趕十五日投遞，十四日夜隨被拘獲等情。

又據湯洪供：年三十二歲，上元縣人，住朝天宮後易家橋，總甲劉科地方。有故兄湯應科，向在天主堂中，每向洪勸誘，應科即於四十年十一月，率洪到天主堂，先見鍾鳴仁，即叩王豐肅四頭，擦油淋水如嘗，自後如期聚會。今年七月內，王豐肅事發，洪雖住家中，時嘗探聽消息。至八月十四日到余成元家，見張採、鍾鳴禮等先在，余成元向洪云『你母舅王桂捉在監中，你可幫送揭帖，救你母舅』等語。是洪聽信，亦同在彼幫釘，釘完即同吃酒，約十五日投遞，隨被捉獲等情。

又據夏玉供：年三十三歲，南京府軍右衛人，住本衛平倉地方，賣糕生理。萬曆四十年十月內，前往帽子店曹秀家做帽，曹秀因說：『天主生天、生地、生萬物，汝何不從之？』有鍾鳴仁等，與玉講說天主道理，玉云：『既謂之天主，何以有像？』仁等答云：『當初天主化生，止有一男一女，自後百姓作業，不認得天主了，所以洪水泛濫，遭此大難，天主不忍，降生西洋國，以教化天下，至今共一千六百十五六年。』又將夷教書十五本，付玉誦讀，隨進天主堂，擦油淋水，一一是實。若婦人有從教者，王豐肅差鍾鳴仁前往女家，以聖水淋之，止不用油。至今年七月二十一日，見天主堂門已封，思我既敬天主，就有災患亦無事。至八月二十四日，余成元來叫玉同買魚肉等項，前往蓬中，但見揭已刷完，只要明早送了。正吃飯間，被城上拿獲等情。

又據周用供：年六十八歲，江西撫州府東鄉縣人。一向在京居住，開設書鋪，并刷書生理。萬曆三十八年正月內，王豐肅雇用刷天主經，因與用說：『你年紀老大，何不從天主教，日後魂靈可昇天堂？』用遂入教。今年八月十四日早，有湯洪來說，揭已刊完，你須去刷印幾簿。用因年老，恐刷不及，即雇覓吳南同往蓬中，刷至起更時分方完，隨即裝釘，商量明日投遞，不意被獲等情。

又據吳南供：年二十四歲，羽林左衛人，平日刷印爲生，并未從入天主教中。八月十四日，周用向南說：『有一相公有幾本書，速要刷完，要趕十五日分送，各位爺，我刷不及，你同去一刷。』及刷時乃知其爲揭帖，許錢二十文，尙未交付，正留吃飯。隨即被獲等情。

今據該城將一干人犯，申解前來，各供口詞，前情是實。參看得狡夷之闌入中國也，駕稱八萬里不可窮詰之程途，妄捏西洋外千古所無之天主，狡焉盤踞留都，突然私駕巍殿，百千瞻拜，昏夜成群，舉國既已若狂，隱憂大爲叵測。已經本部題參，巡院拘禁，靜候明旨，攘除蕩滌。一時從邪之民，俱已去番字而貼門符，遠夷教而祀宗祖。會見維新之眾，大有廓清之機。而何物鍾鳴禮等，當此見晛雪消之日，乃爲魑魅魍魎之謀，潛集蓬廠，公行刻揭。幸被獲於深夜，幾得中其狂鋒。鍾鳴禮父子兄弟通夷。雖戴履中華天地，而儼然披髮左衽。張采天南地北奔馳，即麼麼亡命厮走，而甘爲伏戎隱寇。余成元、方政，一則以灌園而爲保匿奸徒之藪，一則以鏤金而效刻揭投遞之功。湯洪、夏玉，一則從兄邪而與舅同惡，一則受夷書而利蓄亡命，此皆利於明條，亦何辭於法網？宜參送法司次第輕重，擬罪儆示者。若周用則垂盡之息，或蠱於輪迴而終迷。吳南則鬼鼠之流，偶誘以青蚨而效用，宜即解網以覆顓愚。緣奉堂諭會審事理，本司未敢擅便，伏乞裁奪施行。須至呈者。

計開解犯人八名：鍾鳴禮、張寀、余成元、方政、湯洪、夏玉、周用、吳南。

萬曆四十四年十月　　日

署郎中主事吳爾成

堂批：題參各犯，自合靜聽處分。鍾鳴禮等，故來犯法，所惡异教之惑人者，正惡有此等輩耳。本都當參送正法，姑念周用年老，止當日受雇；吳南認不入教，止受雇，未得錢，量與省放。其餘六犯，情有輕重，總之爲夷人用。而勾連煽惑，揚波助瀾，則鍾鳴禮實謀主矣。該法司分別定罪。」（《會審鍾明禮等犯一案》，《聖朝破邪集》卷二）

萬曆四十四年十二月（1617 年 1 月），南府部臺省合疏參奏，不報。北科道諸臣及南京禮部參之，不報。南科臣晏文輝有速賜處分之請。沈潅上《參遠夷三疏》。

「奏爲遠夷情形甚詭，留都根本當防，懇乞聖明早賜處分以清重地、以正人心事。臣聞邪不干正而左道惑眾者必誅，夷不亂華而冒越關津者必禁，方其萌芽窺伺，則以立教防之而有餘，及其黨與勾連，則將干戈取之而不足。竊照夷犯王豐肅等，詐言八萬里之遠，潛來南京，妄稱天主教，扇惑人民非一日矣。先該臣兩次具題，又該禮部及南北臺省諸臣，先後題催，未奉明旨。陛下豈猶未悉彼夷情形之詭乎？

夫其術之邪鄙不足言也。據其所稱天主，乃是彼國一罪人，顧欲矯誣稱尊，欺誑視聽，亦不足辨也。但使止行异教，非有陰謀，何故於洪武岡王氣所鍾輒私盤據？又何故於孝陵衛寢殿前擅造花園？皇上試差官踏勘，其所蓋無梁殿果與正陽門相去幾里？是否緣城近堞踪迹可疑？南京各衙門月給報房工食，蓋謂兩京事體，奉旨施行，欲其呼吸相通爾，其他鄉官士民皆不能得。而彼夷人亦給工食於報房人，意欲何爲？尤可異者，各衙門參彼之疏尚未得旨，而龐迪我、熊三拔等，亦造疏揭，差其細作鍾鳴禮、張寀等，賫持前來，詐稱已經奏進，刊刻投遞。

臣觀其疏揭內，公然自言兩京各省有十三人，殊爲可駭。夫利瑪竇昔年進京始末，此廷臣所知，原未嘗有如許彼眾也。皇上憐其孤身，賜之葬地，自有柔遠之仁，與成祖當年賜浡泥王葬地相同。若使浡泥王蒙恩賜葬，而浡泥國臣民遂借爲口實，因緣竊入，散佈京省，成祖能置之不問否？彼乃欲借皇上一時柔遠之仁，而潛藏其狐兔踪迹，勾連窺伺，日多一日，豈可置之不問耶？臣近又細詢閩海士民識彼原籍者，云的係佛狼機人，其王豐肅，原名巴里狼當，先年同其黨類，詐稱行天主教，欺呂宋國主而奪其地，改號大西洋。然則閩粵相近，一狡夷爾，有何八萬里之遙？臣雖未敢即以此說爲據，然而伏戎於莽，爲患叵測，總之根本重地，必不可容一日不防者也。

伏乞皇上即下明旨，容臣等將王豐肅依律處斷。其煽惑徒眾，在本所捕獲鍾鳴仁等，及續獲到細作鍾鳴禮、張採等，或係勾連主謀，或係因緣爲從，一面分別正罪。庶乎法紀明而人心定，姦邪去而重地亦永清矣。臣無任激切待命之至。

萬曆四十四年十二月　　日」（沈㴶《參遠夷三疏》，《聖朝破邪集》卷一）

萬曆四十四年十二月初十日（1617 年 1 月 17 日）萬曆皇帝下旨驅逐教士。十二月二十八日（1617 年 2 月 4 日）旨意到達南京。

「命押發遠夷王豐肅等於廣東，聽歸本國。先是遠夷利瑪竇偕其徒龐迪我入京，上嘉其向化之誠，於之餼廩，瑪竇死復給以葬地，而其徒日繁，踪迹亦復詭秘。王豐肅等在留都以天主教扇惑愚民，一時信從者甚眾，又蓋屋於洪武岡，造花園於孝陵衛寢殿前。南禮部特疏參之，南府部臺省合疏參之，北科道諸臣參之，故南科臣晏文輝有速賜處分之請。而迪我等亦刊揭逞辯，千里之遠，數日可達，人益疑豐肅等爲佛郎機夷種。及文輝疏下，禮部覆言此輩左道惑眾，止於搖鐸鼓簧，倡夷狄之道於中國，是書所稱蠻夷滑夏者也，此其關係在世道人心，爲禍顯而遲。但其各省盤踞，果爾神出鬼沒，透中國之情形於海外，是書所稱寇賊奸宄者也，此其關係在廟謨國是，爲禍隱而大。閣臣亦力言之。有旨：王豐肅等立教惑眾，蓄謀叵測，可遞送廣東撫按，督令西歸。其龐迪我等，禮部曾言曉知曆法，請與各官推演七政，且係向化來，亦令歸還本國。」（《明神宗實錄》卷五五二，萬曆四十四年十二月丙午條）

萬曆四十五年初，耶穌會士費奇觀與陽瑪諾賣掉南雄房產，前往杭州楊廷筠家避難。郭居靜、黎寧石、艾如略亦躲於杭州。羅如望、史惟貞撤出南昌，轉往建昌繼續傳教。（鄧恩《從利瑪竇到湯若望——晚明的耶穌會傳教士》，第 124 頁）

萬曆四十五年二月（1617 年 3 月），南京禮部下發《查驗夷犯札》，驗明謝務祿亦係西洋人。

「南京禮部爲奉旨處分夷情事。準禮部咨：炤得狡夷王豐肅等，與內地奸民鐘鳴仁、鐘鳴禮等，勾連扇惑，潛住輦轂之下多年。先該本部奏爲遠夷闌入都門，暗傷王化，懇乞聖明申嚴律令，以正人心，以維風俗事。內參夷犯王豐肅、陽瑪諾、龐迪峩、熊三拔等四名。除龐、熊二犯係潛住京師，近該禮部遵旨遞發外。七月間，禮部覆題抄到。

二十一日，該巡視東城御史孫，行兵馬司提拘王豐肅等一十四名。該本部於八月初一，題明前事：除王豐肅係化外人，臣謹遵律令明文候旨處分外，其餘同居徒眾，妄稱天主教，扇惑人民，見在本所搜獲一十三名。一面行提鞫審，此外并不株連一人等因。又於十二月初一，該本部續奏，爲遠夷情形甚詭，留都根本當防，懇乞聖明早賜處分，以清重地，以正人心事。內稱尤可异者，各衙門參彼之疏，尚未得旨，而龐迪峩、熊三拔等，亦造疏揭，差其細作鐘鳴禮、張寀等，賫揭前來，詐稱已經奏進刊刻投遞云云。

伏乞皇上即下明旨，容臣等將王豐肅等，依律處斷。其扇惑徒眾，在本所捕獲鐘鳴仁等，及續獲到細作鐘鳴禮、張寀等，或係勾連主謀，或係因緣爲從。一面分別正罪，庶乎法紀明而人心定，姦邪去而重地亦永清矣等因，俱候旨間。

今該前因除鐘鳴仁、鐘鳴禮、張寀等，合照本部題明事理另審外，及查十三名內謝務祿一名，亦供稱化外人在卷。爲此合札該司查驗王豐肅、謝務祿果否俱係化外夷人，其未獲陽瑪諾是否先歸本國，速具確報，以憑查照。禮部題奉欽依事理，速差遞送督歸，欽遵施行。

萬曆四十五年二月　　日」（《聖朝破邪集》卷一）

萬曆四十五年二月（1617 年 3 月）四司會審王豐肅、謝務祿（曾德昭），二人各杖刑十大板，王豐肅一個月後傷口才開始愈合，謝務祿（曾德昭）因病得免。

吳爾成作《會審王豐肅等犯一案（并移咨）》。

「南京禮部主客清吏司爲奉旨處分夷情事。奉本部札付內開鐘鳴仁、鳴禮、張寀等合炤本部題明事理另審外，及查十三名，內謝務祿一名亦供稱化外人在卷，合札該司查驗王豐肅、謝務祿果否俱係化外夷人，其未獲陽瑪諾是否先歸本國，速具確報，以憑查炤。禮部題奉欽依事理，速差遞送督歸等因。

奉此隨牌行東城兵馬司，將遠夷王豐肅、謝務祿二名提解前來。該本司吳郎中，會同司務廳張司務、祠祭司徐郎中、精膳司黃郎中、儀制司文主事、祠祭司徐主事。會審得：王豐肅，面紅白，眉白長，眼深，鼻尖，鬍鬚黃色。供稱：年五十歲，大西洋人，幼讀夷書，由文考、理考、道考，得中多耳篤，即中國進士也。不願爲官，只願結會，與林斐理等講明天主教。約年三十歲時，奉會長格老的惡之命，同林斐理、陽瑪諾三人，用大海船，在海中行走二年四個月，於萬曆二十七年七月內前到廣東廣州府香山縣香山澳中，約有五月。比陽瑪諾留住澳中，是豐肅同林斐理前至韶州府住幾日，又到江西南昌府住四月，於萬曆三十九年三月內前到南京西營街居住。先十年前，有利瑪竇、龐迪峩、郭居靜、羅儒望等，已分住南京等處。利瑪竇要得進京貢獻，寄書澳中。到王豐肅處，索取方物進獻。是豐肅携鳴鍾、玻璃鏡等物前來。比時利瑪竇先已進京，隨將方物等件，寄進京貢獻訖。比時羅儒望將家火交與王豐肅，遂在此建立天主堂，聚徒講教，約二百餘人。每遇房、虛、昴、星日一會，寅聚辰散，月以爲常，并未他往。

其林斐理於四十一年六月內病故，其尸棺見停天主堂內。其陽瑪諾向住澳中，亦於先年移住南雄府，約有幾月前到南京，與豐肅同住兩年，又往北京，三年仍復回南同住。於四十三年十二月內，仍往南雄居住，并未回還本國。一向豐肅所用錢糧，自西洋國商船帶至澳中，約有六百兩。若欲蓋房，便增至千金。每年一次，是各處分教龐迪峨等分用等語。

又審得：謝務祿，面紅白色，眼深，鼻尖，黃須。供：年三十二歲，大西洋人，曾中多耳篤，不願爲官，亦只會友講學。於先年失記月日，自搭海船前到廣東澳中，約有三年六個月等語。據此看得謝務祿面貌與豐肅相同，其爲遠夷無疑。陽瑪諾雖未回還本國，據稱見在南雄，則非潛匿此中明矣。緣係札審事理理合具由連人解堂，伏候裁奪施行，須至呈者。計開解夷犯二名：王豐肅、謝務祿（見病）。

堂批：二犯既查驗明白，即移咨都察院，轉行巡城衙門，遵旨速差員役，遞送至廣東撫按衙門，督令西歸。

萬曆四十五年二月　　日」（吳爾成《會審王豐肅等犯一案（并移咨）》，《聖朝破邪集》卷一）

「南京禮部爲遠夷久羈候旨，懇乞聖明速賜處分，以維風教，以肅政體事。主客清吏司案呈：奉本部送準禮部咨前事。該本部題主客清吏司案呈：奉本部送據南京禮科給事中晏文輝揭稱前事，內云：

『臣惟天地開闢以來，而中國之教，自伏羲以迄周孔，傳心有要，闡道有宗，天人之理，發泄盡矣，無容以异說參矣。嗣是而老氏出焉，楊墨出焉，好异者宗之。然不過竊吾儒之緒餘，以鳴其偏見，故當時衛道者，力闢焉而不使滋蔓。乃今又有倡爲天主教，若北有龐迪峨等，南有王豐肅等。其名似附於儒，其說實异乎正。以故南北禮卿參之，北科道參之，而南卿寺等巡視等衙門，各有論疏也。今一概留中而不下，豈皇上悉未省覽耶？豈謂此輩未見其顯害，而姑優容耶？夫龐迪峨等在輦轂下，誠不知其詳，王豐肅等在南中，臣得畢其說。豐肅數年以前，深居，簡出入，寡交游，未足啓人之疑，民與之相忘，即士大夫亦與之相忘。邇來則有大謬不然者：私置花園於孝陵衛，廣集徒眾於洪武岡。大瞻禮，小瞻禮，以房、虛、星、昴日爲會約。灑聖水，擦聖油，以剪字貼戶門爲記號。迫人盡去家堂之神，令人惟懸天主之像。假周濟爲招來，入其教者，即與以銀。記年庚爲恐嚇，背其盟者，云置之死。對士大夫談，則言天性。對徒輩論，則言神術。道路爲之喧傳，士紳爲之疑慮。祖宗根本之地，教化自出之區，而可令若輩久居乎？以故禮臣沈漼據其今日行事，慮其將來禍患，發憤疏聞，誠大有裨於世道人心者。其時臣巡視門禁，亦於合疏中附名以上請，而御史孫光裕羈之以候旨，皆爲地方、爲王化計也，豈好爲是激聒哉？且天帝一也，以其形體謂之天，以其主宰謂之帝，吾儒論之甚精。而彼刻《天主教要略》云『天主生於漢哀帝時，其名曰耶穌，其母曰亞利瑪』。又云『被惡官將十字架釘死』，是以西洋罪死之鬼爲天主也。可乎？不可乎？將中國一天，而西洋又一天耶？將漢以前無天主，而漢以後始有天主耶？據斯謬譚，直巫覡之邪術也。孔氏有言曰:『攻乎异端，斯害也已。』今正其攻之之時矣。更民心易於從邪，亦易於返正。自王豐肅被論被羈之後，聞從其教者，一時盡裂戶符，而易門對矣，安家堂而撤夷像矣。悔非遠害，散黨離群，無復可慮矣。惟是王豐肅等，尙在羈縶之中，未蒙處分之旨。守候既久，結局無時，萬一自斃，其如法之未明何？烏在其爲尊朝廷而懾裔夷哉？伏乞速下部議，或飭我皇綱從重究治，或恢我皇度從輕驅逐，庶風教維而政體肅矣。』

等因到部，送司案呈到部。看得南科臣疏請，雖未奉旨下部，但遠人久在羈禁，時令又值嚴寒，恐傷天地好生之心。相應據揭題覆：『竊炤夷夏之防自古嚴之，故『用夏變夷，未聞變於夷者』，孟軻氏言之確矣。王豐肅等之在南，龐迪峨等之在北，既自稱八萬里之遠人，不載貢享，突流寓於中華，其來已自可疑。特昔也隱處一廛，無甚非常可駭之事，故置之不論。今孝陵衛、洪武岡何地也？我太祖龍飛興王之所，而侈列花園，廣集徒眾，大倡天主之教，利誘術籠，無所不至，意欲何爲？此豈聖明之世，車書軌物一道同風之景象哉？況莫尊於天，帝中國者稱天子，彼乃出於天子之上乎？南禮臣特疏參之而不報，南府部臺省合疏參之而不報，北科道諸臣暨本部參之亦不報，故南科臣晏文輝又有速賜處分之請也。職等伏念此輩左道惑眾，止於鼓鐸搖鈴，倡夷狄之道於中國，是《書》所稱『蠻夷猾夏者也』。此其關係在世道人心，爲禍顯而遲。但其各省盤據，果爾出神沒鬼，透中國之情形於海外，是《書》所稱『寇賊奸宄』者也？此其關係在廟謨國是，爲禍隱而大。年來皇上德威遐暨，東征西討，諸妖氛小丑，旋即殄滅。視西洋零星諸夷，蒙頭蓋面，講性說天，炫奇弔詭，得無謂其頗有智慧，無甚禍心，姑以包荒於覆載耳？寧知彼天主之說，謬妄欺君，淫邪誣民，一至於此。即所私創渾天儀、自鳴鐘之類，俱怪誕不準於繩，迂闊無當於用。嘗考堯舜之世，有『璇璣玉衡，以齊七政』之法。歷代相傳，有銅壺滴漏以測晷刻之法，豈無穎异？如王豐肅、龐迪峨等，其人絕不聞有此規制也。稽祖宗令甲，私習天文有禁，私通海外諸夷有禁，蓋防微杜漸慮至深遠也。如皇上憫念遠人，簧鼓雖有的據，跳梁尚無實迹，伏乞將王豐肅、龐迪峨等，敕下本部，轉行各該衙門，遞送廣東，聽彼中撫按暫爲收管，督令西歸。庶帡幪之仁以廣，睥睨之漸以消，統一聖眞如日之中天，寧謐海宇如盤之鞏固，天下後世誦英君之舉動，超出尋常萬萬矣等因。』萬曆四十四年十二月初十日，本部署部事左侍郎兼翰林院侍讀學士何宗彥等具題。

二十八日，奉聖旨：這奏內遠夷王豐肅等，立教惑眾，蓄謀叵測，爾部移咨南京禮部行文，各該衙門速差員役遞送廣東撫按，督令西歸，以靜地方。其龐迪峨等，去歲爾等公言曉知曆法，請與各官推演七政，且皆係向化來京，亦令歸還本國。該部院知道，欽此欽遵。擬合就行，爲此除將龐迪峨等，咨行都察院轉行五城巡視御史衙門，遞至廣東撫按衙門，督令西歸外，合咨貴部查照本部。題奉：欽依內事理，轉行各該衙門，速差員役將王豐肅等，遞送廣東撫按衙門，督令西歸，一體欽遵施行等因到部。原參夷犯陽瑪諾，已經先回南雄府，另文知會驅逐外，見有王豐肅、謝務祿二名，俱係夷人，相應遞送。看得狡夷王豐肅等盤據多年，黨與日眾，豈容太平之世，有此不軌之徒！南北交參，事非得已。近蒙聖明洞悉邪謀，立賜驅逐，雖云待以不死，業已永靖地方。但醜類實繁有徒，而道里又甚遼遠，兼以挾資營幹，不無意外生奸，仍恐遞送員役，萬一疏虞，爲累不小。爲此合咨貴院，轉行五城巡視御史衙門，查炤禮部。題奉：欽依事理，擇差的當員役，將狡夷王豐肅、謝務祿二名，沿途加意隄防，遞送至廣東撫按衙門，交割明白，仍聽從長計議，督令西歸。事竣之日，希迴文過部，以便覆題，煩爲查炤，一體欽遵施行。

萬曆四十五年二月　　日」（吳爾成《移南京都察院咨》，《聖朝破邪集》卷一）

萬曆四十五年二月十二日（1617 年 3 月 18 日）龐迪我、熊三拔離開北京，前往廣東。龍華民與畢方濟躲在北京徐光啓家中。「朝廷對教堂和耶穌會的住所并沒有沒收，官員們允許北京的天主教徒們管理它們。」（鄧恩《從利瑪竇到湯若望——晚明的耶穌會傳教士》，第 123 頁）

萬曆四十五年三月（1617 年 4 月），徐如珂作《處西人王豐肅議》。

「議得王豐肅等竊處中國久矣，中國習以爲無足慮而司世君子必欲驅而絕之，此其罪果安在耶？夫以彝亂華、釀爲不可知之患者，在异日以邪亂正、倡爲不可訓之教者，在目前則請就目前折之。

按王豐肅以利瑪竇之餘黨，習天主教之妄談，居中國者二十年，惑人心者千百計。莫尊於上帝而謂爲彝女之所生，繪像圖形眞同傀儡。莫親於祖宗而謂非本教之所尙，匱饗乏祀不异路人。以中國之無耦而抗之以大西國，儼然域中有兩大，且動稱貴國，則其傲慢之尤者也。以大明之中天而誑之以西天主，隱然域內有眞人，至刊佈一經則其僭妄之甚者也。指掌談天能使君子入於其術，即私習天文弗顧矣，況言之而未必能行，則原非本業自供甚明。揮金布地，能使小人沒於其利，即要結人心弗嫌矣，況與之而未必不取，則私相饋遺，交通甚密。豎無梁殿於通都大邑之中，洪武岡王地豈容虎踞其右？聚群不逞於暮夜晦冥之候，大一統盛時安用烏合其群？且其來自西洋，誰爲識其西洋？踪迹詭秘幾於聲東而指西，身在白下未必心專白下，黨與絡繹每見乍南而倏北。若曰觀光上國，則貢琛而來何不航海而去？若曰樂附內地，則慕化而至何必分教而馳？若曰中無他腸，則陽招陰至誘我良民者何意？若曰原無足慮，則此呼彼應捷於谷響者何爲？若曰蒙古色目亦皆內屬，何不傾心向化而乃甘處於頑民？若曰倭蠻四夷各有所館，何不束躬待命而乃分佈於中外？若曰西人不可以中國之治治也，則中國可以西人之治治乎？

惑世誣民謂之妖言，煽亂鼓簧謂之左道。狂謀未逞，遽難坐以奸細，邪說已熾，實難任其橫行，蓋容之非矣。而驅之逐之，恐於此解散於彼糾合，亦未爲得策也。安置善地，禁錮終身，俾不得成群結黨，斯有瘳乎！噫，及今圖之尚費處分，況遲至數年以後，而其禍可勝言哉！謹議。」（徐如珂《處西人王豐肅議》，《徐念陽集》卷二，《乾坤正氣集》卷二九○）

萬曆四十五年三月（1617 年 4 月），應天府上元、江寧二縣會同巡視京城監察御史前往教堂「清查夷物」。因教士林斐理已死，開館驗尸，由王豐肅領出掩埋。

「應天府上元、江寧二縣爲清查夷物事。抄蒙巡視京城監察御史趙、郭、孫，憲牌內開：『炤得狡夷王豐肅、謝務祿，近奉南京都察院札付，准南京禮部咨，奉有欽依事理擇差的當員役，押解廣東撫按衙門交割發遣在邇，所有夷人原存房內貨物，合行清查，爲此仰上、江二縣，會同東城兵馬司原經手三員，量帶隨役三人，前往夷人房內驗開原封，將原日揭報驗存貨物，并隱藏未盡對象，逐一清查。除私置中國書籍，及自造番書、違禁天文器物，具揭報院，以憑轉送禮部貯庫存炤外，其餘衣物器皿傢夥等項，逐一交付王豐肅收領變賣，以資盤費，以示柔遠之仁，取領狀回報，仍著兵番把守前後門，毋令閒人混入，致有遺失，違者許行拿究。其孝陵衛、洪武岡違例置造房屋，徑聽禮部定奪施行。』

蒙此隨經會同東城兵馬司，原經手兵馬三員前詣本犯屋內查明，違禁天文書籍器皿，并自置番書天主像造冊，并應給本犯衣物器皿等件，當給本犯收領，取有領狀，具繇通詳。去後只奉本院孫蒙批，『所不許狡夷帶去者，惟違禁天文器物、書籍耳。據冊開報，如玻璃、琥珀、珠串、琴、畫、銅器等件，硃筆勾的，仍給還王豐肅收領，取領狀繳示，中國不寶遠物，毋利分毫之意。其變價什物，著人代爲議價交易，不許勢豪衙役勒騙強買。驅夷之中，不失柔遠之恩，第毋縱兕出柙，致有疏虞可也。林斐理尸棺，臨行聽其領出安埋義冢，仰行東城會同查行繳。』

蒙此隨經會同東城唐吏目，復詣本犯屋內，將冊內硃勾，應給什物逐一查明，當付本犯收領訖。所有衣服什物等件，給發本犯收領變賣。又經覆查出，應入官圖象并番書數目，造冊見在。其林斐理尸棺，責令王豐肅領出葬埋義冢，取有領狀見在。其入官違禁什物俱封貯本犯屋內，未蒙批示貯庫，二縣未敢擅便，擬合申詳，爲此今將前繇并造完入官什物文冊，粘連領狀，理合具申。」（《清查夷物一案》，《聖朝破邪集》卷二）

萬曆四十五年三月二十五日（1617 年 4 月 29 日），南京都察院將王豐肅、謝務祿（曾德昭）二人轉行五城巡視御史衙門。三月二十六日（4 月 30 日）由指揮李鈺、劉仕曉帶領八名兵勇押送前往廣東撫按衙門。（沈漼《發遣遠夷回奏疏》，《聖朝破邪集》卷二）

萬曆四十五年四月十六日（1617 年 5 月 20 日）王豐肅、謝務祿二人到達廣州。（鄧恩《從利瑪竇到湯若望——晚明的耶穌會傳教士》，第 128 頁）

萬曆四十五年五月（1617 年 6 月），沈漼上《發遣遠夷回奏疏》。

「題爲欽奉明旨，發遣遠夷回奏事。主客清吏司案呈奉本部送准禮部咨，爲遠夷久羈候旨，懇乞聖明速賜處分，以維風教，以肅政體事。該本部題據南京禮科給事中晏文輝，揭稱前事。雖未奉旨下部，相應據揭題覆。乞將王豐肅、龐迪峨等，敕下本部，轉行各該衙門，遞送廣東，聽彼中撫按暫爲收管，督令西歸等因。萬曆四十四年十二月初十日，本部署部事左侍郎兼翰林院侍讀學士何宗彥等具題。二十八日奉聖旨：這奏內遠夷王豐肅等，立教惑眾，蓄謀叵測，爾部移咨南京禮部，行文各該衙門，速差員役，遞送廣東撫按，督令西歸，以靜地方。其龐迪峨等，去歲爾等公言曉知曆法，請與各官推演七政，且係向化來京，亦令歸還本國。該部院知道，欽此欽遵。除將龐迪峨等，咨都察院轉行遞送外，備咨臣部，查炤『欽依內事理，將王豐肅等遞送廣東撫按衙門，督令西歸，一體欽遵施行』等因，到部送司。

卷查萬曆四十四年五月內，該臣題爲『遠夷闌入都門，暗傷王化，懇乞聖明申嚴律令，以正人心，以維風俗事』，稱在南京有王豐肅、陽瑪諾等，及炤本年七月二十等日該巡視東城監察御史孫光裕，行南京東城兵馬司擒獲一干人犯，暫羈候旨。聞彼時提有王豐肅、鍾明仁、謝務祿等一十四名。其陽瑪諾據稱先歸本國，未知有無窩藏容隱。及見獲謝務祿，亦供稱化外人，未知虛實，今該前因行司審。據王豐肅供稱：年五十歲，西洋國人，萬曆二十九年前來南京，建立天主堂，聚徒講教。其陽瑪諾，向住粵中，先曾與豐肅同住兩年，又往北京三年，仍復回南同住，於四十三年十二月內，仍往南雄居住訖。又審得謝務祿，亦供稱西洋人，面貌與王豐肅相同，其爲遠夷無疑，查明呈覆。該臣查炤禮部，題奉欽依內事理，咨行南京都察院，轉行五城巡視御史衙門，速差員役，將王豐肅等，遞送廣東撫按衙門收管。續據回稱，會差小教場中營中哨衛總李鈺、龍江，陸兵前營把總鎮撫按劉仕曉，帶領兵勇俞大亮等八名，於三月二十五日，起程遞送去訖，相應回奏等因，具呈到部。

該臣看得王豐肅等，潛住多年，妄稱天主，利驅術誘，愚民被其煽惑，不難出妻獻子。至於擦油灑水，婦女皆然，而風俗之壞極矣！明旨所謂立教惑眾，蓄謀叵測，眞是洞見萬里之外，而尙寬之以不殺之恩，遞還本國，又眞所謂包荒不遐遺，聖人之仁明并用也。惟是私刱庵觀有禁，而況乎門庭之清肅，陵寢之森嚴，豈容留狡夷鼾睡之迹？服舍違式有禁，而況乎無梁殿，其制逼尊。事天堂，其名大僭，豈容不掃除以易都人耳目之觀？臣謹行上元江寧二縣、東城兵馬司，將前項二處折毀入官。蓋皆遵律令明文，仰體我皇上以靜地方之旨而爲之。一以清愚民積習炫誘之端，一以杜彼夷覬覦復來之地爾。爾然不敢不一并上聞也。

萬曆四十五年五月　　日」（沈漼《發遣遠夷回奏疏》，《聖朝破邪集》卷二）

萬曆四十五年五月（1617年6月），南京禮部四司會審鍾鳴仁等人。

「南京禮部主客清吏司，爲遠夷闌入都門，暗傷王化事。奉本部劄付前事，奉此遵依行。據五城兵馬司呈解，從夷犯人鍾鳴仁等，一起到司。該本司署司事、祠祭司徐主事，會同司務廳張司務、祠祭司徐郎中、儀制司文主事。

除王桂即王貴病故，外會審得鍾鳴仁，年五十五歲，廣東廣州府新會縣人。供稱：先年同父念山及弟鳴禮，住香山澳中，從天主教，於己亥年隨利瑪竇進貢，在北京七八年，方來住南京三年，又往浙江一年。舊歲五月間，仍來天主堂中，爲王豐肅招引徒眾。若婦人從教者，不便登堂，令仁竟詣本家，與婦淋水宣咒。咒云：『我洗爾，因拔的利揭，非略揭，西必利多，三多明者。亞們。』大約淋過婦人十五六口，不記姓。仍管買辦使費，所費銀兩在澳中來，每年約有一二百兩。

曹秀，年四十歲，江西南昌府南昌縣人。供稱：先年來京，結帽爲生。因妻染痰疾，五年不愈，慕天主教可以禳災獲福，遂於四十年三月間同妻入教，誦天主經。經云：『在天我等父者，我等願爾名承盛，爾國臨格，爾止承行於地，如與天焉。我等望爾，今日與我，我日用糧，爾免我債，如我亦赦負我債者，又不我許陷，與誘感，乃救我與凶惡。亞們。』專務招引從教，如余成元、王文等是實。

姚如望，年六十一歲，福建興化府莆田縣人。供稱：挑脚爲生，在京三十年，於甲寅正月十六日進教，因王豐肅事發，手執黃旗，口稱『願爲天主死』，遂被獲。

游祿，年五十三歲，江西南昌府南昌縣人。供稱：篦頭爲生，有夷人羅儒望在江西開教，即便投入教中。於四十四年五月間，儒望以書一封，差祿送王豐肅處，即入天主堂中，於頭門外耳房居住看守。

蔡思命，年二十二歲，廣東廣州府新會縣人。供稱：幼年粗讀詩書，於三十七年間，同陽瑪諾、費奇規來京，投入王豐肅家，專管書柬，兼理茶房，每年約得錢一千二百文。來時年止十六歲，同來費奇規亦夷人，尚在韶州府。

王甫，年三十一歲，浙江湖州府烏程縣人。供稱：四十四年五月十二日，有桐鄉縣錢秀才雇甫來京，抽豐失意，弃甫獨歸，被鄰居余成元引進王豐肅處看園，每月得受雇工錢一百五十文、飯米三斗、菜錢三十文。

張元，年三十二歲，江西瑞州府人，供稱：結帽生理，在南京十餘年。於四十年間，偶在縉紳家做巾，見本宦拜禮豐肅，心竊慕之，遂傭於天主堂內，客至捧茶，每月得受工食銀三錢，從夷教，守十戒。

王文，年三十歲，江西九江府湖口縣人。供稱：補網爲生，來京二世。於四十三年正月十六日進教，有姐夫曹秀先在教中，招之使去也。

劉二，年三十九歲，江西南康府都康縣人。供稱：木匠爲生，於三十八年來京，前年從王豐肅教。先在天主堂中修理做工，遂聽其教，迨事發往看，因而被獲。

周可斗，年二十七歲，江西九江府湖口縣人，供稱：隨母在安慶府宿松縣王祐家，帶至南京，結帽爲生。四十四年六月十二日進教，王豐肅將錢一百七十文，浼斗結帽一頂，網完送去被獲。

王玉明，年二十九歲，福建邵武府邵武縣人。供稱：前年八月到京，跟陳外郎度日，外郎往山西蒲州探親，遺下玉明，遂進天主堂煮飯，每月得工錢一百二十文，候外郎回日仍去隨之。

幼童三郎，年十五歲，松江府上海縣人。供稱：父親鄒元盤，於四十三年同母病故，有祖父鄒思化，送杭州開教夷人郭居靜處讀書，因交遊不暇，轉送王豐肅處讀書，今染病。

仁兒，年十四歲，北直保定府人。供稱：父親劉大，於四十四年三月內，將仁兒賣於龐迪峨，聞南京要人使用，差管家送至豐肅處，兩月被獲。

龍兒，年十四歲，北直保定府淶水縣人。供稱：父故，有伯張文正，將龍兒賣與龐迪峨，得銀一兩，同仁兒一起送至南京。

本多，年十四歲，廣東東莞縣人。供稱：父親劉應魁，在此當軍，於四十二年將本多雇與王豐肅燒火，每月得錢七十文。

熊良，年十四歲，江西南昌人。供稱：父親熊廷試，久住南京，木匠生理，時嘗在王豐肅家做工，帶良進出。偶豐肅與錢五十文買鷄，送進被獲。

各供是實。據此，看得此數犯者，皆亡命之徒，烏合之眾也。執業甚賤，無恒產以固其心，投之以纖利，而奔走若狂。秉性好奇，有妖言以熒其聽，故攻乎异端，而抵網不顧。即均置之法，庶挽异趨。而細按其情，不無差等。

如鍾鳴仁，其殆登壇執牛耳者乎，代宣夷咒，廣招羽翼，猶曰引男子也。至於公然淋婦女之水，而瓜嫌不避，淪中國以夷狄之風，父率其子，兄勉其弟，猶曰惑邪謀也。至於甘心供辦之役，而錢穀是司，顯受夷人以心膂之寄，所當與別案之鍾鳴禮同律究者也。

若夫曹秀，其即次焉者乎。深信其教，至挈妻以從，縱託言有疾，終屬無耻，誦習其經，至呼朋以往，彼余成元、王文等，是誰之慫，所當與鍾鳴仁并擬示懲者也。

姚如望一擔負麼麼耳，輒敢揭竿而呼，聲言效死，則不但從邪，抑且亂民矣，罪豈在鳴仁、曹秀下哉？

游祿既從該省之羅儒望，而郵筒自效，暗通彼此之情，又登此處之天主堂，而閽人見委謹司出入之候，鷹犬不辭，三尺焉逭？

蔡思命專供掌記，暇則烹茶，先經與匪人偕來，每年有多錢之入，法不容貸。第其來時年止十六耳，尚屬無知誤入，量當原情未減。

此外則有被服其教，寢處其廬，此借彼之衣食，彼藉此之傭作者，如王甫之灌園，張元之捧茶，王玉明之執爨是也。因之以爲利，非有深謀也。則又有謁徒而來請，依期而進拜，聚則爲教中之人，散猶能自食其技者，如王文之不棄補網，劉二之仍操斧，周可斗之不廢帽匠是也。偶牽於所誘，非其本心也。

他如幼童五名，三郎、仁兒、龍兒、本多、熊良，或舍入於堂中，或鬻之爲僕隸，赤子入井，誠爲可矜。即時省發，猶以爲晚。

要而論之，鍾鳴仁、曹秀、姚如望，引例，則有左道惑眾之人，或燒香集徒，夜聚曉散，爲從者軍衛發邊遠充軍，有司發口外爲民，各犯政與例合。引律，則有左道亂正之術，或隱藏圖象，燒香集眾，夜聚曉散，煽惑人民，爲首者絞，爲從者各杖一百，流三千里，各犯又與律合，是在法曹酌而用之也。游祿、蔡思命，雖爲夷人效用，尚非引類呼朋，合送法司定罪，方行遞回原籍。王甫、張元、三郎，免送法司，竟遞回籍。王玉明雖係受雇，實爲愚民，相應與王文、劉二、周可斗免行遞解，放歸生理。幼童本多、熊良，見有父在，即宜發領。仁兒、龍兒，皆北直人，無親識者，若竟放之，不免爲棍徒拐賣，姑令寺中收管，以俟北方之訊可也。

爲此分別具繇，連人犯一并呈堂守奪，原蒙札審事理，本司未敢擅便，須至呈者。計開解犯人十一名：鍾鳴仁、曹秀、姚如望、游祿、蔡思命、王甫、張元、王文、劉二、周可斗、王玉明、幼童五名：三郎、仁兒、龍兒、本多、熊良。

萬曆四十五年五月　　日

署司事祠祭主事徐從治

堂批：各犯既審問明白，所引律例，似亦允當。但勘鍾鳴仁、曹秀、姚如望，與別案鍾鳴禮、張採，平時勾連夷教，扇誘愚民，臨事又往來偵探，壞法情重。按律，有在京在外軍民人等，與朝貢夷人私通往來，投託管顧，撥置害人，因而透漏事情者，俱問發邊衛充軍之例。五犯是否，又與此例，合該司并入繇內，將鍾鳴仁等，與同游祿、蔡思命，俱參送法司定罪。其王甫、張元、三郎，免其參送，竟遞回籍。王文、劉二、周可斗、王玉明，姑準省放。幼童本多、熊良，著令親識人領回，取領狀繳。仁兒、龍兒，暫令僧錄司收官寄養，俟該府縣有親識人來發領。奉此遵將鍾鳴仁、曹秀、姚如望、游祿、蔡思命，於五月二十五日，參送南京刑部河南司，收問定罪，取有批回在卷。其王甫行上元縣，轉遞浙江湖州府烏程縣。三郎行江寧縣，轉遞直隸松江府上海縣。張元在京年久，行上元縣著落甲鄰收管，取上江二縣回報收管在卷。王文、劉二、周可斗、王玉明，放歸生理。幼童仁兒、龍兒，發僧錄司收養。本多、熊良，各發伊父領回，各領狀在卷。」（徐從治《會審鐘鳴仁等犯一案》，《聖朝破邪集》卷二）

萬曆四十五年五月（1617 年 6 月），南京禮部將洪武岡教堂及孝陵衛花園拆毀入官。

「南京禮部主客清吏司爲奉旨處分夷情事。照得狡夷王豐肅等，違制蓋造無梁殿樓房花園，已經題請拆毀入官。其苜蓿園廳房物料，因浡泥王墳屋盡毀，業經稟堂批行東城唐吏目移蓋，所有園基當憑城官同經紀估價銀一十五兩，賣與內相王明。唐吏目隨將前價給發工費訖。至於洪武岡拆毀樓房及基地墻圍，初議欲建公署一所，比緣帑藏如洗，不能爲無米之炊。而拆卸既久，又恐滋鼠竊之弊合無。將前基地磚料發經紀變賣，收其價銀，送貯縣庫，俟本衙門修造取用。庶物料不致散失，而垂涎此地者，亦可息念矣。本司未敢擅便，擬合稟候裁奪批示施行。須至呈者。

萬曆四十五年八月　　日

署郎中事主事徐從治

堂批：前據司呈五間樓，移蓋於黃公祠，則遺下地基磚料委應發賣，以杜非分垂涎者。銀貯縣庫，尤爲得體，依擬查行。

具呈人李成爲承買入官房地事。近有南京禮部奉請拿獲夷犯王豐肅，起解去訖，遺下入官房地一塊，坐落崇禮街，西營三鋪地方，前街至後巷基地通共七間，并拆毀磚料等物發賣。竊成願得承買，當憑經紀戈九疇議定，時値價銀一百五十兩整。爲此具呈，連銀投上，伏乞俯賜批准發下。該司驗明貯庫，仍賜給執炤。自買之後，聽憑成執業翻蓋居住，實爲恩便，上呈禮部老爺施行。

萬曆四十五年八月　　日

具呈人李成

堂批：李成呈買官地銀兩，該司查明，發上元縣貯庫，候本部正項修造支發。主客司，票仰東城唐吏目，即將承買狡夷王豐肅入官房地人李成，二次賫來價銀共一百五十兩，驗看明白，轉送上元縣秤兌貯庫，聽候本部修造作正支銷。其本宅內原樓房七間，木料磚瓦等件，運至黃公祠蓋造。仍將修過本祠并拆花園修造浡泥王墳，一應工料數目造冊回報，以憑施行，須票。

萬曆四十五年八月　　日」(徐從治《拆毀違制樓園一案》,《聖朝破邪集》卷二)

萬曆四十五年五月二十五日（1617 年 6 月 27 日）教徒鍾鳴仁、曹秀、姚如望、游祿、蔡思命等人被參送南京刑部河南司收問定罪。(徐從治《會審鍾鳴仁等犯一案》,《聖朝破邪集》卷二)

萬曆四十五年八月（1617 年 9 月）龐迪我、熊三拔到達廣州，與王豐肅、謝務祿被一起覊押於廣州。廣東撫按回咨南京都察院。

「南京都察院爲遠夷久覊候旨，懇乞聖明速賜處分，以維風教，以肅政體事。據巡視京城監察御史郭一鶚、趙紱、孫光裕呈，據指揮李鈺、劉仕曉等賫回總督兩廣軍門，今升南京戶部尚書侯代周揭貼前事，內開：准巡視南京中等城河南等道揭貼前事，奉南京都察院札付，准南京禮部咨主客清吏司案呈奉本部送准禮部咨，該本部題主客清吏司案呈奉本部送據南京禮科給事中晏文輝揭前事。題奉聖旨：這奏內遠夷王豐肅等，立教惑眾，蓄謀叵測，爾部移咨南京禮部，行文各該衙門，速差員役遞送廣東撫按，督令西歸，以靜地方。其龐迪峨等，去歲爾等公言曉知曆法，請與各官推演七政，且皆係向化來京，亦令歸還本國。該部院知道，欽此欽遵，備札到職。奉此看得狡夷王豐肅、謝務祿，連犬羊之類，蓄蛇豕之奸，盤詰且歷有年，黨與所在而是。雖覆載恩深，既以假其殘息，而窺伺情熟，未必懷好音，意外疏虞，萬宜加慎。爲此選差指揮李鈺、劉仕曉，帶領兵勇，將王豐肅、謝務祿二名，開具年貌，押解前去，沿途加意隄防，遞送廣東撫按衙門，交割明白，仍聽從長計議，督令西歸。事竣之日，希迴文過院，以憑回報覆部覆題施行。

又准南京禮部咨前事，煩爲查照禮部題奉：欽依事理，將狡夷王豐肅、謝務祿，委官的當收管。及查本部原參夷犯，今回住南雄府陽瑪諾，一并行提等因。并據差官解到夷犯王豐肅、謝務祿二名，俱經案發廣東布政司會同按都二司，將二犯譯審，果否西洋國人？於何年月日，從何處入中國？從何路入南京？今既奉旨遣還，仍從何路歸還本國？陽瑪諾見在何處？曾否先回？龐迪峨計不久解到，應否候其同歸？其在濠境澳夷有無相識？應否責成澳夷伴送歸國？取具的確口詞，酌議通詳，及將未獲陽瑪諾嚴去緝拿去後。

今據該司呈稱：廣州府署印同知林有梁，審看得夷人王豐肅等，以左道簧鼓士民，麾之使去，是治以不治之法也。查王豐肅，大西洋國人，萬曆二十九年船泊濠境澳。同行三人，一林斐理，一陽瑪諾。肅與理先駐足韶州數日，乃往江西入省住四月，直至南京，蓋利瑪竇徒也。因利瑪竇有望北之行，先息於三夷人使居於南爲之管事耳。後四十一年，謝務祿亦繇大西洋船泊澳，亦繇廣東而江西，直抵南京以尋豐肅等。先陽瑪諾入澳時患病，不能進南京，留於澳七八年，方往韶州二年，方進南京，駐數月即進北京。此人頗識天文，故龐迪峨邀之同往。龐迪峨、熊三拔，即與利瑪竇同來者。諾後因不服水土，不耐寒霜，於四十一年還南京，四十三年臘月還南雄。今查其人已駕西洋船去，其踪迹不可考也。問二夷去向，大抵欲入澳也。但一入澳，去與不去，難以鈐制。合就省內另擇一所羈候，日撥營兵二名防護之，五日一換，禁絕通息。即牌令澳中探有大西洋船欲回時，隨就省差指揮官二員帶兵押至船，直待其開駕回報，以便轉文。龐迪峩未知解到何期，陽瑪諾合行牌南雄府屬嚴查下落。其林斐理，四十一年六月內在南京病故，今年三月部委上元、江寧二縣開驗埋葬訖。豐肅、務祿回夷日子未知久近，月各給火食銀二兩等因具詳到司。

該本司左布政使臧爾勸，右布政使堵維垣，會同按察司署印副使羅之鼎，都司掌印署都指揮僉事楊維垣，譯審得：夷人王豐肅、謝務祿，俱西洋國人。豐肅於萬曆二十九年船泊濠境澳，轉抵韶州而達江西，直至南京。務祿於四十一年亦船來泊澳，轉繇廣東、江西而至南京。茲奉明旨遣還歸國，無庸再議。但歸國必取道於澳，去留皆不可知，須西洋船至澳，庶便遣還。今西洋船尚未至，難定開洋日期，合應羈候，俟其船到發還。其龐迪峨，解向未到，應候解到之日，另行發遣，通取開洋日期，及澳夷不致潛留，甘結繳報。又據豐肅稟稱，陽瑪諾於四十三年十二月內繇南雄回澳，訖未委虛實，應行南雄府嚴查另報。再照夷人稽留境上，無從得食，該府議另擇一所撥兵防護，每月給銀二兩，似應準從等因到職。除批如議行外，該職會同巡按廣東監察御史田看得王豐肅等以海外夷人，先年越關入廣，漸達兩京，潛住長安邸舍，倡立天主异教，惑世誣民，法本難貸。茲蒙待以不死，遣還歸國，誠廟堂崇正之訏謨，安夏攘夷之長計也，萬代瞻仰在此舉矣。既經押解前來，應即速遣還國。第此夷自西洋入中國，取道濠境，澳夷必多熟識。曾經面審，并無相識。澳夷情僞叵測，今當暫羈省城，防護之以兵，優給之以食，俟有西洋船到澳回國，即差的當官督押至船，勒令開洋載歸本國。取澳夷不致容留甘結繳查。其龐迪峨、熊三拔續報已到京城，業行該司會議，并發取各開洋日期呈報。若陽瑪諾則稱久已還國，除另查核外，爲此具揭。并送廣州府印信收管一本等因到職。

又准巡按廣東監察御史田牒回前事相同，內開：隨經案行按察司會同布都二司，將發去夷犯譯審後，隨據該司經歷司呈奉本司帖文開稱。又准布政司炤會奉總督兩廣軍門周案驗亦同前事，依蒙移會二司酌議及行廣州府將二犯譯審，并行南雄府嚴輯陽瑪諾解報，及香山縣查澳夷有無相識瑪諾，密緝拿解。又蒙本院案驗，奉都察院勘札亦同前因。內稱『龐迪峨等已行京城巡視衙門督令起程還國，應否候至總發』等因，行間就據廣州府署印清軍同知林有梁審看，於五月二十六日具詳到職。除批如議行外，本日就據夷人龐迪峨、熊三拔赴職投見，并遞順天府原給帖文，仰沿途衙門遞送至廣東而止，投撫按查收發回等因，隨牌發按察司會同布、都二司查驗，并同王豐肅等一體羈候，及委官督兵防守，不致他虞。候有洋船至日，押以歸國，取開洋日期呈報。該職會同總督兩廣軍門周看得，王豐肅、謝務祿之至南京也，始托足於濠境，繼取道於江西，倡邪說以誣民，思用夷而變夏，此固春秋所爲『別內外』，而孟氏所以『正人心』者。奉旨遣歸，天恩浩蕩。第兩夷之意，亟欲准其入澳。而三司會議謂宜押令開解，參酌輿情，若聽其從澳而歸，是教之以澳爲窟也。寧使澳夷不致留存界限於今日，毋使狡夷明居澳滋隱禍於他年，惟有暫羈會城，量給館穀，俟西洋船至遣還耳。其龐迪峨、熊三拔已到巳牌行臬司議之，亦宜一體施行。若陽瑪諾則稱久已還國，除另行查核外，合行移復等因到職。

准此看得狡夷王豐肅等已經差官押送至廣，取有撫按牒并廣州府收管一本。惟彼中藩臬熟諳夷情，今准前因，處置停妥，事已結局，理合呈報，伏乞照詳咨部，以憑覆題施行等因到院。據此案炤先准南京禮部咨前事，已經備行巡視五城御史查炤，禮部題奉欽依事理，擇差的當員役，將王豐肅、謝務祿二名，沿途加意隄防，遞送廣東撫按衙門，交割明白，仍聽從長計議，督令西歸。事竣之日，具繇回報，以憑咨覆。該部覆題施行去後，今據回報前因，擬合就行咨覆，爲此移咨貴部，煩爲查炤施行。須至咨者。

萬曆四十五年八月　　日

廣東廣州府今於與收領，除將發下夷犯王豐肅、謝務祿收候，遵炤明文施行外，中間不違，收領是實。

萬曆四十五年五月　　日

署印本府清軍同知林有梁」（《南京都察院回咨》，《聖朝破邪集》卷一）

萬曆四十五年八月（1617年9月），孝陵衛花園地基估價銀一十五兩賣於內相王明，洪武岡教堂地基估價銀一百五十兩賣於平民李成。（《拆毀違制樓園一案》，《聖朝破邪集》卷二）

附錄二　《聖朝破邪集》文獻分類表

篇 名	卷 次	作 者	生平簡介	內容提要
闢邪題詞		徐昌治（1581～1672）	字覲周，浙江海鹽人。以廩生入國學，考授通判。崇禎六年（1633）鄉試中舉，崇禎九年（1636）編著史書《昭代芳摹》，崇禎十二年（1639）編訂《明朝破邪集》。其兄徐從治，明末重臣，南京教案發生時任南京禮部祠祭司主事，參與南京教案的審理。（參見《康熙海鹽縣志》卷九、《光緒海鹽縣志》卷十七）	敘述費隱禪師命其編訂《聖朝破邪集》經過，介紹所收內容，「南有宗伯，北有諫臣之疏論」，「閩諸君子、浙諸大夫侃侃糾繩」，「雲棲有說，密老有辯，費師有揭」，「可以激發人心抹殺異類，有補於一時，有功於萬世者靡不急錄以梓」，主旨在於「明大道、肅紀綱、息邪說、放淫詞、闢異端、尊正朔」。
南宮署牘序	卷一	陳懿典	字孟常，浙江秀水人。明萬曆二十年（1592）進士，選庶吉士，授編修。崇禎朝晉少詹事，至侍讀學士。晚年以老固辭，里居三十餘年，有《陳學士先生初集》三十六卷。（參見《康熙秀水縣志》第885頁）	《南宮署牘》爲沈㴶任官南京禮部侍郎時所作諸稿，陳懿典在萬曆四十八年（1620）沈㴶被召入閣時爲之刊刻並作序，表彰其在南京任官之功績。《破邪集》第一、二兩卷收有沈㴶《參遠夷疏》凡三，係其參劾天主教之奏疏。據序中稱「所言謹天戒、開儲講、請王婚、定陵祀」，則《南宮署牘》內容尚多，《傳是樓書目》有《南宮署牘》四卷，惜筆者未見。
參遠夷疏（凡三）	卷一	沈㴶（？～1624）	字銘鎭，號仲雨，浙江烏程（今屬浙江湖州市）人。	沈㴶三次上疏請求禁絕天主教，第一疏以「遠夷闌

			明萬曆二十年（1592）進士，選庶吉士，授檢討，累官南京禮部侍郎，發起禁絕天主教之南京教案。光宗立，召爲禮部尚書兼東閣大學士。天啓初密結內豎，請募兵隸錦衣衛，以被劾，不自安，求去，逾年卒，贈太保，諡文定。有《尊生館稿》。（參見《明史》卷二八〇）	入都門，暗傷王化」，所稱「大西洋」與「大明」相抗，「天主」凌駕「天子」之上，且私習天文，教人不祀祖先，以金錢誘人入教，請求驅逐。第二疏以王豐肅於洪武岡起蓋無梁殿，孝陵衛前私修花園，聚眾結會，勾連迅速，因而「拘留彼夷」，請旨處斷。第三疏以候旨未下，而龐迪我遣人私刊揭帖，居心叵測，請求迅速下旨處理。南京教案發生、發展之經過，可從中得一大概情形。
查驗夷犯劄	卷一	沈㴶		敘述捉拿天主教徒之前因，由於所逮捕十三人內謝務祿「亦供稱化外人」，故交付南京禮部主客清吏司查驗「王豐肅、謝務祿果否俱係化外人」。《查驗夷犯劄》即爲核實二人身份所作公文。
會審王豐肅等犯一案	卷一	吳爾成	明直隸青浦（今屬上海市）人，萬曆三十二年（1604）進士。南京教案發生時任官南京禮部主客清吏司郎中主事，參與南京教案的審理。（參見《光緒青浦縣志》，第966～967頁）	該文件是南京禮部主客清吏司、祠祭司、精膳司、儀制司四司會審王豐肅與謝務祿二人的審訊記錄。文件記錄兩名傳教士個人資料、進入中國後生活費用來源及傳教的詳細經過，最後作出判決，「移咨都察院，轉行巡城衙門」，「遞送廣東撫按衙門。」
南京都察院回咨	卷一	南京都察院		該文件是南京都察院對南京禮部關於處理王豐肅、謝務祿二人咨文的答覆。在介紹案情之後，說明已將二人遣送廣州，「候有洋船至日，押發歸國。」文件最後附有廣州府署印清軍同知林有梁接收二人的回執。
發遣遠夷回奏疏	卷二	沈㴶		此疏爲沈㴶遣送傳教士至廣東後所上奏疏，向皇帝

				奏明南京教案的審訊情況及處理結果，最後解釋將教堂與花園拆毀入官的理由，「一以清愚民積習炫誘之端，一以杜彼夷覬覦復來之地」。
會審鐘鳴禮等犯一案	卷二	吳爾成		該文件是南京禮部四司會審鐘鳴禮、張寀、余成元、方政、湯洪、夏玉、周用、吳南等八人的審訊記錄。文件記錄八人口供，分別敘述各自職業、加入天主教經過以及被逮捕經過，最後作出堂批，以周用年老、吳南未曾入教而當堂釋放，其餘六人由法司分別定罪。
會審鐘鳴仁等犯一案	卷二	徐從治（1574～1632）	字仲華，號肩虞，浙江海鹽人。萬曆三十五年（1607）進士，知桐城，改武學教授，轉國子助教，遷南京禮部主事至郎中，曾主持南京教案的審理。後任山東按察司副使，以鎮壓白蓮教起義升山東布政司右參政。崇禎五年（1632）因孔有德之亂戰死登州，詔贈兵部尚書，賜祭葬，建忠烈祠。（參見《明史》卷二四八）	該文件是南京禮部四司會審鐘鳴仁等十一名被捕教眾及五名幼童的審訊記錄。文件記錄各人口供，包括各人的年歲、籍貫、職業、入教時間、入教原因及被捕經過，最後作出堂批，或參送法司定罪，或遞回原籍，或量與省放，幼童則由親人領回，無親人者由僧録司收管寄養。
拿獲邪黨後告示	卷二	南京禮部		該文件是南京禮部在兩次逮捕天主教徒之後爲穩定民心、安定南京社會秩序所出告示。告示首先敘述奉「察院明文」捕拿天主教徒以及續獲私自刊刻揭帖的張寀等人的情況，然後聲明「未嘗株連一人」，要百姓「不必疑畏」，「各務本等生理，不許訛言恐嚇。」通告天主教犯有「私習天文」、「夜聚曉散」、「以金錢誘人入教」等罪行，最後聲稱「本部出示之後，彼夷縱有邪術，自然不靈，不必畏護」，以解百姓之疑懼。

清查夷物一案	卷二			該文件是應天府上元、江寧二縣奉命會同東城兵馬司清查教堂後向南京都察院所作報告。文件敘述將傳教士「私置中國書籍及自造番書、違禁天文器物」查收，其餘「衣物器皿傢夥」等都交給王豐肅變賣，文件特意說明「不許勢豪衙役勒騙強買」，從而表明朝廷懷柔遠人之意。
拆毀違制樓園一案（附估修黃公祠	卷二	徐從治		文件記錄洪武岡教堂及孝陵衛花園的拆毀情況，兩處地基分別作價賣於內相王明和百姓李成，磚瓦木料則移作修建黃公祠之用。
福建巡海道告示	卷二	施邦曜	字爾韜，號四明，浙江餘姚人。萬曆四十七年（1619）進士，爲武學教授，遷國子監博士，歷工部主事、員外、郎中，出知漳州府，升福建參政，轉四川按察使，福建布政使，南京光祿寺卿，擢左副都御史，明亡殉難，初諡忠介，定諡恭愍。（參見《靜志居詩話》卷二十。）	該文件是崇禎十年（1637）施邦曜任官欽差巡視海道兼理邊儲、福建布政使司左布政使兼按察司副使時在寧德縣處理天主教傳教事件所發告示。告示首先敘述捉拿傳教士及信從教徒之經過，然後批駁天主教義之邪謬，說明天主教對中國之危害，最後公佈處理決定，驅逐傳教士，中國教徒必須具結不再信從，否則將受嚴懲。告示中對教眾信仰之堅定感到非常震驚，認爲「異教之令人信從牢不可破」，「使之赴湯蹈火亦所不辭」，擔心其爲亂中華，大爲可慮。
提刑按察司告示	卷二	徐世蔭	浙江開化人。天啓五年（1625）進士，曾任福建提刑按察使。（參見周駬方編《明末清初天主教史文獻叢編》中《明朝破邪集》校點前言）	該文件是崇禎十年（1637）徐世蔭爲禁止天主教在福建傳播所發告示。告示將天主教與無爲教等同，一律視爲邪教，稱天主教不祀祖宗、夜聚曉散、懶惰生業，因此將傳教士楊瑪諾、艾儒略等驅逐出境，要求其餘教眾改過自新，否則必受嚴懲。最後宣佈拆毀教堂，焚燒經書，百姓相互監督，若隱瞞不報將一體連坐。

福州府告示	卷二	吳起龍	直隸丹徒人。崇禎元年（1628）進士，曾官福州知府。（參見周駬方編《明末清初天主教史文獻叢編》中《明朝破邪集》校點前言）	該文件是崇禎十一年（1637）吳起龍任福州知府時爲禁絕天主教所發告示。告示指出邪教「棄倫常、傾貲產、爲憂地方」，「今日楊瑪諾、艾儒略以天主教簧鼓人心」，雖已驅逐，仍需嚴加防察，如有包庇，嚴懲不貸。
破邪集序	卷三	蔣德璟	字申葆，福建晉江人。天啓二年（1622）進士，改庶吉士，授編修，歷侍講，掌司經局，累官太子少保、禮部尚書、文淵閣大學士，有《敬日草》兩卷。（參見《福建通志》卷四十五）	該序言作於崇禎十一年（1638），講述作者與傳教士交往情況，顯示出對西方「曆法與天地球、日圭星圭」頗感興趣，卻反對天主教禁止祭祖。他認爲「其教可斥，遠人則可矜也」，因而主張「斥其教而緩其逐」。序言最後指出天主教能夠廣爲傳播是由於「先王之道」未明之故，「而非邪說與愚民之咎也。」顯示出作者較爲開明的態度。
明朝破邪集序	卷三	顏茂猷	字衷白，又字壯其，福建龍溪人。崇禎七年（1634）以五經中進士，奉旨列正榜前，授精膳司主事。著有《迪吉錄》、《六經纂要》等。（參見《復社姓氏傳略》，《明人傳記資料叢刊》第 7 冊第 441 頁）	該序言是崇禎十年（1637）作者丁母憂家居之時，應其門人黃貞闢天主教之請而作。序言首先指出，天主教「妄尊耶穌於堯舜周孔之上，斥佛菩薩神仙爲魔鬼」，實爲「錯繆幻惑」。然後敘述天主教在福建迅速發展，「歸人如市，又欲買地構堂」，敗亂「世統道脈」。最後說明《破邪集》有裨於世道人心，希望更多人取而讀之。
題黃天香詞盟	卷三	唐顯悅	字子安，福建仙遊人。天啓二年（1622）進士，官廣東參政，進階通議大夫，後曾任南明隆武政權兵部尚書，與東渡日本傳法的隱元禪師有過交往。（參見《廣東通志》卷二十七。另參徐興慶《隱元禪師對德川中期日本文化之影響》一文。）	該詞盟作於崇禎十年（1637），對黃貞倡言闢除天主教表示支持和讚賞，現抄錄如下：「壯哉黃子！不遠千里，呼朋闢邪。唯力是視，疾彼西人，釀茲禍水。聖脈幾沈，佛日漸晦。能言距之，世道攸繫。」

破邪集序	卷三	周之夔	字章甫，福建閩縣人。崇禎四年（1631）進士，授蘇州推官，督兌漕運，與太倉知州劉士斗不合，遂罷職。明亡後居僧寺中卒。（參見《復社姓氏傳略》，《明人傳記資料叢刊》第7冊第425頁）	該序言是作者於崇禎十一年（1638）應黃貞之請而作，首先敘述對西洋及天主教的認識，認爲西洋是「滑黠小夷」，「多技巧」，以火炮稱雄於海外，在中國以金錢誘人入教，「只宜視如禽獸」。又以孟子闢楊墨爲比，認爲天主教「亂儒亂佛」，「以堯舜周孔皆入煉清地獄」，必須「嚴不軌之防」。顯示其對天主教及其信從者深惡痛絕。
請顏壯其先生闢天主教書	卷三	黃貞	字天香，福建人。崇禎進士顏茂猷之弟子，在儒林及佛教中力倡闢除天主教，曾邀請多人著文加以攻擊，其本人亦作有《破邪集自序》、《十二深慨序》、《尊儒亟鏡》、《不忍不言》批判天主教。	該文是黃貞請求其師顏茂猷著文批判天主教之書信，首先講述批判天主教的緣由，認爲天主教「壞亂學脈」、「謗誣聖人」、「教人叛聖」、「禽獸沒有靈魂，殺生不妨」、「四處建立教堂，勾連士人」，對中國造成「無窮之害」，請求顏茂猷撰文駁斥天主教義。
尊儒亟鏡	卷三	黃貞		黃貞爲闢除天主教所作，前有「敘」，敘述「尊儒」主旨，正文以「狡夷之害無窮，不辨爲忍心害理說」，「聖賢知天事天，夷不可混說」，「生死理欲相背說」，「受用苦樂相背說」，「尊貴迷悟相背說」，「道貫天地人物，非夷所知說」，「太極理道仲尼不可滅說」爲標題，分爲七個部分，從「儒學之天」、「生死之說」、「道貫天地」、「太極不可滅」等方面對利瑪竇《天主實義》宣傳的天主教義進行辯駁。
破邪集自序	卷三	黃貞		序言首先講述批判天主教之由來，認爲天主教自南京教案後再次進入中國，爲禍甚於楊墨。隨後敘述七年中闢除天主教遇到的

				困難，或有人勸阻，或有人恐嚇，或有人不以爲然。最後自述以天下爲己任，認爲天主教「奪人國土，亂人學脈」，「不可使其半人半日在我邦內。」
罪言	卷三	王朝式（1602～1640）	字金如，明浙江山陰（今屬浙江紹興）人。爲諸生，崇禎初隱居四明山，從沈國模、劉宗周學。崇禎末嵊縣大饑，其賑災全活甚眾。崇禎十三年（1640）卒，年三十八歲。（參見《思復堂文集碑傳》，《明人傳記資料叢刊》第 158 冊第 126 頁）	作者應黃貞之請作《罪言》以闢天主教，敘述自南京教案後天主教復入中國，教士更多，傳播更廣，入教者更眾，認爲天主教「謬妄悖逆」，「陰竊生天入獄之說」，以「舉國之力」前來，企圖以夷變夏。最後呼籲天下豪傑同黃貞一起闢除邪教，否則「不獨爲大聖人之罪人」，「實爲天香子之罪人。」
驅夷直言	卷三	黃廷師	字惟經，號調兩。萬曆四十七年（1619）進士，歷官湖廣僉事，入清起光祿寺卿，任廣西副使。（參見周駬方編《明末清初天主教史文獻叢編》中《明朝破邪集》校點前言）	《驅夷直言》作於崇禎十一年（1638）。首先說明堯舜周孔將理道「發明已無餘蘊」，天主之說「誕謬不通」。然後敘述對西洋國的認識，認爲「此種出於東北隅，爲佛郎機，亦爲貓兒眼」，「原距呂宋不遠」，耶穌名爲「僚氏」，實爲「罪鬼」，其徒襲其說，「更殺諸國主而襲其國」，設五院，奪呂宋國，至中國以邪術誘人入教。最後指出西洋派遣奸細佔據雞籠、淡水，居心叵測，必須嚴加防範，「以防猾夏之漸」。黃廷師的認識多屬道聽途說，因而顯得荒誕不經，時人對世界知識之缺乏於此可見一斑。
邪毒實據	卷三	蘇及寓	號恬夫，福建人。其餘生平事迹不詳。	《邪毒實據》作於崇禎十一年（1638），作者自述南京教案後天主教復入中國且勢力日漲，「姑舉邪毒異慘一二親見聞者，實而據之」，故稱《邪毒實據》。文章從「詐言九萬里」、「助銃以市奸」、「自鳴鐘、自鳴琴、遠鏡等物令人眩其

				有奇巧」、「毀聖斬像，破主滅祀」則「毀我綱常學脈」諸方面指出天主教危害之大，又指控天主教聚眾淫亂，以邪術使人堅從其教，以「十里爲保」圖謀作亂，「欲滅儒道釋而焚盡文字」，籲請儒者「鳴鼓合攻」。其中多捕風捉影之語，顯示出明末儒者爲闢除天主教而不擇手段的傾向。
利說荒唐惑世	卷三	魏濬	字禹欽，福建松溪人。萬曆三十二年（1604）進士，官至右副都御史，巡視湖廣。（參見《福建通志》卷四十七）	明末反對天主教的儒者不僅反對其教義，且對其所傳天文、曆算、輿地等科技亦有偏見，本文主旨即爲批駁利瑪竇《輿地全圖》。作者曾專門研讀《輿地全圖》，認爲該圖將中國置於「全圖之中，居稍偏西而近於北」，以北極星驗之是不準確的。又通過日影測驗地之中心當在陽城，故西洋九天之說實爲杜撰。文章最後詳細解釋自鳴鐘的構造及原理，認爲並不神奇，但他也不得不承認「其法簡於壺漏」。
聖朝佐闢自敘	卷四	許大受	浙江德清人。萬曆廕生，兵部左侍郎許孚遠之子，以父任刑部郎中。（參見周騀方編《明末清初天主教史文獻叢編》中《明朝破邪集》校點前言）	作者自言利瑪竇邪說竊儒滅儒，不敢主闢，故云「佐闢」。序言認爲天主教「陽闢佛而陰貶儒」，因此「貫通儒釋」闢除邪說，主旨在於「欲令天下曉然知夷說鄙陋，尚遠遜於佛及老，何況吾儒？」由此「治統道統」皆不容邪教，從而使「聖人之道自嘗尊於萬世」。
聖朝佐闢	卷四	許大受		作者從十個方面批判天主教，共爲十闢：「一闢誑世，二闢誣天，三闢裂性，四闢貶儒，五闢反倫，六闢廢祀，七闢竊佛訶佛種種罪過，八闢夷所謂善之實非善，九闢夷技不足尚、夷貨不足貪、夷占不足信，十闢行私曆、攘瑞

				應、謀不軌、爲千古未聞之大逆。」從多個方面針對利瑪竇《天主實義》進行批判。從中可以看出明末儒者對天主教義已有較爲深入的認識。
辨學芻言（敘一，辨凡五）	卷五	陳侯光	福建福州人，其餘生平事迹不詳。	作者自敘詳讀天主教諸書，認爲其說違背聖賢之言，「無君無父」之罪甚於楊墨。文章以東庠居士與客相互辯駁的方式，針對利瑪竇《天主實義》，從五個方面批判天主之說：其一，辨天主之說令人人祀天，僭越之甚；其二，辨天主教尊天主爲大父，實爲不忠不孝；其三，辨天主教不禁殺生之非及天主造人說之荒誕不經；其四，辨太極爲萬物之原；其五，辨佛教空無說眞義，利瑪竇實不知佛。最後說明天主教「入暗室、洗聖水、佩密咒」，實爲「巫祝邪術」，不可信從。
天學剖疑	卷五	戴起鳳	福建福清人，其餘生平事迹不詳。	《天學剖疑》同樣採用與客問答的方式辯駁天主之說，其觀點似乎前後並不一致，一方面指出天主教「正心誠意事天同於儒學主旨」，因而可以信從。另一方面又以中國聖賢爲例，認爲天主降生、爲萬民贖罪而甘願釘死十字架的說法是荒誕不經的。
天主實義殺生辨	卷五	虞淳熙（？～1621）	字長孺，號德園，浙江錢塘（今屬浙江杭州）人。萬曆十一年（1583）進士，授兵部主事，歷吏部稽勳司郎中，後歸隱杭州，倡建勝蓮社，與佛教人士多有往來，並曾與利瑪竇書信往還，辯駁天主教義。天啓元年（1621）卒。（參見《明賢蒙正錄》，《明代傳記叢刊》第 21 冊第 772 頁）	虞淳熙有《與利西泰書》，勸其不要攻擊佛教，利瑪竇回以《復虞銓部書》與之辯論，《天主實義殺生辨》是作者收到利瑪竇的書信後，爲駁斥《天主實義》中有關殺生之說而作。文章分別對草木是否有血及禽獸是否有魂進行討論，進而駁斥天主生萬物爲人所用、生虎狼之害警醒世人之說，最後得出

				結論，《天主實義》之說肆意殺生，「無惻隱之心，非人也。」
明天體以破利夷僭天罔世	卷五	虞淳熙		篇名前有「第一篇」字樣，說明其打算撰寫系列文章批評利瑪竇《天主實義》，但目前見到的僅有此篇。本篇駁斥天主造人說、天堂地獄說，認爲天主教「毀棄宗廟以祀天主」實爲「僭天罔世」，對天主教以金錢誘人入教而士大夫竟信從其說表示憤慨，籲請「息夷之教」、「焚夷之書」，「敢惜軀命而不奮勇爲前矛者，非夫矣。」
闢邪解	卷五	黃紫宸	號章甫，福建三山人。生平事迹不詳。	儒家認爲道即天性、道即自然，特別強調子思所說「率性之謂道」，天主教對此加以否定，認爲「克性之謂道」，強調必須皈依上主，洗滌罪惡鍛煉心性後方可成道。本篇即專門駁斥這一觀點，解釋子思「率性之謂道」的含義，指出子思聖賢之言不可增減，天主教之說「荒謬之甚」。
闢邪解	卷五	黃問道	福建三山人。生平事迹不詳。	作者自言其友隨艾儒略信從天主教，敘述天主教進入中國經過，認爲其說剽竊儒學之廓，「陰肆其教，排佛斥老抑儒，駕其說於堯舜周孔之上。」又對天主降生說加以駁斥，指出不祀祖先、獨尊天主爲「褻天、僭天、瀆天」，所言天文曆法「可行於彼土，斷不可行於中國」。主旨仍在「闢邪衛道」。
劈邪說	卷五	李璨	生平事迹不詳。	本文首先指出天主教「陽爲滅佛，陰實抑儒」，大罵信從其說之儒者「欺天誑聖，喪盡良心」，認爲西洋星文律器「包藏禍萌」，因爲「治教之大源在人心而不在此」。作者又舉聖賢之

				言證天主爲虛假，佛教「廣佐治化」，天主教「陽剪佛而陰傾儒」，強調儒佛要合力闢除天主教，「佐佛適所以存儒也。」
闢邪摘要略議	卷五	張光湉	號夢宅，浙江杭州人。官百戶，雲棲袾宏弟子。《雲棲法彙》內有袾宏致光湉書。（參見周駬方編《明末清初天主教史文獻叢編》中《明朝破邪集》校點前言）	本文指責天主教欲以夷變夏，認爲其教不可從者有五：其一，君主有二，政教分立；其二，一夫一妻，嚴禁納妾；其三，毀諸神像，獨尊天主；其四，不祀祖宗，教人不孝；其五，私習天文，居心叵測。大旨在於批判天主教「斥毀孔孟之經傳，斷滅堯舜之道統」。
誅夷論略	卷六	林啓陸	字履夫，福建武安人。其餘生平事迹不詳。	該文引《尚書》之言闡明「原道正教」、「防邪闢異」之根本，敘述天主教義爲「天主化生萬物」、「禽獸草木死後無魂」、「從之入天堂，不從進地獄」，逐一加以駁斥，解釋儒家「天主」之含義，說明天主教之荒誕不經。又言艾儒略送其《天主實義》諸書，其說「陰斥二氏」、「陽排儒教」，「天文地理、日月星辰」之論有四誕，「誣上誣民」，罪不勝誅，希望闢除邪說，得以「典樂明倫，維生民之學脈」。
闢邪管見錄	卷六	鄒維璉	字德輝，江西新昌人。萬曆三十五年（1607）進士，官至兵部右侍郎。有《達觀樓集》四卷。（參見《福建通志》卷三十一）	本文敘述天主教以天主比附儒經中「上帝」之非，「大儒釋帝爲天之主宰」，「帝即天，天即帝」，不可用「天主」取代「上帝」，更不可稱漢時西國「凶夫耶穌」爲天主。天主教「呵佛罵老，且凌駕於五帝三王周孔之上」，實爲當世之王莽，因此籲請當世君子「極力剪除」，勿爲國家「將來之憂」。
攘夷報國公揭	卷六	李維垣等	福州衛千戶，其餘生平事迹不詳。	該文是崇禎十一年（1638）翰林院左春坊蔣德璟路經福建三山時當地士紳爲驅

				逐天主教所上「報國公揭」。公揭聲稱天主教自南京教案後復入中國，欲變中國爲夷狄，且呑併呂宋等屬國，佔據香山澳、臺灣雞籠淡水，「一旦外犯內應，將何以御？」揭請蔣德璟乞旨驅除，以安「天下後世」。文末列名者有福州衛千戶李維垣等地方官員 27 人，儒生陳圻等 7 人。
十二深慨序	卷六	黃貞		本序作於崇禎十一年（1638），是黃貞爲王忠《十二深慨》所作序言，稱讚王忠「深心爲道」，「爲世而日維持履歷於其間」。序言稱《十二深慨》批判天主教，是「普天鏡」，可爲「普天下之大炤」。
十二深慨	卷六	王忠	字信生，福建漳州人。其餘生平事迹不詳。	作者以天主教盛行於中國而無人闢之，可爲感慨者十二：其一，垂涎其金而信從其教，「貌華而心夷」；其二，受其賄賂而袖手不理；其三，士大夫與之往來，維護夷教；其四，陋其說而與之交接，以示優容；其五，以闢邪爲杞人憂天；其六，謂神靈自有報應，因而坐視不理；其七，恬不爲怪，明哲保身；其八，謂「有力者」闢之，草野之人不應多事；其九，不問世道，謂各有定數；其十，因寡助而中棄闢邪之事；其十一，貪圖安逸而坐視不理；其十二，爲官者因左右旁撓而廢其事。作者認爲這些原因導致邪教盛行而爲害日深。
品級說	卷六	黃虞	生平事迹不詳。	敘述天主教顛倒品級，以「九品爲至尊」、「一品爲至卑」，通過品級之說引出天主教「以夷變夏」，擔心「道統治統、禮樂制度、人心風俗」都將變於夷狄。

誅邪顯據錄	卷六	李王庭	字猶龍，福建西甌人。其餘生平事迹不詳。	作者自言爲使批駁天主教言之有據而作是篇。揭露天主教宣揚四川裂山石獻經文篆字言天主降生事、所言水法可用於邊外石田卻不可用於內地水旱之田、倒記背誦之說愚人等三事爲虛妄，由此證明天主之說不可相信。
曆法論（闢西曆棄閏邪說）	卷六	謝宮花	字個臣，福建芝城人。其餘生平事迹不詳。	本文針對西方曆法不置閏月進行辯論，歷數中國自漢武帝太初曆至明代大統曆等四十八種曆法，「莫不遵古置閏」，西曆不置閏月，則將中國神聖賢哲「視爲醜類」。其「服咒水，畫咒油」，以所食酒、面爲天主之血肉，實在「誕妄之極」。從中可見由於東西方文化的差異，導致中國人很難接受西方文化及宗教禮儀。
四宿引證	卷六	謝宮花		以中國星象之說，解釋天主教七日「朝夕持咒」、「房虛星昴四日聚會」、「祭拜彗星」，認爲是以巫術祈禱胡人侵襲，最終導致天下大亂。其中多臆妄不經之言，亦可見文化差異導致中國人對天主教產生疑懼心理。
天說（凡四）	卷七	釋袾宏（1535～1615）	字佛慧，號蓮池，俗姓沈，浙江仁和人。主持雲棲寺三十餘年。（參見《雲棲蓮池宏師傳》，《補續高僧傳》卷五）	《天說》收於《竹窗三筆》中，共爲四篇。《天說一》指出大千世界共有萬億天主，天主教所尊奉者僅爲其中之一小天主。《天說二》分辯戒殺生之說，強調六道輪迴說的正確性。《天說三》解釋儒經中「天」與西方「天主」含義不同，二者不可相提並論。《天說餘》再辯殺生之說，認爲天主教不禁殺生，實爲「慘毒之心」。《天說》多引儒家觀點駁斥天主教義，從中可見儒佛之間相互影響之深。

不忍不言序	卷七	曾時	生平事迹不詳。	黃貞以天主教「惑世誣民，滅儒滅佛滅道」，痛當世沙門坐視不理而作《不忍不言》。曾時於崇禎八年（1635）爲之作序，揭露天主教名爲合儒，實爲「抑儒滅儒」，因而在序中籲請當政者「火其書，廬其居」，方爲「天下之幸甚」。
不忍不言	卷七	黃貞		本文是黃貞爲呼籲天下僧人闢除天主教而作。敘述天主教入華五十年來，僧人中無一明師碩德者起而闢之，實爲可歎。天主教則著書闢佛，焚毀佛像，勢力遍於南北各地，因而「不忍不言」，請求佛教僧眾「躬催量破」，驅除邪教。
辨天說（凡三）	卷七	釋圓悟	字覺初，亦號密雲，俗姓蔣氏，宜興人。後爲四明天童寺主持。（參見《天童寺志》卷三，《中國佛寺志叢刊》第84冊第266頁）	作者應黃貞之請於崇禎八年（1635）先後作《辨天說》凡三，《辨天初說》以佛經之說言天主教「妄想執著」而欲闢佛，實爲「自暴自棄，自闢自矣」。《辨天二說》敘述張光湉持《初說》前往杭州天主堂求辯遭拒之事，圓悟針對天主教徒之言逐一批駁，認爲天主教不敢與佛教辯論。《辨天三說》敘述張光湉前往天主堂求辨再次遭到拒絕之事，斥責天主造人之荒誕。又指出利瑪竇死後袾宏方作《天說》，天主教所說利瑪竇作《辨學遺牘》與之相辯實爲謊言。
證妄說	卷七	張廣湉		引彌格子《辨學遺牘》跋言，指出袾宏作《竹窗三筆》中《天說》時利瑪竇已死五年，不可能「未見其說而先爲立辨」。又敘述持圓悟《辨天說》前往杭州天主堂求辨三次遭拒之經過，認爲天主教以謊言欺世由此可見一斑。

復張夢宅書	卷七	釋圓悟		《復張夢宅書》是圓悟讀《證妄說》後回覆張廣湉的書信，讚揚其說「深切著明」，實爲「法門牆塹」。
證妄說跋	卷七	釋普潤	又號唯一，浙江海東人，俗姓楊氏。居於杭州積翠寺。（參見周駬方編《明末清初天主教史文獻叢編》中《明朝破邪集》校點前言）	本文是釋普潤爲《證妄說》所作跋言，讚揚《證妄說》辯白天主教對雲棲袾宏二十年之誣，不僅還雲棲一人之清白，且警醒天下後世惑於天主教「而莫之返」者。
證妄後說	卷七	張廣湉		駁斥「天主教謊言欺世適以自污，不足與之辨」的觀點，歷舉雲棲及虞淳熙批駁天主教之言論，說明闢除其教之必要。又辨天主教不禁殺生爲「忍心害理」，天下人當不畏艱險全力闢除。
附緇素共證	卷七	釋大賢	雲棲弟子，其餘事迹不詳。	本文證實袾宏《竹窗三筆》中四《天說》「係大師臨滅之年始出」，而利瑪竇已「卒化五載」，「安有說未出而預辨？」讚揚張光湉證妄之舉實爲「法門功臣」。
統正序	卷八	劉文龍	生平事迹不詳。	《統正序》作於崇禎九年（1636），敘述江南華亭（今屬上海）、福建建安等處士紳驅逐天主教之事，認爲天主教是「左道之尤」。又言自費隱禪師處見「諸公闢邪諸說」，因而「以一言辨之於首」，遂成此序。
原道闢邪說（凡四）	卷八	釋通容（1593～1661）	字費隱，福建福清人，曾寓居黃檗，本文即在黃檗時作。後遷居四明天童寺，卒於順治十八年（1661）。（參見《天童寺志》卷三，《中國佛寺志叢刊》第84冊第271頁）	針對利瑪竇《天主實義》進行批駁，分爲四篇，其一「揭邪見根源」，其二「揭邪見以空無謗佛」，其三「揭邪見不循本分以三魂惑世」，其四「揭邪見迷萬物不能爲一體」。分別對天主教所稱「天主爲萬物之原」、「佛教重空無而偏虛不實」、「將魂分爲生魂、覺魂、靈魂三品」、「萬物

				不能爲一體」的說法進行駁斥。其中多謾罵之語，佛耶爭鬥之激烈於此可見一斑。
誅左集緣起	卷八	釋普潤		本文作於崇禎七年（1634），揭露天主教「陽排釋道以抑儒」，歷數其不禁殺生、私頒律曆、誨淫傷俗、不祀祖先教人不孝、禁止納妾使人無後等諸種罪惡，至於誣謗太極、辱罵釋迦、呼耶穌爲上帝，更是罪大惡極。因見其居心叵測，所以著書破邪，以「明道統治統，報君恩佛恩」。從中可見佛教聯合儒家力量共同反對天主教。
闢天主教檄	卷八	釋成勇	雲棲弟子，其餘生平事迹不詳。	作於崇禎十年（1637），敘述天主教「用夷變夏」，「欺天罔聖」，以金錢誘人入教，居心叵測。呼籲同仁「口誅筆伐」、「面折庭諍」，從而「掃殄夷氛、肅清狐兔」，以維護佛教之地位。
天學初闢	卷八	釋如純	生平事迹不詳。	本文同樣針對《天主實義》進行辯論，將天主教義總結爲九個方面：其一「天主造人說」；其二「天地萬物不可爲一體」；其三「佛道二氏以虛無爲貴，不可崇尚」；其四「不戒殺生」；其五「佛教竊取閉他臥刺輪迴之說」；其六「人與禽獸之魂不相同，因而性亦不同」；其七「以佛國爲鄙陋，世人誤讀佛書」；其八「託夢帝王、白馬迎佛爲妄誕之說」；其九「佛經皆中國文士自相撰集」。主旨在於揭露天主教之僞妄，勸人不可從信。

後　記

論文終於定稿了，回想自己三年來的求學經歷，心中百感交集。論文寫作過程中遇到困難時的焦慮與煩惱，解決問題後的輕鬆與喜悅，如今都化作這篇很不成熟的文字。

首先必須感謝我的導師鄒振環教授，先生在論文的選題、資料的搜集整理、文章結構的擬定等方面都給予我認真、耐心的指導。論文在先生的不斷督促下完成初稿之後，整體思路上還存在很大問題。先生讓我重新整理相關資料，隨後又提出詳細的修改意見，使論文修改工作能夠順利進行，沒有先生的耐心指導，這篇論文不可能完成。尤其使我感動的是，先生在繁重的工作中仍然時刻關心我的論文，多次幫我尋找相關史料，在信件中給我的論文修改意見每次都有數千言之多。先生在學業上對我的教誨、在生活上給我的關心我都將永遠銘記在心。

論文寫作過程中曾得到傅德華老師的熱情鼓勵與幫助，在此深表感謝。此外樊樹志教授、巴兆祥教授在論文資料搜集中給我提供非常有益的幫助，姚大力教授、韓昇教授在學業上對我進行耐心指導，在此一併表示謝意。

感謝師兄張本成、師弟高明給我的論文提供資料線索，感謝同學何元慶在論文寫作中給我提出的寶貴意見以及在論文製作電腦技術方面給我的熱情幫助，感謝宿舍同學方明、王興亮、傅駿、洪崢在生活與學習中給我提供的幫助。最後向所有給予我幫助和鼓勵的老師和同學表示誠摯的謝意！

2004 年 5 月於復旦北區宿舍

附　記

感謝導師鄒振環教授的指導與推薦，使筆者重新搜集與南京教案和《聖朝破邪集》的最新研究成果和相關資料，對八年前的論文進行了修改與補充，最大的收穫是當時的一些疑問在參考學界最近幾年研究成果後得以解決。再次誠摯感謝關心和幫助我的老師、同學、朋友以及親人。

2012 年 9 月 5 日